古文獻研究

GU WEN XIAN YAN JIU

（第八輯）

王鍔　主編

鳳凰出版社

圖書在版編目（ＣＩＰ）數據

古文獻研究. 第八輯 / 王鍔主編. -- 南京 ： 鳳凰
出版社，2022.12
　　ISBN 978-7-5506-3841-9

　　Ⅰ．①古… Ⅱ．①王… Ⅲ．①古文獻學－中國－文集
Ⅳ．①G256.1-53

中國版本圖書館CIP數據核字(2022)第231463號

書　　　名	古文獻研究(第八輯)
主　　　編	王　鍔
責 任 編 輯	郭馨馨
特 約 編 輯	莫　培
裝 幀 設 計	徐　慧
出 版 發 行	鳳凰出版社(原江蘇古籍出版社)
	發行部電話025-83223462
出版社地址	江蘇省南京市中央路165號,郵編:210009
照　　　排	南京凱建文化發展有限公司
印　　　刷	安徽省天長市千秋印務有限公司
	安徽省天長市鄭集鎮向陽社區邱莊隊真武南路168號
開　　　本	787毫米×1092毫米　1/16
印　　　張	18
字　　　數	277千字
版　　　次	2022年12月第1版
印　　　次	2022年12月第1次印刷
標 準 書 號	ISBN 978-7-5506-3841-9
定　　　價	108.00圓
	(本書凡印裝錯誤可向承印廠調換,電話:0550-7964049)

封面设计　　吴　优
封面题字　　张学楝
封底印章　　卢　是

编辑者　南京师范大学学报编辑部
　　　　南京宁海路122号
印刷者　南京市京新印刷厂
江苏省期刊登记证第36号

古文献研究文集

第　一　辑

南京师范大学中文系古文献专业

《古文獻研究文集》第一輯
南京師範大學學報編輯部1986年

古文献研究文集

第二辑

南京师范大学学报编辑部

《古文獻研究文集》第二輯

南京師範大學學報編輯部1987年

古文献研究集刊

GU WEN XIAN YAN JIU JI KAN

（第一辑）

赵生群 方向东 主编

凤凰出版传媒集团
凤凰出版社

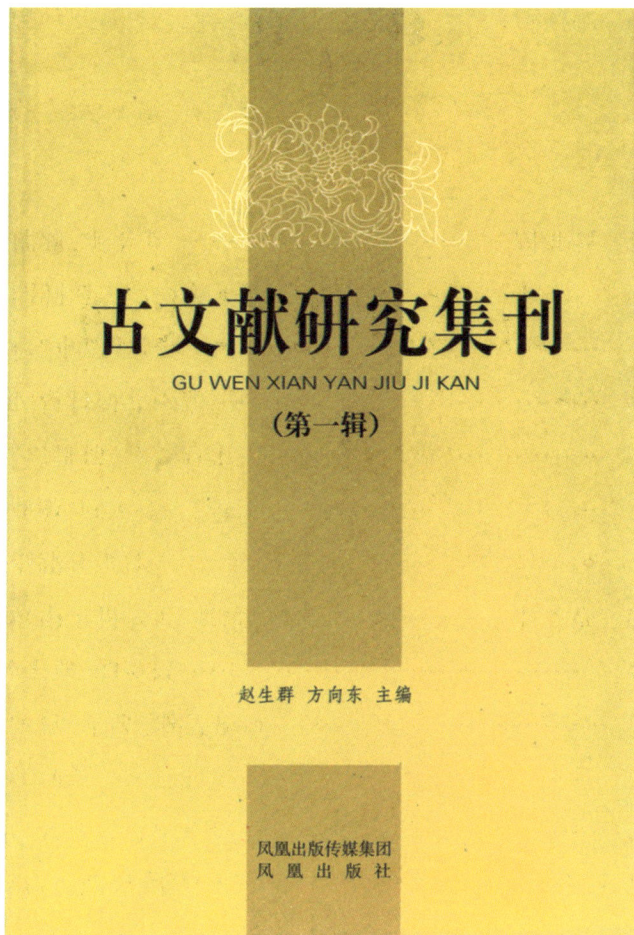

《古文獻研究集刊》第一輯
鳳凰出版社2007年

古文献研究集刊

GU WEN XIAN YAN JIU JI KAN

（第二辑）

赵生群 方向东 主编

凤凰出版传媒集团
凤凰出版社

《古文獻研究集刊》第二辑
鳳凰出版社2008年

古文獻研究集刊

GU WEN XIAN YAN JIU JI KAN

（第三輯）

趙生群　方向東　主編

鳳凰出版傳媒集團
鳳凰出版社

《古文獻研究集刊》第三輯
鳳凰出版社2009年

古文獻研究集刊

GU WEN XIAN YAN JIU JI KAN

（第四輯）

趙生群 方向東 主編

鳳凰出版社

《古文獻研究集刊》第四輯

鳳凰出版社2012年

古文獻研究集刊

GU WEN XIAN YAN JIU JI KAN

（第五輯）

趙生群 方向東 主編

鳳凰出版社

《古文獻研究集刊》第五輯
鳳凰出版社2012年

古文獻研究集刊

GU WEN XIAN YAN JIU JI KAN

（第六輯）

趙生群 方向東 主編

鳳凰出版社

《古文獻研究集刊》第六輯

鳳凰出版社2012年

古文獻研究集刊

GU WEN XIAN YAN JIU JI KAN

（第七輯）

趙生群 方向東 主編

鳳凰出版社

《古文獻研究集刊》第七輯

鳳凰出版社2013年

目　　録

CONTENTS

《左傳》叔孫虺、雍巫考

周維綱　　趙生群

摘要:襄公三十年《左傳》之(叔孫)虺,古注闕如,竹添光鴻、楊伯峻以爲"虺"爲魯宗族叔仲昭伯之名,字帶,前後注釋自相矛盾。據《左傳》及相關文獻,叔仲與叔孫,氏族有別;叔仲昭伯非叔孫得臣之子。叔孫得臣長子僑如,謚宣伯,三子豹謚號穆叔,叔孫虺當爲其次子。僖公十七年《左傳》之"雍巫",即《管子》之"堂巫"、《吕氏春秋》"常之巫",非易牙。

關鍵詞:虺　叔仲昭伯　叔仲帶　雍巫　堂巫　易牙

叔孫虺考

襄公三十年《左傳》:

　　三月癸未,晋悼夫人食輿人之城杞者。絳縣人或年長矣,無子而往,與於食。有與疑年,使之年,曰:"臣小人也,不知紀年。臣生之歲,正月甲子朔,四百有四十五甲子矣,其季於今三之一也。"吏走問諸朝。師曠曰:"魯叔仲惠伯會郤成子于承匡之歲也。是歲也,狄伐魯,叔孫莊叔於是乎敗狄於鹹,獲長狄僑如及虺也、豹也,而皆以名其子。七十三年矣。"①

　　杜預曰:"叔孫僑如、叔孫豹皆取長狄名也。"② 竹添光鴻曰:"莊叔之子,祇有僑如與豹而無虺。蓋七年叔仲昭伯乃虺也。據杜氏則昭伯名帶,帶疑虺之字。虺本蛇類,《莊子·齊物論》:'蝍蛆甘帶。'《釋文》:'帶,崔

---

　　①② 〔晋〕杜預注,〔唐〕孔穎達等正義:《春秋左傳正義》卷四十,北京:中華書局1980年影印本《十三經注疏》,第2011頁。

云,蛇也。'古名、字相配,故名虺字帶。"①楊伯峻曰:"文十一年《傳》僅言
叔孫得臣(即莊叔)獲長狄僑如,以名宣伯。宣伯之弟有叔孫豹,則名虺者
蓋叔仲昭伯而字帶。"②

　　按:竹添光鴻《會箋》、楊《注》以虺爲叔仲昭伯,實難成立。

　　其一,以叔孫虺非爲叔仲昭伯,二家注釋前後矛盾。

　　襄公七年《傳》:"南遺爲費宰。叔仲昭伯爲隧正,欲善季氏,而求媚於
南遺,謂遺:'請城費,吾多與而役。'故季氏城費。"③竹添光鴻曰:"昭伯,
名帶,詳三十年。"④楊伯峻曰:"叔仲昭伯,惠伯之孫,名帶。"⑤《會箋》、楊
《注》此處皆以帶爲叔仲昭伯之名,而襄公三十年則以爲昭伯名虺而字帶,
不免自相矛盾。

　　昭公五年《傳》:"叔仲子謂季孫曰:'帶受命于子叔孫曰,葬鮮者自西
門。'季孫命杜洩。杜洩曰:'卿喪自朝,魯禮也。吾子爲國政,未改禮,而
又遷之,群臣懼死,不敢自也。'既葬而行。"⑥襄公三十一年《傳》:"叔仲帶
竊其拱璧,以與御人,納諸其懷,而從取之,由是得罪。"⑦《傳》云"叔仲帶
竊其拱璧",乃稱其名;"帶受命于子叔孫",爲叔仲昭伯自稱其名。若言虺
是其名,帶是其字,於理不合。

　　其二,叔仲與叔孫,氏族不同。

　　《傳》稱"叔仲昭伯",叔仲是氏,自與叔孫有別。

　　魯國孟孫、叔孫、季孫三氏,同出桓公,故稱"三桓"。

　　《史記·魯周公世家》:"(叔牙)飲鴆而死,魯立其子爲叔孫氏。"⑧又
曰:"(季友)號爲成季,其後爲季氏。慶父後爲孟氏也。"⑨此孟孫、叔孫、
季孫之由來。終春秋之世,三桓爲魯世卿,姑置不論。

---

　　①　〔日〕竹添光鴻:《左傳會箋》第十九,臺北:天工書局,1998 年,下册第
1299 頁。
　　②　楊伯俊:《春秋左傳注》第三册,北京:中華書局,2009 年第 3 版,第 1171 頁。
　　③　〔晋〕杜預注,〔唐〕孔穎達等正義:《春秋左傳正義》卷三十,第 1938 頁。
　　④　〔日〕竹添光鴻:《左傳會箋》第十九,上册第 997 頁。
　　⑤　楊伯俊:《春秋左傳注》第三册,第 951 頁。
　　⑥　〔晋〕杜預注,〔唐〕孔穎達等正義:《春秋左傳正義》卷四十三,第 2040 頁。
　　⑦　〔晋〕杜預注,〔唐〕孔穎達等正義:《春秋左傳正義》卷四十,第 2014 頁。
　　⑧　〔漢〕司馬遷撰,〔南朝宋〕裴駰集解,〔唐〕司馬貞索隱,〔唐〕張守節正義:《史
記》卷三十三,北京:中華書局,2014 年,第 1852 頁。
　　⑨　〔漢〕司馬遷撰,〔南朝宋〕裴駰集解,〔唐〕司馬貞索隱,〔唐〕張守節正義:《史
記》卷三十三,第 1854 頁。

《潛夫論·志氏姓》:"魯之公族,有蟜氏、后氏、衆氏、臧氏、施氏、孟氏、仲孫氏、服氏、公山氏、南宮氏、叔孫氏、叔仲氏、子我氏、子士氏、季氏、公鉏氏、公巫氏、公之氏、子干氏、華氏、子言氏、子駒氏、子雅氏、子陽氏、東門氏、公析氏、公石氏、叔氏、子家氏、榮氏、展氏、乙氏,皆魯姬姓也。"①

據《潛夫論》,知叔仲氏亦魯之公族,與"三桓"非同一氏族。

襄公七年《傳》:"南遺爲費宰。叔仲昭伯(叔仲帶)爲隧正,欲善季氏,而求媚於南遺,謂遺:'請城費,吾多與而役。'故季氏城費。"②昭公四年《傳》:"公使杜洩葬叔孫。豎牛賂叔仲昭子(叔仲帶)與南遺,使惡杜洩於季孫而去之。杜洩將以路葬,且盡卿禮。南遺謂季孫曰:'叔孫未乘路,葬焉用之? 且冢卿無路,介卿以葬,不亦左乎?'季孫曰:'然。'使杜洩舍路。不可。曰:'夫子受命於朝而聘于王,王思舊勳而賜之路,復命而致之君。君不敢逆王命而復賜之,使三官書之。吾子爲司徒,實書名;夫子爲司馬,與工正書服;孟孫爲司空,以書勳。今死而弗以,是弃君命也。書在公府而弗以,是廢三官也。若命服,生弗敢服,死又不以,將焉用之?'乃使以葬。"③叔仲昭伯"欲善季氏",又欲與南遺貶抑叔孫氏,亦"叔孫""叔仲"氏族不同之證也。

其三,叔仲昭伯非叔孫得臣之子。

襄公三十年《傳》曰:"是歲也,狄伐魯,叔孫莊叔於是乎敗狄於鹹,獲長狄僑如及虺也、豹也,而皆以名其子。"④叔孫莊叔即叔孫得臣。據《傳》,叔孫莊叔有三子:僑如、虺也、豹。叔孫僑如即叔孫宣伯,當爲長子;叔孫豹即穆叔,當爲三子。此二子之間,當有次子(行字爲"仲"者)。叔孫昭伯,伯乃行字,考之《左傳》,知非叔孫得臣(莊叔)之子。襄公二十五年《傳》:"叔孫宣伯之在齊也,叔孫還納其女於靈公。"⑤杜《注》:"宣伯,魯叔孫僑如,成十六年奔齊。"⑥若"叔仲昭伯"爲叔孫莊叔之子,則僑如與帶皆以"伯"爲行字,恐無是理。

---

　　①　〔漢〕王符著,〔清〕汪繼培箋,彭鐸校正:《潛夫論箋》卷九,北京:中華書局,1985 年,第 436 頁。
　　②　〔晉〕杜預注,〔唐〕孔穎達等正義:《春秋左傳正義》卷三十,第 1938 頁。
　　③　〔晉〕杜預注,〔唐〕孔穎達等正義:《春秋左傳正義》卷四十二,第 2036—2037 頁。
　　④　〔晉〕杜預注,〔唐〕孔穎達等正義:《春秋左傳正義》卷四十,第 2011 頁。
　　⑤⑥　〔晉〕杜預注,〔唐〕孔穎達等正義:《春秋左傳正義》卷三十,第 1983 頁。

據《左傳》杜預注、《世本》及雷學淇案語可知叔仲昭伯爲叔孫得臣孫輩，低僑如、豹一輩，叔孫得臣無從以虺名叔仲昭伯。兹據相關資料列表如下：

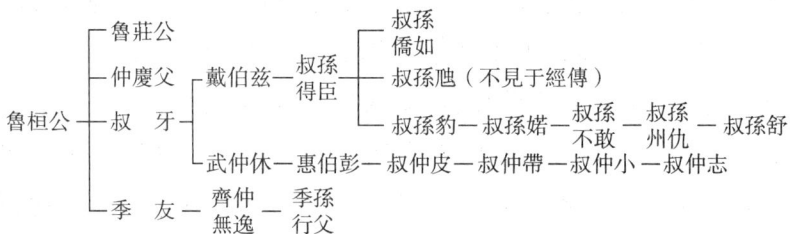

```
                       ┌ 魯莊公              ┌ 叔孫
                       │                     │ 僑如
                       │ 仲慶父 ─ 戴伯兹 ─叔孫─ 叔孫虺（不見于經傳）
                       │              得臣   │
  魯桓公 ──────────────┤                     │ 叔孫豹 ─ 叔孫婼 ─叔孫─ 叔孫─ 叔孫舒
                       │ 叔  牙               不敢  州仇
                       │       └ 武仲休 ─ 惠伯彭 ─ 叔仲皮 ─ 叔仲帶 ─ 叔仲小 ─ 叔仲志
                       │
                       └ 季  友 ─ 齊仲 ─ 季孫
                                  無逸   行父
```

綜上所述，名虺者實爲叔孫得臣次子，其人或夭或病或不仕，故而不見於經傳。與此類似者有：魯公子季友之子、季孫行父之父齊仲無逸不見於經傳，而見《世本》；叔仲昭伯（叔仲帶）之父叔仲皮亦不見於經傳，亦見於《世本》。叔孫虺雖不見於經傳，且不見於《世本》，但據《左傳》當有其人。因爲當年叔孫得臣皆以僑如、虺、豹名其三子，且其長子僑如謚宣伯，三子豹謚穆叔，二人之間復當有一人。叔孫虺爲次子，當無疑問。

附録：叔仲族系考略

叔仲一族，屢見典籍。

1. 武仲休

《禮記·檀弓下》："叔仲皮學子柳。"鄭玄《注》："叔仲皮，魯叔孫氏之族。"孔《疏》："案《世本》'桓公生僖叔牙，叔牙生武仲休，休生惠伯彭，彭生皮，爲叔仲氏'，故云'叔孫氏之族'。"①

2. 叔仲惠伯

文公十一年《經》："夏，叔仲彭生會晋郤缺于承筐。"《傳》曰："夏，叔仲惠伯會晋郤缺于承筐。"②

文公十八年《左傳》："文公二妃敬嬴，生宣公。敬嬴嬖而私事襄仲。

---

① 〔漢〕鄭玄注，〔唐〕孔穎達等正義：《禮記正義》卷第十，北京：中華書局1980年影印本《十三經注疏》，第1316頁。

② 〔晋〕杜預注，〔唐〕孔穎達等正義：《春秋左傳正義》卷十九下，第1850頁。

宣公長,而屬諸襄仲。襄仲欲立之,叔仲不可。仲見于齊侯而請之。齊侯新立,而欲親魯,許之。冬十月,仲殺惡及視,而立宣公。書曰'子卒',諱之也。仲以君命召惠伯。其宰公冉務人止之,曰:'入必死。'叔仲曰:'死君命可也。'公冉務人曰:'若君命,可死;非君命,何聽?'弗聽。乃入,殺而埋之馬矢之中。公冉務人奉其帑以奔蔡,既而復叔仲氏。"杜《注》云"叔仲,惠伯"①,是也。

《史記·魯周公世家》:"次妃敬嬴,嬖愛,生子俀。俀私事襄仲,襄仲欲立之,叔仲曰不可。"《集解》:"服虔曰:'叔仲惠伯。'"②文公七年《傳》:"叔仲惠伯諫。"杜《注》:"惠伯,叔牙孫。"③成公十五年《公羊傳》:"叔仲惠伯,傅子赤者也。"何休《注》:"叔仲者,叔彭生氏也。"徐彥《疏》:"彭生之祖生於叔氏,其父武仲又長幼當仲,是以彭生遠而言之,雖非正禮,要是當時之事,是以傳家述其私稱,連言仲矣。"④

3. 叔仲昭伯

襄公二十八年《傳》:"及漢,楚康王卒。公欲反。叔仲昭伯曰:'我楚國之爲,豈爲一人?行也!'子服惠伯曰:'君子有遠慮,小人從邇。饑寒之不恤,誰遑其後?不如姑歸也。'叔孫穆子曰:'叔仲子專之矣,子服子始學者也。'榮成伯曰:'遠圖者,忠也。'公遂行。"杜預《注》:"昭伯,叔仲帶。"⑤《國語·魯語下》"襄公如楚,及漢,聞康王卒,欲還。叔仲昭伯曰"韋昭《注》:"叔仲昭伯,魯大夫,叔仲惠伯之孫叔仲帶也。"⑥

彭鐸曰:"《姓纂·一屋》引《東觀漢記》云:'叔仲彭生帶,帶生仲叔、仲職及寅,代爲魯大夫。'"⑦

---

① 〔晉〕杜預注,〔唐〕孔穎達等正義:《春秋左傳正義》卷二十,第1861頁。
② 〔漢〕司馬遷撰,〔南朝宋〕裴駰集解,〔唐〕司馬貞索隱,〔唐〕張守節正義:《史記》卷三十三,第1856—1857頁。
③ 〔晉〕杜預注,〔唐〕孔穎達等正義:《春秋左傳正義》卷十九上,第1846頁。
④ 〔漢〕何休解詁,〔唐〕徐彥疏:《春秋公羊傳注疏》卷十八,北京:中華書局1980年影印本《十三經注疏》,第2296頁。
⑤ 〔晉〕杜預注,〔唐〕孔穎達等正義:《春秋左傳正義》卷三十八,第2001頁。
⑥ 徐元誥集解,王樹民、沈長雲點校:《國語集解》,北京:中華書局,2002年,第183頁。
⑦ 〔漢〕王符著,〔清〕汪繼培箋,彭鐸校正:《潛夫論箋》卷九,第438頁。

4. 叔仲小

昭公十二年《傳》："南蒯語叔仲穆子。"杜《注》："穆子,叔仲帶之子叔仲小也。"①

5. 叔仲志

定公八年《傳》："叔仲志不得志於魯。"杜《注》："志,叔孫('孫'當爲'仲'之誤)帶之孫。"②

6. 叔仲皮、叔仲衍

《禮記·檀弓下》："叔仲皮學子柳。(鄭玄《注》:'叔仲皮,魯叔孫氏之族。學,教也。子柳,仲皮之子。')叔仲皮死,其妻魯人也,衣衰而繆絰。叔仲衍以告(鄭玄《注》:'告子柳,言此非也。衍,蓋皮之弟。衍或爲皮。'),請總衰而環絰,曰:'昔者吾喪姑姊妹亦如斯,末吾禁也。'退,使其妻總衰而環絰。"孔《疏》:"案《世本》'桓公生僖叔牙,叔牙生武仲休,休生惠伯彭,彭生皮,爲叔仲氏',故云'叔孫氏之族'。"③

7. 叔仲子柳、子碩

《禮記·檀弓上》："子柳之母死(鄭玄云"子柳,魯叔仲皮之子,子碩兄"),子碩請具。子柳曰:'何以哉?'子碩曰:'請粥庶弟之母。'子柳曰:'如之何其粥人之母以葬其母也?'不可。既葬,子碩欲以賵布之餘具祭器。子柳曰:'不可。吾聞之也,君子不家於喪。請班諸兄弟之貧者。'"④

8. 叔仲會

《孔子家语·七十二弟子解》："叔仲會,魯人,字子期,少孔子五十歲,與孔璇年相比,每孺子之執筆記事於夫子,二人迭侍左右。孟武伯見孔子而問曰:'此二孺子之幼也,於學豈能識於壯哉?'孔子曰:'然少成則若性

---

① 〔晋〕杜預注,〔唐〕孔穎達等正義:《春秋左傳正義》卷四十五,第 2062 頁。
② 〔晋〕杜預注,〔唐〕孔穎達等正義:《春秋左傳正義》卷五十五,第 2143 頁。
③ 〔漢〕鄭玄注,〔唐〕孔穎達等正義:《禮記正義》卷第十,第 1316 頁。
④ 〔漢〕鄭玄注,〔唐〕孔穎達等正義:《禮記正義》卷第八,第 1288 頁。

也,習慣若自然也。'"①

雍　巫

僖公十七年《左傳》:"雍巫有寵於衛共姬,因寺人貂以薦羞於公,亦有寵。"

杜預曰:"雍巫,雍人名巫,即易牙。"②

按:《史記·齊太公世家》:"雍巫有寵於衛共姬。"《集解》:"賈逵曰:'雍巫,雍人,名巫,易牙字。'"《索隱》:"賈逵以雍巫爲易牙,未知何據。**按**:《管子》有棠巫,恐與雍巫是一人也。"③

雍巫與易牙非一人。

《管子·小稱》:"管仲攝衣冠起,對曰:'臣願君之遠易牙、豎刁、堂巫、公子開方。夫易牙以調和事公,公曰惟烝嬰兒之未嘗,於是烝其首子而獻之公。人情非不愛其子也,於子之不愛,將何有於公? 公喜宮而妒,豎刁自刑,而爲公治内。人情非不愛其身也,於身之不愛,將何有於公? 公子開方事公十五年,不歸視其親,齊、衛之間,不容數日之行。臣聞之,務爲不久,蓋虛不長。其生不長者,其死必不終。'桓公曰:'善。'管仲死,已葬,公憎四子者,廢之官。逐堂巫、而苛病起兵,逐易牙、而味不至,逐豎刁、而宮中亂,逐公子開方、而朝不治。桓公曰:'嗟! 聖人固有悖乎?'乃復四子者。處期年,四子作難,圍公一室,不得出。有一婦人,遂從竇入,得至公所。公曰:'吾饑而欲食,渴而欲飲,不可得,其故何也?'婦人對曰:'易牙、豎刁、堂巫、公子開方四人分齊國,塗十日不通矣。公子開方以書社七百下衛矣,食將不得矣。'"④

《吕氏春秋·先識覽·知接》:"管仲對曰:'願君之遠易牙、豎刀、常之巫、衛公子啓方。'公曰:'易牙烹其子以慊寡人,猶尚可疑邪?'管仲對曰:

---

① 〔魏〕王肅注:《孔子家語》卷九,《四部叢刊子部》,上海:上海涵芬樓1919年影印江南圖書館藏明覆宋刊本,第7頁。

② 〔晉〕杜預注,〔唐〕孔穎達等正義:《春秋左傳正義》卷十四,第1809頁。

③ 〔漢〕司馬遷撰,〔南朝宋〕裴駰集解,〔唐〕司馬貞索隱,〔唐〕張守節正義:《史記》卷三十三,第1807—1808頁。

④ 〔清〕黎翔鳳撰,梁運華整理:《管子校注》,北京:中華書局,2004年,第608—609頁。

'人之情,非不愛其子也,其子之忍,又將何有於君?'公又曰:'豎刀自宮以近寡人,猶尚可疑耶?'管仲對曰:'人之情,非不愛其身也,其身之忍,又將何有於君?'公又曰:'常之巫審於死生,能去苛病,猶尚可疑邪?'管仲對曰:'死生命也,苛病失也。君不任其命,守其本,而恃常之巫,彼將以此無不爲也。'公又曰:'衛公子啓方事寡人十五年矣,其父死而不敢歸哭,猶尚可疑邪?'管仲對曰:'人之情,非不愛其父也,其父之忍,又將何有於君?'公曰:'諾。'管仲死,盡逐之,食不甘,宮不治,苛病起,朝不肅。居三年,公曰:'仲父不亦過乎? 孰謂仲父盡之乎?'於是皆復召而反。明年,公有病,常之巫從中出曰:'公將以某日薨。'易牙、豎刀、常之巫相與作亂,塞宮門,築高墙,不通人,矯以公令。有一婦人逾垣入,至公所。公曰:'我欲食。'婦人曰:'吾無所得。'公又曰:'我欲飲。'婦人曰:'吾無所得。'公曰:'何故?'對曰:'常之巫從中出曰:"公將以某日薨。"易牙、豎刀、常之巫相與作亂,塞宮門,築高墙,不通人,故無所得。衛公子啓方以書社四十下衛。'"①

《左傳》《史記》之"雍巫"即《管子》之"堂巫",《吕覽》"常之巫",與易牙、豎刁、公子開方爲亂之人。"雍巫"之"雍",當爲地名,《吕覽》作"常之巫"尤爲明證。《尚書·湯誓》:"伊陟贊于巫咸,作《咸乂》四篇。"《釋文》:"巫咸,馬云:'巫,男巫也,名咸。殷之巫也。'"②文公十年《傳》:"初,楚范巫矞似謂成王與子玉、子西曰:'三君皆將强死。'"杜預《注》:"矞似,范邑之巫。"③《國語·周語上》:"厲王虐,國人謗王。邵公告王曰:'民不堪命矣!'王怒,得衛巫,使監謗者。"韋昭《注》:"衛巫,衛國之巫也。"④"巫咸""范巫矞似""衛巫"名亦相類。

《吕覽》以易牙、豎刀、常之巫、衛公子啓方四人并列,《管子》稱易牙、豎刁、堂巫、公子開方爲"四子""四人";據《管子》《吕覽》堂巫(常之巫)能審死生,去苛病,易牙主烹飪之事:則易牙與雍巫非一人明矣。《傳》云"長

①　〔漢〕吕不韋編,許維遹集釋:《吕氏春秋集釋》,北京:中華書局,2009 年,第406—407 頁。

②　〔漢〕孔安國傳,〔唐〕孔穎達等正義:《尚書正義》卷八,北京:中華書局 1980 年影印本《十三經注疏》,第 166 頁。

③　〔晉〕杜預注,〔唐〕孔穎達等正義:《春秋左傳正義》卷十九上,第 1848 頁。

④　徐元誥集解,王樹民、沈長雲點校:《國語集解》,北京:中華書局,2002 年,第10 頁。

衛姬,生武孟",“雍巫有寵於衛共姬,因寺人貂以薦羞於公,亦有寵,公許之立武孟"①。長衛姬者,蓋即衛共姬,武孟之母也。《傳》云"易牙入,與寺人貂因内寵以殺群吏,而立公子無虧"②。公子無虧即武孟,爲易牙、豎刁、雍巫、公子開方所擁戴者,衛公子開方與“長衛姬"同族,雍巫有寵於衛共姬,爲武孟黨羽,自不待言,故《傳》言易牙、豎刁立武孟,而《管子》《吕覽》云易牙、豎刀、常之巫(堂巫)、衛公子啓(開)方四人爲亂,非不同也。

　　附記:數年前,周維綱先生寄來札記一則,題爲《〈左傳〉襄公三十年"虺"字注辨正》,以爲叔孫虺非叔仲昭伯(名帶),余讀而韙之,因爲覆核補充修改,商榷異同,寫定文本,而久未付梓,值此《古文獻研究》出版之際,遂以拙札"雍巫考"附於驥尾,聊以充數云。(2022 年 8 月 30 日)

　　　　　　　　　　(作者:周維綱,遼寧省鐵嶺市退休教師;

　　　　　　　　　　趙生群,南京師範大學文學院教授)

---

　　①② 〔晋〕杜預注,〔唐〕孔穎達等正義:《春秋左傳正義》卷十四,第 1809 頁。

周代宮室門制與入門禮儀

——以"中門"爲中心

王　鍔

摘要：《三禮》"中門"一詞，衆説紛紜。就經文看，天子五門，由外而内依次是皋門、庫門、雉門、應門、路門；諸侯三門，魯國是庫門、雉門、路門。古人門制，門兩旁有根，門中間有一闑，門分東西左右，向堂爲正，以闑爲主，闑東即闑右，闑西即闑左。中門有二意：一指天子宮門中間之門應門；二指門根、闑之間，一扉之中。兩君相見，主由東扉之中入門，賓由西扉之中入門。上擯、次擯、末擯與上介、次介、末介隨主賓國君之後，成八字形，雁行而入。君臣平時出入在闑東，賓客平時出入在闑西。聘享公事用賓禮，出入自闑西；私覿私事用臣禮，出入自闑東，此周代君臣主客出入門之儀。

關鍵詞：中門　闑　周禮　禮記　鄭玄

先秦文獻《周禮》《儀禮》《禮記》《論語》等，記載天子、諸侯宮室制度，涉及出入門禮儀。其中"中門"一詞，所指不一，解説紛紜，研讀禮書，備受困擾。今據《周禮》《儀禮》《禮記》等文獻記載，參考漢唐以來及清人解説，略加梳理，解疑辨惑。

一、中門是應門

中門或指庫門，或指雉門，或指應門，意見不一。《周禮·天官·閽人》："閽人掌守王宮之中門之禁。"鄭玄《注》曰：

> 中門，於外内爲中，若今之宮闕門。鄭司農曰："王有五門，外曰皋門，二曰雉門，三曰庫門，四曰應門，五曰路門。路門一曰畢門。"玄謂雉門，三門也。《春秋傳》曰："雉門災及兩觀。"①

---

① 〔漢〕鄭玄注，〔唐〕賈公彥疏，趙伯雄整理：《周禮注疏》上册，北京：北京大學出版社，1999年，第188頁。

賈公彦《疏》曰：

雉門外有皋、庫，内有應、路，故云於外内爲中也。"鄭司農云王有五門"，庫門在雉門内，爲中門。"玄謂雉門，爲三門"者，破先鄭雉門爲二門。必知雉門爲中門者，凡平諸侯三門，有皋、應、路。①

周天子王城有五門，鄭衆認爲，自外而内依次是皋門、雉門、庫門、應門、路門，故中門指庫門。鄭玄認爲五門自外向内，二曰庫門，三曰雉門，中門是雉門，賈公彦同意鄭説。

《禮記·明堂位》曰："庫門，天子皋門。雉門，天子應門。"鄭玄《注》曰："天子五門：皋、庫、雉、應、路。魯有庫、雉、路，則諸侯三門與？皋之言高也。《詩》云：'乃立皋門，皋門有伉。乃立應門，應門將將。'"②《周禮·秋官·朝士》鄭玄《注》曰：

玄謂《明堂位》説魯公宫曰："庫門，天子皋門。雉門，天子應門。"言魯用天子禮，所名曰庫門者，如天子皋門。所名曰雉門者，如天子應門。此名制二兼四，則魯無皋門、應門矣。《檀弓》曰："魯莊公之喪，既葬，而垤不入庫門。"言其除喪而反，由外來，是庫門在雉門外必矣。如是，王五門，雉門爲中門，雉門設兩觀，與今之宫門同。閽人幾出入者，窮民蓋不得入也。③

對鄭玄"制二兼四"，賈公彦《疏》曰：

魯作庫門，名曰皋門，其制則與天子皋門同，是制一兼二，庫門向外兼得皋門矣。魯作雉門，名曰應門，其制與天子應門同，是亦制一兼二，則雉門向内，兼得應門矣。是魯"制二兼四"之事。魯之庫門向外兼皋門，魯之雉門向内兼應門，則天子庫門在雉門外，何得庫門倒

① 〔漢〕鄭玄注，〔唐〕賈公彦疏，趙伯雄整理：《周禮注疏》上册，第189頁。
② 〔漢〕鄭玄注，〔唐〕孔穎達正義，吕友仁整理：《禮記正義》中册，上海：上海古籍出版社，2008年，第1265頁。
③ 〔漢〕鄭玄注，〔唐〕賈公彦疏，趙伯雄整理：《周禮注疏》下册，第937頁。

在雉門内？此爲一明。①

　　據《禮記·明堂位》及鄭玄《注》、賈公彦《疏》，天子五門，由外而内順序是皋門、庫門、雉門、應門、路門，鄭玄所言是對的。諸侯有三門，魯國有庫門、雉門、路門三門。魯國庫門相當於天子皋門，兼具天子皋門、庫門功能；魯國雉門相當於天子應門，兼具天子雉門、應門功能。

　　《禮記》之庫門，指魯國王宮外門。《禮記·檀弓下》："自寢門至於庫門。"鄭玄《注》："庫門，宮外門。"孔穎達《正義》曰："寢門，路門。庫門，是魯之外門也。百官及宗廟所在之次。至庫門，咸使知之也。魯三門，故至庫門耳。若天子五門，則至皋門也。"②"軍有憂，則素服哭於庫門之外。""魯莊公之喪，既葬，而絰不入庫門。"孔穎達《正義》曰："云'不入庫門'者，以魯有三門：庫、雉、路。庫門最在外。以從外來，故'絰不入庫門'。絰既不入，衰亦不入可知也。"③《郊特牲》："繹之於庫門内。"孔穎達《正義》曰："繹祭之禮，當於廟門外之西堂，今乃於庫門内。"④"獻命庫門之内，戒百官也。"鄭玄《注》曰："王自澤宮而還，以誓命重相申敕也。庫門在雉門之外。入庫門則至廟門外矣。"⑤

　　《禮記·檀弓下》《郊特牲》所載庫門，均指魯國王宮外門，在雉門外。鄭玄、孔穎達所説是。

　　鄭衆認爲庫門位於天子五門中間，故謂中門爲庫門；鄭玄認爲雉門位於天子五門中間，故謂中門爲雉門。就《周禮》"閽人掌守王宮之中門之禁"而言，皆非。

　　孫詒讓《周禮正義》卷十四曰：

　　　　今考五門之次，以雉門爲三門，當以後鄭説爲正。然此中門實不得專屬雉門，當兼庫、雉、應三門言之。蓋五門以路門爲内門，皋門爲

　　① 〔漢〕鄭玄注，〔唐〕賈公彦疏，趙伯雄整理：《周禮注疏》下册，第 938 頁。
　　② 〔漢〕鄭玄注，〔唐〕孔穎達正義，吕友仁整理：《禮記正義》上册，第 418—419 頁。
　　③ 〔漢〕鄭玄注，〔唐〕孔穎達正義，吕友仁整理：《禮記正義》上册，第 420、435 頁。
　　④ 〔漢〕鄭玄注，〔唐〕孔穎達正義，吕友仁整理：《禮記正義》中册，第 1052—1053 頁。
　　⑤ 〔漢〕鄭玄注，〔唐〕孔穎達正義，吕友仁整理：《禮記正義》中册，第 1067 頁。

外門,餘三門處內外之間,故通謂之中門。①

孫詒讓以庫門、雉門、應門三門爲中門,一家之言而已。
黄以周《禮書通故·宮室制度》曰:

> 五門之次,當從先鄭。天子之宮門曰路、應、庫,其城門曰雉、皋。《檀弓》曰:"宰夫執木鐸以命於宮,自寢門至於庫門。"寢門爲宮之內門,庫門爲宮之外門也。又曰"軍有憂則素服哭於庫門之外",亦曰宮之外門。又曰"繹之於庫門內",言不宜在外門,當於廟門。閽人掌王宮中門之禁,當是應門。仲師説庫門,康成説雉門,皆非。②

黄以周認爲中門是王宮門之應門,甚是。《周禮·秋官·司儀》"出,及中門之外"鄭玄《注》曰:"中門之外,即大門之內也。"③黄以周説:"天子宮垣之門有三:路門爲宮門之終,亦曰畢門;應門爲宮門之中,亦曰中門;庫門爲宮門之外,亦曰大門。"④

二、天子五門次序

關於天子王城五門之次序,鄭衆、鄭玄意見不一。鄭衆認爲,由外而內,雉門是二門,庫門是三門;鄭玄認爲庫門是二門,雉門是三門,黄以周、劉師培同意鄭衆意見。劉師培《周禮古注集疏》曰:

> 後鄭之意,以庫門爲第二門,雉門爲第三門。今知彼説非是者,天子五門,諸侯三門。《記》云"庫門,天子皋門"者,明魯庫門在雉門之外;又云"雉門,天子應門"者,明魯雉門在庫門之內,非庫門向外兼

---

① 〔清〕孫詒讓著,汪少華整理:《周禮正義》第二冊,北京:中華書局,2015年,第656頁。

② 〔清〕黄以周撰,王文錦點校:《禮書通故》第一冊,北京:中華書局,2007年,第62頁。黄以周意見,錢玄先生已揭示。參錢玄、錢興奇:《三禮辭典》,南京:江蘇古籍出版社,1993年,第147—148頁。

③ 〔漢〕鄭玄注,〔唐〕賈公彦疏,趙伯雄整理:《周禮注疏》下冊,第1030頁。

④ 〔清〕黄以周撰,王文錦點校:《禮書通故》第一冊,第63頁。

皋門、雉門向内兼應門也。天子庫在雉内,諸侯庫在雉外,非天子庫門亦在雉外也。至於兩觀所在,必爲中門。五門之制,庫門居中,則雙闕在庫,故《周書·作雒》有"應門、庫臺"之文。三門之制,雉門居中,則雙闕在陰,故《春秋·定》經再書"雉門及兩觀"。後鄭以雉居庫内,又謂兩觀在雉,其説均非。又案《詩·大雅·綿篇》云:"乃立皋門,乃立應門。"毛《傳》云:"王之郭門曰皋門,王之正門曰應門。美太王作郭門以致皋門,作正門以致應門。"審繹毛意,蓋以郭門爲宮外之門,正門爲宮之中門。太王之時,惟有郭門、正門,嗣則因郭門而爲天子皋門,因正門而爲天子應門,增以庫、雉,遂爲五門。明皋、應爲王門,諸侯不得稱也;故魯門稱雉、庫,不稱皋、應。鄭《箋》云:"諸侯之宮,外門曰皋門,朝門曰應門,内有路門。"蓋以皋、應爲侯門正名,惟魯特稱雉、庫,其説亦非。①

劉師培同意鄭衆天子五門次序,謂庫門居中,兩觀在庫門;皋門、應門是天子門名,諸侯不得稱。諸侯三門,魯國三門名稱和自外而内順序是庫門、雉門、路門。天子、諸侯門數不同,稱名有異。

清秦蕙田《五禮通考》曰:

鄭仲師以雉門爲二,庫門爲三。康成以庫門爲二,雉門爲三。今以《明堂位》"庫門,天子皋門。雉門,天子應門"觀之,則庫門在外,雉門在内。康成之説,不可易矣。《疏》謂"平諸侯有皋、應、路",非是。諸侯有庫、雉、路,無皋、應。

古者建國,必先立爲門制。天子五門,曰皋、庫、雉、應、路。《禮記·明堂位》天子有皋門。《郊特牲》:"王立於澤,親聽誓命,獻命庫門之内。"是天子有庫門。《周禮·天官·閽人》:"掌守王宮中門之禁。"賈《疏》謂:"外有皋、庫,内有應、路,雉門爲中門。"是天子有雉門。《書·康王之誥》:"王出,在應門之内。"《考工記》:"應門二徹三个。"《爾雅》:"正門謂之應門。"是天子有應門。路門,一名寢門,一名

① 劉師培著,萬仕國點校:《周禮古注集疏》,《儀徵劉申叔遺書》(第 2 册),揚州:廣陵書社,2014 年,第 465—466 頁。

虎門,一名畢門。《春官·小宗伯》:"縣衰冠之式於路門之外。"《夏官·司士》:"王族、故士在路門之右,太僕、太右在路門之左。"《太僕》:"建路鼓於大寢門外而掌其政。"鄭《注》:"大寢,路寢也。"《地官·師氏》:"居虎門之左,司王朝。"鄭《注》:"虎門,路寢門也。"《顧命》:"二人雀弁執惠,立於畢門之內。"孔《傳》:"路寢,一名畢門。"是天子有路門,此五門之制也。皋者,高也,遠也,門最高而在外,故曰皋。庫者,藏也,府庫在焉,故曰庫。雉,取其文明也,畫雉于門,故曰雉門。居五門之中,故又曰中門。應,居此以應治也,應治出政,故又曰正門。路,大也,王之路車、路馬、路鼓皆曰路,故寢門謂之路門。寢,正寢也,畫虎於門,以示勇猛於守,故又曰虎門。門於此終矣,故又曰畢門。此五門之義也。諸侯三門,曰庫、雉、路。《檀弓》:"魯莊公之喪,既葬,而絰不入庫門。"《春秋·定二年》:"雉門及兩觀灾。"《魯頌·閟宮》:"路寢孔碩。"《家語》:"衛有庫門。"《左傳·昭十年》:"晏平仲端委立於虎門之外。"列國無有稱皋、應者。況《明堂位》云:"庫門,天子皋門。雉門,天子應門。"則皋、應爲天子之門,明矣。《大雅·綿》之篇曰:"乃立皋門,皋門有伉。乃立應門,應門將將。"朱子謂:"太王時未有制度,特作二門,其名如此。及周有天下,遂尊以爲天子之門,而諸侯不得立焉。"其說是也。是庫、雉、路,諸侯之門也。《儀禮·士冠禮》:"賓如主人服,贊者玄端從之,立於外門之外。"鄭《注》:"外門,大門外。"《士昏禮》:"陳三鼎於寢門外,東方。"是大門、寢門,大夫、士之門也。《曲禮》孔《疏》云:"天子五門,諸侯三門,大夫、士二門。"其言信矣。①

秦蕙田之意有四:第一,天子五門次序是皋門、庫門、雉門、應門、路門,"康成之說,不可易矣"。② 第二,五門之意,皋者,高也,遠也,門最高在外,故曰皋。庫者,藏也,府庫在焉,故曰庫。雉者,畫雉于門,故曰雉門;居五門之中,又曰中門。應,居此以應治也,應治出政,又曰正門。路

　　① 〔清〕秦蕙田:《五禮通考》卷一三一,影印文淵閣《四庫全書》(第138冊),臺北:台灣商務印書館,1983年,第87、89—90頁。
　　② 孫詒讓曰:"今考天子五門之次,後鄭此說確不可易。"〔清〕孫詒讓著,汪少華整理:《周禮正義》第二冊,第656頁。

門,一名寢門,一名虎門,一名畢門;路,大也,寢門謂路門;畫虎於門,以示勇猛於守,又曰虎門;門於此終矣,又曰畢門。第三,諸侯有庫門、雉門、路門三門,無皋門、應門,皋門、應門是天子之門名。第四,大夫、士二門,大門、寢門也。除中門謂雉門外,其餘皆是。

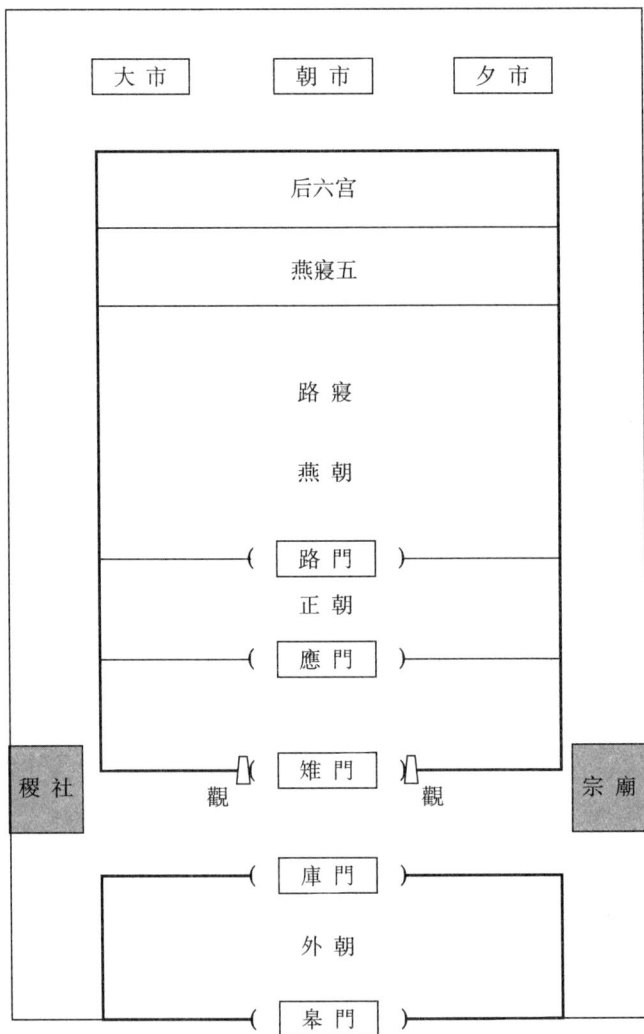

圖一　天子周城(中城)圖①

① 鄭玄《周禮·秋官·朝士》注曰:"外朝在庫門之外,皋門之內與。"〔漢〕鄭玄注,〔唐〕賈公彥疏,趙伯雄整理:《周禮注疏》下冊,第 937 頁。天子三朝:內朝二,一曰燕朝,在路門內,是議論宗族之事的地方;二曰治朝,又名正朝,在路門外,天子每日上朝之所。外朝一,朝士所掌者,在庫門外,是天子與大臣議論國家大事之處。

天子五門，諸侯三門，内外順序，天子、諸侯大致對應。《明堂位》："庫門，天子皋門。雉門，天子應門。"謂諸侯庫門對應天子皋門，雉門對應天子應門。故天子五門順序，當以鄭玄所言皋門、庫門、雉門、應門、路門爲是。魯國諸侯三門順序，亦以鄭玄所言庫門、雉門、路門爲確。就天子而言，閽人所掌中門乃王宫之中門，即應門。鄭衆、鄭玄、秦蕙田、劉師培謂中門"於外内爲中"，即天子五門中間之門，是錯誤的。劉師培謂："太王之時，惟有郭門、正門，嗣則因郭門而爲天子皋門，因正門而爲天子應門，增以庫、雉，遂爲五門。明皋、應爲王門，諸侯不得稱也；故魯門稱雉、庫，不稱皋、應。"從宫城設計發展的角度説明天子、諸侯王城門數、名稱變遷，可備一説。

三、棖闑之中曰中門

中門是一扉之中，即門棖、闑之中央。《曲禮上》曰："爲人子者，居不主奥，坐不中席，行不中道，立不中門。"鄭玄《注》："中門，謂棖、闑之中央。"孔穎達《正義》曰："'立不中門'者，中央有闑，闑傍有棖，棖謂之門楔。今云'不中門'者，謂棖、闑之中是尊者所行，故人子不得當之而行也。"①

《儀禮·士冠禮》："布席于門中，闑西閾外。"鄭玄《注》曰："闑，門橛。閾，閫也。古文'闑'爲'槷'，'閾'爲'蹙'。"②《曲禮上》所云門指寝門。闑，門橛，豎立在門檻中央的短木。棖，門楔也，即門檻兩旁靠門框豎立的木柱。《曲禮上》謂兒子家居時不居住在寝室西南隅，不能坐在席子中間，不可行走在道路當中，不可站立在門棖、闑中間，因爲這些都不是合禮的舉動。

《玉藻》曰：

　　君入門，介拂闑，大夫中棖與闑之間，士介拂棖。賓入不中門，不履閾。公事自闑西。私事自闑東。

　　① 王鍔編纂：《曲禮注疏長編》第壹册，揚州：廣陵書社，2019年，第312、314頁。
　　② 〔漢〕鄭玄注，〔唐〕賈公彦疏，彭林整理：《儀禮注疏》上册，北京：北京大學出版社，1999年，第10頁。

鄭玄《注》曰：

　　此謂兩君相見也。棖，門楔也。君入必中門。上介夾闑，大夫
介、士介雁行於後，示不相沿也。君若迎聘客，擯者亦然。辟尊者所
從也。此謂聘客也。閾，門限。聘享也。覿面也。

孔穎達《正義》曰：

　　“君入門”者，此一經明朝法也。入門，謂入大門也。君必中門。
“介拂闑”者，介謂上介，稍近君，故拂闑。“大夫中棖與闑之間”者，大
夫之介，微遠於闑，故當棖與闑之間。“士介拂棖”者，士介卑，去闑
遠，故拂棖。闑，謂門之中央所豎短木也。棖，謂門之兩旁長木，所謂
門楔也。介者，副也。以經云“君入門”，故知“兩君相見也”。云“雁
行於後，示不相沿也”者，雁行，參差節級。崔氏、皇氏并云：“君必中
門者，謂當棖、闑之中，主君在闑東，賓在闑西。主君上擯在君之後，
稍近西而拂闑；賓之上介在賓之後，稍近東而拂闑。大夫擯、介各當
君後，在棖闑之中央。”義或當然，今依用之。“賓入不中門，不履閾”
者，前經明朝，此經明聘。“賓入”者，賓，謂聘賓也。“不中門”，謂不
當闑西棖、闑之中央也，而稍東近闑也。“不履閾”者，閾，門限。足不
履踐門限之上，以言“賓入不中門”，故注云“謂聘客也”。“公事自闑
西”者，謂行聘享之禮。聘享是奉君命而行，故謂之公事。自闑西，用
賓禮也。“私事自闑東”者，謂私覿、私面，非行君命，故謂之私事。自
闑東者，從臣禮，示將爲主君之臣也。①

　　鄭玄、孔穎達之意：君指來訪國君，上介、大夫介（次介）、士介（末介）
皆其副手。君入門，是兩君相見禮，上介、次介、末介隨後而入。孔《疏》徵
引崔氏、皇氏之説，謂門有一闑，中門是門棖、闑之中，國君入必中門。來
訪賓客不可從中門進入，當從稍東近闑處入門。私覿私面用臣禮，從闑東

———————

① 〔漢〕鄭玄注，〔唐〕孔穎達正義，呂友仁整理：《禮記正義》中册，第 1243—
1244 頁。

隨主君入門。

《玉藻》記載入門禮儀。兩國國君相見,來訪國君從闑西棖、闑中間入門,他的上介卿隨後偏東挨着門闑入門,次介大夫隨卿後從闑西棖、闑中間入門,末介士隨大夫後偏西挨着西棖入門。闑、棖之中間曰中門,是尊者之位,君入必中門。來訪賓客不從中門進入,不踐踏門檻。凡聘享公事禮儀,來賓從門闑西邊入門,用賓禮也;凡私覿私事禮儀,來賓從門闑東邊入門,從臣禮也。

《論語·鄉黨》:"立不中門,行不履閾。"朱熹曰:"中門,中於門也。謂當棖闑之間,君出入處也。閾,門限也。禮,士大夫出入君門,由闑右,不踐閾。謝氏曰:'立中門則當尊,行履閾則不恪。'"[1]賈公彥《儀禮疏》引鄭玄曰:"立行不當棖闑之中央。"[2]朱熹謂中門"當棖闑之間",與鄭玄、孔穎達一致,且引謝良佐之言,謂中門是國君出入之處,"立中門則當尊"。

鄭玄、皇侃、孔穎達、朱熹認爲,門有一闑,秦蕙田、王引之力主此説,甚是。

《五禮通考》曰:

古人門制,兩旁有棖,中間有闑。棖、闑之間爲中門。棖者,門之兩旁長木。闑則兩扉相合處有一木,常設而不動者。門以向堂爲正,故闑東爲右,闑西爲左。東爲主位,西爲賓位。闑東,主所出入。闑西,賓所出入。《曲禮》"主人入門而右,就東楹;賓入門而左,就西楹"是也。臣子在本國,則出入皆由闑東。《曲禮》謂"士大夫出入君門,由闑右",《燕禮》"卿大夫皆入門右"是也。若聘於他國,則《玉藻》謂"公事自闑西,私事自闑東,公事聘、享用賓禮,私事覿、面從臣禮"也。東西兩扉各有中,君出入由東扉之中,《玉藻》"閏月則闔門左扉,立於其中"。臣子不敢當尊,《鄉黨》"立不中門",《曲禮》"爲人子者,立不中門",此東扉之中也。兩君相見,則賓由西扉之中,臣爲賓則否,《玉藻》"賓入不中門",此西扉之中也。饒雙峰謂君出入則皆由左,出則以東扉爲左,入則以西扉爲左。士大夫出入君門,則皆由右,出以闑

① 〔宋〕朱熹撰:《四書章句集注》,北京:中華書局,1983年,第118頁。
② 〔漢〕鄭玄注,〔唐〕賈公彥疏,彭林整理:《儀禮注疏》上冊,第121頁。

西爲右，入以闑東爲右。郝仲輿謂闑東西自定左右，隨身出入，君自
内南面，東出，由闑左，入由右，亦闑左也；臣自外北面，東入爲闑右，
出自西，亦闑右也，入自闑西，則疑於爲賓，出由闑東，則疑於爲主，故
不敢也。今案：二説皆誤。《曲禮》言闑右，《燕禮》言門右，據門闑爲
左右，則左右皆有定所，未聞隨身出入爲左右也。賓主有闑東、闑西
之分，君臣但有中門、不中門之分，未聞君左臣右之説也。君臣常時
出入皆在闑東，未聞爲君者東出西入，爲臣者東入西出也。曰“入由
闑西，則疑於爲賓”是矣，曰“出由闑東，則疑於爲主”，夫不敢疑於主，
反儼然疑於賓矣。入不敢爲賓，而出乃敢爲賓，有是理乎？總由不知
東西，但别賓主，而不别君臣，左右有定所，而不隨身之出入，故爲此
交互紛錯之説耳。至人臣出入由闑右，既不敢當中，即當稍近闑而
行。陸稼書謂“由闑右即拂闑”之義，甚允。《玉藻》“大夫中棖與闑之
間，士介拂棖”，蓋大夫士與上介，雁行於後，不敢相沿，乃兩君相見之
儀，非常時出入之儀也。①

　　秦氏認爲，古人門制，門兩旁有棖，中間有闑，棖、闑之間曰中門。闑
在兩扉相合處，常設不動，闑東是右，東是主位，主人出入；闑西是左，西是
賓位，賓客出入。臣子在本國，出入皆由闑東；若出使他國，聘享公事用賓
禮，出入自闑西；私覿私事用臣禮，出入自闑東。東西兩扉皆有中，主君出
入由東扉之中，臣子“立不中門”者，東扉之中。兩君相見，賓由西扉之中，
臣爲賓則否，“賓入不中門”者，西扉之中也。《曲禮》言闑右，《燕禮》言門
右，皆據門闑爲左右，左右有定所，賓主有闑東、闑西之分，君臣但有中門、
不中門之分，君臣常時出入皆在闑東，人臣出入由闑右，既不敢當中，當稍
近闑而行，即“拂闑”入門也。上介、次介、末介與上擯、承擯、紹擯雁行入
門，乃兩君相見禮儀，非平時入門禮儀。
　　王引之《經義述聞》之《闑中門》一文，列舉六條證據，辨賈《疏》之非。
王氏認爲，《儀禮·士冠禮》《禮記·曲禮》《玉藻》但云“闑”“闑西”“闑東”
“闑右”，不云“東闑”“西闑”，門惟一闑在中央，“闑當兩門之間而非分列東

　　① 〔清〕秦蕙田撰：《五禮通考》卷二三一，影印文淵閣《四庫全書》（第 141 册），
第 293—294 頁。

西扉　　東扉

根　　　　　　　　　　根

中　　　　　中

闑

闑左/西　　　闑右/東

賓　　　　　主

上介夾闑　　上擯夾闑

次介根闑之間　　次擯根闑之間

末介拂根　　　　末擯拂根

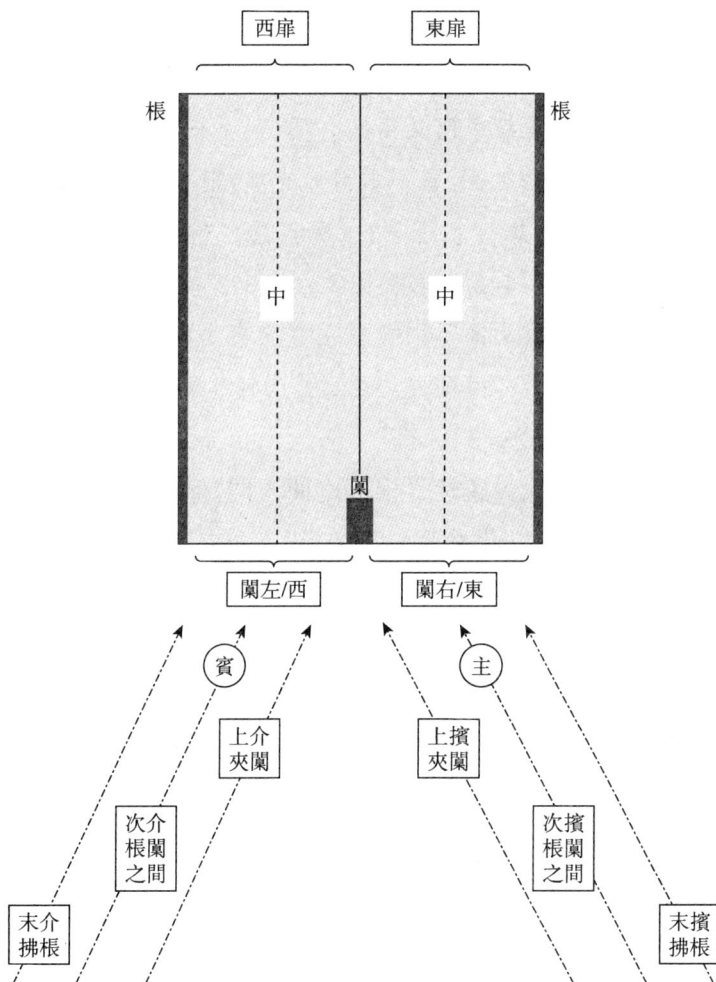

圖二　兩君相見入門禮儀

西,較然明白,不得如賈所云也"。① 王氏曰:

　　中門者,一門之中,非兩門之中也。一門之中,則根、闑之間也。根闑之間爲中門,鄭注《禮記》《論語》皆明箸之,不得以爲非中門也。入門時,君特行,不與介連類,大夫但與上介、末介雁行爲次序,不敢與君爲次序也。君與大夫,雖同在根闑之間而行列絶異,不得與大夫擬於君之中門爲嫌。若聘賓入不中門,其三介隨人,雁行與否,經無

---

① 〔清〕王引之撰,虞思徵、馬濤、徐煒君校點:《經義述聞》第二冊,上海:上海古籍出版社,2017 年,第 961 頁。

明文,又不得以賓不中門而介中門爲嫌矣。棖闑之間,正當一扉之中,故鄭注《聘禮》云:"門中,門之正也。"謂一門之正中,非偏也,不得云"以偏爲中",若謂中門爲兩闑之間,則主賓出入共由於此,主國之君在東,來朝之君在西,皆不當兩扉交處,則反在旁而不在中矣。不與君入必中門之說相刺謬乎?《廣雅》云:"夾,近也。"上介近闑,故《注》謂之"夾闑",非謂與君夾闑之左右也。故《注》但云"上介夾闑",而不云"上介與君夾闑",則非取左右相夾之義可知。若謂上介與君夾闑而行,則是君亦拂闑矣。君與介尚何尊卑之別乎?或說非。[1]

王氏認爲,次介大夫雖然從棖闑之間入門,但與上介卿、末介士爲行列,不與君序次,不得以此爲疑。鄭玄云"上介夾闑",夾者,近也,夾闑即拂闑也。門有一闑,中門乃一扉之中,棖闑之間,非門中也。"或說"者,焦循之說也。

門有一闑兩棖,棖、闑之間曰中門。闑東,即闑右、門右,是君臣出入之處;闑西,即闑左、門左,是賓客出入之所。

四、辨門有東西二闑之非

賈公彦謂有東西兩闑。《儀禮·聘禮》曰:"公揖入,每門、每曲揖。"鄭玄《注》曰:"《玉藻》曰:'君入門,介拂闑,大夫中棖與闑之間,士介拂棖。賓入不中門,不履閾。'此賓,謂聘卿大夫也。門中,門之正也。不敢與君并由之,敬也。介與擯雁行,卑不逾尊者之迹,亦敬也。賓之介,猶主人之擯。"賈公彦《疏》曰:

此經謂聘客,鄭君并引朝君,欲見卿大夫聘,來還與從君爲介時入門同,故并引之也。云"君入門,介拂闑",又云"門中,門之正",又云"卑不逾尊者之迹",若然,聊爲一闑言之。君最近闑,亦拂之而過,上介則隨君而行,拂闑而過,所以與君同行者,臣自爲一列。主君既

---

① 〔清〕王引之撰,虞思徵、馬濤、徐煒君校點:《經義述聞》第二册,第962—963頁。

出迎賓,主君與君并入,主君於東闑之内,賓於西闑之内,并行而入。上介於西闑之外,上擯於東闑之外,皆拂闑。次介、次擯皆大夫,中棖與闑之間;末介、末擯皆士,各自拂棖,如是得君入中門之正。上擯、上介俱得拂闑,又得不逾尊者之迹矣。又云"賓不入中門"者,此謂聘賓,大聘大夫,故鄭卿、大夫并言入門之時,還依與君爲介來入相似,賓入還拂闑,故上注賓自闑西,擬入門時拂闑西故也。云"門中,門之正也"者,謂兩闑之間。云"卑不逾尊者之迹"者,士以大夫爲尊,大夫以上介爲尊,上介以君爲尊也。云"賓之介,猶主人之擯"者,欲見擯介雁行,不別也。①

　　賈公彦之意,門有東西二闑,主君與來訪國君入門,主君由東闑之内拂闑而入,來訪國君由西闑之内拂闑而入,二人并行;上擯於東闑之外拂闑入門,上介於西闑之外拂闑入門;次擯於東闑與東棖之間入門,次介於西闑與西棖之間入門;末擯於東闑之外拂棖入門,末介與西闑之外拂棖而入。如此進門,既保證了兩君與東西闑之間即中門而入,也規定了上擯、次擯、末擯與上介、次介、末介入門時避開上級尊者之迹,形成八字入門行列,即鄭玄所謂"介與擯雁行"也。

　　焦循、黄以周、錢玄皆同意賈公彦"門有東西二闑"之説。② 黄以周《禮書通故》曰:

　　　皇侃、孔穎達説,門之一闑,禮所云"中棖與闑之間"爲中門。賈公彦説,門有東西兩闑,兩闑之間爲中門。焦循云:"賓不中門,大夫中棖闑之間,豈大夫轉中門乎? 以偏爲中,斷無此理。且鄭《注》云:'君入必中門,卜介夾闑,大夫介、士介雁行於後,示不相沿也。'夾闑,言君與介夾闑之左右,若止一闑,是介與君并行矣。君中門即帳闑之間,必大夫隨君後,何以爲不相沿? 孔《疏》非也。"王引之、張惠言説,經於闑曰闑東,曰闑西,無東闑、西闑之文,《注》亦不云有東西二闑。賈《疏》引鄭《論語》"立不中門"注,云"立行不當棖闑之中央"則鄭以

————————
①　〔漢〕鄭玄注,〔唐〕賈公彦疏,彭林整理:《儀禮注疏》上册,第386—387頁。
②　錢玄説:"門中東西兩短木曰闑,亦稱橛,亦稱梱。兩闑之間曰中門。"錢玄:《三禮通論》,南京:南京師範大學出版社,1996年,第174頁。

爲一闑尤明。中門者,一扉之中也。

以周案:門必兩闑,所以表中門也。大夫、士行立不中門,而《玉藻》云"大夫中棖闑之間",則棖與闑之中央非中門矣。王伯申以爲門止一闑,詳列六證以辨賈失。其大意謂經注言闑,不别東西,是門無二闑之證。其實經舉棖闑,各就一偏爲文,故不待别其東西,義自可見。棖明有二,亦不見有東棖、西棖之文矣。《曲禮》"大夫、士出入君門由闑右,不踐閾",此以臣禮言,據東偏爲文。凡臣皆由門東而入,即士之朝位在西方,其入亦門東,曰由闑右,其爲東闑可知。《玉藻》"君入門,介拂闑,大夫中棖與闑之間,士介拂棖",此以賓禮言,據西偏爲文。凡賓皆由門西而入,即兩君相見,其君入必中門,亦入自西偏之門,曰闑曰棖,其爲西闑西棖亦自可知。《玉藻》曰:"賓入不中門,公事自闑西,私事自闑東。"公事用賓禮,私事用臣禮,賓自門西入,臣自門東入,於"入不中門"之下,曰闑東,曰闑西,此正門有兩闑之證。如門止一闑,則闑東闑西即是中門,上下文相觸戾矣。且曰中門者,必中於門也。曰中棖闑之間者,必中於棖闑也。棖闑之中,乃一扉之中,所謂"闈門左扉立於其中"是也。以中扉爲中門,則大夫中棖闑之間,正中門矣;介拂闑,與君并行矣,非也。①

黄氏先羅列一闑、兩闑異説,然後謂"門必兩闑,所以表中門也",實屬誤解,秦蕙田、王引之已辨。其不顧經注之言,膠泥"中門"之詞,謂"中門者,必中於門",即門之正中,兩闑之間,與經注不合。然其區别君臣入門之儀、兩君相見之禮、公事私事之别、賓禮臣禮之異,符合周禮。

黄氏又曰:

焦循云:"禮,布席於門中闑西閾外,謂是門中之闑西,非門西之闑西。"王引之曰:"闑西者,右扉所在也。門中者,右扉之中也。若謂門有兩闑,則經當云'布席于門中闑間',不得云闑西矣。"以周案:門中與中門異。中門者,中其門也。門中者,不必其正中。布席門中必著之曰闑西,所以定其位也。布席闑西,必著之曰門中闑西者,所以

---

① 〔清〕黄以周撰,王文錦點校:《禮書通故》第一册,第59—60頁。

別門西之闑西也。焦說是。如王氏說,經曰"布席于闑西"可矣,何必纏言門中。且扉不可以冒門,中扉不可以冒門中。①

秦氏前已辨,門言左右東西,皆以向堂爲正,以闑爲主,故闑東爲右,闑西爲左,闑東即闑右,闑西即闑左。焦循謂"布席於門中闑西闑外","謂是門中之闑西",甚是。王引之謂"闑西者,右扉所在也","門中者,右扉之中也",疑"右扉"是"左扉"之誤。黄氏謂門中、中門不同,甚是;然謂"中門者,中其門也",則非。門中者,兩棖之間也;中門者,棖闑之間也。

結　語

《周禮》《儀禮》《禮記》《論語》記載"中門"一詞,關乎周代宮室門制和出入門禮儀。然自漢鄭衆、鄭玄、孔穎達、賈公彦以來,對天子五門次序、中門所指、門中之闑,注解不同,導致對出入門禮儀的解說也存在歧義。我們立足經書原文,梳理各家異說,認爲天子五門,由外而内依次是皋門、庫門、雉門、應門、路門;諸侯三門,魯國三門分别是庫門、雉門、路門。古人門制,門兩旁有棖,門中間有一闑,門分東西左右,向堂爲正,以闑爲主,闑東即闑右,闑西即闑左。中門有二意:一指天子宮門中間之門應門,《閽人》"王宮之中門"即是;二指門棖、闑之間,一扉之中,"立不中門"者,東扉之中;"賓入不中門"者,西扉之中。兩君相見,主由東扉之中入門,賓由西扉之中入門。上擯、次擯、末擯與上介、次介、末介隨主賓國君之後,成八字形,雁行而入;上擯、上介"夾闑"即拂闑進入,次介、次擯棖闑之間進入,末擯、末介拂棖進入。君臣平時出入在闑東,賓客平時出入在闑西。聘享公事用賓禮,出入自闑西;私覿私事用臣禮,出入自闑東。君臣主客出入門之儀,無不如是。

2019.7.16 日初稿

2022.7.29 日二稿

（作者:南京師範大學文學院教授）

---

① 〔清〕黄以周撰,王文錦點校:《禮書通故》第一册,第60—61頁。

今文《尚書》資料研究兩題*

高中正

摘要：對相關資料進行釋讀、判定，是研究《尚書》今、古文問題的基礎工作。居延漢簡中有一枚封檢，時代在新莽時，簡文内容涉及今文《尚書》解釋，結合《莽誥》《史記》等文獻進行釋讀，可揭示其價值。熹平石經爲東漢今文經學重要文獻，梳理歷代著録之《尚書》殘石外，亦可據已有判定今、古文之方法，結合字體等因素，對舊藏、舊著録進行辨僞。

關鍵詞：今文《尚書》 居延漢簡 熹平石經 研究

一、居延漢簡所見封檢簡文小識

漢代今、古文之別，除了經文字外，經説異同也一樣重要。不過文本和解説常處在變化之中，舊有文字的改寫、新説的添附，隨着時間推移而不斷堆叠、剥落，導致除經文字的參伍令人目眩外，經説的錯綜有時也難以把握。如果要在其中加以抉別，就必然要找尋確定可信的證據坐標。兩漢官學中，今文經學占據主流，因此詔令奏議以至漢碑等所用經文經義，大致可以釐清。其中略顯特殊、需要稍加辨明的，則是王莽時期的經學。

新莽時，今文學仍占據極重要地位。這一點，無論是從王莽的受學、推動者如劉歆等的學術活動，還是"益博士員"後相關經學博士之職的任用等，都很明白。然而在新莽朝官方的制度設計中，被視作古文説的《周禮》等書亦發揮很大作用。過去學者評價東漢鄭玄等人以《周禮》經義摻入今文經説，但這種"混淆"事實上在王莽時就已有實踐。新莽時的經學與政治互動更加頻密，是研究兩漢社會中政治與學術關係的絶佳樣本。

* 本文是國家社科基金青年項目"北大漢簡語詞考釋及相關問題研究"(20CYY039)的階段性成果。

但若想進行綜合的研究，恐怕非得對相關材料進行一番徹底清理不可。這樣的工作，固然不是幾篇文章可以完成的。我們僅從《尚書》學的層面，選取個案進行一些嘗試性研究。

王莽時期的《書》學，最受學者重視的應當是模仿《周書·大誥》所作的《莽誥》。過去對於《莽誥》的今、古文性質有不同説法。清代學者中極出色者如段玉裁、王念孫和皮錫瑞等，很早就將《莽誥》歸入今文三家系統中。王念孫認爲"莽《大誥》皆用今文《尚書》"①，段玉裁稱"漢時疇人子弟皆習歐陽、夏侯《尚書》，莽多用其訓故語，使一時易明曉"②，均是。近代以來，也有學者重申這種看法。③ 在我們看來，持《莽誥》用古文《尚書》或者有古文説看法的研究者，大多是被一些似是而非的異文干擾了判斷。

我們曾指出，今本《尚書·大誥》"越天棐忱，爾時罔敢易法"，《莽誥》作"粵天輔誠，爾不得易定"④。其中"法"與"定"字對應。"法"在戰國時的齊魯古文中寫作"佱"，"定"則是這種寫法的誤認。這應當是伏生系統的今文《尚書》，面對寫作"佱"的"法"字時轉寫致誤。《莽誥》的底本，就是繼承了今文《尚書》的錯誤。

又如《大誥》"民獻有十夫"，《莽誥》則作"民儀九萬夫"，"獻"字作"儀"，同於《尚書大傳》。古文《尚書》中的"獻"，在今文中常寫作"儀"，又如《皋陶謨》"萬邦黎獻"，漢碑或寫成"黎儀"，等等。學者多指出是齊魯方音所致。作"儀"者是在今文經師的口傳、轉抄中形成。

以經説言，天鳳元年(14)王莽行巡守詔令中，巡行四方的部分有作"以勸東作""以勸南僞""以勸西成""以勸蓋藏"者，是用《堯典》義，其中"蓋藏"與今所見本作"朔易"無法對應，只能看作是今文《尚書》作"伏物"

　　① 〔清〕王念孫：《漢書雜志》第十三"奔走"條，《讀書雜志》，南京：江蘇古籍出版社，2000年，第358頁下欄。

　　② 〔清〕段玉裁：《古文尚書撰異》卷十五《大誥》"若兄考乃有友伐厥子民養其勸弗救"條，《續修四庫全書》(第46冊)，上海：上海古籍出版社，2002年，第207頁上欄。

　　③ 參看程元敏：《〈莽誥〉商價》，《程氏經學論文集》，臺北：萬卷樓出版社，2019年，第459—479頁。《莽誥》與《大誥》詳細比對，亦可參看程元敏：《〈莽誥〉〈大誥〉比辭證義》，《尚書周誥十三篇義證》，臺北：萬卷樓出版社，2017年，第48—115頁。

　　④ 〔漢〕班固撰，〔唐〕顏師古注：《漢書》卷八四《翟方進傳》，北京：中華書局，1962年，第3434頁。以下舉例，可參看高中正：《文本傳流與變異：兩漢今古文〈尚書〉新論》，《"中央研究院"歷史語言研究所集刊》第九十三本第三分，2022年，第531—594頁。

的解說。

諸如以上，都可以看出王莽時官方詔令的擬制仍是以今文《尚書》作爲準的。不過，由於《漢書》經過歷代轉抄，《莽誥》中的文字也難免因僞孔傳《尚書》的興起遭到修改。如上文所説的《大誥》"民獻有十夫"，今本《漢書》或寫成"民獻儀九萬夫"，王念孫指出顏師古引孟康説爲"民之表儀，謂賢者"，證明《漢書》的"獻"字爲衍文。① 就是典型的例子。出土簡牘資料，由於未經後人改動，則往往可以避免這種問題。以簡牘文獻中的經學資料爲標尺，來分别傳世文獻中今、古文甚至今文家内部差異，有時也不無裨益。請看如圖所示破城子 A8 甲渠侯官遺址出土的一枚封檢。

居延漢簡 39.5 反

簡文保存并不理想，給相關的釋讀工作帶來了一定困難。我們將臺灣史語所重新整理的居延漢簡釋文轉録如下：

曰：咨！二十有二人者，敬女官職(?)，知☒☒者三考
紬幽☒Ａ明=（明，明）之光也，☒☒大地☒
☒官幸得制度於☒爲☒不等②

木牘正面有"李贊印 甲溝官 四月庚戌卒同以來"字樣，學者已經指出，此爲文書封檢類簡牘的一般形式，背面文字則是吏卒習字所爲。③ 正面的

---

① 〔清〕王念孫：《漢書雜志》第十三"民獻儀九萬夫"，《讀書雜志》，第 358—359 頁。

② 圖版采自簡牘整理小組編：《居延漢簡（壹）》，臺北："中研院"史語所，2014年，第 127 頁。對簡文的輯釋參看劉嬌：《居延漢簡所見六藝諸子類資料輯釋》，復旦大學出土文獻與古文字研究中心編：《出土文獻與古文字研究》第 7 輯，上海：上海古籍出版社，2018 年，第 284 頁。

③ 參看劉釗：《漢簡所見官文書研究》，吉林大學博士學位論文，長春，2015 年，第 319 頁。

"甲溝官"三字清晰可辨。居延簡中常見的"甲渠候官""甲渠",王莽時期更作"甲溝官"。過去認爲此枚木牘的抄寫年代在新莽時期①,應無疑問。

不少研究者都已經注意到,背面的這段文字此段頗類《堯典》如下之句:

> 帝曰:咨! 汝二十有二人,欽哉! 惟時亮天功,三載考績,三考,黜陟幽明,庶績咸熙。②

《史記·五帝本紀》相關文句則作:"舜曰:'嗟! 女二十有二人,敬哉,惟時相天事。'三歲一考功,三考絀陟,遠近衆功咸興。"③

有學者判定木牘所説爲《堯典》的"摘抄"④。但通過與《堯典》的比對可以看出,木牘文句并非與經文一一對應。劉釗先生則注意到其用語"多參用儒家經典又與之有異",認爲類似王莽時模仿《尚書》文字所作詔令,"應是任命某些官職時所下達的"⑤。這一看法值得注意,不過"二十有二人",與史書所載的王莽設官之職無法契合。按照史書的記載,新莽時官制及政區名稱等改動頻繁,以至於"一郡至五易名,而還復其故。吏民不能紀"⑥。加之簡文前後內容難以卒讀,"二十有二人"所指究竟如何,還有待進一步研究。

簡文中的"二十有二人",同於今本《尚書》及《史記》,過去王引之懷疑《尚書》本當作"三十二人",上"二"字爲傳寫者脫去一畫所致⑦。學者多指出不可信。簡文也可以作爲佐證。

此外,簡文最爲明顯的特徵是用訓詁字代替經字。我們都知道,司馬

① 〔日〕森鹿三撰,姜鎮慶譯:《居延出土的王莽簡》,《簡牘研究譯叢》第1輯,北京:中國社會科學出版社,1983年,第7頁。
② 〔漢〕孔安國注,〔唐〕孔穎達疏:《尚書注疏》卷三,〔清〕阮元等校刻:《十三經注疏》,北京:中華書局,1980年,第132頁。
③ 〔漢〕司馬遷撰,〔南朝宋〕裴駰集解,〔唐〕司馬貞索隱,〔唐〕張守節正義:《史記》卷一《五帝本紀》,北京:中華書局,2014年,第46頁。
④ 張國豔:《居延漢簡"六藝略"文獻的初步整理》,《江南大學學報》(人文社會科學版)2009年第1期,第97—102頁。
⑤ 劉釗:《漢簡所見官文書研究》,第320頁。
⑥ 〔漢〕班固撰,〔唐〕顏師古注:《漢書》卷九九中《王莽傳中》,第4137頁。
⑦ 〔清〕王引之撰,虞思徵等點校:《經義述聞》卷三《尚書上》"咨女二十有二人"條,上海:上海古籍出版社,2018年,第165—167頁。

遷在編寫《史記》時,往往將《尚書》文句采入相關的本紀、世家,并加以剪裁改寫,其中一個重要方式是以訓詁字代替經字,對此前人已有很好的整理歸納①。清人陳壽祺《左海經辨》稱"《史記》多以訓詁改經文,學者所知也。今文《尚書》(引者按:此指《尚書大傳》)亦有然者",并舉數例作爲證明②。這種以今釋古的解經方法,在兩漢時的經學傳授及詔令之中較爲普遍。如懸泉《四時月令詔條》"信執厥中,欽順陰陽",就是分別用"信""順"代替《尚書》原本的"允"和"若"字。

簡文第一行"敬女官職",或與解説"欽哉"大意有關。以"敬"代"欽",同於《五帝本紀》。僞孔傳解釋"欽哉"爲"各敬其職",與簡文相當,或是僞孔傳承續今文之説。第二行釋文中之 A 字,諸家所釋多闕。此字圖版作[圖],可以摹作[圖],當爲"升"字,可跟下列"升"字比對③:

[圖]肩水金關漢簡 73EJC:106

[圖]居延新簡 E. P. T52:1

"升""陟"語義相近,《堯典》"汝陟帝位",僞孔《傳》:"陟,升也。"④《詩經·周南·卷耳》"陟彼崔嵬",毛《傳》:"陟,升也。"可以證明。簡文以"升"代"陟",跟第一行以"敬"代"欽"一樣,是用當時的"今語"釋古語。

第一行末至第二行"三考絀幽□升明"跟《堯典》文句也不完全相符,反而更像是對經文"三考,黜陟幽明"的疏解。過去學者都以《史記》"絀陟"絕句,《白虎通·考黜》《漢書·食貨志》等與之相同⑤,當是今文説中的一種,且"幽明"《史記》訓爲"遠近",《法言·問神》:"君子之言幽必有驗乎明,遠必有驗乎近。"⑥正以"幽明"與"遠近"相對。

①　古國順:《史記述尚書研究》,臺北:文史哲出版社,1985 年,第 8—11 頁。程元敏:《尚書學史》拾叁"漢尚書學",上海:華東師範大學出版社,2013 年,第 676—679 頁。

②　〔清〕陳壽祺:《左海經辨》卷上"今文尚書亦以訓詁改經"條,《續修四庫全書》(第 175 册),上海:上海古籍出版社,2002 年,第 384 頁。

③　參看〔日〕佐野光一編:《木簡字典》,東京:雄山閣出版株式會社,1985 年,第 115—116 頁所收"升"字。

④　〔漢〕孔安國注,〔唐〕孔穎達疏:《尚書注疏》卷三,第 126 頁。

⑤　〔清〕陳喬樅:《今文尚書經説考》卷一下"黜陟幽明"條,《續修四庫全書》(第 49 册),上海:上海古籍出版社,2002 年,第 144 頁;馬楠:《周秦兩漢書經考》,清華大學博士學位論文,北京,2012 年,第 101—102 頁。

⑥　汪榮寶撰,陳仲夫點校:《法言義疏》卷八《問神》,北京:中華書局,1987 年,第 159 頁。

居延簡此處則作"絀幽□升明，明之光也"，與《史記》不同。《路史》注引《尚書大傳》"積不善至於幽，六極以類降，故絀之；積善至於明，五福以類升，故陟之"，與簡文相近。

簡文"黜"作"絀"，跟《史記》用字相合，而今本《湯誓序》"湯既黜夏命"，《殷本紀》"黜"同樣作"絀"。兩漢多用"絀"字記錄"貶黜"之"黜"，東漢熹平二年(173)巴郡朐忍令景雲碑行 10 有"三考絀勑，陟幽明矣"[①]一句，亦用"絀"。可能的例外是《敦煌漢簡》簡 2142：

　　　　☑□時過，可不冒哉。牧監之部，其勉於考績，黜☑。

此簡所謂"牧監之部"爲王莽時設，王國維據之指出簡文爲新莽時。[②] 其中"黜"字右邊殘，僅餘"黑"形，白軍鵬先生據《堯典》文義釋爲"黜"。[③] 可以參考。"黜""絀"之別僅是兩漢時用字習慣，應與今、古文差異無關。

簡文對《堯典》的解讀和用字，跟《史記》有同有異，也有跟《大傳》相合之處，保留了當時流行的今文《尚書》學中跟《堯典》有關的經説。

二、熹平石經《尚書》殘石著録略説以及僞作

熹平石經在東漢靈帝熹平四年(175)刻石，此後歷經損毀。貞觀年間，魏徵曾加以收集，已經十不存一。北宋金石之學興起，嘉祐年間，石經的收藏開始進入當時士大夫的視野。此間相關問題研究，以近人張國淦的《漢石經考》最爲全面[④]。單就《尚書》而言，《隋書經籍志》曾記有"《一字石經尚書》六卷"，可能跟漢石經《尚書》有關。今文三家，晋永嘉之亂後已鮮少傳布。因此，六朝隋唐間學者稱説的今文《尚書》，應該也多指石經

---

　　① 徐玉立主編：《漢碑全集》第五册，鄭州：河南美術出版社，2006 年，第 1476 頁，放大圖版第 1488—1489 頁。
　　② 王國維：《流沙墜簡·屯戍叢殘考釋·簿書類四》，指出是新莽時詔書，收入謝維揚、房鑫亮：《王國維全集》第四卷，杭州：浙江教育出版社，2009 年，第 17—18 頁。亦可參看饒宗頤、李均明：《新莽簡輯證》，臺北：新文豐出版公司，1995 年，第 143 頁。
　　③ 白軍鵬：《敦煌漢簡校釋》，上海：上海古籍出版社，2014 年，第 102 頁。
　　④ 張國淦：《歷代石經考》，賈貴榮輯：《歷代石經研究資料輯刊》(第 4 册)，北京：北京圖書館出版社，2005 年，第 7—260 頁。

本。如顔師古《匡謬正俗》曾稱古文《尚書》之“惟”，今文作“維”，古文“烏乎”，今文作“於戲”，所謂今文用字，均與石經本合。皮錫瑞有很好的説明。① 北宋人董逌《廣川書跋》則記載當時洛陽曾得石經《尚書》殘碑，有《盤庚》《洪範》《無逸》《多士》《多方》等篇，計二百三十六字：

> 其文與今《尚書》盡同，間有異者，纔十餘……“天命自度”，碑作“亮”；“惠鮮鰥寡”，碑作“惠于矜寡”；“乃逸既誕”，作“乃憲既延”；“治民祇懼”，作“以民”；“肆高宗享國五十九年”作“百年”，以《書》考之，知傳受譌誤，不若碑之正也。②

到了南宋時，洪适又將當時所能見到石經《尚書》文字加以輯考，收入《隸釋》卷十四，字頭下附校文及簡單考證③。民國以來，馬衡搜集當時所見殘石，收入《漢石經集存》，最爲全面。《漢碑全集》收録洛陽市博物館藏一方《康誥》部分殘石④，見於《漢石經集存》214 號。此後的 1968 年和 1974 年，又有兩塊殘石在洛陽出土，其中顧頡剛先生收藏的拓本，收入與顧廷龍先生合編的《尚書文字合編》中，許景元先生在《新出熹平石經〈尚書〉殘石考略》一文中也披露了兩塊殘石拓片，永田英正先生所編《漢代石刻集成》115 號亦有著録⑤。以上是我們目前對漢石經《尚書》進行研究的主要參考資料。

熹平石經殘石在近代以來爲學者重視，各種因素驅動下的作僞也在所難免。我們注意到兩塊公家收藏的石經《尚書》殘石，一塊是國家圖書館藏章鈺舊藏（見圖一），著録在《北京圖書館藏中國歷代石刻拓本彙

---

① 〔清〕皮錫瑞：《今文尚書考證·凡例》，北京：中華書局，1989 年，第 7 頁。

② 〔宋〕董逌：《廣川書跋》卷五“石經尚書”條，《叢書集成初編》影印《津逮秘書》本，上海：商務印書館，1937 年，第 57—58 頁。

③ 〔宋〕洪适：《隸釋》，北京：中華書局影印本，1985 年，第 149—151 頁。

④ 徐森玉主編《漢碑全集》第 5 册，第 1558 頁。

⑤ 馬衡：《漢石經集存》，臺北：藝文印書館，1976 年；許景元：《新出熹平石經〈尚書〉殘石考略》，《考古學報》1981 年第 2 期，第 185—197 頁；顧頡剛、顧廷龍輯：《尚書文字合編》，上海：上海古籍出版社，1996 年；永田英正編《漢代石刻集成·圖版釋文篇》，東京：同朋舍，1994 年，第 219 頁。

編》①，宋廷位先生通過書法角度已經證明其僞②。此塊曾有學者加以引用③。從内容來看，其中"維"作"惟"，與顔師古記載及真石經本用字不合。宋先生的判斷當可信。

圖一

此外，張同印先生《歷代書迹集萃 隸書》圖114著録的一方内容爲《多士》《無逸》《君奭》部分的殘石（圖二），此書的説明文字注爲"北京大學圖書館藏"④。宋廷位先生前文曾以此碑爲真。我們認爲也值得懷疑。這塊殘石碑面光潔，保留字數很多，跟現存的真石多爲小塊殘石不同。其中《無逸》的"言乃雍""嘉靖"，跟清人搜輯漢人所引的今文《尚書》多作"言

① 北京圖書館金石組編：《北京圖書館藏中國歷代石刻拓本彙編》第一册，鄭州：中州古籍出版社，1997年，第161頁。
② 宋廷位：《國家圖書館藏〈熹平石經·尚書〉非原石考》，《書法賞評》2011年第6期，第12—15頁。
③ 趙立偉：《漢石經〈尚書〉異文與今本〈尚書〉校議》，《寧夏大學學報》（人文社會科學版）2013年第3期，第11—13頁。
④ 張同印：《歷代書迹集萃 隸書》，長沙：湖南美術出版社，2008年，第117頁。

乃讙”“密靖”有別①；“自殷王祖甲及中宗及高宗”，跟今本及清人推定的順序都不合；“矜”字本從“令”聲，因此漢代隸書中“矜”均寫作“矜”，此《無逸》“不辱矜寡”句“矜”字寫作從“今”，顯然出自後人之手。《君奭》“永孚于休”的“孚”作🔲，寫法僵硬。整塊刻石當係據《隸釋》所記的三篇下段，確定行數後僞造上段。《北京大學圖書館藏金石草目》著録有北京大學藏《尚書》四石，其中有《多士》《無逸》，爲方若舊雨樓藏僞刻②，不知是否與此有關。

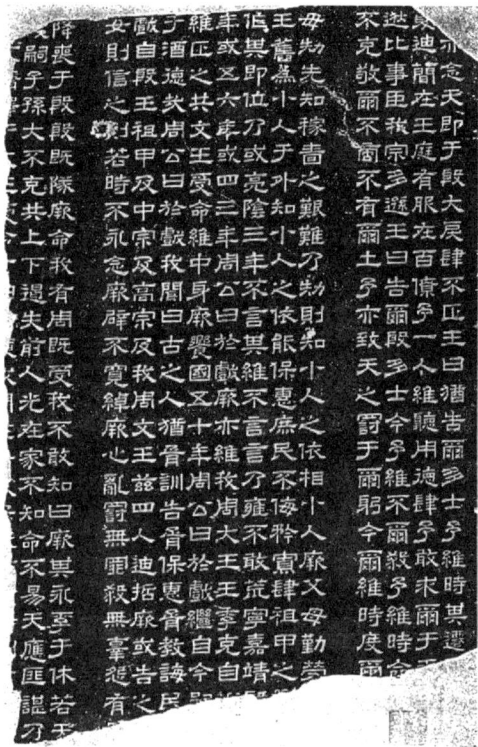

圖二

（作者：南京師範大學文學院講師）

---

① 皮錫瑞：《今文尚書考證》，第368—369頁。參看高中正：《清華簡“宓情”與今文〈尚書〉“密静”合證》，《出土文獻》2021年第3期，第60—64頁。

② 孫貫文：《北京大學圖書館藏金石草目》，《考古學集刊》（第七集），北京：科學出版社，1991年，第233頁。

從《漢書·揚雄傳》殘卷
看宋祁校語的價值

謝秉洪

摘要:宋祁校語是《漢書》考校研究的重要資料,歷來受到研究者的重視,但亦曾遭非議。本文通過比勘日藏寫本《揚雄傳》殘卷,舉例說明宋祁校語的價值。

關鍵詞:《漢書》 《揚雄傳》殘卷 宋祁校語

眾所周知,北宋著名史學家宋祁(998—1061,字子京,諡景文)在《漢書》考校的歷史上具有不可或缺的重要地位,他在余靖等人主持的景祐刊誤本校印後,又利用 16 種本子對《漢書》作了重新校勘,故當時有"宋祁手校本"行世。宋祁手校本雖早已不傳,但南宋建安劉之問本(亦稱"慶元本")即據該本校刻,宋祁校語亦賴以傳世。此後迭經明南、北監本等,終爲清殿本所采,各本皆詳録宋祁校語,爲後人研究《漢書》提供了彌足珍貴的版本異文資料。

宋祁之後,從事《漢書》校勘研究的學者,著名的又有劉敞、劉攽、劉奉世、吳仁傑等,諸家皆對宋祁校語十分推崇,并無絲毫懷疑。直到清代,宋祁校語纔橫遭非議,始作俑者爲著名學者全祖望。全氏撰有《辨宋祁〈漢書〉校本》一文,以爲宋祁《漢書》校本經"細閱""乃知非景文之書",爲南渡末年福建麻沙書坊中不學無術之徒所依托,"鹵莽庸劣之甚",可發笑處"更僕數之未能盡也",又舉可疑者五端以申其説①。此説一出,遂使疑竇叢生,而王念孫、張元濟等皆認爲宋祁校語各本非捏造,宋祁校語多可采②。張元濟《百衲本二十四史校勘記·漢書校勘記》中有許多"與宋云某某本合""與宋云當作某合"之類的校語,就已經很能説明問題的性質。

平心而論,宋祁校語雖然無法與此前的顏師古注相提并論,但其校語

---

① 〔清〕全祖望:《鮚埼亭集外編》卷四八,四部叢刊本,第 1043 頁。
② 參見張元濟:《校史隨筆》,上海:上海古籍出版社,1998 年,第 14—16 頁。

對於理清《漢書》版本傳承源流,恢復《漢書》文本原貌,尤其是在《漢書》的校訂研究方面具有重要的參考價值。清代《漢書》集大成者王先謙雖然也在《前漢補注序例》中說"宋說淺陋",而其《補注》中則"宋劉校語,粲然具列",即是最好的證明。筆者近年涉獵《漢書》,曾對宋祁校語逐一進行核對,發現事實并非如全祖望所說,宋祁校語不但真實可信,而且大多數版本異文在今存《漢書》殘卷中亦能得到印證,日本所藏《漢書·揚雄傳上》殘卷就是一個典型的例證。

迄今爲止,所見《漢書》寫本殘卷凡十餘件,其中日本藏有多種唐寫本殘卷,最著名的是《漢書·食貨志上》日人手寫卷子本,黎庶昌輯刻《古逸叢書》中影摹了這一卷子本;又有《揚雄傳上》殘卷一卷,收入《東京帝國大學文學部景印唐鈔本》第二集。其中《揚雄傳上》殘卷一卷原爲竹添光鴻等舊藏,現爲日本兵庫縣上野淳一所藏,已被日本"文化財審議委員會"確認爲"日本國寶"。殘卷首尾有"江亭圖書記""井井居士珍賞子孫永保""上野藏記"等藏書印。其內容係顏師古注《漢書》卷八十七《揚雄傳》的上半卷。殘卷全長1394cm,縱27.6cm[①],卷首缺佚,起於"反離騷曰",訖於《揚雄傳上》之末,尾題"楊雄傳第五十七",現存555行,行有界欄,正文大字,行15字左右,注文小字雙行,行23字左右。文中"淵""民"字大都缺筆,"治""弘""顯""隆"字幾乎都不避,當爲初唐寫本。據《舊唐書》《新唐書》記載,顏師古奉太子承乾之命爲《漢書》作注始於貞觀十一年(637),貞觀十九年(645)顏師古"從駕東巡,道病卒",之後其所注《漢書》"大行於世"。由此可知日藏寫本《揚雄傳》殘卷抄寫時代和《漢書》顏師古注的成書年代非常接近。因爲殘卷抄於雕版印刷尚未盛行之時,較《漢書》現存最早的版本——北宋景祐本早數百年,所以具有重要的版本價值和極高的校勘價值,可惜一直未能得到足夠的重視。

《漢書》傳世版本衆多,現今使用最多、流傳最廣、影響最大的,首推中華書局1962年整理出版的點校本。點校本《漢書》以清代王先謙《漢書補注》爲底本,參校了北宋景祐本、明末毛晉汲古閣刻本、清乾隆武英殿本、同治金陵書局本,并且吸收了楊樹達《漢書窺管》等新成果整理而成,可謂集大成者。筆者曾將日藏寫本殘卷與中華書局點校本等對校,發現大量

---

①　引自嚴紹璗:《日藏漢籍善本書錄》,北京:中華書局,2007年,第332頁。

異文,雖然也有不少是殘卷明顯的抄寫之誤,但大多數情況下,寫本的異文勝於通行本,可補正通行本之脱漏訛誤,定點校本校勘之是非等。尤其是有些異文常常與宋祁校語暗合,足可證明宋祁校語并非空穴來風。兹以點校本爲底本,參校慶元本等所載宋祁校語,刺取 8 例,略加考辨,求正於方家。

《揚雄傳》:"芳酷烈而莫聞兮,(固)不如襞而幽之離房。閨中容競淖約兮,相態以麗佳。知衆嫭嫉妒兮,何必颺累之蛾眉?"(頁 3518)師古曰:"嫭,美貌也。颺,古揚字也。蛾眉,形若蠶蛾眉也。……眉,古眉字。"(頁 3518)

中華書局點校本《校勘記》(以下簡稱"《校勘記》"):"景祐、殿本都無'固'字。"删去"固"字。

按:日藏寫本殘卷亦無此"固"字,但在"相態以麗佳"前却有一"固"字。宋祁校語云:"監本并上二句'兮'字下皆有'固'字。"從句式結構來看,"相態以麗佳"前的"固"字或當有,"不如襞而幽之離房"原有的"固"字,可能是此字衍入上文。

又按:"蛾眉,形若蠶蛾眉也",日藏寫本殘卷作"蛾眉,謂眉形若蠶之蚕之眉也","眉"當是"眉"字俗寫之訛。宋祁校語云:"顔注'蛾眉'下當有'謂眉'字。"與殘卷合,於義爲長,可據以校改。

《揚雄傳》:"既亡鸞車之幽藹兮,(焉)駕八龍之委蛇?"(頁 3521)

《校勘記》:"景祐、殿本都無'焉'字。"删去"焉"字。

按:日藏寫本殘卷有"焉"字,但其後似乎有删除符號":",不是十分清晰。從整個殘卷來考察,此處即使是删除符號,也恐非抄寫者所加,而是後人校勘時加上的。宋祁校語云:"古本'駕'上有'焉'字,淳化本無,刊誤據史館本添。"與殘卷合,可見"焉"字不當删。考此爲揚雄《反離騷》之文,屈原《離騷》云:"駕八龍之婉婉兮,載雲旗之委蛇。"揚雄反之,故云"焉駕"以反問,顔師古注曰:"言既無鸞車,則不得云駕八龍也。"(頁 3522)可謂有見。而《揚子雲集》所收此文即有"焉"字①,亦其證。

① 〔漢〕揚雄撰,〔漢〕鄭樸編:《揚子雲集》,《四庫全書》(第 1063 册),上海:上海古籍出版社,1987 年,第 126 頁。

《揚雄傳》:"夫聖哲之(不)遭兮,固時命之所有。"(頁 3521)

《校勘記》:"景祐、殿本都無'不'字。"删去"不"字。

按:日藏寫本殘卷有"不"字。考宋祁校語云:"浙本作'聖哲之不遭兮'。"與殘卷合。《説文》:"遭,遇也。""不遭"即不遇,"夫聖哲之(不)遭兮,固時命之所有"顔師古注曰:"雄言自古聖哲,皆有不遇,屈原自歎於邑,而楚王終不改寤也。"(頁 3522)可見此處"不"字當有,點校本誤删。

《揚雄傳》:"左欃槍右玄冥兮,前熛闕後應門。"(頁 3528)晋灼曰:"《大人賦》'擥欃槍以爲旌'。……"師古曰:"熛音匹遥反。"(頁 3528)

按:"旌",日藏寫本殘卷作"旗"。宋祁校語云:"浙本……注文'旌'改作'旗'。"與殘卷合。考《文選》卷七《郊祀·揚雄〈甘泉賦〉》"左欃槍右玄冥兮"李善注:"晋灼曰:'《大人賦》"擥欃槍以爲旗"。'"①亦作"旗"。而《漢書·司馬相如傳》所收《大人賦》作"擥欃槍以爲旌"。似可出異文校。

又按:"匹遥反"之"匹",日藏寫本作"必"。宋祁校語云:"姚本'熛,必遥反'。"與殘卷合。考《文選》卷七《郊祀·揚雄〈甘泉賦〉》"前熛闕後應門"李善注:"熛,必遥切。"②又,《漢書·揚雄傳上》"熛訛碩麟"顔師古注:"熛,必遥反。"《漢書·叙傳下》"勝、廣熛起"顔師古注:"熛音必遥反。"《史記·禮書》"卒如熛風"張守節《正義》:"熛,必遥反。"據此,顔注似以作"熛,必遥反"爲勝。

《揚雄傳》:"陟西岳以望八荒,迹殷周之虚,眇然以思唐虞之風。"(頁 3535)師古曰:"陟,升也。西嶽華山之上高峻,故言以望八荒。殷都河内,周在岐豐,堯都平陽,舜都蒲阪,皆可(相)[想]見,故云迹殷周之墟,思唐虞之風也。虚讀曰墟。"(頁 3536)

按:"西嶽華山之上高峻"的"之"字,日藏寫本殘卷作"其"。考宋祁校語云:"注文'之上'當作'其上'。"與殘卷合,於義爲長。

《揚雄傳》:"文王囿百里,民以爲尚小;齊宣王囿四十里,民以爲大:裕民之與奪民也。"(頁 3540—3541)

---

①② 〔梁〕蕭統編,〔唐〕李善注:《文選》,北京:中華書局,1977 年,第 113 頁。

按："民以爲大"，日藏寫本殘卷作"民以爲泰大"。宋祁校語云："'大'字上當有'泰'字。"與殘卷合。考"泰大"與"尚小"相對成句，原文當有"泰"字。又，六臣注《文選》卷八、南宋祝穆《古今事文類聚》前集卷三十七、鄭樸編《揚子雲集》卷五、明梅鼎祚編《西漢文紀》卷二十一引《羽獵賦》并有"泰"字①，皆其證。

《揚雄傳》："騰空虛，岠連卷。"（頁 3547）師古曰："岠即距字也。"（頁 3548）

按："岠"，日藏寫本殘卷皆作"岠"。宋祁校語云："今越本'距'作'岠'，注'岠即距也'，別本亦同。"與殘卷合。考南宋婁機《班馬字類》卷三《上聲·八語》"岠"字下引《漢書·五行志》"鄭岠王師"和《揚雄傳》"岠連卷"②，并作"岠"。

考此"岠連卷"之"岠"，與"騰空虛"之"騰"相應，有騰躍、跳越之義。《説文·止部》："岠，止也。從止、巨聲。一曰：搶也。一曰：超岠。"《説文·足部》："距，雞距也。"《玉篇·山部》："岠，大山。"可見"距""岠"本與跳越之義無涉。"距"作跳越之義，應通"岠"。而"岠"作跳越義用時，由於"止"的古文字在隸定後字形常作"山"，寫本文獻中從"山"和從"止"偏旁之字時相混用，"岠"實是"岠"隸定後造成的異體字，而非作"大山"義的"岠"。又，從顏師古注至少可以看出，唐代"岠"和"距"在作跳躍義時，可能是通用的。類似情形還有《左傳·僖公二十八年》"距躍三百"以及其下杜預注"距躍，超越也"之"距"，敦煌文獻 P. 2509《春秋左氏經傳集解》皆作"岠"，實際都是"岠"字。

據此，可知點校本《揚雄傳》作"岠"字不誤。

《揚雄傳》："以臨珍池。灌以岐梁，溢以江河。"（頁 3550）晋灼曰：

---

　　① 〔梁〕蕭統編，〔唐〕李善、呂延濟、劉良、張銑、李周翰、呂向注：《六臣注文選》，北京：中華書局，1987 年，第 166 頁。〔宋〕祝穆：《古今事文類聚》，《四庫全書》（第 925 册），1987 年，第 628 頁；〔漢〕揚雄撰，〔明〕鄭樸編：《揚子雲集》，《四庫全書》（第 1063 册），第 116 頁；〔明〕梅鼎祚：《西漢文紀》，《四庫全書》（第 1396 册），上海：上海古籍出版社，第 623 頁。

　　② 〔宋〕婁機：《班馬字類》，《四庫全書》（第 225 册），上海：上海古籍出版社，1987 年，第 767 頁。

"梁,梁山也。"服虔曰:"珍池,山下之流也。"(頁 3551)

　　按:日藏寫本殘卷"服虔曰"下作"池,山下之池也",位置在"晋灼曰:
'梁,梁山也'"前面。考宋祁校語云:"'服虔曰:"珍池,山下之流也。"'當
在'珍池'字下,與唐本合。"從《揚雄傳》正文看,"服虔曰"是對"以臨珍池"
的注解,理當在前,宋説是,可見點校本"服虔曰"一句位置有誤。

　　綜上所述,宋祁校語往往與抄本殘卷暗合,且多可補正通行本之缺
漏,具有極高的校勘價值。通過比勘《揚雄傳》殘卷可知,宋祁校語大多言
之有據,并非憑空臆造,亦絕非南宋末年"不學之徒"所能假托的,其真實
性與重要性不容置疑!

　　本文寫作時承蒙蘇芃教授提供相關寫本資料,特此致謝!

　　　　　　　　　　　　　(作者:南京師範大學文學院副教授)

釋孔穎達律數"除不盡三"解法

葉静燕

摘要:"三分損益法"是律學計算的基本方法,適合計算"三的倍數",律數若除不盡三,步驟將異常繁瑣。《禮記·月令》所載十二律數中,九律均出現"除不盡三"的問題。爲簡化計算,孔穎達積極構造解法,先以"拆律法"取出"三的倍數";再以"假設法"補足餘數,構造出又一個"三的倍數"。律數分算再叠加,步驟大爲輕減。然假設補數之法,數據依賴性强,使用不便,故孔穎達將其替換成更實用的"分數法","拆律法+分數法"自此定型,律數"除不盡三"問題因此得解。孔穎達處理律數問題時,思路靈活開闊,反映了經典中"以數解經"的獨特面貌,或可爲今人的律算研究提供具體實例。

關鍵詞:《月令》 孔穎達 律數 "除不盡三"問題

學界對律學計算的研究,長期以律學著作或史書律曆志的記載爲核心史料,從生律法、數學成果、進制等角度展開充分討論,成果豐碩。[①] 然而,學界對儒學經典中的律算内容却關注不够,且由於研究側重點的原因,無論是經學研究者,還是數學、音樂研究者,都對這部分内容鮮少涉及,而它們恰恰呈現出與過往律算認識不盡相同的面貌,十分值得關注。本文以孔穎達對《禮記·月令》(下簡稱"《月令》")的律數疏解爲研究案例,展開對其律數"除不盡三"固式解法的討論。過往學界多關注孔穎達經學家的身份,而忽略其作爲算學家的一面,對《月令》的研究也多從政

---

① 李兆華先生對"三分損益律"導致的九進制的使用,以及十進制小數與九進制小數的换算方法進行系統討論,并以此爲契機探討了中國古代十進制小數與九進制小數换算方法發展的概况。李兆華:《三分損益律與九進制》,《中等數學》第1期,1989年3月。吕暢先生對《律吕新書》中提到的3種"小分"演算法展開專門研究,并對其原理加以解析,揭示其形成的内在原因。吕暢:《〈律吕新书〉"小分"算法解析》,《音樂探索》第4期,2016年10月。孫曉磊先生對《史記·律書》中的"律數"性質及來源展開討論,并對具體數字進行訂正。孫曉磊:《〈史記·律書〉"律數"發微》,《經典文獻研究集刊》第1期,2018年8月。

令、節氣、星象等角度展開,目前未見對孔穎達十一段律數疏文的專門討論。本文先引入核心問題"律數'除不盡三'",再對孔穎達的十一段律數疏文進行分類,鎖定探討範圍,進而討論疏文中藴含的律算技巧,揭示孔穎達依托具體律數創設"除不盡三"固式解法的内在理路,并進而論傳統數學"寓理於算"的獨特做法。

一、"除不盡三"問題的引入

律學計算的基本法則"三分損益法"可析爲"三分損一"和"三分益一"。"三分損一"先除後減,"律數-(律數÷3)";"三分益一"先除後加,"律數+(律數÷3)"。計算本身并不困難,利用加法、減法、除法三種基本運算就可以完成,但律學家們却在這一看似"簡單"的問題上久久停留,密切關注"律數÷3"這一步驟。這種不同尋常的做法和現實律數往往"除不盡3",無法完美契合"三分損益法"的計算有關,突出的棱角將引發"兩難"困境:

"除不盡3"的律數套用此式,將産生無限小數(1/3=0.333……),"四捨五入"取約數固然可以推進計算,但由此造成的數據損耗將對律學體系産生較大影響,甚至産生無效數據。① 保留分數推進計算雖然可以解決數據損耗的問題,却要以犧牲計算簡潔性爲代價,在計算中雜入通分換算,且隨推律深入,通分處理將愈發繁瑣。

能否找到一種解法,既能解決"除不盡三"的問題,又避免計算難度的大幅度增加呢?"除不盡三"問題因此成爲律學計算的核心問題,歷代律

---

① 面對複冗的律數,律學家們往往表現出驚人的耐心:西漢京房從梁人焦延壽治易,好鐘律,知音聲。〔漢〕班固撰,〔唐〕顔師古注:《漢書》卷七十五《眭兩夏侯京翼李傳第四十五》,北京:中華書局,1962年,第3160頁。京房由林鐘推算出的黄鐘律管長度和真正的黄鐘長度存在1分2厘的誤差(換算到今人單位約2.7毫米),和十二律閉環理論(即最後一律剛好能推算出首律,形成十二律首尾相推的循環計算模式)形成矛盾,遂將12律推演至60律,以減小1分2厘之缺口。南朝宋錢樂之亦爲音律學家,繼京房第六十律"南事",循京房原法推至三百六十律,希冀以數之接續推演縮小誤差。對"十二律閉環"的追求,近乎成爲古代律學家的執念,京、錢二氏律算之法,甚至被時人譏爲"窮數炫智"。但如果明白律學體系是一個容錯率極低的特殊系統,這種苦算或許就不再那麼難理解了。因爲律數對應現實中的律管長度,律數微小差異造成的律管長短不齊,將導致音高的明顯不同。這也是爲什麼古人律數之争,往往争在分寸之間的原因(換算到現今單位,相當於毫米至厘米誤差的争論)。

學家以創設簡潔而循環的解法爲己任,在探索過程中涌現不少數學成果,蔡元定"大數法"①即爲一例。但律學家們通常呈現最終解法,隱去創設過程不談,與儒家學者貼合經文構造算法的面貌不同。第二部分將以律數能否"除盡三"爲標準,對《月令》記載的十一段律數疏文進行分類,以鎖定第三部分的討論範圍。

二、孔穎達十一段律數疏文分類

古人以十二根長度不同的竹管定音之高低,以陰、陽區分這十二根竹管,陽管稱"律",陰管稱"呂"。《月令》六律、六呂間隔相生,分別是:黄鐘、林鐘、大簇、南呂、姑洗、應鐘、蕤賓、大呂、夷則、夾鐘、無射、中呂。對應長度如下(爲便於討論,下文稱律管長度爲"律數"):②

表一　《月令》十二律數(單位:寸)

律名	黄鐘	林鐘	大簇	南呂	姑洗	應鐘
六律	9	6	8	$5+\dfrac{1}{3}$	$7+\dfrac{1}{9}$	$4+\dfrac{20}{27}$
律名	蕤賓	大呂	夷則	夾鐘	無射	中呂
六呂	$6+\dfrac{26}{81}$	$8+\dfrac{104}{243}$	$5+\dfrac{451}{729}$	$7+\dfrac{1075}{2187}$	$4+\dfrac{6524}{6561}$	$6+\dfrac{12974}{19683}$

律數通過"三分損益法"首尾相推:

黄鐘"三分損一"生林鐘;③林鐘"三分益一"生大簇;大簇"三分損一"

---

① 蔡元定,字季通,南宋著名理學家、律吕學家,長天文、律曆,師從朱熹,朱熹稱其"律書法度湛精,近世諸儒皆莫能及"。〔宋〕蔡元定:《律吕新書》卷一《律吕本原》,《文淵閣四庫全書》(第212冊),臺北:商務印書館,1986年,第1頁。《律吕新書》記載了律數"除不盡3"的特殊解法:規定黄鐘數值177147爲計算起點(後世稱爲"黄鐘大數"),以之推演剩餘律數,即可避免小數的產生。"177147"源自"三分損益"計算中產生的分母:"三分損一"即"×2/3","三分益一"即"×4/3",11次計算後的分母總積是177147,"黄鐘大數"取數於此。解決"除不盡3"問題的原理是:"黄鐘大數"177147在每次計算中約掉一個分母,177147相當於3叠乘11次,經過11次計算剛好將分母約完。

② 〔清〕阮元校刻,方向東點校:《十三經注疏》,北京:中華書局,2021年,第788—985頁。

③ 此處以名稱代替對應長度,黄鐘"三分損一"生林鐘,即黄鐘管9寸"三分損一"生林鐘管6寸,下皆同。

生南吕;南吕"三分益一"生姑洗;姑洗"三分損一"生應鐘;應鐘"三分益一"生蕤賓;蕤賓"三分益一"生大吕;大吕"三分損一"生夷則;夷則"三分益一"生夾鐘;夾鐘"三分損一"生無射;無射"三分益一"生中吕。

　　每個律數都具備計算終點和計算起點的雙種身份。[①] 如林鐘既是黄鐘的計算終點,又是大蔟的計算起點。按照律數能否除盡三,我們將這十一次計算(對應十一段疏文)劃分成兩類:"黄鐘生林鐘"至"林鐘生大蔟"一類;"大蔟生南吕"至"無射生中吕"一類。

　　1. 起點律數是"三的倍數"

　　黄鐘 9 寸和林鐘 6 寸,通過"三分""損益"兩步計算可直接得出整數結果:

　　第一組:黄鐘生林鐘:黄鐘"三分":9 寸÷3＝3 寸;"損一"生林鐘:9 寸－3 寸＝6 寸

　　第二組:林鐘生大蔟:林鐘"三分":6 寸÷3＝2 寸;"益一"生大蔟:6 寸＋2 寸＝8 寸

　　2. 起點律數"除不盡三"

　　大蔟往下,起點律數因"除不盡 3",將在計算中産生小數,舉"大蔟生南吕"説明:

大蔟"三分":8 寸÷3＝2.666…寸(無法除盡)

"損一"生南吕:8 寸－2.666…寸≈5.334 寸(約數)

　　大蔟無法除盡 3,將産生"2.666…"這一小數,若取約數推進後續計算,所得南吕之數將微弱於標準南吕數值。若將此偏差計算結果投入下一次計算,將重複一次律數損耗。依此類推,每次計算都會積累前一次計算的數據損耗,這種偏差將隨推律深入不斷變大。換言之,南吕往後的律數與標準律數的誤差將越來越大。律數對應現實中的律管長度,律數偏差反映到現實,即爲律管的長短不齊。音高與發音體的長短直接相關,這種偏差最終將導致聲音高低的明顯不同。即使以數據損耗爲代價計算出結果,這種結果如果難以被應用到實際律管鑄造中,計算將變成無效

---

　　① 上一次計算的終點是下一次計算的起點。黄鐘情況較爲特殊,《月令》十一段疏文中,孔穎達并未解釋林鐘返歸黄鐘的計算,單據疏文,黄鐘似乎只具備計算起點的身份。但考慮到古人十二律閉環設計中,末律中吕將通過"三分益一"法返歸首律黄鐘,黄鐘實際上也同時具備計算終點的身份。

計算。

　　爲避免數據損耗,可以保留分數推進計算。但由第一節討論可知,引入分數將導致計算繁瑣。繼續以"大蔟生南吕"説明:

$$大蔟"三分":8 寸 \div 3 = \frac{8}{3} 寸$$

$$"益一"生南吕:8 寸 - \frac{8}{3} 寸 = \frac{24}{3} 寸 - \frac{8}{3} 寸 = 5 寸 + \frac{1}{3} 寸$$

此則運算中,"$\frac{24}{3}$寸$-\frac{8}{3}$寸"爲額外的通分換算。較之"黄鐘生林鐘""林鐘生大蔟","大蔟生南吕"的步驟明顯繁瑣,且這種繁瑣僅僅是開始。如果以計算出的南吕作爲下一次計算起點繼續"南吕生姑洗"的計算,將出現什麽情況呢? 答案是:無法計算。

　　因爲南吕由"5 寸"和"$\frac{1}{3}$寸"兩個數字組成,無法直接運算,只有處理成一個數字才能投入使用:

$$計算前的預處理:5 寸 + \frac{1}{3} 寸 = \frac{5 \times 3}{3} 寸 + \frac{1}{3} 寸 = \frac{16}{3} 寸$$

如此便增衍一次通分換算。將處理好的數字投入正式計算:

$$南吕"三分":\frac{16}{3} 寸 \div 3 = \frac{16}{3} 寸 \times \frac{1}{3} = \frac{16}{9} 寸①$$

$$"益一"生姑洗:\frac{16}{3} 寸 + \frac{16}{9} 寸 = \frac{16 \times 3}{3 \times 3} 寸 + \frac{16}{9} 寸 =$$

$$\frac{48}{9} 寸 + \frac{16}{9} 寸 = \frac{64}{9} 寸 = 7 寸 + \frac{1}{9} 寸$$

正式計算中再增衍一次"$\frac{16 \times 3}{3 \times 3}$寸$+\frac{16}{9}$寸"的通分換算。隨着推律的深入,"整數+分數"結構中的數值逐漸增大,無論是計算前的預通分還是計算中的通分,難度都會提高。這種爲了避免律數損耗而進行的分數運算,將增衍兩次通分換算,與真正的"三分損益"計算雜糅,使計算步驟顯得異

---

　　① 今人很容易知道,除以一個數等於乘以這個數的倒數。但古人并沒有熟練掌握乘以倒數的知識,且此式涉及分數,實際步驟會更加繁瑣。此處爲了凸顯"通分換算",采取今人算法快速處理此步。

常繁瑣。①

　　考慮到"黃鐘生林鐘""林鐘生大蔟"的計算之所以簡潔,是因爲作爲計算起點的"黃鐘"和"林鐘"都是"三的倍數"。如果能將"除不盡三"的律數都處理成"三的倍數",因"除不盡三"而引入的通分換算將自行消失,計算將重新回歸簡潔。因此,孔穎達積極調整此類律數與"三的倍數"之間的偏差,通過將律數構造成適合計算的"三的倍數",推動計算的順利進行。

三、律數"除不盡三"的兩套解法

　　碰到"除不盡三"的律數時,孔穎達以"拆律法"取出"三的倍數",擱置一旁;再以"假設法"補足餘數,構造出又一個"三的倍數"。如此一來,律數就轉變成兩個"三的倍數",分批計算再疊加,可快速得出結果。但孔穎達僅僅應用"拆律法＋假設法"兩次,便將其中的"假設法"替換成"分數法",處理方法最終定型爲"拆律法＋分數法"。下面介紹兩套解法。

　　(一)"拆律法＋假設法"

　　此法應用於十二律計算的第三、四次。孔穎達先取出律數中"整除 3 的最大整數",再通過假設比例將剩餘部分轉爲"整除 3 的最小整數":

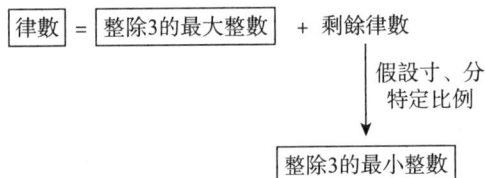

圖一　"拆律法＋假設法"

之所以要使取出的"整除 3 的整數"最大,是因爲這一部分處理起來比較容易,占比越大,整體難度越低。再將剩餘律數處理成"整除 3 的最小整

---

① 　今人尚可就紙筆快速演算,而在以算籌(材質多爲竹)爲演算工具的古代,通分的實際操作難度更大。《張邱建算經·序》:"夫學算者不患乘除之爲難,而患通分之爲難。"錢寶琮點校:《算經十書》,北京:中華書局,2021 年,第 329 頁。可見通分在古代是一種特殊的算法,并不容易被掌握。此處爲了方便讀者理解,以今人習慣方法列式。

數",整體難度就可以降到最低。孔穎達依托"大蔟生南吕"創設此法:

> 大蔟長八寸,(取六寸)①,三寸去一寸,六寸去二寸,得四寸。又有整二寸在,分一寸作三分,二寸爲六分,更三分去一,餘有四分在。②

由"三寸去一寸"可知,"大蔟生南吕"遵循"三分損一"計算。

1. "拆律法"

大蔟 8 寸被拆成"整除 3 的最大整數"6 寸,剩餘 2 寸,故疏文言"長八寸,(取六寸),又有整二寸在"。6 寸投入計算得 4 寸。

2. "假設法"

剩餘律數 2 寸通過"1 寸＝3 分"變形成"整除 3 的最小整數"6 分,投入計算得 4 分。

根據加法運算法則③,兩次計算結果 4 寸和 4 分相加,即爲大蔟整體計算結果,即南吕爲"4 寸＋4 分"。但查閲疏文,南吕實爲"5 寸＋$\frac{1}{3}$寸","5 寸＋$\frac{1}{3}$寸"是怎麼被計算出來的呢? 引相關疏文如下:

> 餘有四分在,以三分爲一寸,(則四分爲一寸又一分),益前四寸爲五寸,仍有一分在,(以三分爲一寸,爲三分寸之一),故云"南吕律長五寸三分寸之一"也。④

由疏文可知,"5 寸＋$\frac{1}{3}$寸"是 4 分、4 寸進一步的計算結果:

---

① 此句爲疏文省略之步驟,爲便於理解,以括號補充。

② 〔清〕阮元校刻,方向東點校:《十三經注疏》,第 924 頁。

③ 將大蔟拆出的兩部分律數記爲大蔟 1、大蔟 2,大蔟＝大蔟 1＋大蔟 2。依據"三分損一"公式,南吕＝大蔟－(大蔟÷3)＝(大蔟 1＋大蔟 2)－[(大蔟 1＋大蔟 2)÷3]＝(大蔟 1＋大蔟 2)－[(大蔟 1÷3)＋(大蔟 2÷3)]＝[大蔟 1－(大蔟 1÷3)]＋[大蔟 2－(大蔟 2÷3)]。則大蔟兩部分律數分別計算的結果之和,即爲南吕律數。

④ 〔清〕阮元校刻,方向東點校:《十三經注疏》,第 924 頁。此部分疏文存在省言現象,爲便於理解,在括號中補充。

$$4 \text{分} = 3 \text{分} + 1 \text{分} = \frac{3 \text{分}}{3 \text{分/寸}} + \frac{1 \text{分}}{3 \text{分/寸}} = 1 \text{寸} + \frac{1}{3} \text{寸}$$

$$4 \text{分} + 4 \text{寸} = (1 \text{寸} + \frac{1}{3} \text{寸}) + 4 \text{寸} = 5 \text{寸} + \frac{1}{3} \text{寸}$$

爲何剩餘律數乘以"假設比例"計算出 4 分後,還要重新除以"假設比例"? 這是因爲,比例只是爲方便計算而臨時設定,并非真實存在,相當於擴大數值進行計算,故計算結束後,需重新除以假設比例以返歸真實數值,和"拆律法"結果相加才能得到實際數值。[①]

綜上,"拆律法＋假設法"步驟如下:第一,以"整除 3 的整數"爲目標律數,用"拆律法"拆出"整除 3 的最大整數",投入計算得到局部結果;第二,用"假設法"將剩餘律數變形成"整除 3 的最小整數",投入計算得到另一部分結果;第三,將"假設法"的結果除以假設條件;第四,將一、三兩步結果相加,即爲總結果。"拆律法＋假設法"僅僅應用兩次,其中的"假設法"便被"分數法"取代,方法整體轉變成"拆律法＋分數法"。

(二)"拆律法＋分數法"

此法應用於十二律的第五至十一次計算,和前一套方法的"拆律法"部分相同,區別在剩餘律數的處理上:前者爲"假設法",目標是將剩餘律數變形成"整除 3 的整數";後者爲"分數法",目標是將剩餘律數變形成"整除 3 的分數"。

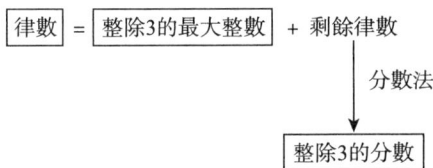

律數 = 整除3的最大整數 ＋ 剩餘律數

分數法

整除3的分數

圖二 "拆律法＋分數法"

取"大呂生夷則"[②]説明,爲便於對第三句"剩餘律數"的分析,我們將此句拆成四個小分句,以英文 a 至 d 標識:

---

① "假設法"將增加兩步中轉換算:"三分損益"計算前,剩餘律數×假設比例;"三分損益"計算結束後,計算結果÷假設比例。

② 各段疏文出現不同程度的步驟省略現象,其中"大呂生夷則"省言現象最少,且表述順序與今人相似,故取此例討論。爲便於理解,以括號形式補上省言步驟。

大呂長八寸二百四十三分寸之一百四，三分去一，下生夷則，故夷則律長五寸七百二十九分寸之四百五十一也。六寸去二寸，餘有四寸在。(a) 又大呂一寸爲二百四十三分，分每寸更三分之，則一寸爲七百二十九分，(b) 分兩個整寸總有一千四百五十八分，(c) 其大呂二百四十三分寸之一百四，每又三分之，此一百四爲三百一十二分，(d) 益前一千四百五十八，則總爲一千七百七十分。①

由“三分去一”可知，大呂遵循“三分損一”計算。

1. “拆律法”

大呂“8 寸$+\dfrac{104}{243}$寸”取出“整除 3 的最大整數”6 寸，投入計算得 4 寸，故疏文言“大呂長八寸二百四十三分寸之一百四，六寸去二寸，餘有四寸在”。剩餘律數“2 寸$+\dfrac{104}{243}$寸”。

2. “分數法”

將剩餘律數變形成“整除 3 分數”的過程對應疏文第三句：

a 句計算變形後的新分母，具體做法是：找到剩餘律數中的舊有分母 243，擴大 3 倍成公分母（新分母）：243×3＝729，即“分母×3”。

b 句計算剩餘律數變形後，整數部分的對應分子，將整數和第一步所得公分母疊乘：2×729＝1458，即“整數×公分母＝整數×（分母×3）”。

c 句計算剩餘律數變形後，分數部分的對應分子：104×3＝312，即“分子×3”。

d 句計算剩餘律數變形後的新分數分子，即整數和分數部分的對應分子疊加：312＋1458＝1770。即“整數×（分母×3）＋分子×3”。

變形路徑如圖三所示。

大呂剩餘律數“2 寸$+\dfrac{104}{243}$寸”因此轉變成分子 1770，分母 729 的新分數。新分子變形較爲複雜，由疏文可知，先後順序如圖四所示。

---

① 〔清〕阮元校刻，方向東點校：《十三經注疏》，第 917 頁。

$$2 \times (243 \times 3) \quad + \quad 104 \times 3 \qquad \text{——新分子——} \qquad 1770$$

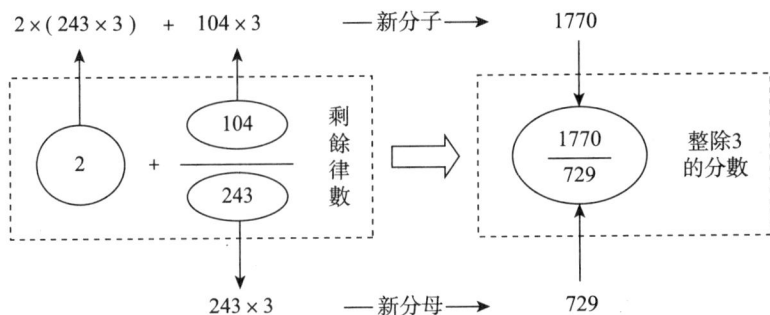

圖三　大吕剩餘律數的變形路徑

$$\text{新分子} = \text{整數} \times \underbrace{(\underbrace{\text{分母} \times 3})}_{\text{步骤一}} + \underbrace{\text{分子} \times 3}_{\text{步骤三}}$$

圖四　新分子計算順序

　　孔穎達利用剩餘律數中的整數、分子、分母構造出"整除 3 的新分數",變形前後具體數值不變。因分數計算實際發生在分子間,分母并不參與,故剩餘律數變形成"整除 3 的分數"後,實質上仍是分子參與的整數計算,再將分子計算結果與分母拼接成最終分數結果。"剩餘律數"部分的計算難度與"假設法"持平,但因爲不依賴外在條件變形,可以直接與另一部分結果相加,計算較"假設法"快捷,整體難度也較低。

　　綜上,"拆律法＋分數法"步驟如下:第一,拆出律數中"整除 3 的最大整數",計算出局部結果;第二,利用"分數法"將剩餘律數變形成一個"整除 3 的新分數",計算另一部分結果;第三,兩次結果直接相加得總結果。

四、解法優劣比較

　　兩組律數處理方法的差異體現在剩餘律數上,十二律第三、四次計算使用"假設法";十二律第五至十一次計算使用"分數法"。"假設法"使用 2 次,位置靠前;"分數法"使用 7 次,位置靠後,無論是使用位置還是使用次數,都反映了孔穎達對"分數法"的明顯偏好。"假設法"有何不足?"分數法"有何優點? 爲何後者能取代前者呢?

（一）對"假設法"缺陷的探索

1. 依賴具體數字,個別問題個別解決

"假設法"處理十二律第三、四次計算起點"大蔟""南呂"中的剩餘律數。

表二　"假設法"處理的剩餘律數

律名	大蔟	南呂
剩餘律數	2	$2+\dfrac{1}{3}$

這兩次計算緊密相接,是否連續兩次計算已暴露出"假設法"弊端? 若猜想成立,最後一次使用"假設法"的"南呂生姑洗"將成爲問題的關鍵,爲了便於分析,我們將疏文分成兩個小分句,以英文 a、b 標識,再逐條討論:

（a）南呂長五寸三分寸之一,就南呂三分益一,取三寸,益一寸爲四寸,餘有整二寸三分寸之一。（b）餘有整二寸三分寸之一,整二寸者各九分之,二九爲十八分,三分寸之一者爲三分,總二十一分。①

a 句:從南呂"5 寸$+\dfrac{1}{3}$寸"中取出"整除 3 的最大整數"3 寸,計算出 4 寸。剩餘律數"2 寸$+\dfrac{1}{3}$寸"。

b 句:利用"假設法"處理"2 寸$+\dfrac{1}{3}$寸"。"整二寸者各九分之"暗藏"1 寸＝9 分"的比例,將 2 寸處理成 18 分,"$\dfrac{1}{3}$寸"處理成 3 分,相加得 21 分。②

對比兩次"假設法",可知將剩餘律數處理成"整除 3 的最小整數"需要做不同的假設。大蔟中的 2 寸需假設"1 寸＝3 分","南呂"中的"2 寸$+\dfrac{1}{3}$寸"需假設"1 寸＝9 分"。若將"1 寸＝3 分"代入"2 寸$+\dfrac{1}{3}$寸",將

---

① 〔清〕阮元校刻,方向東點校:《十三經注疏》,第 847 頁。

② 此後步驟與"大蔟生南呂"的處理方法相同,投入計算,將計算結果重新除以假設比例,再將結果與另一部分拆律結果相加。

構造出"除不盡三"的 7 分,屬無效假設;將"1 寸＝9 分"代入"2 寸",雖然能構造出"整除 3 的整數"18 分,但本可以變形成"6 分"計算的數字偏偏擴大到"18 分"再計算,屬過度假設。

　　這兩例剩餘律數處理,暴露了"假設法"數據依賴性强,個別問題個別解決的弊端。剩餘律數一旦變化,假設就要重新進行,此法實用性較低。

2. 增衍換算步驟,增加計算難度

　　由上文討論可知,使用"假設法"將增衍兩步換算:第一,計算前的預處理:剩餘律數×假設比例;第二,計算結束後的數值回歸處理:計算結果÷假設比例。這兩步互相抵消,使得"假設比例"不會對最終結果產生影響。[①] 換言之,"假設法"是一個只存在於過程中的方法。但這種作用於過程的換算却增加了計算負擔,而隨推律深入,計算難度也將逐漸增加。基於孔穎達僅使用過 2 次"假設法",我們對這兩步的討論空間實際上極其有限。考慮到"假設法"和"分數法"的處理對象重叠,我們擬借用"分數法"的剩餘律數自行創造分析條件。換言之,將孔穎達用"分數法"處理的剩餘律數一一羅列出來,作爲"假設比例"的對象,再依據"大蔟生南吕""南吕生姑洗"的假設慣例,模擬出轉變此類律數爲"整除 3 的最小整數"的假設條件,以供進一步討論。

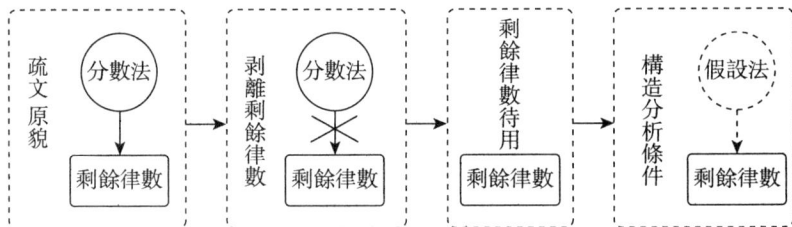

圖五　剝離剩餘律數,擬構分析條件

---

　　① 以"三分損一"計算説明。"三分損一"計算公式是"律數－(律數÷3)",將預處理數據代入,計算結果爲:(剩餘律數×假設比例)－[(剩餘律數×假設比例)÷3]。再進行數值回歸處理,即重新除以假設比例:

$$\frac{(剩餘律數×假設比例)－[(剩餘律數×假設比例)÷3]}{假設比例}$$

$$＝剩餘律數－(剩餘律數÷3)$$

可以看到,"假設比例"不會對剩餘律數"三分損一"的最終計算結果產生任何影響。

下表第一、二列爲"分數法"對應的剩餘律數①,第三列爲模擬出的假設比例:

表三　模擬剩餘律數的對應假設

律名	剩餘律數	假設比例
姑洗	1 寸+1/9 寸	1 寸=27 分
應鐘	1 寸+20/27 寸	1 寸=81 分
蕤賓	26/81 寸	1 寸=243 分
大吕	2 寸+104/243 寸	1 寸=729 分
夷則	2 寸+451/729 寸	1 寸=2187 分
夾鐘	1 寸+1075/2187 寸	1 寸=6561 分
無射	1 寸+6524/6561 寸	1 寸=19683 分

分析第三列可知,若一直沿用"假設法"處理剩餘律數,假設比例會越來越苛刻:將剩餘律數轉變成"整除 3 的最小整數"的"寸""分"比例本來是幾十倍,逐漸苛刻到幾百倍,幾千倍,最後嚴苛到萬倍。如果孔穎達不果斷淘汰"假設法",他將不得不進行計算難度急劇增加,且對最終結果沒有實際影響的兩步換算。同時,表二也進一步坐實了"假設法"依賴具體數字的缺陷。

基於"假設法"存在諸多弊端,孔穎達以"分數法"取代此法,"分數法"有什麼優點,它能克服"假設法"的缺陷嗎?

(二)對"分數法"優點的考察

"分數法"處理對象是十二律第五至十一次計算中的剩餘律數,大吕剩餘律數已於上文討論,下面討論其餘六個剩餘律數:

---

① 此列依疏文整理。疏文從南吕 $5\frac{1}{3}$ 寸中拆出 3 寸,餘 $2\frac{1}{3}$ 寸;從姑洗 $7\frac{1}{9}$ 寸拆出 6 寸,餘 $1\frac{1}{9}$ 寸;從應鐘 $4\frac{20}{27}$ 寸中拆出 3 寸,餘 $1\frac{20}{27}$ 寸;從蕤賓 $6\frac{26}{81}$ 寸中拆出 6 寸,餘 $\frac{26}{81}$ 寸;從大吕 $8\frac{104}{243}$ 寸中拆出 6 寸,餘 $2\frac{104}{243}$ 寸;從夷則 $5\frac{451}{729}$ 寸中拆出 3 寸,餘 $2\frac{451}{729}$ 寸;從夾鐘 $7\frac{1075}{2187}$ 寸中拆出 6 寸,餘 $1\frac{1075}{2187}$ 寸;從無射 $4\frac{6524}{6561}$ 寸中拆出 3 寸,餘 $1\frac{6524}{6561}$ 寸。

表四　"分數法"處理的剩餘律數(單位:寸)

律名	姑洗	應鐘	蕤賓	大吕	夷則	夾鐘	無射
剩餘律數	$1+\dfrac{1}{9}$	$1+\dfrac{20}{27}$	$\dfrac{26}{81}$	$2+\dfrac{104}{243}$	$2+\dfrac{451}{729}$	$1+\dfrac{1075}{2187}$	$1+\dfrac{6524}{6561}$

1. 批量處理剩餘律數

由第三部分的討論可知,孔穎達利用"大吕"剩餘律數中的整數、分子和分母得到"整除 3 的新分數",對應公式如下:

$$分母部分＝分母×3$$

$$分子部分＝整數×(分母×3)＋分子×3$$

分子計算順序如下:

$$新分子 = 整數 × \underbrace{\underbrace{(分母 × 3)}_{步驟一} ＋ \underbrace{分子 × 3}_{步驟三}}_{\substack{步驟二 \\ 步驟四}}$$

考慮到用"分數法"處理的剩餘律數均爲"整數＋分數"結構①,與大吕剩餘律數結構一致。我們自然聯想到:適用於"大吕"剩餘律數的變形公式是否同樣適用於其他剩餘律數? 如果這組公式具有通用性,那只要找到整數、分母和分子,就能直接得到"整除 3 的新分數",剩餘律數的處理將變得異常方便。我們取姑洗剩餘律數"1 寸＋$\dfrac{1}{9}$寸"檢驗公式,爲便於討論,以英文字母 a 至 c 標識疏文:

(a)(姑洗)餘有整一寸九分寸之一,更三分,一寸爲二十七分,(b) 九分寸之一爲三分,(c) 并二十七分,總爲三十分。②

先找到整數 1,分母 9,分子 1,再套用公式計算新分數的分子、分母部分:

---

① 蕤賓剩餘律數"$\dfrac{26}{81}$寸"可以理解成"$0+\dfrac{26}{81}$寸"。

② 〔清〕阮元校刻,方向東點校:《十三經注疏》,第 957 頁。

$$新分子＝整數×(分母×3)＋分子×3＝1×(9×3)＋1×3＝30$$
$$新分母＝分母×3＝9×3＝27$$

新分子與疏文"總爲三十分"的描述一致，新分母與疏文"一寸爲二十七分"中暗藏的新分母描述相合。[①] 則適用於"大呂"剩餘律數的變形公式同樣適用於"姑洗"剩餘律數。則"姑洗"剩餘律數中，新分數分子的變形路徑如下：

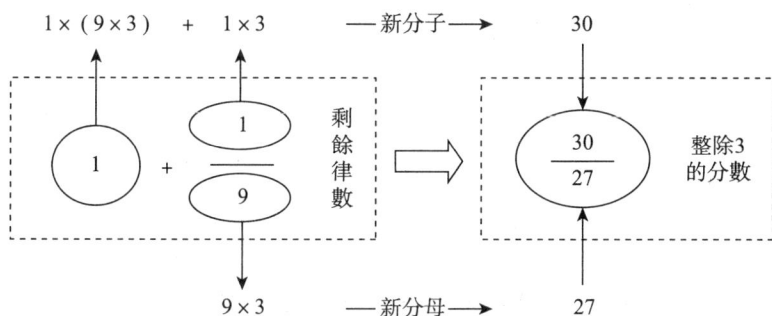

圖六　姑洗剩餘律數到新分數分子部分的變形路徑

又考察疏文，發現分子部分的處理順序也和大呂剩餘律數的分子計算順序相同：

a句計算變形後的新分數分母，具體做法是：找到剩餘律數中的分母9，擴大 3 倍成公分母：9×3＝27，整數 1 以 27 爲新分母化爲分數，分子部分亦爲 27。即分母×3，整數×(分母×3)。

b句計算剩餘律數變形後，分數部分的對應分子，找到分子 1，擴大 3倍：1×3＝3。即分子×3。

c句計算剩餘律數變形後的新分數分子，即整數和分數部分的對應分子疊加：27＋3＝30。即"整數×(分母×3)＋分子×3"。

對各段疏文進行逐一考察，發現這組公式同樣適用於應鐘、蕤賓、夷則、夾鐘、無射的剩餘律數。可知十二律第五至十一次計算的對應疏文，實際上套用公式批量處理剩餘律數：

第一步，找到剩餘律數中的整數、分母、分子；第二步，計算"分母×

① 此句表達剩餘律數中整數部分的分子計算，整數部分的分子由整數乘以公分母所得，整數爲 1，分子爲 27，説明公分母爲 27。

3"(新分數分母);第三步,計算"整數×(分母×3)";第四步,計算"分子×3";第五步,將"整數×(分母×3)"和"分子×3"相加(新分數分子)。

通過五個固定步驟,剩餘律數轉化成"整除3的分數"。"新分子＝整數×(分母×3)＋分子×3"實爲剩餘律數問題中分子部分的統一解法:

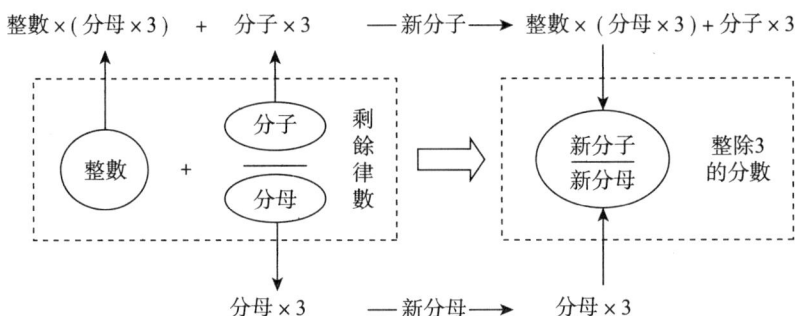

圖七　剩餘律數至新分數分子部分的變形路徑

"新分母＝分母×3"實爲剩餘律數問題中分母部分的統一解法。

2. 驗證

我們將上文討論的應鐘、蕤賓、夷則、夾鐘、無射中的剩餘律數逐一代入,與疏文互證:

$$新分子＝整數×(分母×3)＋分子×3$$
$$新分母＝分母×3＝81$$

(1)應鐘剩餘律數爲"$1+\dfrac{20}{27}$",整數1,分母27,分子20,代入公式:

$$新分子＝1×(27×3)＋20×3＝141$$
$$新分母＝27×3＝81$$

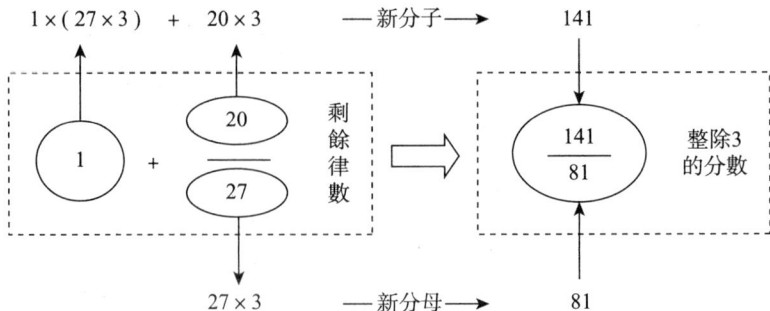

圖八　應鐘剩餘律數的變形路徑

結果與疏文一致。[1]

(2) 蕤賓剩餘律數爲"$\frac{26}{81}$"，整數 0，分母 81，分子 26，代入公式：

$$新分子＝0×(81×3)+26×3＝78$$

$$新分母＝81×3＝243$$

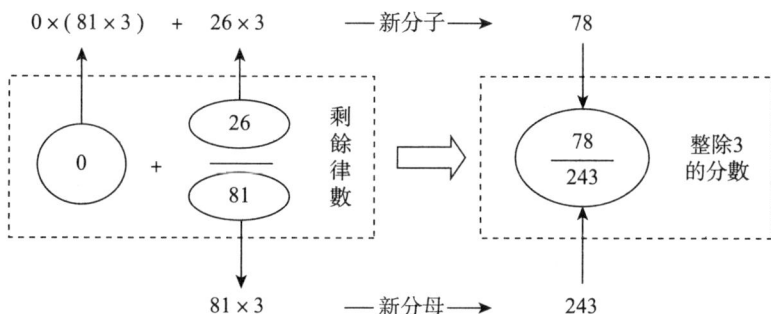

圖九　蕤賓剩餘律數的變形路徑

結果與疏文一致。[2]

(3) 夷則剩餘律數爲"$1+\frac{451}{729}$"，整數 1，分母 729，分子 451，代入公式：

$$新分子＝1×(729×3)+451×3＝5727$$

$$新分母＝729×3＝2187$$

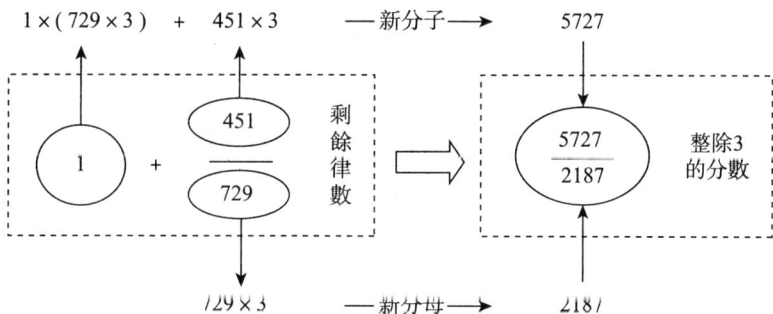

圖十　夷則剩餘律數的變形路徑

---

① "其二十七分寸之二十各三分之，則一寸分爲八十一分也。二十七分寸之二十，則爲八十一分寸之六十。其整一寸爲八十一分，又以六十分益之，總爲一百四十一分。"〔清〕阮元校刻，方向東點校：《十三經注疏》，第 878 頁。對疏文的解釋詳見拙文《釋〈禮記·月令〉律呂長度換算》，《歷史文獻研究》第 47 輯，2021 年 11 月。

② "其八十一分寸之二十六，各三分之，則爲七十八分。"〔清〕阮元校刻，方向東點校：《十三經注疏》，第 985 頁。

結果與疏文一致。①

(4) 夾鐘律數爲"$1+\dfrac{1075}{2187}$"，整數 1，分母 2187，分子 1075，代入公式得：

$$新分子=1\times(2187\times3)+1075\times3=9786$$

$$新分母=2187\times3=6561$$

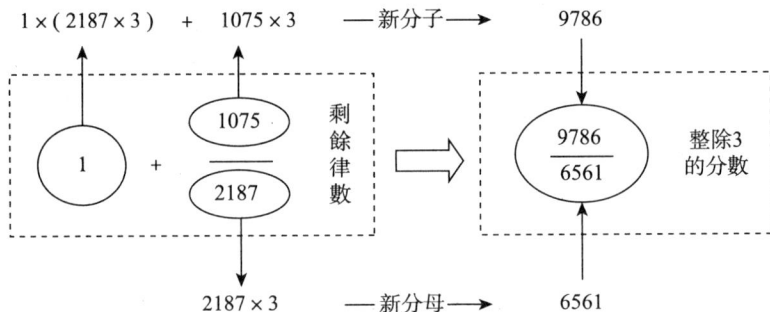

圖十一　　夾鐘剩餘律數的變形路徑

結果與疏文一致。②

(5) 無射律數爲"$1+\dfrac{6524}{6561}$"，整數 1，分母 6561，分子 6524，代入公式得：

$$新分子=1\times(6561\times3)+6524\times3=39255$$

$$新分母=6561\times3=19683$$

---

①　"又於七百二十九分寸之中，有細分四百五十一，此細分各三分之，於是一寸分爲二千一百八十七分，有四百五十一者，爲一千三百五十三，則是二千一百八十七分寸之一千三百五十三也。以整二寸各二千一百八十七分，則二寸總有四千三百七十四分，益前一千三百五十三，總爲五千七百二十七，爲實數。"〔清〕阮元校刻，方向東點校：《十三經注疏》，第 829 頁。

②　"夾鐘以一寸爲二千一百八十七分，今更三分之，則一寸者分爲六千五百六十一分。夾鐘二千一百八十七分寸之千七十五者，又三分之，則爲三千二百二十五。其夾鐘整寸有六千五百六十一，又以三千二百二十五益之，總爲九千七百八十六分。"〔清〕阮元校刻，方向東點校：《十三經注疏》，第 940 頁。

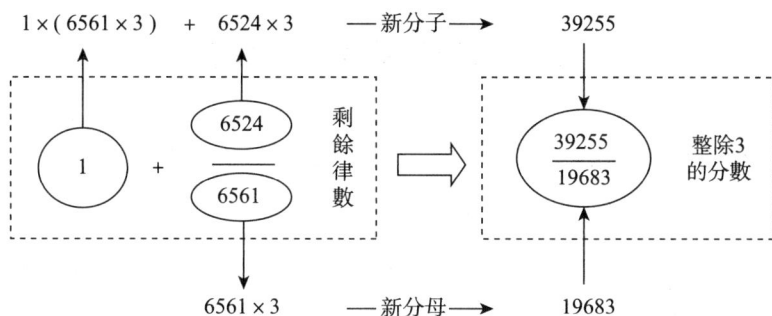

$$1 \times (6561 \times 3) \quad + \quad 6524 \times 3 \quad \longrightarrow 新分子 \longrightarrow \quad 39255$$

剩餘律數

整除3的分數

$$6561 \times 3 \quad \longrightarrow 新分母 \longrightarrow \quad 19683$$

圖十二　無射剩餘律數的變形路徑

結果與疏文一致。[①]

（三）"分數法"取代"假設法"的合理性

"分數法"克服了"假設法"的種種弊端，取代"假設法"有其必然性。現將"分數法"的優點和"假設法"的缺點對應如下：

"假設法"缺點一：受具體律數限制，一次假設只能解決一個剩餘律數問題，數值一變就需要尋找新的假設條件，適用面狹窄。傳統數學要求數學研究結果能對各種實際問題進行分類，并對每類問題給出統一的解法，"假設法"顯然不符合這一要求。

"假設法"缺點二：引入虛擬比例，雖然將剩餘律數變形成"整除 3 的整數"，却在計算之外增衍兩步多餘的換算步驟，且這兩步的計算難度隨推律深入變大，增加了不必要的計算負擔。

"分數法"優點一：不受具體律數限制，剩餘律數都能套用"整數×（分母×3）+分子×3"和"分母×3"，實現了剩餘律數的批量處理，克服了"假設法"個別問題個別解決的弊端。

"分數法"優點二：利用數字間的聯繫，直接在原數基礎上變形剩餘律數，不增衍換算步驟，克服了"假設法"步驟繁瑣、計算負擔沉重的問題。

---

① "餘有整寸一，又有六千五百六十一分寸之六千五百二十四。以六千五百六十一各三分之，則一寸分爲一萬九千六百八十三分也。六千五百二十四分各三分之，則爲一萬九千五百七十二。又整一寸分爲一萬九千六百八十三，并之，總爲三萬九千二百五十五也。"〔清〕阮元校刻，方向東點校：《十三經注疏》，第 864 頁。

五、"寓理於算"的構造思想

傳統數學具備"寓理於算"的特徵,即於計算中體現推理:

> 中國古代數學主要是找尋解決各類問題的計算方法,方法裏就體現了推理,即"寓理於算"的思想。①

筆者心存疑惑,計算是計算,推理是推理,具體數字要如何體現抽象的邏輯推理? 今見《月令》與樂律相關的十一段疏文,律數處理方法由淺入深遞進,層次井然,原理思路清晰可辨,體現了深刻的"寓理於算"思想,故以此例展開相關討論。

因律數"除不盡三"是律算困難的主要原因,故疏文以大量筆墨解釋如何處理此類律數。十一段疏文出現兩組處理模式,方法前後調整,呈現一種動態變化:

黃鐘、林鐘皆爲"三的倍數",律數無需處理,故疏文尤簡。大蔟往後,律數皆"除不盡三",故孔穎達先以"拆律法"取出一個"三的倍數",再以"假設法"補足餘數,構造出又一個"三的倍數",使律數得以分批快速計算。"拆律法＋假設法"被應用於大蔟和南吕 2 次計算。此後,"分數法"取代"假設法","拆律法＋分數法"成型,這套處理方法首次應用於姑洗計算,一直沿用至末此計算無射,總計 7 次。

孔穎達疏文的思路幾經周折,這不只是獨立的 11 次計算,更是一場連續且深入的推理。設定"拆律法＋假設法"後,孔氏投入具體計算檢驗,發現經此法處理的律數參與計算,步驟大爲輕減,故沿用至下一次南吕計算。前後兩次計算綜合,便暴露出"假設法"數據依賴性强,個別問題個別解決,增衍換算步驟,增加計算負擔等缺陷。"假設法"弊端不足以從一次計算中看出,必綜合兩次計算才得以顯現,問題顯現之後,此法才被淘汰。這是孔穎達疏文使用 2 次"假設法",而不是 1 次或者 3 次的原因所在。

---

① 張景中撰:《感受小學數學思想的力量——寫給小學數學教師們》,《人民教育》第 18 期,2007 年 9 月,第 24 頁。

缺點暴露後,孔穎達針對問題提出實用性更強的“分數法”。“分數法”的提出意味着整體方法調整爲“拆律法＋分數法”,此法繼續被投入下一次“姑洗”計算中檢驗。這次計算反映了“分數法”不受具體數字限制,步驟簡潔的優越性,拆律剩下的律數遵循固定步驟即能得到統一處理。故而,“拆律法＋分數法”一直被沿用,律數“除不盡三”問題因此得解。

十一段疏文合觀,實爲孔穎達探索“除三不盡”最優解法的動態過程。他於具體計算中檢驗方法,去劣存優,根據計算結果反向調整解法,將重新設定的解法繼續投入計算檢驗,如此反復檢驗,重複篩選,直至形成步驟最少,適用範圍最廣,使用最方便的律數處理方法。傳統數學“寓理於算”特徵於此可見。在攝理入算,以算證理的獨特表達下,計算本身已成爲推理證明的一部分,同時成爲解法構造和優劣篩選的過程,多種維度聚於一處,渾然一體難以剥離,表現出一種圓融的特質。無論在表達形式或思維方式上,都和以古希臘演繹法體系爲代表的西方數學傳統不同。有人據此認爲,中國傳統數學存在“重應用,輕理論;長於計算,疏於推理”的缺陷。但這是一種“缺陷”,還是一種因東西方數學傳統不同而表現出的差異? 值得更多思考。長於計算和“疏於推理”是否存在非此即彼的對立關係? 我們應如何認識傳統數學中的推理形式和邏輯證明,也是一個有趣的問題。數學家吴文俊先生曾對如何認識傳統數學給出建議,啓發頗大,兹引於下:

　　　要真正了解中國的傳統數學,首先必須撇開西方數學的先入之見,直接依據目前我們所能掌握的我國固有數學原始資料,設法分析與復原我國古時所用的思維方式與方法,才有可能認識它的真實面目。[①]

結　論

本文以《月令》十一段疏文爲背景,展開對孔穎達律數“除不盡三”解

---

　　①　劉鈍撰:《中國古代數學的主要特徵及其歷史與現實意義》,《自然辯證法通訊》第 15 卷第 5 期,1993 年 10 月,第 48 頁。此處轉引。

法創設過程的討論,厘清了"拆律法""假設法""分數法"的提出始末和成型細節。三種方法兩兩組合,形成"拆律法＋假設法"和"拆律法＋分數法"兩套模式。"拆律法＋假設法"應用於十二律第三、四次計算中的大蔟、南吕處理;"拆律法＋分數法"應用於十二律第五至十一律次計算中的姑洗至無射處理。因"拆律法"部分相同,故本文側重於"假設法"和"分數法"的優劣異同討論,并揭示方法更替的原因。

律數經"拆律法"變成"整除 3 的最大整數"和剩餘律數:

$$律數＝整除 3 的最大整數＋剩餘律數$$

"整除 3 的最大整數"可直接投入計算得到局部結果,需將剩餘律數處理成"整除 3"的形式繼續投入計算得到另一局部結果,才能叠加出最終結果。"假設法"和"分數法"都是針對剩餘律數提出的解法,前者致力於將剩餘律數構造成"整除 3 的整數",後者致力於將剩餘律數構造成"整除 3 的分數",兩種方法處理後的律數形式雖然不同,但内核一致:將剩餘律數調整成"三的倍數"。

"假設法"利用特定比例,將剩餘律數變形成"整除 3 的最小整數"。此法數據依賴性强,一次只能解決一個問題:如大蔟剩餘律數 2 寸對應"1 寸＝3 分";南吕剩餘律數"$2 寸＋\frac{1}{3} 寸$"對應"1 寸＝9 分"。數字一旦變化,條件就要重新設定,無法成爲一類問題的統一解法。又因"假設法"引入假設比例,相當於將數值放大再計算,故結果還要重新除以假設比例才能返歸真實數值,故而"假設法"又存在步驟繁瑣的弊端。

針對"假設法"的缺陷,孔穎達提出實用性更强的"分數法"。"分數法"不受具體數字限制,完全憑藉數字間的聯繫變形剩餘律數,克服了"假設法"增衍換算步驟、個别問題個别解決的弊端,實現了剩餘律數的批量處理。只要找到剩餘律數中的整數、分子和分母,就能套用公式,遵循固定步驟直接得到"整除 3 的分數":

$$新分子＝整數×(分母×3)＋分子×3$$
$$新分母＝分母×3$$

"分數法"對"假設法"的替代,是出於擴大解法適用性,減輕計算負擔等考慮。

最終定型的"拆律法＋分數法"不僅適用於處理《月令》中"除不盡三"

的律數,也適用於其他律學和史學著作中“除不盡 3”律數的處理。① 若律數大於三,則先用“拆律法”取出“整除 3 的最大整數”投入計算;再利用“分數法”處理剩餘律數,即找到剩餘律數中的整數、分子和分母,套用公式得到新分子和新分母,新分子投入計算,結果與分母組裝成新分數的計算結果,將此結果與“拆律法”結果相加即爲律數整體計算結果。若律數小於 3,説明“整除 3 的整數”部分不存在,直接跳過“拆律法”環節進入“分數法”環節,循環剩餘律數的處理方法,所得結果即爲整體律數的計算結果,如下所示:

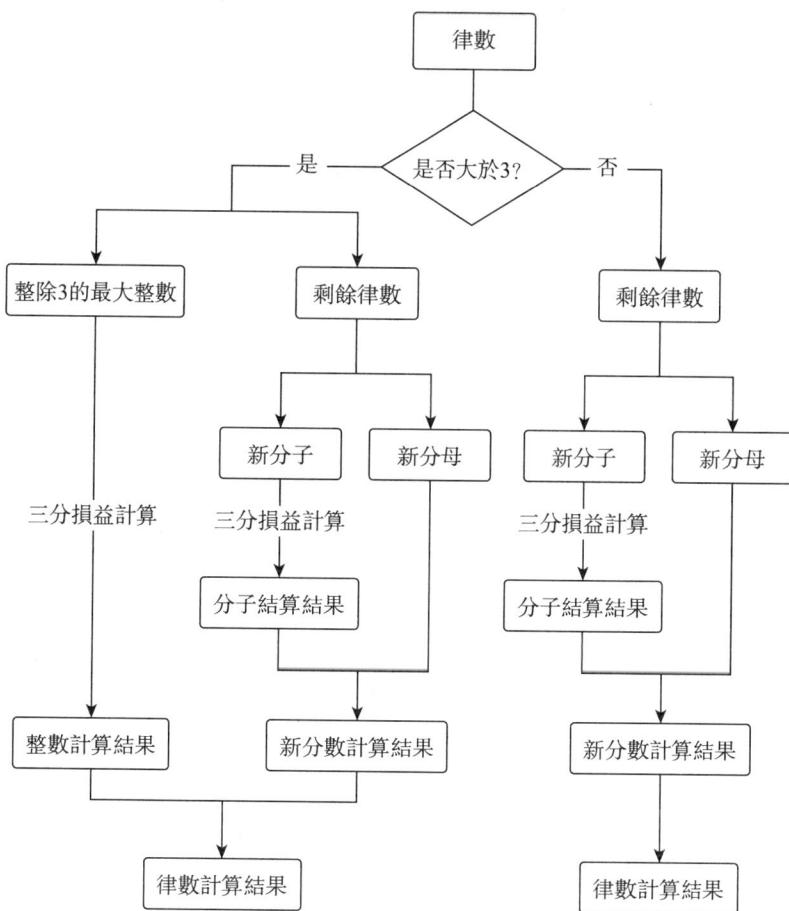

```
                        ┌──────┐
                        │ 律數 │
                        └──────┘
                            │
                  是    ◇是否大於3?◇    否
            ┌───────────┘          └───────────┐
     ┌─────────────┐    ┌──────────┐      ┌──────────┐
     │整除3的最大整數│    │ 剩餘律數 │      │ 剩餘律數 │
     └─────────────┘    └──────────┘      └──────────┘
                       ┌────┴────┐        ┌────┴────┐
                    ┌──────┐ ┌──────┐  ┌──────┐ ┌──────┐
                    │新分子│ │新分母│  │新分子│ │新分母│
                    └──────┘ └──────┘  └──────┘ └──────┘
三分損益計算        三分損益計算          三分損益計算
     │              ┌──────────┐        ┌──────────┐
     │              │分子結算結果│       │分子結算結果│
     │              └──────────┘        └──────────┘
┌──────────┐      ┌────────────┐      ┌────────────┐
│整數計算結果│      │新分數計算結果│      │新分數計算結果│
└──────────┘      └────────────┘      └────────────┘
      └──────┬──────┘                        │
       ┌────────────┐                 ┌────────────┐
       │律數計算結果│                 │律數計算結果│
       └────────────┘                 └────────────┘
```

圖十三　孔疏“除不盡三”固式解法

① 歷代黃鐘變動,導致十二律數常常變化,故而文獻中的律數經常不一樣。但無論數值如何變化,律數由整數和分數組成的結構不變,只要符合此結構,便可套用孔穎達“拆律法＋分數法”處理。

　　孔穎達依托《月令》疏文創設的,實際上是跨越時空、地域局限,能解決律數"除不盡三"問題的通用型解法。他的解法構造思路幾經周折:依托具體計算提出解法,根據具體計算甄別解法缺陷,進行方法優化,再次投入具體計算檢驗,最終創設出簡潔而循環的步驟。這十一段律數疏文不僅是十一次獨立的計算,也是一次由淺入深探索"除不盡三"最優解法的動態過程,反映了孔穎達對律學計算的深入思考,也反映儒家經典中"以數解經"的獨特面貌。

(作者:南京師範大學文學院 2021 級博士生)

宋高宗發引路綫考述
——以南宋周必大《思陵録》爲重點

李　希　俞志慧

摘要:宋高宗駕崩後,遺體從臨安運送至紹興寶山安葬。高宗的發引路綫,史書并無明確記載。根據周必大《思陵録》記載可推測,高宗的靈船從臨安新開門出發,横渡錢塘江到達西興,登岸後用人力運送至浙東運河入口,重新登舟。沿運河到錢清堰渡堰後,經過錢清鎮、柯橋,後從迎恩門進入紹興府城,取道紹興環城河,從都泗門出城再次進入浙東運河到達東湖、董家堰一帶,進入御河,一路抵達陵區。通過考察宋高宗的發引路綫,本文糾正了一直以來學界及民間對臨安新開門位置和名稱的誤解,以及錢清江在南宋時期江面寬度的誤判,有助於認識南宋時期浙東運河的航運條件、杭紹間的交通狀況及沿途市鎮的興衰變遷等問題。

關鍵詞:《思陵録》　周必大　宋高宗　浙東運河　御河

南宋(1127—1279)一朝共有九位皇帝,其中六位都葬在紹興寶山,這裏也由此被稱爲南宋六陵、宋六陵。宋六陵是江南地區規模最大的皇家陵墓,宋高宗(1107—1187)作爲南宋的開國皇帝,成爲了在此長眠的第一位南宋帝王。他的喪葬諸事一直以來備受關注,學界對其葬禮、喪儀、墓地形制等都有諸多討論,目前,對南宋六陵的考古發掘工作也正在有序開展,不時有新的成果出現。但高宗發引時從南宋都城臨安到紹興寶山的攢宮這一段路綫,目前學界對其討論相對不足,本文試圖通過《思陵録》中所記載的發引路綫,對其所涉的若干節點進行考述。

一、《思陵録》作者、内容簡介

《思陵録》爲南宋名宰兼文壇領袖周必大所著。周必大(1126—1204),字子充,又字洪道,自號平園老叟,廬陵人。紹興二十一年(1151)以進士授左迪功郎、徽州司户參軍。紹興三十年(1160)除太學録,召試館職,受到高宗賞識。孝宗即位(1162)當年,官拜起居郎,後任兵部侍郎、吏部尚書等職。淳熙十四年(1187),周必大轉爲光禄大夫,除右丞相。同年,宋高宗病危,周必大開始撰寫《思陵録》。

　　《思陵録》是一部時政日記,分上、下兩卷,約六萬字。起自淳熙十四年農曆八月初一日,訖於淳熙十六年(1189)農曆二月初二日,前後共 532天。記録了周必大在高宗病危、駕崩、喪葬期間的政治生活。他將這一時期每日的上朝情況、工作見聞以及南宋朝堂君臣的政治言論詳録在案,兼有部分追叙和補録。《思陵録》涉及了南宋時期的皇家喪葬禮儀、皇陵建制、官員任命、朝廷外交等衆多方面,對於南宋時期朝堂所發生的重大事件也多有涉及,可補正史之未録,爲後世研究宋廷南渡後這一特殊時期的歷史保留了珍貴的第一手材料,本文即據此考察高宗發引的綫路及有關史實。

二、《思陵録》所載宋高宗發引路綫

　　淳熙十四年十月八日,宋高宗于臨安德壽宮病逝,依紹興元年(1131)孟太后舊例,高宗遺體將發往位於今紹興市富盛鎮寶山的攢宮安葬。時任右相的周必大請求隨同前往紹興,孝宗應允,令其兼太傅之職充山陵使,導高宗梓宮前往攢宮安葬。

　　淳熙十五年(1188)三月十八日,高宗遺體發引。發引的隊伍從臨安新開門出發,歷時五天,將高宗靈柩護送至紹興寶山攢宮。這次經歷,被周必大詳細地記録在《思陵録》中。高宗的發引路綫分別以西興、紹興城爲界,可大致分爲三段。第一段爲臨安新開門至西興;第二段爲西興至紹興城;第三段爲紹興城至寶山攢宮。周必大具有敏感的地理思維,其記録中不僅包括了出發地、到達地及途中休息地的名稱,還記録了各點之間的里程,這爲南宋浙東的運河交通、水利等方面的研究保存了珍貴的史料。筆者通過抓取各個地點遺迹的經緯度,繪製了宋高宗發引的大體路綫如下:

圖一　宋高宗發引路綫示意圖

三、發引路綫及重要節點考述

　　《思陵録》中記載的這段高宗發引路綫,反映了南宋臨安到紹興的内陸水運綫路。從書中記載的地點可知,宋高宗的靈柩從臨安運送至紹興城,基本是通過浙東運河實現的。根據南宋施宿(1164—1222)所修的《嘉泰會稽志》卷十載:"運河,在府西一里,屬山陰縣,自會稽東流縣五十餘里,入蕭山縣。《舊經》云:晋司徒賀循臨郡,鑿此以溉田。"①這裏自東向西記述了運河在紹興至蕭山間的流經路綫。而實際上,浙東運河的水流方向爲由西向東,西起西興,向東南流經蕭山,横跨錢清江過錢清鎮,在東南經紹興府城而東,至曹娥。過曹娥江達上虞,繼續向東匯入余姚江,至寧波甬江入海。全長約130公里。高宗發引主要依靠了浙東運河蕭紹段的水路,也稱西興運河、蕭紹運河。

　　根據《思陵録》記録,從蕭山到紹興(柯橋)一段的水路大約爲62里,折合爲31公里,這與現在浙東運河在蕭紹段的里程也基本吻合。但宋高宗靈柩從紹興城運至寶山的攢宫并不是依靠浙東運河的主航道,而是其支流,《思陵録》對此段路綫的記載不是十分明確,本文也將對此將進行進一步考證。

---

①　〔宋〕施宿:《嘉泰會稽志》卷十,清文淵閣《四庫全書》本,第1頁。

(一) 發引路綫第一段

　　　甲寅,三鼓,皇太后行禮奉辭,故事當詣城外。……侍中奏請進
發,輦官、力士升捧擎梓宮。予攝太傅,持節前導梓宮進行……至德
壽殿,侍中奏請梓宮升龍輴。……挽士奉引,予持節導至德壽宮門
外……月色晴朗,觀者四遠而至。皇太子送于新開門内,文武百官奉
辭於門外,遂登舟。潮水既應,波伏不興。黎明離岸,即達西興,真有
相之道也。梓宮既入港頓,不留,乃乘馬,僅二三里,登舟。(《思陵
録》下卷)①

這一段路綫的兩端分别爲臨安新開門和西興。

1. 新開門

　　宋高宗的靈柩從臨時停靈的德壽宮出發,由周必大作爲前導。皇太
子送别靈柩于新開門内,文武百官立班奉辭於門外。新開門即爲高宗靈
柩發引的門户。

　　關於新開門,歷來學者皆認爲是臨安城東南的一座城門——新門。
宋度宗(1240—1274)咸淳時期(1265—1274)刊刻的《臨安志》所載《京城
圖》明確地將原來新門的位置標爲“新開門”。吳自牧(1241—1274)作于
宋末的《夢粱録》在記載臨安城門時寫道:“城東南門者七:曰北水門;曰南
水門……曰便門;曰候潮門;曰保安水門,河通跨浦橋,與江相隔耳;曰保
安門,俗呼小堰門是也;曰新開門。”②將“新門”書作“新開門”。此後學者
皆將二者混爲一談。現代學者陳橋驛(1923—2015)主編的《中國都城辭
典》中對“新門”的解釋爲:“南宋臨安城東城門之一,又稱新開門。紹興二
十八年(1158)建,故址在今望江門直街竹椅子巷北。元末改稱永昌門。
清康熙五年(1666)改名望江門,俗稱草橋門。門外南宋時有富景園、五柳
園。”杜正賢、楊寬等學者皆以新門爲新開門。在衆多解釋中,關於新門的
内容是大致無誤的,但將“新門”與“新開門”當作是同一個城門則是一個
普遍性的錯誤。

---

　　① 文中所引《思陵録》以江西歐陽榮瀜塘别墅刊《廬陵周益國文忠公集》二百卷
中收録的《思陵録》爲底本,原文皆未句讀,引文標點係筆者所加。
　　② 〔南宋〕吳自牧:《夢粱録》,杭州:浙江人民出版社,1980 年,第 52 頁。

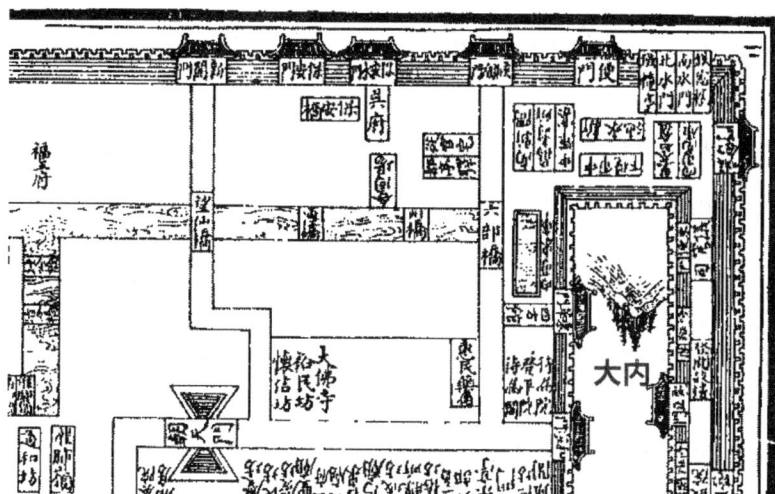

圖 2　《京城圖》(局部)①

　　實際上,新開門是專門爲宋高宗發引所修建的臨時城門,并不在南宋臨安所設的東南七座城門之列,其位置大概在嘉會門與候潮門之間。目前所見相關記載最早見於《建炎以來繫年要録》:

　　　　戊寅……是日,攢宮破土,作新城門於候潮、嘉會二門之間,直跨浦橋江次,以梓宮所由出也。②

　　這條材料顯示,紹興二十九年(1159),南宋朝廷在籌措韋太后喪事時,爲了方便發引時的靈柩出城,第一次在嘉會門與候潮門之間修建了臨時城門。其位置經過了嚴格的甄選,《宋會要輯稿》禮三七中記載了禮部、太常寺根據五音姓利説提出了三個臨時城門的地點,最後由高宗欽點了此處。這便是當時的新開門。這座臨時城門送別了韋太后的靈柩,在安葬完畢迎回其神主牌位後便功成身退了,城門并未保留下來。

　　《宋會要輯稿》禮三〇載紹熙五年(1194)治孝宗喪事:

　　　　太史局言:"將來梓宮發引經由道路,合依淳熙十四年高宗皇帝

　　①　〔南宋〕潛説友:《咸淳臨安志》,清文淵閣《四庫全書》本,《京城圖》。
　　②　〔宋〕李心傳著,辛更儒點校:《建炎以來繫年要録》,上海:上海古籍出版社,2018 年,第 3250 頁。

梓宫經由去處,於候潮門直南水門兩橋之間,權拆禁城修作門户出城,取牛皮巷跨浦橋登舟,係是東南利方,於國音即無妨礙。"從之。①

這則材料明確揭出了高宗與孝宗發引所經門户爲臨時開闢。關於門户的位置,則説得更爲清楚,不僅明確了在候潮門與南水門之間,更是指出了此門位於大内禁城的城墙之上。而且,《宋會要輯稿》中在嘉定十三年(1220)宋寧宗與朝臣討論景獻太子喪事時,決定在麗正門(南宋禁城的西門)的東南臨時開闢新城門一事能與之印證。此次所開之門户也被稱作爲"新開門"。由此推斷,周必大在《思陵録》中所提到的新開門并不是某座城門的特指,而是指這種新開的臨時城門。這些用作梓宫發引的臨時門户,每次的位置并不確定,但大致都處於候潮門與嘉會門之間。這是由於南宋人認爲東南方位是對國運有利的位置,且臨安城外東南便是跨浦橋,歷來皇室靈柩都從此橋登舟。《思陵録》中周必大也在宋高宗發引隊伍出發三天後提到"浙江跨浦橋火,約焚折二百家,正梓宫登舟處"。

跨浦橋旁便是錢塘江最大的渡口——浙江渡。錢塘江作爲浙江境内流量最大的河流,是臨安的主要交通水道,沿江設有大大小小許多碼頭,以方便行旅與貨物上下。浙江渡位於錢塘江北岸,是當時對接蕭山西興的渡口。《夢粱録》中《堰、閘、渡》篇載:"浙江渡,在浙江亭。江岸對西興。"②浙江渡北通京杭大運河,南接西興運河,是當時位於錢塘江南的寧波、紹興等"上八府"人去往杭州的必經之路。跨浦橋正在浙江亭側,《夢粱録》中《城内外河》篇載:"城外運河,南自浙江跨浦橋。"《思陵録》在記載宋高宗發引隊伍回程的時候也明確提到"過浙江亭",因此宋高宗的靈柩在浙江渡登舟,横渡錢塘江到達西興無疑。

2. 西興

西興,古名固陵、西陵,春秋末年,越國大夫范蠡爲抵禦吳國進攻所建。六朝時期,成爲錢塘江南岸的重要渡口。五代時期,因顧慮"陵"字不詳而改名西興,并一直沿用至今。西興既有西興渡,與臨安新開門外的浙江渡隔江相望,又是臨安城外浙東運河的起點。浙東運河爲京杭大運河

---

① 〔清〕徐松輯録,劉琳、刁忠民、舒大剛點校:《宋會要輯稿》,上海:上海古籍出版社,2014 年,第 1381 頁。

② 〔南宋〕吳自牧:《夢粱録》,第 101 頁。

的延伸部分,從西興開始,向東橫跨錢清江、曹娥江,達今寧波市甬江入海口,史稱西興運河,又名杭甬運河、蕭曹運河。浙東運河始於春秋時期的山陰故水道,最初是爲了引鑒湖水系灌溉而開鑿。《越絕書》中《越絕外傳記地傳》載“山陰故水道”,云:“出東郭,從郡陽春亭,去縣五十里。”①終點在上虞東關練塘。西晉時期,會稽内史賀循主持開挖了從西興到會稽一段的運河。經隋唐兩代的經營,西興運河漸成規模,成爲浙東地區重要的水上交通要道,南宋時期更是成爲了南方最重要的水上交通要道之一,其航運條件和繁榮程度在南宋達到了頂峰。因此作爲運河起點的西興,在溝通杭州城内水道與城外運河上,有着重要意義。

《思陵録》記載,宋高宗的發引隊伍在三月十八日由皇太子送于新開門内,百官辭於門外。梓宫由周必大等人護送,於跨浦橋登舟,橫渡錢塘江,“黎明離岸,即達西興”,十分順利地渡過了錢塘江,周必大不禁發出“真有相之道”的感慨。實際上,正如周必大所言,此次靈柩過江仿佛真有神靈保佑一般順利。錢塘江是浙江境内流量最大的一條河流,每逢雨水充沛的季節,便會形成聲勢浩大的錢塘江大潮,使渡江的危險性大大增加。而宋高宗的靈駕在四月發引,根據《思陵録》的記録來看,其發引前後皆連日陰雨,只有在發引的五天中爲晴天。其間,來訪的金國使者也有觀潮的記録,可見此時的錢塘江凶險異常。回程途中,周必大的船隻便再也沒有了這種好運氣,在渡江之時“中流震蕩”“往反數四”才驚險地度過錢塘江。

宋高宗的靈駕到達西興渡後,舍舟,換以人力肩扛輿車,周必大等人乘馬,送行二三里後,於西興運河入口再次登舟。這種水陸交替的運輸方式是由於當時錢塘江與運河的水位差距較大,難以相互通航而造成的。二者水路不通,因此凡經過此路綫的南北行旅和貨物等,都要在西興進行轉運,通過人力、畜力或内河交通來溝通錢塘江與運河的航道。這使得西興成爲了浙東運河綫路上最繁忙的中轉站,并在後來漸漸地催生了一種以替來往客商轉運貨物爲生的特殊的行當——過塘行。②

---

① 〔東漢〕袁康、吴平輯録:《越絶書》,上海:上海古籍出版社,1985年,第57頁。

② 過塘行,亦稱牙行,是在水陸交通要道處承接來往客商的貨物轉壩代運、駁船過塘業務的一種特殊行當。西興過塘行在明代已有,1842年“五口通商”後得到繁榮發展。據《西興鎮志》載:清末、民國時期,有過塘行七十二爿半,從業人員(挑夫、船夫、轎夫、牛車夫)達千人。(詳見楊曉政著,杭州市京杭運河(杭州段)綜合保護中心編:《運河文化讀本》,杭州:杭州出版社,2015年,第70頁。)

(二) 發引路綫第二段

　　又十二里,至蕭山縣覺苑寺宿頓,晡臨如儀。帥張杓、漕趙不流、提刑延璽、提舉常平田渭皆來。凡梓宮前船一百八隻,後船一百四隻。

　　乙卯,晴。朝臨訖,行三十五里至白鶴橋食頓,又十五里至錢清北閘。尚早,先次晡臨訖,留俟潮應。……夜宿薛氏店。

　　丙辰,晴,朝臨訖。行二十里,食頓柯橋。又二十里入紹興府,宿頓光相寺。晡臨訖,泊舟。石寺丞聞臨安今日五更,浙江跨浦橋火,約焚折二百家,正梓宮登舟處。

　　丁巳,晴,朝臨訖。導梓宮出都泗門五里,食頓會稽縣尉司。(《思陵録》下卷)①

　　從西興運河口再次登船,便進入了此次發引路綫的第二段。這段路綫的兩端分别爲西興運河口和董家堰。

1. 覺苑寺

　　周必大一行沿運河行十二里到達蕭山縣覺苑寺過夜。《嘉泰會稽志》卷八《寺院》:"覺苑寺在縣(蕭山縣)東北一百三十步。"②南朝齊建元二年(480),江淹之子江昭玄舍宅建。唐會昌年間(841—846)廢,大中二年(848)重建,賜名爲昭玄寺。宋大中祥符中(1008—1016),因避宋聖主趙玄朗之諱改爲"覺苑寺"。《思陵録》中所言的"覺苑寺"應該是當時緊鄰覺苑寺的一座驛站,名爲夢筆驛。"夢筆"之名源于江淹"夢筆生花"的典故,宋人王十朋(1112—1171)在《會稽風俗賦并序》中曾言及"江筆"③即指此。《嘉泰會稽志》卷四《館驛》:"蕭山縣有夢筆驛,在縣東北一百三十步。"④并云:"今爲覺苑寺,寺前有夢筆驛。"⑤宋代詩人陸游、姚宏等有《夢筆驛》詩,後世文獻中也多次出現此名,説明此地至遲在兩宋之間就被設

　　① 〔南宋〕周必大:《思陵録》下,第 7—9 頁。
　　② 〔宋〕施宿:《嘉泰會稽志》卷八,第 14 頁。
　　③ 〔宋〕王十朋:《會稽風俗賦并序》,梅溪集重刊委員會編:《王十朋全集》,上海:上海古籍出版社,1998 年,第 830 頁。
　　④ 〔宋〕施宿:《嘉泰會稽志》卷四,第 13 頁。
　　⑤ 〔宋〕施宿:《嘉泰會稽志》卷十三,第 34 頁。

置成了驛站,南宋時期已稱"夢筆驛"。蕭山老城河上東西向排列了七座古橋,其中緊鄰覺苑寺的一座名爲"夢筆橋",宋人葉清臣(1000—1049)《越州蕭山縣昭慶寺夢筆橋記》載:"初,齊建元中,左衛江公歸依法乘,脱略塵境,舍所居宅,爲大福田。則斯橋之興,與寺偕始。"①《嘉靖蕭山縣誌》亦載:"覺苑寺,在夢筆橋北。"②可爲佐證。

2. 白鶴橋

十九日,船隊繼續前行,又三十五里,到達白鶴橋休息用飯。白鶴橋即今蕭山衙前鎮,西興運河上有一座同名的單孔石拱橋,《嘉泰會稽志》卷十一《橋梁》:"白鶴橋,在縣東三十五里。"③唐代詩人李紳(772—846)有"未見雙童白鶴橋"的詩句,則建造時間不晚于中唐,原名"雙童橋"。《乾隆蕭山縣誌》卷六《古迹》記:"雙童,即白鶴橋。"④白鶴橋遺址在今蕭山衙前鎮百米老街西端,如今橋身已毀,僅存南端的一個橋墩和拱脚旁的纖道。白鶴橋稱"衙前",在唐代就已經出現,咸通二年(861)覺苑寺經幢中已有"衙前之將兼知都坊馬權舍絹二疋""衙前子將"⑤等字樣。北宋太平興國時期(976—984)衙前屬白鶴里管轄,明嘉靖時期(1522—1566),此地稱白鶴鋪。⑥ 周必大在《思陵錄》中仍稱"白鶴橋",説明當時"白鶴橋"之名在民間仍在使用。

此地又有白鶴寺,舊名"白鶴接待院",宋紹興十五年(1145)改名爲"資利寺",因在白鶴浦,故又名"白鶴寺"。西興運河上的白鶴橋是通往白鶴寺的必經之路。古代的寺廟有嚴格的等級之分,有"院"與"寺"之別,"院"的等級低於"寺"。民間私寺、規模較小的寺院和依附於大寺的非獨立寺廟只能稱爲"院",只有官方敕造或私寺被朝廷認可并賜名改額後才能稱之爲"寺"。接待院的稱法多見於宋代文獻,據宋朝的宗教制度,接待院是朝廷或經過朝廷批准後建造的一種寺廟,建於通往都城的交通要道之上,以便於接待來往僧侶和官員,可以説是一種特殊的驛站。由此可以

①　四川大學古籍整理研究所編:《全宋文》,成都:巴蜀書社,1991年,第180頁。
②　〔明〕張燭纂,〔明〕林策修:《嘉靖蕭山縣誌》卷六,明嘉靖刻本,第16頁。
③　〔宋〕施宿:《嘉泰會稽志》卷十一,第33頁。
④　〔清〕黃鈺修纂:《乾隆蕭山縣誌》,杭州市蕭山區人民政府地方誌辦公室編:《明清蕭山縣誌》,上海:上海遠東出版社,2012年,第663頁。
⑤　〔民國〕楊士龍纂:《蕭山金石志》,民國二十四年鉛印蕭山縣誌稿本,第2頁。
⑥　〔明〕張燭纂、〔明〕林策修:《嘉靖蕭山縣誌》卷二,明嘉靖刻本,第38頁。

推測,周必大一行到達此地,除了當地官員,白鶴寺的僧人也需負責接待。

3. 錢清堰

午飯過後,"又十五里至錢清北閘"。這裏的"錢清北閘"即錢清北堰。《康熙蕭山縣誌》載:"宋令顧冲《水利事蹟》云:蕭山自西興閘至錢清堰計四十五里,中有運河。"[①]錢清堰爲西興運河與錢清江交匯處的水利工程,包括了錢清北堰和錢清南堰,其修建時間不晚于北宋熙寧年間(1068—1077)。其建造的原因,則被認爲與唐宋時期浦陽江下流河道變遷有關,這一時期,由於多種原因導致原本東西分流的浦陽江下游的大部分的水流東注錢清江,導致錢清江流量劇增,在水流的作用下河道日益被拓寬和加深,使得錢清江水位低於運河水位,造成運河航運困難。因此,在運河與錢清江交錯的兩端處修建了錢清堰,阻擋運河水流外泄,以保證運河的航運。錢清堰最早只建有堰壩,後來由於運河與錢清江的水位差距越來越大,即使錢清江漲潮,二者也難以持平,不得不于南宋初年加建堰閘以保證行船的安全。宋室南渡也使得浙東運河成爲了南宋時期的主要內河航道,運河船隻流量劇增,錢清舊堰難以滿足如此巨大的航運需求,南宋嘉泰元年(1201),又在距離錢清舊堰一里處設置了錢清新堰。《嘉泰會稽志》載:"錢清新堰,在縣西北五十一里,嘉泰元年置。先是小江南北岸各一堰,官舟行旅沿泝往來者如織,每潮汛西下,壅遏不前,則紛然鬥授,甚至毆傷。堰卒革日繼夜不得休,或以病告。提舉茶鹽葉公因寓公之請始爲之,仍於堰旁各置屋以舍人牛,蓋捐鏹二百萬,而兩堰落成,人皆便之。"[②]明朝天順年間(1457—1464),時任紹興知府彭宜(1410—1498)主持修建白馬閘,阻隔潮汐,錢清江的水位不再受到潮汐的影響,遂拆除錢清堰,令運河通暢。

兩宋時期,凡由西興運河過錢清江的船隻都要通過錢清堰。《思陵錄》中對高宗送葬船隻過錢清堰的情景有一段詳細的記述:

　　乙卯,晴。朝臨訖,行三十五里至白鶴橋食頓,又十五里至錢清北閘。尚早,先次晡臨訖,留俟潮應。錢清江者,東自三江口來,西過

---

① 〔清〕張遠纂,〔清〕劉嚴修:《蕭山縣誌》,清康熙十一年刊本,第3頁。
② 〔宋〕施宿:《嘉泰會稽志》卷四,第16頁。

諸暨,約三百餘里,闊十餘丈運河半貫其中,高於江水丈餘,故南北皆築堰止水,別設浮橋度行旅,大舟例剝載,小舟則拖堰而過。往歲祐陵之役(按:即紹興十二年(1142),運送宋徽宗靈柩至紹興永祐陵安葬),南北爲閘,俟潮水與運河適平,乃啓閘橫絶①。至是雖强爲閘,而沙泥易壞。運副趙不流初議盤剥,無何,頓遞使洪邁前奏:"恐内人等登車暴露,但當減節閑慢之舟。"上徑批依。紹興帥張构深憂梓宫涉橋危,雖頗拆民居陰爲之備,終不敢任責。至是潮水平漫,日暮猶低四尺,漕遷延不敢開閘。构窘甚,密餌御舟篙梢,乃以爲可過。漕令責狀。舟人笑曰:"疏脱立死,何以狀爲!"於是與主管官内侍都知劉慶祖等議,止放梓宫船。閘開,水勢奔注,久之方稍緩。兩岸以索牽制,令水手扶輿而過。將達南岸,而大升輿不受約束,相繼而往,微觸御舟,賴篙梢善其事,遂得入閘。輿舟不能入,横于南岸。册寶又往,江流湍急,舟人力不能加,直冲其腰,幸輿不損爾。既而虞主亦來,江水滋急,復冲册寶腰,勢尤可畏。不流頓足垂涕,幾欲赴水。予約蕭參及宇文步導梓宫舟至錢清鎮宿頓。册寶幸無他,惟腰舁脚并竿杖各損其一。(《思陵録》下卷)②

對於《思陵録》的此段中"錢清江者"一句,《黃梨洲文集》③中以及《全宋文》④《宋人日記叢編》⑤等的引用,對此句的標點皆作"錢清江者,東自三江口來,西過諸暨,約三百餘里,闊十餘丈,運河半貫其中……"陳橋驛先生所著《紹興歷史地理》中引用此句亦同⑥,後來的學者紛紛沿用,將"闊十餘丈"當作當時錢清堰段錢清江的寬度,這是錯誤的。

日本僧人成尋(1011—1081)所著的《參天台五臺山記》記述了在北宋熙寧五年(1072)乘船兩次過錢清堰的情景:

①　横絶,《四庫全書》本作"洩水"。據前後文意,當作"洩水"。
②　〔南宋〕周必大:《思陵録》下,第8頁。
③　〔清〕黃宗羲著,陳乃乾編:《黃梨洲文集》,北京:中華書局,1959年,第390頁。
④　曾棗莊、劉琳主編:《全宋文》,上海:上海辭書出版社,2006年,第125頁。
⑤　顧宏義編:《宋代日記叢編》,上海:上海書店出版社,2013年,第1095頁。
⑥　車越喬、陳橋驛著:《紹興歷史地理》,上海:上海書店出版社,2001年,第151頁。

1. (五月)六日乙酉　……自五雲門過五十里。未時,至錢清堰。以牛輪繩越船,最希(稀)有也。左右各以牛二頭卷上船陸地,船人人多從浮橋渡。以小船十艘造浮橋,大河一町許。(《參天台五臺山記》卷一)①

2. (八月)十九日甲午　天晴。……午時,出船。過五十里。子時,至錢清堰,駐船宿。

廿日乙未　雨下。卯時,以水牛八頭付轆轤繩,大船越堰。船長十丈,屋形高八尺,廣一丈二尺也。……申時,至於蕭山,小船六隻將來乘移。

廿一日丙申　雨下。辰時,從法過門,乘大船。待潮生,天小晴。申時,潮生,渡錢塘江。(《參天台五臺山記》卷三)②

成尋在記錄中提到錢清江時言:“大河一町許。”“町”爲日本的長度單位,在當時爲 109 米左右。明代王褘(1322—1374)所撰《錢清江浮橋記》中也明確提到當時錢清堰段江面上的浮橋長度爲三百六十尺③,折合約110 米。這分別是北宋與明朝的記錄,南宋處於其間,想必此時錢清江的寬度也難以少於百米。這個資料與“闊十餘丈”相去甚遠,因此在周必大的記載中“闊十餘丈”應該爲當時運河的寬度。

從《參天台五臺山記》與《思陵錄》的記載來看,兩宋時渡錢清堰皆須“候潮”,等待“潮水平漫”消除運河與錢清江的水位差才可渡堰。渡堰時需要“人船分離”。江面上用小船相連,并在上面鋪設木板做成浮橋,船上的行人從浮橋步行渡江。然後“大舟例剥載,小舟則拖堰而過”,大型船隻需將貨物剥載分裝於數艘小船之上,再以竹索固定,通過盤牛車將大船小船分別牽引渡江,小型船隻則可省去剥載一項。作爲運送高宗靈柩的御船,體積巨大,按例應當剥載後過堰。隨船的僧道、官員以及送葬的張淑妃皆步行從浮橋通過。爲防止張淑妃等女眷在過橋時暴露,還對當時過

---

① 〔日〕成尋著,王麗萍點校:《新校參天台五臺山記》,上海:上海古籍出版社,2009 年,第 40 頁。

② 〔日〕成尋著:《新校參天台五臺山記》,第 198—199 頁。

③ 〔明〕王褘:《王忠文集》卷八,清文淵閣《四庫全書》本,第 16 頁。“(浮橋)新作之,凡爲舟十有二。上架鐵板,庪相屬以爲梁。其長三百有六十尺,廣十有七尺,聯之以鐵綆,緪如橋之長。”

堰的來往船隻進行了控制。

根據周必大的記載,當時運河水位高於江面至少 3 米。高宗的發引船隊在錢清北堰"候潮應",等待江水與運河水位持平方可通過。但在實際過河時,錢清江的潮水却未能漲到與運河水持平。日暮潮水最高時,仍比運河水位低四尺。錢清堰的漕官唯恐御舟在如此之大的水位差距下渡河會有所差池,遲遲不肯開閘放御舟過堰。紹興帥張構私下賄賂御舟的篙梢,令其擔保御舟可過,但遭到了漕官的反對。最後經過商議,決定讓載有高宗靈柩的御舟先行通過。於是開閘放水,以降低運河水位。待水位基本持平,才在兩岸以竹索牽制,令水手扶輿而過。御舟快要抵達南岸的時候,由於運河下注錢清江的水勢洶湧,導致載有大升輿的船隻不受控制,隨水勢進入錢清江,與御舟發生碰撞,全賴掌舵的篙梢技術高超才使得御舟有驚無險地橫渡錢清江,從錢清南堰重新進入運河水道。隨後,載有冊寶和虞主的船隻也相繼進入錢清江,并在水勢的作用下接連發生碰撞,幾近傾覆,最終驚險渡江。

從周必大的這段記載可見,南宋時期過錢清堰是一件十分凶險的事情,故錢清堰也成爲浙東水路上最險要的堰渡之一。此次渡堰耗費了大量的時間,到達錢清鎮的時候已經是夜晚了,於是一行人便宿在錢清鎮薛氏旅店中。

4. 柯橋、光相寺、都泗門

二十日,續行二十里,在柯橋驛午飯。柯橋驛位於今紹興市柯橋區,《嘉泰會稽志》載:"柯橋驛,在縣西二十五里。"[①]柯橋在漢朝已設置驛館,即高遷亭,後因蔡邕取亭椽爲笛而改名笛里,東晋稱柯亭,南宋開始稱柯橋驛,又稱柯橋館。陸游《入蜀記》中就有"十九日黎明,至柯橋館,見送客"[②]的記錄。

當時浙東運河進入紹興府城後有兩條路綫。一條是從府城西北的迎恩門進入,過小江橋而東,從府城東都泗門出府城,入山陰故水道,這是一條橫向的水路。高宗發引的船隻走的便是這一條路綫。另一條是從府城南的植利門進入,與府河交匯後沿府河從昌安門出。《思陵録》中記載高

① 〔宋〕施宿:《嘉泰會稽志》卷四,第 11 頁。
② 〔宋〕陸游:《陸游集》第一冊,北京:中華書局,1976 年,第 2406 頁。

宗發引的隊伍進入紹興府城後,當晚一行人在光相寺過夜。《嘉泰會稽志》卷七《寺院》記載,光相寺"在府西北三里三百七步"①,位於迎恩門附近。顯然,發引的隊伍應當是從迎恩門進入紹興府城。

光相寺始建於東晋,"後漢太守沈勳公宅。東晋義熙二年,宅有瑞光,遂舍爲寺。安帝賜光相額"②。寺院毗鄰運河,位於今天紹興市越城區北海橋直街東。光相寺自成寺後,受到不少名士青睞,成爲名刹。《嘉泰會稽志》稱"俗以光相寺爲西寺",并言《世説新語》中許詢與王苟子辯論之地的會稽西寺,便是此處。③ 嘉靖初年,光相寺仍存;十一年,改爲越王寺;萬曆末年,僧智尚帶領其弟子在寺旁增建一寺,復名"光相"。如今寺已不存,僅留寺前的一座光相橋横跨於紹興府城河之上,橋柱上還可見極具佛教特色的覆蓮造型。根據實地調查,光相橋遺址距運河直綫距離約爲600米,在迎恩門附近。迎恩門位於紹興古城的西北角,也叫"西郭門",是運河與紹興府城河的交匯處,爲一座水門、陸門兼有的城門,配有吊橋,古代經由浙東運河進入紹興城的船隻必須通過迎恩門。"迎恩"之稱,不知始於何時,傳説古代帝王臨幸紹興,城内官員皆立于門外迎候,故名"迎恩門"。

二十一日,周必大一行導梓宫從紹興都泗門出城。都泗門是紹興古城東面的水門,連接西興運河與紹興府城内水系。《嘉慶山陰縣誌》載:"都泗門,即都賜水門,原名'元陽'。"④爲晋朝時王愔修建,門有堰,即都泗堰。周必大在《思陵録》中記載:"都泗之義,人皆不能言。或云《南史》何尚之二代孫胤居東山,送太守衡陽王元簡至都求賜埭,或訛'賜'爲'泗'耳。"⑤當地方言賜、泗同音,周説或是也。

御船從都泗門出城,重新進入浙東運河航道,向南達今東湖風景區,從這裏進入發引路綫的第三段。

---

①② 〔宋〕施宿:《嘉泰會稽志》卷七,第 20 頁。

③ 〔宋〕施宿:《嘉泰會稽志》卷十八,第 16 頁。王苟子,即王修(334—357),王濛之子,東晋著作郎、書法家。

④ 〔清〕朱文翰撰,〔清〕徐遠梅修:《嘉慶山陰縣誌》卷五,民國二十五年紹興縣修志委員會校刊鉛印本,第 2 頁。

⑤ 〔南宋〕周必大:《思陵録》下,第 9 頁。

（三）發引路綫第三段

　　二十五里,至羅家新步晡臨焉。鑒湖彌漫,今此爲田,凡收米八萬石,每畝三斗,可知廣狹矣。……

　　戊午,陰。早,梓宫舍舟升龍輀,又自輀登大升輿,夾道羅禁衛、鼓吹、傘扇、挽歌。予騎導行六七里。將至永思陵,復降輿登輀。至上宫欞星門外,力士捧擧以入,奉安訖而雨作。(《思陵録》下卷)①

1. 鑒湖

　　鑒湖即鏡湖,《嘉泰會稽志》載:"鏡湖,在縣東二里,故南湖也,一名長湖,又名大湖。《通典》②云,東漢永和五年太守馬臻始築塘立湖。周三百十里,溉田九千餘頃。"②鑒湖是東漢時期的會稽太守馬臻主持修建的,總納會稽三十六源之水爲湖。鑒湖西自常禧門至西小江,凡四十五里;東自五雲門至曹娥,凡七十二里;周圍三百五十八里;面積約兩百零六平方千米,是沿湖地區最重要的灌溉水源。同時,在南宋以前也是浙東運河會稽段的主要航道。北宋曾鞏(1019—1083)《序越州鑒湖圖》中記載:"鑒湖,一曰南湖,南并山,北屬州城漕渠。"③這裏的山指的是紹興府城外東南面的會稽山,漕渠便是浙東運河。鑒湖在唐代中期以後已經開始逐漸淤積。北宋大中祥符年間,在湖中建堤築堰之風大起,豪强盜湖爲田,使得鑒湖面積大大萎縮。到南宋時期,鑒湖已經湮廢。高宗發引時,湖内已遍爲耕田,此段的浙東運河也萎縮成了一條狹長的航道。周必大見此情形,也不禁發出感慨。

2. 御河

　　南宋將皇家權葬之地選在紹興寶山後,爲了方便將棺槨從臨安運至陵區以及日後對皇陵的祭祀,依托浙東運河以及該地區原有的河流,對它們進行疏浚拓寬,形成了從紹興城至宋六陵的一段運河,其中自董家堰到宋六陵一段被稱爲"御河"。《萬曆會稽縣誌》云:"自源出寶山曰御河,北

---

　　① 〔南宋〕周必大:《思陵録》下,第9頁。
　　② 〔宋〕施宿:《嘉泰會稽志》卷十,第19頁。
　　③ 〔清〕姚鼐纂集,胡士明、李祚唐標校:《國學典藏 古文辭類纂》,上海:上海古籍出版社,2016年,第639頁。

流會鰻池,西折過洞浦入於官河爲獨樹洋,遂由董家、皋埠二堰而北注。"①又云:"御河,在縣南十五里,自董家堰抵寶山。以宋有攢陵,故名。"②《乾隆紹興府志》引《於越新編》亦云:"自董家堰抵寶山,宋攢陵河也。"③根據以上記載,御河大致爲南北走向,南端頂點爲寶山,北端頂點爲董家堰和皋埠堰。考察記載中出現的鰻池(今名漫池)、洞浦、獨樹洋、董家等地名,我們可以大致確定御河的位置與範圍。現在的御河一共由兩段河道組成:一是現在位於紹興皋埠鎮的攢宫江;二是現在的東湖到皋埠鎮的一段運河,這段運河與浙東運河是重合的。

　　攢宫江又名漫池江,大致爲南北走向,是浙東運河的支流,發源于寶山,於今皋埠鎮中心小學前的河口匯入浙東運河。這條河流的歷史向上可以追溯到春秋時期。《越絶書》中《越絶外傳記地傳》云:"富中大塘者,句踐治以爲義田,爲肥饒,謂之富中。"④公元前 490 年,越王勾踐自吴放歸,勵精圖治,建造富中大塘以發展農業。根據陳橋驛先生的考證,富中大塘位於富盛江與平水江之間⑤,作爲御河前身的這條河流就是被阻截在富中大塘中唯一的水流,用來儲蓄淡水以灌溉塘内的田地。東漢時期,會稽太守馬臻修築鑒湖,將富中大塘納入其中,於是這條河流又成爲了注入鑒湖的"三十六水源"之一。南宋時期,鑒湖由於長期的圍墾而逐漸湮廢,并在其間的低窪之處形成了一個個湖泊。陳橋驛先生繪製的《南宋以後山會水系示意圖》⑥中顯示攢宫江沿綫存在鰻池和洞浦兩個一大一小的湖泊,這也與《萬曆會稽縣誌》中的描述相吻合,且書中又言:"鰻池,在縣東二十里,周圍數頃。"⑦可見其規模。這兩個湖泊最早可以追溯到春秋時期,爲攢宫江尾段與潮汐相互頂托而形成的天然湖泊。采訪中,當地老人回憶道,在 20 世紀 50 年代的時候,鰻池依然是湖泊,但規模已不比往日,現在由於城市建設,水面萎縮成爲了河道,該地改名爲"漫池"。明

---

①　〔明〕張元忭撰,〔明〕楊維新修:《萬曆會稽縣誌》卷八,明萬曆刻本,第 1 頁。

②　〔清〕董欽德撰,〔清〕王元臣修:《康熙會稽縣誌》卷四,第 8 頁。

③　〔清〕平恕撰,〔清〕李亨特修:《乾隆紹興府志》卷六,清乾隆五十七年刊本,第 16 頁。

④　〔東漢〕袁康、吴平輯録:《越絶書》,第 61 頁。

⑤　陳橋驛:《古代鑒湖興廢與山會平原農田水利》,《地理學報》,1962 年第 3 期。

⑥　陳橋驛:《陳橋驛全集》第八卷,北京:人民出版社,2018 年,第 609 頁。

⑦　〔明〕張元忭撰,〔明〕楊維新修:《萬曆會稽縣誌》卷二,明萬曆刻本,第 26 頁。

萬曆年間編纂的《會稽縣誌》所載的《會稽四境圖》中,在鰻池的西北方有洞浦山,《嘉泰會稽志》載:"洞浦山,在縣東南二十四里。《舊經》云:即湖南龍尾山西南之趾。"[①]這裏的湖即指鑒湖,所言洞浦山的方位也與《會稽四境圖》相符合,是爲同一座山。"浦"與水有關,多指水邊,説明洞浦山因靠近水邊而得名,但《會稽四境圖》有洞浦山,而無洞浦,且根據地圖的顯示,洞浦山下爲一片較爲平坦的地區。很有可能是由於洞浦的湖泊規模較小,在民間愈演愈烈的圍墾中,湖泊面積逐漸减小,最後并入了運河河道。這一小片平地正處在御河西折處,與縣誌中的描述相符合,其大概位置正在今天攢宮江匯入浙東運河的河口處。

图 3　《會稽四境圖》(局部)[②]

雖然洞浦作爲湖泊已經消失,但洞浦這個名字直到清代康熙年間修訂的的地方誌中仍在使用,并提到"洞浦"今改名爲"桐塢"。[③] 根據其空間推測,當爲今東湖街道桐梧村。

御河的第二段河道,是在攢宮江流出洞浦後開始的。

攢宮江自洞浦西折後,匯入浙東運河(浙東運河也稱官河)爲獨樹洋。獨樹洋在當時應當也是湖泊,雖然并未見有詳細的文字記載,但《萬曆紹興府志》所載《會稽縣境圖》中明確標明了獨樹洋的位置,位於龍尾山西

---

①　〔宋〕施宿:《嘉泰會稽志》卷九,第 14 頁。

②　〔明〕張元忭撰,〔明〕楊維新修:《會稽縣誌例》,《萬曆會稽縣誌》,明萬曆刻本。

③　見〔清〕董欽德撰,〔清〕王元臣修:《康熙會稽縣誌》卷三,第 7 頁,"洞浦山,在縣東南二十四里,香山東。《舊經》:即湖南龍尾山西南之趾,今呼曰'桐塢'。"并載明朝蕭鳴鳳詩:"洞浦春光定幾分,雙梅開過次芳尊。煙溪柏棹波新漲,花雨沾衣曉正温。"

北、葛山東北不遠處,是一個頗有規模的湖泊。將這張地圖與同爲明代所繪製的《會稽四境圖》比對,可知獨樹洋大概位於洞浦山的西北不遠處。根據《萬曆會稽縣誌》描述,御河"西折過洞浦入於官河爲獨樹洋",説明明朝萬曆年間的浙東運河是將獨樹洋作爲航道的。浙東運河修建之初,出紹興都泗門後,以廣闊的東鑒湖爲航道,而根據周必大在《思陵録》中的見聞,御舟在出都泗門之後已經是"鑒湖彌漫,今此爲田"了,獨樹洋即爲東鑒湖萎縮後所留下的湖泊。現在的獨樹洋繼續萎縮,已經成爲浙東運河上一段較爲寬闊的河段。

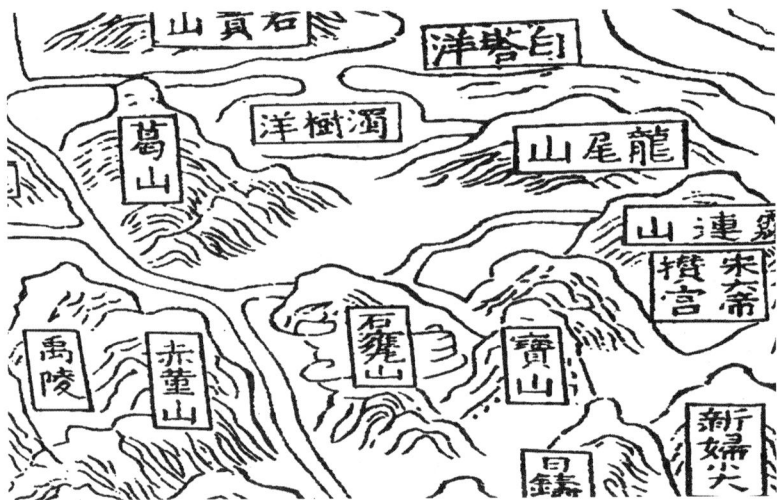

圖 4 《會稽縣境圖》(局部)①

由獨樹洋往北,是御河的北端頂點——董家堰和皋埠堰(皋埠堰又作皋部堰、皋步堰)。此二堰相距不遠,皆爲古代東鑒湖的水利工程。據《萬曆會稽縣誌》記載,董家堰在織女鋪②,即現在的紹興東湖村。此地流傳着董永與織女的傳説,相傳董永爲東湖村人,"董家堰"也因此而得名。董家堰遺址現已不存,但《萬曆會稽縣誌》記載:"董家堰,在石堰東四里。"③"皋部堰,在董家堰東六里。"④説明董家堰位於石堰與皋埠堰之間。而《萬曆紹興府志》所載的《鑒湖圖》中標記"石堰"與"皋步堰"之間爲"大埭

---

① 〔明〕張元忭纂,〔明〕蕭良幹修:《萬曆紹興府志》卷一。
② "織女鋪,鋪旁織女潭有董永墓、董家堰,凡堰之董姓者,云悉董永後。"〔明〕張元忭纂,〔明〕蕭良幹修:《萬曆會稽縣誌》卷四,第 20 頁。
③④ 〔明〕張元忭纂,〔明〕蕭良幹修:《萬曆會稽縣誌》卷八,第 1 頁。

堰”。根據中國水利水電科學研究院水利史研究室編的《水利史研究文集》顯示,大埭堰又叫東家堰,在今紹興越城區東湖塘下趙村,現已改橋,爲東家堰橋。“東”“董”在紹興話中音近,在流傳中二者被混同也是有很大可能的。皋埠堰,在董家堰之東,現已改爲登雲橋。

經實地調查,御河遺址攢宫江段所經地點由南至北分別爲皇埠村、芝山村、上蔣村、腰鼓山村、阮家灣村、漫池村,終點爲皋埠鎮中心小學,全長約 5.5 公里。由小學前的河口匯入浙東運河,并沿運河繼續向北流淌至登雲橋。御河的運河段由南向北所經地點分別爲古纖道、獨樹村、東湖大橋,約 3 公里。據御河沿岸的當地人回憶,這條河上曾建有五座石橋,分別爲通陵橋、延陵橋、拱陵橋、護陵橋、進陵橋,相傳爲南宋時期爲了使御河的陸路暢通而建造的,橋名中都有一個“陵”字,作爲宋六陵的陵橋,爲送葬隊伍和日後祭祀的交通提供便利。但這五座陵橋僅有“通陵橋”在明代以後的古籍之中偶有見載,民國初年刊印的《清史稿》記載:“運河自曹娥壩分諸溪,河水徑通陵橋會攢宫河,宋六陵在焉。”①證明了御河上通陵橋的存在,且指出了通陵橋爲御河北起的第一座陵橋。《萬曆會稽縣誌》中也記載了通陵橋位於會稽城外第二都,大約在現在的東湖鎮中。根據祝煒平所著的《南宋六陵考》描述,現在紹興東湖景區旁的東湖大橋的位置即古通陵橋之所在。通陵橋南北向跨越浙東運河,在 20 世紀 70 年代間,因建設東湖大橋而被拆除。②僅存一條刻有“通陵橋”銘文的長欄石被移建至東湖大橋旁的董堰橋上,該橋銘呈扇面形,楷書陰刻,高 42 厘米,寬 142 厘米。③該橋在《紹興古橋》中有見收録。其他四座陵橋均不見載,據説在 20 世紀 50 年代仍存,後因現代化建設的需要而被拆除或移建。據當地人描述,這四座陵橋中只有延陵橋在今腰鼓山村,現在改名爲長山橋,其餘三座皆難尋蹤迹。另外,《康熙會稽縣誌》中還記載了“九陵通泰橋在攢宫”④。明萬曆年間刊刻的《紹興府志》所載《宋六陵圖》也繪有通泰橋、太寧橋,皆位於宋六陵旁的御河之上,是否爲五座陵橋中的一座,就不得而知了。

---

①　〔民國〕趙爾巽:《清史稿》,民國十七年清史館鉛印本,第 1429 頁。
②　祝煒平:《南宋六陵考》,第 128 頁。
③　葛國慶:《宋六陵金石碑拓述略》,《東方博物》第四十七輯,第 98—107 頁。
④　〔清〕董欽德撰,〔清〕王元臣修:《康熙會稽縣誌》卷一,第 6 頁。

3. 羅家新步

二十二日，周必大一行在羅家新步晡臨後，舍舟登岸。羅家新步是《思陵録》中所記録宋高宗發引路綫的水路終點。該地點在紹興各地方誌中均未見記載。"步"與"埠"音同，"埠"爲停船的碼頭的意思。宋高宗如此龐大的送葬船隊要停靠，需要一個埠頭。新步作爲宋高宗梓宫舍舟登岸的地方，其"新步"之名大致代表了此地爲御舟停靠的埠頭。

據實地考察，新步可能在今舊埠村一帶。這一帶一直流傳着南宋皇室送葬及祭祀隊伍在舊埠上岸的傳說。在距舊埠村不到一公里的地方有"攢宫埠"，實爲攢宫江衍生出來的一段漊底，據傳此處便是御舟登岸之處。宋高宗的梓宫由新步登岸後，又由周必大導行約五里的路程到達永思陵。

圖 5　《紹興府二十里方圖》（局部）[①]

四、《思陵録》所載宋高宗發引路綫的研究意義

（一）對交通史的意義

在現代公路、鐵路、航空等運輸方式出現之前，水運一直是浙東地區交通運輸的主要手段。特別在南宋時期，浙東依賴于區域内龐大且複雜

---

① 〔清〕宗源瀚等纂：《浙江全省輿圖并水路道里記》，清光緒二十年石印本。

的河湖資源,將這些大大小小的河流與湖泊勾連成爲一個整體的水上運輸網路。浙東通過水運交通實現了資訊、物資、人員的交流,促進了區域內部資源的整合以及區域經濟的繁榮,并以此影響全國。

本文對宋高宗發引路綫的考證,從側面反映了南宋時期從臨安到紹興的水上交通路綫。南宋由於與金國劃江而治,遂失去了對京杭大運河主河段的控制。隨着南宋商業的日漸繁盛,作爲京杭大運河延伸段的浙東運河便擔負起了南宋在江南的主要的交通、商貿運輸以及出海路綫的任務。南宋在偏安江南的一百五十餘年中,浙東運河可以説是其最重要的水上生命綫。陸游《常州奔牛閘記》云:"自天子駐蹕臨安,牧貢戎贄,四方之賦輸與郵置往來,軍旅征戍,商賈貿遷者,途出於此,居天下十七,其所繫豈不愈重哉?"①可見南宋一朝的政治、經濟、民生等諸多方面,皆仰賴這條貫穿東西的大運河。這一時期,杭紹間的水上交通主要通過浙東運河實現已無疑議。關於這個問題,學界已有諸多著作及文章討論。②但就筆者目之所及,有關討論皆着眼於浙東運河在杭紹間運行的整體而言,關於其行進路綫的具體地點大多語焉不詳。因此詳細厘清路綫中所經過的各個關鍵節點便顯得十分必要了。周必大在《思陵録》中記録了宋高宗發引的御船經過的詳細地點,以及各點間的具體距離,這對勾勒臨安到紹興的水道運輸路綫有着極其重要的參考價值。

通過將宋高宗發引路綫與南宋其他時期文獻中對杭紹間水運交通記載的對比,能清晰地看出此間的路綫并不是唯一的。在南宋的不同時期,杭紹間水運交通路綫經歷了多次變遷。據《嘉靖蕭山縣誌》載:"古驛道由漁浦渡入浦陽江,宋南渡,攢宫於會稽,乃取便道,截流渡江抵西陵發舟。"③南宋攢宫始於紹興十二年(1142)宋徽宗梓宫南運,此次發引的路綫與高宗發引路綫是相同的。《蕭山縣誌》中將其稱之爲"便道",即説明時人認爲這條路綫尚爲一條臨時路綫,此前人們慣用的路綫爲從漁浦渡入浦陽江。然而這條"便道"并沒有給發引的隊伍帶來便利,反而更加的

　　① 〔宋〕陸游:《陸游集》第五册,第 2165 頁。
　　② 邱志榮,陳鵬兒:《浙東運河史》上,北京:中國文史出版社,2014 年;代宗宇:《南宋水運業的經營》,浙江大學碩士學位論文,2008 年;陳述主編:《杭州運河歷史研究》,杭州:杭州出版社,2006 年;孫竟昊:《浙東運河考辨——兼論寧紹平原區域水環境及水利形勢》,《社會科學戰綫》,2019 年第 12 期。
　　③ 〔明〕張燭纂,〔明〕林策修:《嘉靖蕭山縣誌》卷二,明嘉靖刻本,第 49 頁。

凶險。在《思陵録》的記載中,御船在通過西興閘和錢清堰時,都遭遇了幾近傾覆的危險。而做出這種冒險的選擇,是由於當時浦陽江上磧堰時常因堵塞而使水路不通。磧堰山口在北宋初期就成爲了浦陽江注入錢塘江的主要通道,這段水路一直到北宋末期仍然暢通無阻,周楫來往不需盤剥,是一條十分便捷且安全的路綫,而在南宋期間,磧堰時興時廢。紹興十二年,徽宗靈柩南運時,磧堰顯然舟楫不通,而淳熙七年到十三年間(1180—1186),陸游在嚴州、桐廬、山陰等地往來途中又寫下了《漁浦》《宿漁浦》等詩,説明當時磧堰又重新恢復了暢通。但僅僅兩年後,高宗梓宮發引却冒險從西興出發,險渡兩堰閘,表明此時磧堰可能又再次淤堵。磧堰時興時廢,造成了杭紹間水運交通的困難,促成了南宋初期對西興運河舊河道的疏浚及新河道的開挖,使杭紹間水運交通依賴西興運河的局面逐漸形成。

(二)對浙東運河水利特點研究的意義

浙東地區位於我國東南沿海地帶,主要由低山丘陵與河谷平原地形構成,受近海位置以及季風的影響,全年降水充沛。良好的降水條件及河網分布使得浙東地區具有水運開發的天然條件。從春秋時代開始,越地人民就已經開始對浙東的河流進行人工開掘與利用了。浙東運河采用人工運河與天然河湖結合的方式,巧妙地溝通了浙東地區所有的主要河湖,并與建立於浙東運河上的諸多堰、閘、壩等一起,構成了浙東地區龐大的水網結構,對整個浙東地區的水文環境起到了明顯的優化作用。在研究宋高宗發引路綫的過程中,我們發現周必大在《思陵録》中留下了對浙東運河蕭紹段水環境的客觀描寫、量化資料,還記録了當時船隻和行旅的過堰規則。這對現代研究南宋時期浙東運河,乃至三江流域的水利工程情況有着極大的幫助。

根據對高宗發引路綫的勾畫,送葬的隊伍從臨安到紹興,橫穿了錢塘江與錢清江兩條大河。這也反映了南宋時期浙東運河蕭紹段在水道方面的一些特徵。整個浙東地區的地形在整體上呈現西南高東北低的趨勢,故浙東的河流多爲南北向。因此,西北——東南走向的浙東運河需要橫跨多條自然河流。位於高宗發引路綫範圍内的錢塘江與錢清江河段,由於近海,都屬於該河的潮汐河段,水位受到潮汐運動的影響,變化極大。一般來説,運河的水位較爲穩定,而錢塘江、錢清江則受到降水多寡與潮汐運動的影響,水位變化頻繁且劇烈,不僅有季節性變化,水位每日也隨着潮漲潮落在發生變化。爲了減少錢塘江與錢清江頻繁的水位變化對浙東運河水運能力的影響,盡可能地確保浙東運河的航運條件,歷代政府都在浙東運河與自然河流的交匯處組織過水利工程的修建。如運河與錢塘江的交匯處設有西興閘,與錢清江交匯處設有錢清北堰與錢清南堰。這兩座水利控制工程是根據運河與自然河流的水文特徵因地制宜地設立的。在運河與自然河流交匯的兩岸建造堰壩,并在堰壩的基礎上設立控制水流的閘門,最大程度上減少自然河流水位的劇烈變化給運河水位帶來的影響。這種堰閘式的水利工程也成爲浙東運河的一個鮮明特點。在沒有潮汐的情況下,運河水位高於自然河流,無法順利通航。因此,運河中的船隻要渡過這些河流的時候需要等候潮水,待漲潮時河流水位與運河水位持平方可渡河。但是南宋時期,浦陽江下游大量涌入錢清江入海,使得錢清江水流量劇增,河床不斷被刷低。運河水位與錢清江的水位差距愈發增大。周必大在《思陵録》中描述,運河當時已是"半貫其中",水位差距肉眼可見。運送高宗遺體的船隊在錢清江北岸等候潮水,但漲潮時的最高水位與運河仍舊有較大的距離。以至於船隊只能在開閘泄水後,冒險通過。在這次過堰的經歷中,周必大記録了當時運河與錢清江水文方面的量化資料,這對今後研究運河的水利問題有重要的幫助。

（三）對旅游業的意義

考察宋高宗發引路綫對沿綫的旅游發展能産生一定的積極作用。研學旅游已經成爲了當代旅游產業的一個熱門項目,對大運河遺址的開發正在不斷地完善。但杭州到紹興之間這一段擁有着豐富歷史人文底藴和優越自然風光的路綫,却一直缺乏有效的開發。多年來,沿途雖然陸陸續續有零星的景點被開發,但產生的效益十分有限。對宋高宗發引路綫的考察,有助於爲當地提供一個整體的開發理念。僅幹流段就有西興、覺苑寺、白鶴橋、迎恩門、光相寺(橋)等古迹,作爲支流的攢宮江段則有鑒湖、吼山、青龍山水庫等自然風景,更不用說沿途還有高度融合的儒、釋、道文化,以及路綫終點的宋六陵。這條綫路旁還有許多歷史文化名人的記憶,古代有越王勾踐、王羲之、謝靈運、賀知章、嚴維、陸游、王陽明、劉宗周、王思任、祁彪佳等,近代有蔡元培、魯迅、秋瑾等,他們在此或建功立業、或爲官安民、或寓居避世、或漫游行吟,都爲這條綫路留下了濃墨重彩的文化積澱。這都是其他旅游路綫所不具備的得天獨厚的優質資源。

　　如果在以這條路綫爲橫軸的坐標系中,拉伸出時間的縱軸,我們將發現,這條路綫不僅是南宋皇室的發引之路,它還是杭紹間的商貿之路、歷朝文人憑吊宋六陵的傷懷之路,也是沿途歷史文化的見證者與承載者。從遠古大禹治水的傳説開始,到春秋山陰故水道的開鑿,再到吳越争霸、晋宋名士、盛唐游學、錢鏐建國……都與這條綫路有着千絲萬縷的聯繫。

　　在人文地理學方面,《思陵録》中對高宗發引的途經地點都有記録,這些地點的名稱有些與當時的官方記録有所出入,有些則難尋蹤迹。通過對這些地名的考證,能勾勒出該地點乃至地區的歷史脈絡及文化變遷。南宋時期,宋六陵作爲皇家陵墓,享受着最隆重的祭祀。在每年仲春與仲秋,朝廷都會派遣官員從臨安至紹興寶山拜祭諸陵,走的便是這條路綫。《夢粱録》中記録了南宋末年皇室遣宫人祭祀皇陵的場景:"禁中前五日,發宫人車馬往紹興攢宫朝陵。宗室南班,亦分遣諸陵,行朝享禮。……車馬往來繁盛,填塞都門。"①元朝,因爲楊璉真伽的盗掘,使宋六陵的祭祀一度中斷,直到明朝,朱元璋下令重修宋六陵,才使宋六陵重新恢復祭祀。明朝中葉,山陰華舍的趙氏家族獲得朝廷認可,作爲宋室後裔接管了宋六陵的祭祀。自此春秋致祭,歲歲不絶,皆通過紹興城到寶山之間的御河通行。

　　在文獻方面,無數名家學者、文人騷客都在沿途留下了數不清的寶貴資料。這些資料包括了筆記、雜史、小説、詩文、碑記等等,題材多樣,内容豐富,是留給後人的寶貴文化遺産。除了本文討論的《思陵録》外,還有東漢袁康、吳平所輯《越絶書》、北宋日僧成尋的《參天台五臺山記》、明代朝鮮官員崔溥的《漂海録》、清代日本漢學家岡千仞的《觀光紀游》等中外著作,都記録了在這條綫路上的所見所聞。除此之外,在不同的時代,都有名人大家在這條路綫中留下傳世詩文。僅唐宋時代,就有李白入剡前"我欲因之夢吳越,一夜飛度鏡湖月"的名句。孟浩然在寓越期間,多次通過蕭紹運河往返杭紹,留下《渡浙江問舟中人》。杜甫的《壯游》,孟郊的《越中山水》《送青陽上人游越》,陸游的《西興泊舟》《夢筆驛》《宿北錢清》《錢清夜渡》《舟中感懷》《柯橋道上作》等大批優秀作品,李白、賀知章、孟浩然

_____

① 〔南宋〕吳自牧撰:《夢粱録 20 卷》,第 12 頁。

等唐代詩人更是成爲了浙東唐詩之路上最耀眼的明星。唐宋以後，又有被譽爲"明朝第一才子"的徐渭在這條路上寫下極具越地風格的《鏡湖竹枝詞》組詩；"大玩家"張岱也以這條綫路中的蕭紹運河爲依托，寫下包羅萬象的《夜航船》；清代黄鉞的《泛漿録》、吳壽昌《鑒湖十咏》、弘曆《錢清鎮》等等都是對這條路綫不同時代的見證。

　　這條路綫是歷史典故、人文情懷、自然風光的完美結合，不失爲一條優質的研學旅游之路。

　　注：本文爲浙江省越文化傳承與創新研究中心自設課題"南宋六陵歷代文獻彙編整理"成果。

　　　　　　　　（作者：李希，湖州安吉縣第二小學教師；
　　　　　　　俞志慧，紹興文理學院人文學院，教授）

談談《永樂大典》的簽條[*]

張　昇

摘要:現存《永樂大典》殘本(副本)中多可見提示原文空缺之簽條。這些簽條大部分爲《大典》正本原有的,意指正本謄録時遇原引書有缺文會標明"原本缺"或"原缺"。除此之外,《大典》録副時也會新加一些簽條,包括:《大典》"不應"留空而留空之處,以"原本空"或"原空"表示;《大典》應有文字而缺文且正本未加簽説明之處,以"原本缺"或"原缺"表示。參考這些簽條,我們既可進一步瞭解謄抄《大典》正本與副本的具體操作,又可推斷《大典》所引書之版本,補正《大典》之缺誤。

關鍵詞:《永樂大典》　簽條　大典本

　　現存《永樂大典》殘本(副本)中多可見兩種簽條^①:其一爲避諱簽條。即凡是遇到"棣"字,因爲是當朝皇帝朱棣的名字,需要避諱,故留空不寫,而在留空之處貼上黃絹小方簽代替^②。其二爲提示空缺簽條。即《大典》(包括引書)中凡遇文字空缺之處,以白色小紙簽貼於相應空缺之處,上寫"原空"或"原缺"等^③。上述的第一種簽條比較簡單,且已爲學界關注,而第二種簽條比較複雜,至今似乎無人提及,故本文主要談談第二種簽條。

一、《大典》殘本所見之簽條

　　兹將本人所搜得之第二種簽條列表如下:

---

　　* 2021年國家社科基金特别委托項目"《永樂大典》綜合研究、復原"(批准號:21@ZH046)階段成果。

　　① 至於四庫館加於《大典》上的簽條,不是《大典》原有的,不在本文討論範圍之内。本文所用《永樂大典》爲中華書局1986年版。以下凡只提卷次與頁(指《大典》原書筒子葉)次者,均出自該書該版,不再注明。

　　② 也有個别地方不小心抄上去了,例如,卷14838,P19,即直接寫有"棣"字。

　　③ 如果不便貼於缺字處(如會遮蓋他字),則會貼於相應缺字之行的天頭上。例如,卷7757,P6,所缺之字爲"語不可知"的"語"字。小紙簽"原本缺一字"貼在對應該行的天頭。此外,紙簽也偶有黃色的,如卷11077,P27,小紙簽"原本缺"是黃色的。

《大典》卷次	頁次	簽條内容①	所貼位置	缺文(留空)之出處
卷3145	16	原本缺	貼于正文所缺之處	宋慕容彦逢《摘文堂集》
卷3584	3	原缺圖	貼于正文所缺之處	陸佃《禮象》
卷5201	20	原本缺一行	貼于正文所缺之處	《大典》"太原府"
卷6700	8	原本缺	貼于正文所缺之處	《江州志》(已佚)
	14	原本缺(四張)	貼于正文所缺之處	《九州志》(已佚)所引葛崇節《瞻田刻》
卷7079	11	原本缺(兩張)	貼于正文所缺之處	《資治通鑒綱目》所附劉友益《資治通鑒綱目書法》
	12	原本缺(三張)	貼于正文所缺之處	《資治通鑒綱目》所附劉友益《資治通鑒綱目書法》
卷7104	13	原缺	貼于正文所缺之處	《新唐書》"宣宗紀"
卷7512	7	原本缺(三張)	貼于正文所缺之處	《宋會要》"諸州倉庫"②
	9	原本缺	貼于正文所缺之處	《宋會要》"諸州倉"③
卷7650	7	原缺④	貼于正文所缺之處	《晦庵大全集》"黃公神道碑"
卷7757	6	原本缺一字	貼于對應的該行天頭	《淮南鴻烈解》
	30	原本缺字	貼于正文所缺之處	《太玄寶典》
卷7963	16	原本缺(兩張)	貼于正文所缺之處	《會稽志》
卷8269	17	原本缺	貼于正文所缺之處	元字木魯翀《知許州劉侯愛民銘》
卷8507	21	原本缺(兩張)	貼于正文所缺之處	《建武志》(已佚)
卷10950	12	原缺(兩張)	貼于正文所缺之處	《臨川志》(已佚)
	16	原缺	貼于正文所缺之處	《輿地紀勝》

---

① 如果該頁只有一張簽條,不寫張數。如果該頁有一張簽條以上,則在括号内標明張數。

② 據劉琳等校點《宋會要輯稿》(上海古籍出版社2014年版)第7243、7585頁,此三處所缺文字分别爲"論距和州""九江水路""上水下水"。但是,《宋會要輯稿》此三處文字出自《大典》卷17542,而非卷7512。

③ 據劉琳等校點《宋會要輯稿》第7586頁,此處所缺文字爲"認填補",是據"九年七月九日條"補入的。

④ 簽條上的文字一般都是豎着寫的,但這張是橫着寫的,可能是因爲此處留空(只有一格)太小了。

《大典》卷次	頁次	簽條内容	所貼位置	缺文(留空)之出處
卷 11077	17	原缺	"原缺"兩字爲直接寫在原書上的	《帝王世紀》
	27	原本缺	貼于正文所缺之處	《集韻》
卷 11127	16	原本缺	貼于正文所缺之處	《水經注》
卷 11887	17	原本缺	貼于正文所缺之處	《慶元黨禁》
卷 11907	92	原本缺	此卷爲傳抄本,"原缺"兩字爲直接寫在原書上的。推想《大典》原書此簽應會貼于正文所缺之處	《南海志》(已佚)
卷 11951	2	原缺①	貼于正文所缺之處	《類説》
卷 12930	7	原本缺三字	貼于正文所缺之處	《西陲筆略》
卷 12961	4	原本缺	貼于正文所缺之處	《兩朝綱目備要》
	8	原缺	貼于正文所缺之處	《兩朝綱目備要》
	10	原本缺	貼于正文所缺之處	《兩朝綱目備要》
卷 12968	10	原缺	貼于正文所缺之處	陳桱《通鑒續編》
卷 13345	14	原本缺	貼于正文所缺之處	《經世大典》(已佚)引《尚書》文
卷 13993	9	原缺(兩張)	貼于正文所缺之處	《廉文靖公集》(已佚)
卷 14046	22	原缺	貼于正文所缺之處	《竹(筠)溪集》"祭蔡子强學士文"
卷 14384	14	原本缺	貼于正文所缺之處	《通典》
	19	原本缺	貼于正文所缺之處	《通典》
	20	原本缺(兩張)	貼于正文所缺之處	《通典》
	26	原本缺	貼于正文所缺之處	《通典》
卷 14545	12	原本缺	貼于正文所缺之處	《雙溪集》(《雙溪類稿》)
	15	原本缺;已下空俱原本缺②	貼于正文所缺之處	《詩經正義》

---

① 這張簽條的文字是横着寫的。
② 此簽以下,《大典》原文還多有空闕。

續　表

《大典》卷次	頁次	籤條内容	所貼位置	缺文（留空）之出處
卷 14628	1	原缺	貼于正文所缺之處	《吏部條法》（已佚）
卷 14838	28	原缺（十張）	貼于正文所缺之處	《大全賦會》（已佚）
	29	原缺（九張）	貼于正文所缺之處	《大全賦會》（已佚）
	30	原缺（四張）	貼于正文所缺之處	《大全賦會》（已佚）
	31	原缺（九張）	貼于正文所缺之處	《大全賦會》（已佚）
卷 14912	10	原缺	貼于正文所缺之處	《韻會定正》（已佚）
	35	原本缺	貼于正文所缺之處	《敏求機要》
卷 15143	8	原本缺	貼于正文所缺之處	《易纂》
卷 16217	20	原本空	貼于正文該頁最末一行	《司馬温公書儀》
卷 16344	5	原本空	貼于正文該頁最末一行	楊輝《詳解》（即《詳解九章算法》）
卷 18222	5	原空	貼于正文該頁最末三行	《廟學典禮本末》（已佚）
	6	原缺	貼于正文所缺之處	《廟學典禮本末》（已佚）
卷 18224	12	原空	貼于正文所缺之處	《類説》
	13	原缺	貼于正文所缺之處	《類説》。此有兩處缺文，但只貼一籤，是因爲此一籤可覆蓋兩處空缺
卷 19636	11	原缺	"原缺"兩字爲直接寫在原書上的	《韻會舉要》
	23	原本缺	貼于正文所缺之處	邵子《觀物外篇》（載於《皇極經世書》）
卷 19738	2	原缺	貼于正文所缺之處	沙門灌頂《國清百録》
卷 19739	10	原缺	貼于正文所缺之處	沙門灌頂《國清百録》
卷 19792	14	原空	貼于正文所缺之處	《玉海》
	23	原空	貼于正文所缺之處	許翰《襄陵集》
卷 22760	14	原缺（兩張）	貼于正文所缺之處	《啓劄錦語》（已佚）
卷 22761	6	原本缺（兩張）	貼于正文所缺之處	《啓劄錦語》（已佚）
	7	原本缺（兩張）	貼于正文所缺之處	《啓劄錦語》（已佚）

《大典》卷次	頁次	簽條内容	所貼位置	缺文(留空)之出處
	10	原本缺	貼于正文所缺之處	《啓劄錦語》(已佚)
	19	原本缺	貼于正文所缺之處	《啓劄錦語》(已佚)

據上表可知《大典》中此類簽條不少,那麽,我們如何認識這些簽條呢?

二、簽條的來源、數量與分布

1. 這些簽條到底是正本原有,還是副本所加?

本人認爲,大多數簽條應該是正本就具有的。其主要依據如下:

其一,録副是照着正本録的,故簽條一般也是正本已有的。這就如同上面提到的避諱字"棣",也是正本就已加簽的。録副所貼的位置和方式,估計也和正本所貼的相同。如果正本没有這些簽條,録副時不會擅自加這麽多簽條,因爲這會導致與正本有很大的不同。而且,如果是録副時所加,可以説是録副的一個新舉措,當時應該會重點提及,但目前并没有相關材料説明這是録副的新舉措。

其二,一些簽條的信息説明,它們本就是正本具有的。例如,卷19636,P11,標"原缺"。"原缺"兩字是直接寫在《大典》原紙上的,而不是貼上的。這説明正本原來貼有此兩字,録副時不小心將其抄在原文中。又如卷11077,P17,標"原缺","原缺"兩字也是直接寫上去的。這也説明正本即貼有"原缺"兩字,而録副時誤抄入了正文。

又如,卷12930,P7,小紙簽"原本缺三字"貼于正文所缺之處。此處明確提到缺字數,應該是正本才會這樣標①,因爲如果是副本標的話,不會這麽明確標缺字數。又如,卷7757,P6,小紙簽"原本缺一字",也應該是正本所標,因爲當時明確知道缺一字。也許有人會認爲,録副時可以據留空格數來推斷缺字數。本人認爲録副時不太會這樣做,因爲:首先,留

---

① 當然,正本也不會每條都標明缺字數,因爲《大典》編者并不都能確定原書的缺字數。

空數與缺字數有時并不一定相契合。例如，卷7757，P30，小紙籤"原本缺字"貼於所引《太玄寶典》空缺之處。現存《太玄寶典》原文爲"天地交媾之脈"，可知此處只缺一"脈"字，但留空則有四格(字)之多。其次，如果錄副時可以據留空格數來推斷缺字數并寫在籤條上，那麼爲何標明缺字數的籤條只是極少數呢？最後，也是最重要的，從操作方便與準確性來説，錄副應盡可能照錄正本。如果正本没這樣標，其何必多此一舉標明缺字數呢？因此，凡是明確標明所缺字數的，只能是正本所標。

又如，卷3584，P3，小紙籤"原缺圖"貼于正文所缺之處。《大典》此處并未留空，只是爲了説明所引的陸佃《禮象》原書缺此圖，因此"原缺圖"應該是正本所標。從原文看，每個禮器均有附圖，而"黄目尊"則没有附圖，很容易被發現，似乎正本若没有此籤，錄副時也可以加籤。但是，如果是錄副所標，則純粹是多此一舉，因爲這就如同校書一樣，對正本内容作校勘，這在錄副工作中實際上是不存在的(這與下文所説留空的情况不同。如果此處留空而正本未加籤，則副本可以這樣加籤)。何况錄副時也不可能核對陸佃《禮象》，怎麼知道原書是否有圖呢？因此錄副者不可能甘冒風險而作此多餘之舉。又如，卷18222，P6，小紙籤"原缺"貼于正文所缺之處。《大典》原文爲："世行爲一(原缺)。"從原文很難看出此句以下有缺文，因此，如果不是有原書作依據，則不清楚此處是否有缺。故這也應該是正本所標。

綜上可以説明，《大典》籤條一般來説都是正本就有的。不過，需要注意的是，確實也有一些籤條應該是錄副時新加上的。例如：

卷19792，P14，小紙籤"原空"貼于正文所缺之處。《大典》於《玉海》書名標紅後留一空格。查《玉海》原文，此處并不缺字，錄副者可能覺得此處不應空格，所以標爲"原空"。同卷P23，小紙籤"原空"貼于正文所缺之處。查《大典》原文，此處并没有缺文：前一書《襄陵集》已引完，下一書爲《西台先生集》，在《西台先生集》書名(紅色)前留一空格。錄副者可能覺得此處不應空格，所以標爲"原空"。據以上兩例可以推斷，正本在謄抄的時候，遇有要標紅色書名時有時會先留好空格，等抄完引文後再以朱筆補入書名。但是，有時候可能因爲大意，或者是計算不周(因爲書名的選定也會有差異，如"西台先生集"可稱"西台集"等)，就多留了一個空，故填寫時則多出一空格。這樣形成的空格，如同下文因格式、版面的需要而留空一樣,原無大礙,不必説明。但是,録副時既不清楚這些留空是如何形成的,又爲了應對録副本的覆校,故標"原空"以説明。

卷 16217,P20,小紙簽"原本空"貼于正文該頁最末一行。查所引《司馬温公書儀》原書,可知此處并無缺字,而下面緊接着所引爲另一書《文公家禮》,内容是圖表。因該頁最末一行不能制此圖表,故只好留空而下頁另起,以保證該圖表的完整性。因此,該處"原本空"不可能是正本所標,而只能是録副時標的。録副者認爲這不應該留空,故要標明。又如卷 16344,P5,小紙簽"原本空"貼于正文該頁最末一行。查所引書楊輝《詳解》(即《詳解九章算法》),此處也不應有缺文,因爲下文即是"開方作法本源圖",爲構圖完整,故留空一行,而在下頁另起繪圖。這和上一條的情況相類,應該是録副時所標。又如卷 18222,P5,小紙簽"原空"貼于正文該頁最末三行。此處留空三行,主要是爲了下文圖像與相應的文字介紹在同一頁。這和前述兩例相類,應該是録副時所標。可見,因圖表製作的需要,《大典》會有故意留空的情況(這種情況在《大典》中應有不少,主要是涉及有圖表的部分)。這些留空對於正本而言是正常的,不需要説明。但對於副本而言,録副者爲謹慎起見(擔心録副本覆校者不明白版面的需要),故要加簽説明(標"原本空"或"原空")。這些簽條提到的原本,和其他簽條提到的原本(指《大典》所引原書)含義不同,指的是《大典》正本。而且,這些故意的留空和前述與書名有關的空格均不是因爲缺文而產生的,故簽條標爲"空"而不是"缺"。

此外,卷 5201,P20,"原本缺一行"貼于正文所缺之處。從上下文看,這裏不可能是《大典》所引原書缺一行,因爲其前面引《元一統志》,但與此處内容并不相連,故不可能是該書之文字。而且這部分似乎是《大典》編者按照各府内容重編的①,應是出自永樂初年的《太原府志》,其中孟縣之後緊接着就是静樂縣(其他小類也是如此排列的),因此不太可能此府志有缺文。這裏空一行,很可能是抄正本時不小心多空了一行。録副者以爲原書有缺,故標"原本缺一行"。又如卷 12961,P8,小紙簽"原缺"貼于正文所缺之處。《大典》原文爲:"小捷(原缺)未幾。"其所引書爲《兩朝綱

① 關於《大典》收方志的一般規律,可參黄燕生《〈永樂大典〉徵引方志考述》,《中國歷史文物》2002 年第 3 期。

目備要》。《四庫》所收該書即是從《大典》輯出者。《四庫》本此處作："小捷未幾。"可見四庫館臣沒有保留原缺之處，可能認爲此處并沒有缺文。從文意看，館臣的判斷是正確的。《兩朝綱目備要》原書有可能在此空一格，以區別"未幾"以下一段，而《大典》正本亦保留了此一空格。録副者有可能是將此空格視爲缺字而誤標。又如卷 12968，P10，小紙簽"原缺"貼于正文所缺之處。《大典》原文爲"滄景濱（原缺）等州"。查所引書陳桱《通鑑續編》可知，此處所缺爲"棣"字。"棣"字是應避諱字（參上文），正本此處應該留空而貼黄絹簽條，但是録副時該處簽條已脱落，故録副者不清楚此空是何字，故標"原缺"。可見，此小紙簽"原缺"是録副時貼的。又如卷 14912，P35，小紙簽"原本缺"貼于正文所缺之處。查所引《敏求機要》可知，《大典》此處沒有缺文，而所引《敏求機要》至此已結束，以下所引是"文"，與《敏求機要》屬於不同性質文獻，故要另起一行。因要另起一行，故前一行《敏求機要》之末就要留空。録副者對此并不清楚，以爲原文有缺，故貼此簽。又如卷 19636，P23，小紙簽"原本缺"貼于正文所缺之處。《大典》原文爲："邵子觀物外篇……皆交也（原本缺）人之神發乎外……。"《四庫》本《皇極經世書》"觀物外篇"原文只有"皆交也"之前的內容，而沒有"人之神發乎外"以下的內容。本人推測，自"人之神發乎外"以下的內容出自別的書①，而抄正本者忘了補寫書名，故此處有缺文。前面關於紅色書名爲後來填寫的做法，即可以作爲佐證。正本既然漏寫，不可能標"原本缺"，只能是録副時發現了才補標的。

　　綜上可以看出，一般來説，《大典》原引書有缺文，正本謄録時會加簽標明"原本缺"或"原缺"，而録副時亦照此加簽。除此之外，録副時還會增加一些簽條説明，包括：《大典》"不應"（這是録副者的理解。其中有的是正本故意留空，有的是因正本疏漏而留空）留空而留空之處，一般用"原本空"或"原空"表示；《大典》應有文字而缺文（有的是正本疏漏造成的，有的是正本原簽條脱落造成的），且正本未加簽説明之處，一般用"原本缺"或"原缺"表示。與正本簽條中原本指的是所引原書不同，録副新加簽條中的原本，只能指向的是《大典》正本。

---

　　①　目前未查到其出處。

2.《大典》到底有多少這樣的簽條？

首先，《大典》副本中肯定有不少這樣的小紙簽，目前所見只是很小的一部分，因爲現存《大典》只有原書的百分之四，而且簽條有脫落的可能。前述卷 12968“棟”字黄絹的脫落即可證，經過一百五十年，到嘉靖末年正本中的粘簽已有脫落。副本至今已有四百五十年，簽條脫落應該會更多。例如，《大典》殘本中一些地方明顯有缺字，但没有發現小紙簽，有可能即是簽條脫落造成的。例如，卷 665，P25，倒數二行，“吕□榜”①；卷 7079，P12，“故□□未半年”；卷 7757，P7，“以兩手攝其居□中”②；卷 14838，P28，缺字較多，共貼有十張小紙簽“原缺”，但“聖人□道知治象”此句亦缺一字而没有貼簽。以上有缺文之處，《大典》原來應該是貼有小紙簽的。

另外，按照前面總結的規律，一些“不應”留空而留空之處，録副時也應加簽，但《大典》有這樣的情況而没有簽條，亦有可能是簽條脫落造成的。例如，卷 10949，P1，其中留空之處較多，原來應有小紙簽説明。

其次，從大典本所保留的《大典》簽條印記，亦可推知《大典》原書有不少這樣的簽條。

由於大典本一般來説是來自於《大典》的，大典本中也會保留一些《大典》簽條的信息。例如，卷 3145，P16，引宋慕容彦逢《摘文堂集》，《大典》原文爲：“一女適唐（原本缺）孫男三人。”小紙簽“原本缺”貼于正文所缺之處。《四庫》大典本該書此句亦作：“一女適唐（原本缺）孫男三人。”卷 12961，P4，引《兩朝綱目備要》，《大典》原文爲：“蔡京鄭（原本缺）皆謚文正。”留空兩格。小紙簽“原本缺”貼于正文所缺之處。《四庫》大典本該書此句作：“蔡京鄭（原本缺。案宋史鄭居中徽宗時人贈太師華原郡王謚文正與蔡京同時當即此人也）皆謚文正。”可見，儘管四庫館臣以理校法推斷出原文所缺爲“居中”兩字，但仍保留了《大典》“原本缺”的標注。據此我們也可以推想，大典本中一些“原缺”的標注，應該來自於《大典》副本中的小紙簽。

又如，宋何異《中興百官題名·中興糧料院題名》一卷③爲大典本，出

自《永樂大典》卷 16669,其中云:"相(原缺)入官物分明。稍得止絶造僞。從之。……六年九月。詔諸處糧料院多(原缺)過軍口食。不早勘(原缺)事。宰臣王曾等言。已有條約。但乞將不率(原缺)弛慢之處稍或章露。重行懲責。""免(原缺)配海州牢城。因有是詔。五年三月。詔禮賓院。自來引諸州軍蕃部(原缺)見并上殿。進呈奉目劄子。自今并令(原缺)門(原缺)。"以上這些"原缺"的標注,應該都是來自於《大典》副本中的小紙籤。

又如,大典本《禹貢指南》卷二載:"十二州使禹治之水土既平更制九州由是觀之九州(原缺二字)當堯之時九年之水疆理錯亂故禹復治而別之至(原缺四字)盛肇十有二州分冀爲幽并分青爲營更三代復(原缺十字)。"以上三處"原缺"的標注,應該都是來自於《大典》副本中的小紙籤。需要注意的是,這三處籤條均標明具體缺字數,如果按照前面的推斷,應該是正本就已這樣加籤標明的。當然,這裏也不排除負責輯佚的館臣據留空格數來推定缺字數的可能①。

又如,大典本《兩朝綱目備要》,其中卷二、七、十三共有三處標明"原缺",卷四、九有兩處標"原本缺";《四庫》大典本《蘇沈良方》,卷二有一處標"原缺",而據《博濟方》補入所缺文字;《四庫》大典本《瑞竹堂經驗方》載:"……輕粉一錢　胡黄連。右爲細末燒厚樸油調搽之(胡黄連分兩原缺)。"以上所標"原缺",應該都是來自於《大典》副本中的小紙籤。其中"胡黄連分兩原缺"爲四庫館臣所加,其依據應該是《大典》原文"胡黄連"後面没有標明分兩,而且《大典》原文在"胡黄連"後面有"原缺"籤條。

以上只是例舉了幾種大典本,如果我們廣泛搜求現存的大典本,肯定還會找到更多的例證。而且,尤其需要注意的是,大典本只是保留了一部分《大典》籤條信息,而被大典本删除了的原《大典》籤條信息可能還有很多。例如,卷 14046,P22,引《竹(筠)溪集》"祭蔡子强學士文",《大典》原文爲"蓋棺在此一旦(原缺)兹理孰判。"小紙籤"原缺"貼于正文所缺之處。《四庫》大典本《竹(筠)溪集》原文此句改爲:"蓋棺在此一旦嗚呼天道茫茫兹理孰判。"可見,館臣據他本補入了《大典》所缺的文字,而删除了"原缺"的標注。又如,卷 14545,P12,引《雙溪集》(即《雙溪類稿》),《大典》原文

① 館臣與録副者不同,録副者只是照正本録入即可,而館臣可以對大典本內容進行深度整理,故可以主觀推斷其缺字數。

爲:"輯爲一編分(原本缺)卷。"小紙籤"原本缺"貼于正文所缺之處。《四庫》大典本《雙溪類稿》原文此句改爲:"輯爲一編分數十卷。"卷 12930,P7,引《西陲筆略》,《大典》原文爲:"獨余李三行行未知人意也(原本缺三字)汝可呼之入。"小紙籤"原本缺三字"貼于正文所缺之處。《四庫》大典本《西陲筆略》原文此句改爲:"獨餘李三行行未知其意如何汝可呼之入。"①以上均是館臣據他書補入相應缺文而删除原缺標注的情況。還有一種情況是,館臣并不認爲《大典》所標缺文之處真有缺文,故没有補入相應缺文而删除原缺標注。館臣這樣的處理有些是合理的,如前述"小捷(原缺)未幾"的例子;但也有一些目前看來是不合理的,例如,卷 12961,P10,引《兩朝綱目備要》,《大典》原文爲:"權山東京東招撫司公事(原本缺)時諸將用兵皆敗。"此處留空足有十格。小紙籤"原本缺"貼于正文所缺之處。《四庫》大典本《兩朝綱目備要》此處作:"權山東京東招撫司公事時諸將用兵皆敗。"《大典》編者應該是知道此處缺文較多的,否則不會留空十格。館臣將此"原本缺"直接删除而不作任何説明,是不太合理的。總之,無論是有意抑無意,合理抑不合理,被大典本删除了的原《大典》籤條信息應該是不少的。

綜上,儘管籤條有脱落的情況,但是,我們仍然可以嘗試據現有的籤條數來大致推算《大典》原書的籤條數。上表所列共有 107 張籤條,這是據現存《大典》四百餘册統計得出的,約爲每四册即有一張籤條。照此比例推算,《大典》共 11095 册,應該有兩千余張這樣的籤條。這是一個非常大的數目。當然,這兩千余張籤條是針對副本而言的,考慮到副本會新加一些籤條,因而正本的籤條數應該會較副本的籤條數少一些。

3. 《大典》籤條主要出現在哪些所引書中?

從上表可看出,經史子集中各類書都會有籤條。其中,有三張以上籤條的書包括:《啓劄錦語》(7 卷),6 條;劉友益《資治通鑑綱目書法》(59 卷),5 條;《兩朝綱目備要》(16 卷),3 條;《宋會要》,4 條;《大全賦會》(50 卷),32 條;《通典》(200 卷),5 條;《類説》(60 卷),3 條。以上這些書在

---

①　此處文字與《大典》所引不太一致,不太清楚是大典本據他本校改,還是純粹以意改寫所致。

《大典》殘本中只是部分收載，如果推廣到其全書，涉及的簽條應該會更多。例如，《大典》殘本中《兩朝綱目備要》有三張缺文簽條，而大典本《兩朝綱目備要》共有七處保留有《大典》簽條印記（其中一處與《大典》殘本所收重複），兩者相加，可知《兩朝綱目備要》全書起碼有九張簽條。如果考慮到大典本會刪除一些"原缺"的標注，且上述所見《兩朝綱目備要》并不是其全文，則《大典》所收《兩朝綱目備要》標有缺文之簽條應該遠在九張之上。大典本《兩朝綱目備要》只有 16 卷，像《宋會要》這樣數百卷之大書，其標有缺文之簽條就更多。

　　通過考察上述諸書的缺文情況，我們可以大致推斷缺文簽條主要來源於哪些書，以及缺文產生的原因。

　　首先，史料彙編性質之書，尤其是其中的大部頭之書，如《宋會要》《通典》《類說》《大全賦會》等；也有個別篇幅不太大之書，如《啓劄錦語》（7 卷）《兩朝綱目備要》（16 卷。該書也有一定的彙編性質）等。這些書的缺文往往是原書就有的，其產生的原因主要是：其一，所引源文獻有缺文，如《宋會要》《通典》《類說》《兩朝綱目備要》《大全賦會》之某些缺文。以《大典》所引《通典》爲例，卷 14384，P14，《大典》原文爲："南至（原本缺）"；P19，《大典》原文爲："東至（原本缺）"；P20，《大典》原文爲："東南到、西北到（原本缺）""西南到（原本缺）"。以上小紙簽"原本缺"均貼于正文所缺之處。現存《通典》原文與上述所缺均一致。其二，編者故意留空的，如《啓劄錦語》。《啓劄錦語》是通俗類書，其提供的書信活套有時會故意留空，目的是讓使用者據具體情況來填寫相關內容。這是此類書信活套常用之編纂技法①。這種情況其實不能算是真正的缺文。

　　其次，版本質量較差之書，如劉友益《資治通鑒綱目書法》（59 卷）。此類書的缺文是文獻流傳過程中產生的。《資治通鑒綱目書法》於至元二年（1336）初次刊印後，至《大典》編修時未再重刊過②。國圖所藏至元刻本《書法》文字多有漫漶，應爲至元板之後印本。其與《大典》所引《書法》缺字情況基本相符。例如，卷 7079，P11，《大典》原文爲："劉友益書法……此帝母也（原本缺）不以尊帝母書書貴妃所以志憲宗不正坤闈（原

① 又如，一些類書中的書信活套中常標"入事"，以供人自填相關內容。
② 邱居里：《劉友益與〈資治通鑒綱目書法〉》，《華中國學》2018 年第二期。

本缺)貴妃爲皇太后。"兩張小紙簽"原本缺"貼于正文所缺之處。至元刻本《書法》原文爲:"此帝母也□不以尊帝母書書貴妃所以志憲宗不正坤闈□□□貴妃爲皇太后。"P12,《大典》原文爲:"劉友益書法……徙某太后者逆辭也書(原本缺)徙太后居者順辭也終綱目書太后徙居二崇德褚(原本缺)慶蕭氏書太后歸某宫一漢上官氏書太后居某宫(原本缺)氏書太后遷……。"三張小紙簽"原本缺"貼于正文所缺之處。至元刻本《書法》原文爲:"徙某太后者逆辭也書□徙太后居者順辭也終綱目書太后徙居二崇德褚□□慶蕭氏書太后歸某宫一漢上官氏書太后居某宫□□□氏書太后遷……。"以上至元刻本與《大典》缺文情況完全相同。可見,《大典》編者所使用的《書法》一書也應該是至元板之後印本。

　　需要注意的是,上述《大典》所引劉友益《書法》是附于朱熹《資治通鑑綱目》相應原文之下的,《通鑑綱目》書名標紅,而劉友益《書法》書名不標紅。據邱居里考證可知,到明弘治年間,劉友益《書法》才被附於《通鑑綱目》原書之下而一起刊刻①。因此,《大典》如此處理,顯然是《大典》編者自己將劉友益《書法》分置於《通鑑綱目》之下的結果,并不是其所見《通鑑綱目》原書即如此。事實上,《大典》編者不但將《書法》附於《通鑑綱目》之下,而且還將尹起莘《資治通鑑發明》(書名亦不標紅)附於《通鑑綱目》之下。由此可以看出,《大典》編者會將一些相關書籍的内容附於另一書之下②,而這些相關之書的書名并不標紅。因此,據標紅書名來統計《大典》引書數量是不够準確的。

三、簽條對研究《大典》的價值

　　通過上述考察可以發現,這些簽條不但有助於我們更清晰地認識《大典》的本來面目、《大典》正本與副本的關係,而且還有助於我們更深入地研究《大典》。

1. 關於謄抄的問題。

　　如前所述,《大典》正本在謄抄的時候,遇有要標紅色書名時有時會先

①　邱居里:《劉友益與〈資治通鑑綱目書法〉》,《華中國學》2018 年第 2 期。
②　這種現象在《大典》所引儒家經典中也比較普遍。

留好空格，待抄完引文後再以朱筆補入書名。但是，這也不是絕對的。例如，卷11077，P27，小紙簽"原本缺"貼于正文所缺之處。這張紙條是黄色的，與其他簽條多爲白色的不同。此簽貼于《集韻》"㞐"字之後，表明丁度《集韻》原文缺此字之釋文。但現存丁度《集韻》收有"㞐"字，其後有釋文"垂兒"。《四庫》本、宋版《集韻》均有此釋文。《大典》之前所引丁度《集韻》均有釋文内容，唯獨此處缺釋文，比較奇怪。而且，如果没有釋文，爲何前面要標引書名《集韻》呢？本人推測，此處因爲標紅的書名較多，謄抄者可能先抄了書名，再回來補正文。但是，一方面可能是忘了，另一方面可能是釋文確實有缺，所以這裏就留空了。從留空爲四格而實缺兩字的情況看，正本謄抄者對釋文確實不太清楚。

總之，正本謄抄時，是先抄紅字（如引書名）還是先抄黑字（引文），似乎并不固定，可能只是謄抄者隨宜處置的。

至於録副則是頗爲純粹的照録，連正本的簽條也要加簽照録。除此之外，對於正本没有相應説明的留空和缺文之處，録副者也會加簽説明。録副者這樣做的目的，并不是爲了校正正本，而是爲了説明這些留空和缺文是正本原有的，并不是録副造成的，以供録副本覆核者參考。儘管很多時候這樣的加簽是"多此一舉"，但適足以説明録副者小心惟謹。

2. 據簽條推斷《大典》所引書之版本。

前述《四庫》大典本《瑞竹堂經驗方》載："……輕粉一錢　胡黄連。右爲細末燒厚樸油調搽之（胡黄連分兩，原缺）。"《大典》所引《瑞竹堂經驗方》應是元刻本，因爲元刻本此處的"胡黄連"正是没有標分兩的。又如，上文指出，國圖所藏至元刻本《資治通鑒綱目書法》與《大典》所引《書法》缺字情況完全相同，可證《大典》編者所使用的《書法》一書即是《書法》至元板之後印本。卷11127，P16，引《水經注》，《大典》原文作"（原本缺）之枝庶"。小紙簽"原本缺"貼于正文所缺之處。目前《水經注》整理本該處作"慕容之枝庶"[1]。可見，《大典》缺"慕容"兩字。明嘉靖年間黄省曾以宋本爲底本刊刻的《水經注》爲該書現存最早的刻本，亦缺此兩字，故《大

---

① 〔北魏〕酈道元著，陳橋驛注：《水經注》卷二"河水"，浙江：浙江古籍出版社，2001年，第22頁。

典》編者所用的應是宋本《水經注》。卷 14384，P26，《大典》引《通典》原文爲："又有（原本缺）縣即晋趙文子。"小紙簽"原本缺"貼于正文所缺之處。現存北宋本《通典》該處原文爲："又有漢京陵縣即晋趙文子。"顯然，《大典》編者所用應該不是北宋本《通典》。

3. 據簽條補正《大典》之缺誤。

以往我們多據《大典》補、校、輯傳世之本，但是，我們也可反向而行，即據傳世之本以補、校、輯《大典》。這一工作可爲目前正在進行的《大典》綜合整理與復原項目提供參考。就與簽條有關的内容而言，其主要涉及的是補與校。

（1）補缺。前文已述及《四庫》大典本的一些補缺例子，可參考。又如，卷 7079，P11，引《資治通鑑綱目》所附劉友益《資治通鑑綱目書法》，《大典》原文爲："劉友益書法……此帝母也（原本缺）不以尊帝母書書貴妃所以志憲宗不正坤闈（原本缺）貴妃爲皇太后終。"兩張小紙簽"原本缺"貼于正文所缺之處。現存《通鑑綱目》引劉友益《書法》原文爲："此帝母也書不以尊帝母書書貴妃所以志憲宗不正坤闈之失也貴妃爲皇太后終。"可補《大典》該兩處缺文。卷 7104，P13，引《新唐書》"宣宗紀"，《大典》原文爲："仍須精熟一經（原缺）問皆全通。"小紙簽"原缺"貼于正文所缺之處。現存《新唐書》原文爲："仍須精熟一經問皆全通。"可補《大典》該處缺文。卷 7963，P16，引《會稽志》，《大典》原文爲："前參知政事資政殿學士（原本缺）故守謝到任表曰矧是肇新府號久駐（原本缺）之故。"兩張小紙簽"原本缺"貼于正文所缺之處。據現存《嘉泰會稽志》可知，兩處缺文分別爲"張守知府事""蹕聲履勾踐"，可補《大典》該兩處缺文。卷 18224，P12，引《類説》，《大典》原文爲："何患無水取（原空）之令婢歌……"小紙簽"原空"貼于正文所缺之處。《四庫》本《類説》原文爲："何患無水取筊篌鼓之令婢歌……"可補《大典》該處缺文。P13，引《類説》，《大典》原文爲："曰日暮（原缺）丹心寸意愁君未知寢竟別去明日（原缺）中女姑神像青。"一張小紙簽"原缺"貼于正文所缺之處（參上表）。《四庫》本《類説》原文爲："曰日暮風吹葉落依枝丹心寸意愁君未知寢竟別去明日至青溪廟中女姑神像青。"可補《大典》該兩處缺文。卷 19636，P11，引《韻會舉要》，《大典》原文爲："一靷五（原缺）以皮束之。"小紙簽"原缺"貼于正文所缺之處。《四庫》本

《韻會舉要》原文爲："一輈五歷録然輈恐易拆以皮束之。"可補《大典》該處缺文。卷 19738，P2，引沙門灌頂《國清百録》，《大典》原文爲："海内有（原缺）被風雅于華戎。"小紙籤"原缺"貼于正文所缺之處。現存《國清百録》原文爲："海内有截被風雅于華戎。"可補《大典》該處缺文。卷 19739，P10，引沙門灌頂《國清百録》，《大典》原文爲："多寶獨塔俟時（原缺）現爰在狼迹。"小紙籤"原缺"貼于正文所缺之處。現存《國清百録》原文爲："多寶獨塔俟時湧現爰在狼迹。"可補《大典》該處缺文。

（2）校正。例如，卷 8269，P17，引元宇木魯翀《知許州劉侯愛民銘》，《大典》原文爲："鐫配琬琰（原本缺）疇九侯迹。"小紙籤"原本缺"貼于正文所缺之處。《國朝文類》亦引此文，作"鐫配琬琰鼎鼎其來疇允侯迹"，其中"允"字在《大典》中誤作"九"字。這不但可補《大典》，還可校正《大典》。卷 11077，P17，引《帝王世紀》，《大典》原文爲："帝王世紀。紂斬朝涉之脛而觀其髓。（原缺）善長水經注曰。"小紙籤"原缺"貼于正文所缺之處。現存《帝王世紀》原文爲："紂怒殺宰人斮朝涉之脛而視其髓。"與《大典》所引不太一致，而且後面也没有"善長水經注曰"云云。原來，《大典》所引是來自于《太平御覽》卷 375："帝王世紀曰紂斬朝涉之脛而觀其髓酈善長水經注曰……"《大典》没有標明真正的出處《太平御覽》，反而將引文中的《帝王世紀》標紅作爲所引書，顯然是不對的。

此外，上文指出《四庫》大典本對《大典》缺文籤條既有保留又有删除，這一認識可以爲研究《四庫》大典本提供參考。而且，我們在重新整理《大典》時，也可以參考原籤條所示，對《大典》作相應的校正。例如，上文提到"原本空"這樣的籤條，多指不必要的留空，我們在整理《大典》時可以將這些多餘的留空删除。

（作者：北京師範大學歷史學院教授）

清人文集所見《左傳》訓詁五例

吴　柱

　　摘要：欲論清人文集之經學價值，不可無具體而微之例證。今從文集中輯出有關《左傳》訓詁者五例，又取杜預《集解》、孔穎達《正義》、李貽德《輯述》、劉文淇父子《舊注疏證》、竹添光鴻《會箋》、楊伯峻《注》、趙生群師《新注》諸書，比而觀之。一爲汪士鐸《汪梅村先生集》之《黄羊説》，二爲蕭穆《殷齋文集》之《瓦屋考》，三爲徐有珂《小不其山房集》之《包茅縮酒解》，四爲鄭敦耀《亦若是齋随筆》之《猶三望考》，五爲陳宗起《養志居僅存稿·經説》之《子産治國解》。其中有以補正古今各家之説者，則表章而疏證之；其或結論雖誤，而思辨足以啓迪新説者，則引申而發明之。

　　關鍵詞：清人文集　《左傳》　訓詁

　　師祖沅江張舜徽先生卓然通儒，於有清一代學術尤三致意。嘗朝夕披覽清人文集、筆記，無慮千餘種，考訂生平，權衡得失，采擷英華，引申己見，撰爲《清人文集別録》《清人筆記條辨》二種，學林式仰，迄今不廢。嘗謂清人文集、筆記中不乏經術湛深，考證邃密者，因欲輯爲《群經匯解》以總其成。然書山文海，勾沉不易，故卒未施行。吾師陽新董恩林先生思繼述前志，慨然赴之，乃以《清人文集"經義"整理與研究》爲題申報國家社科基金重大項目，屢折不撓，終獲資助。於是鳩集同仁，博搜清代文集之存世者，遂據經義之有無詳加別擇，約得文集兩千種；復將集中經義篇目逐條輯出，匯爲《清人文集經義總目》，今初稿已具。子項目負責人黄珏教授董理《總目》，余爲其副手參預其事。

　　竊謂欲論清人文集之經學價值，徒稱其數量之巨，無以見其識斷之精，是猶空言無當也。故余試從《總目》中輯出有關《左傳》訓詁者若干條，又取古今名家著述如杜預《集解》、孔穎達《正義》、李貽德《輯述》、劉文淇父子《舊注疏證》、竹添光鴻《會箋》、楊伯峻《注》、趙生群師《新注》諸書，比而觀之。擇其有以補正古今各家之説者，則表章而疏證之；其或結論雖誤,而思辨足以啓迪新説者,則引申而發明之。兹舉五例,以就質於方家。

一、釋"祁奚"名字

晋大夫祁奚,字黄羊。其名、字意義之關聯,王引之《春秋名字解詁》付之闕如。於是後之學者紛紛考之,如俞樾讀"奚"爲"鮭",是母羊生角者,與黄羊相應①;又如胡元玉讀"奚"爲"騱",是白足之馬,與黄腹之羊相對②。清代名臣祁寯藻曾以此事詢諸友朋、弟子,如苗夔、王筠、何紹基、陳琇、何秋濤、汪士鐸輩皆有考證③。予遍讀諸家之説,當以汪士鐸爲優。汪氏作《黄羊説》,見《汪梅村先生集》,其文曰:

> 此以奚爲貕也。《周禮•職方氏》"其澤藪曰貕養",杜子春讀貕爲奚,是也。古人形容辭多取雙聲叠韻,"黄羊"叠韻,形容水之廣大也。"黄羊"爲"潢洋"之省。《楚詞•九辨》"然潢洋而不可帶",注:"猶浩蕩。"劉向《九歎》"赴陽侯之潢洋兮",嚴遵《道德指歸論》"冥冥宵宵,潢洋堂堂",《新序•九》"鬼神潢洋無所食"是也。……彷徉之爲方羊,裹羊之爲相羊,常羊之爲尚羊,皆潢洋之變衍也。④

謹案:《説文》無"貕"字,"奚"字下引《周禮•職方氏》之文,可知杜子春、許慎所見《周禮》皆作"奚養"。《説文》云:"奚,大腹也。"⑤是"奚"有"大"義。藪澤廣大,故以"奚"爲名。"黄羊"爲叠韻連綿詞,古書多作"潢洋",即今語之"汪洋",形容水面浩瀚廣大,與"奚養"爲藪澤之義正合。故祁奚字黄羊者,"奚"與"黄羊"皆大水之貌。此前學者往往欲坐實"羊"字,理解爲牛羊之羊,故不得不破讀"奚"字,以與"黄羊"之義附會,皆不如汪

① 詳見〔清〕俞樾:《春秋名字解詁補義》,《續修四庫全書》(第 128 册),上海:上海古籍出版社,2002 年,第 431—432 頁。
② 詳見〔清〕胡元玉:《駁春秋名字解詁》,《續修四庫全書》(第 128 册),第 455 頁。
③ 詳見〔清〕何秋濤:《一鐙精舍甲部藁》卷五《祁大夫字説》,《清代詩文集彙編》(第 698 册),第 475—483 頁。
④ 〔清〕汪士鐸:《汪梅村先生集》卷三,《清代詩文集彙編》(第 612 册),第 469 頁。
⑤ 〔漢〕許慎撰,陶生魁點校:《説文解字》,北京:中華書局,2020 年,第 336 頁。

氏之説爲允當也。

又案：《周禮》"貕"字或當作"磎"，即"谿"字。《爾雅·釋山》："山瀆無所通，谿。"郭璞注："所謂窮瀆者，雖無所通，與水注川同名。"①《説文》亦云："谿，山瀆無所通者。"②《左傳·隱公三年》"澗谿沼沚之毛"，杜預注："谿亦澗也。"孔疏："谿亦山間有水之名，是澗之類。"③然則"谿"字本義爲山谷蓄水者，猶如今之山間水庫也。故谿亦藪澤之類，谿養爲藪澤之名，其有大水之義，故可謂之"潢洋"。

二、釋"瓦屋"

《春秋·隱公八年》齊襄公促成宋、衛、鄭三國議和，"秋七月庚午，宋公、齊侯、衛侯盟于瓦屋。"④《左傳》云："齊人卒平宋、衛於鄭，會于温，盟于瓦屋，以釋東門之役。"⑤

瓦屋所在之地，學者頗有異議。杜預云："瓦屋，周地也。"孔疏云："會、盟不得相遠，温是周地，知瓦屋亦周地。"⑥高士奇、楊伯峻從之，以爲在温縣西北。此一説也。《欽定春秋傳説彙纂》以爲瓦屋即是開封府洧川縣南二十里之瓦屋里，江永云："瓦屋里在洧川南，其地在新鄭之東，當爲鄭地，非周地也。"⑦竹添光鴻從之，此二説也。顧祖禹《讀史方輿紀要》云："開州西南又有地名瓦屋頭，即《春秋·隱八年》宋公、齊侯、衛侯同盟處。"⑧開州春秋時屬衛地，此三説也。沈欽韓云："《一統志》瓦屋頭集在大名府清豐縣東三十五里，或謂盟于瓦屋即此。"⑨此四説也。丁晏云："《方輿紀要》瓦崗在滑縣東，《水經注》濮渠東徑滑臺城南，又東南徑瓦亭

① 〔晋〕郭璞注，周遠富、愚若點校：《爾雅》，北京：中華書局，2020 年，第 141—142 頁。

② 〔漢〕許慎撰，陶生魁點校：《説文解字》，第 376 頁。

③ 〔晋〕杜預注，〔唐〕孔穎達疏：《春秋左傳正義》卷三，北京：中華書局 2009 年影印阮元校刻《十三經注疏》嘉慶刊本，第 3740 頁。

④⑥ 〔晋〕杜預注，孔穎達疏：《春秋左傳正義》卷四，《十三經注疏》第 3762 頁。

⑤ 〔晋〕杜預注，〔唐〕孔穎達疏：《春秋左傳正義》卷四，《十三經注疏》第 3763 頁。

⑦ 〔清〕江永：《春秋地理考實》卷一，《皇清經解》本。

⑧ 〔清〕顧祖禹撰，賀次君、施和金點校：《讀史方輿紀要》卷十六，北京：中華書局，2005 年，第 741 頁。

⑨ 〔清〕沈欽韓：《左傳地名補注》卷一，《皇清經解續編》本。

南,當是此瓦屋。"①此五説也。今讀蕭穆《殷齋文集》,中有《瓦屋考》一篇,復與上述五家不同,其文曰:

嘗聞之徐松坪(瀚)年丈曰:"陳留訓導學官建於縣之瓦屋里,疑即春秋之瓦屋也。"邑無志,徐之先德曾官於此。按:陳留,春秋時留邑也。《漢書·地理志》孟康注曰:"留,鄭邑,後爲陳所并,故曰陳留。其地居宋之西北、鄭之東北、衛之東南。意當時擇三國適中之地定盟,以明渝平之意。而鄭怨宋、衛深,卒不至也。若洧川則迫近鄭都,諸侯麇至,主人深匿不出,宋、衛其讎也,獨不懼挑齊侯之怒乎?於情事爲不協矣。"②

謹案:蕭氏以爲瓦屋在陳留,其地爲宋、衛、鄭三國交界之地,此説最有理。余嘗考春秋列國之會盟,若會盟各方身份大抵匹敵,往往擇道路遠近適中之地,使各國君主跋涉路途相當,且無深入他國之虞,亦當時外交之禮也。案《禮記·曲禮下》云:"諸侯未及期相見曰遇,相見於郤地曰會。"鄭玄注云:"郤,間也。"③所謂"郤地",正是各國間隙之地,故陳澔注云:"郤、隙同。"瓦屋之會盟,正取三國間隙之地,以示匹敵之禮也。而周地之溫距齊、宋、衛、鄭四國皆遠,無由於彼處議和。春秋異地同名者甚多,故疑此傳之溫亦當距瓦屋不遠,恐非周地之溫也。

又案:春秋會盟之地名實有待專門研究,其於考證列國邊界所在,及理解當時歷史之事態,關係甚要。昔杜預撰《盟會圖》,蓋亦此意乎?惜其書早佚不傳。余嘗有意撰《春秋會盟地理》,後檢日本伊藤道治已有《春秋會盟地理考》一文,乃不敢草率從事。俟異日覓而讀之,以觀其旨趣之異同。

三、釋"包茅縮酒"

《左傳·僖公四年》齊桓公帥諸侯之師伐楚,楚子曰:"君處北海,寡人

---

①　〔清〕丁晏:《左傳杜解集正》卷二,民國烏程張氏刻《適園叢書》本。
②　蕭穆:《殷齋文集》卷一,《清代詩文集彙編》(第616册),第331—332頁。
③　鄭玄注,孔穎達疏:《禮記正義》卷五,《十三經注疏》第2741頁。

處南海,唯是風馬牛不相及也,不虞君之涉吾地也,何故?"管仲對曰:"爾貢包茅不入,王祭不共,無以縮酒,寡人是徵。"①

"包茅縮酒"之義,漢儒有兩説:鄭玄訓"縮"爲沛漉,謂縮酒是以束茅過濾酒中渣滓,以備祭祀之用。見《禮記·郊特牲》注及《周禮·甸師》注②。鄭興訓"縮"爲滲透,謂縮酒是酌酒灌入束茅之上,酒滲下去,似神飲之。見《周禮·甸師》注③。後世學者不出此二説,如許慎《説文解字》、杜預《左傳集解》從鄭興,竹添光鴻《左氏會箋》、趙生群師《左傳新注》從鄭玄。今讀徐有珂《小不其山房集》中有《包茅縮酒解》一篇,亦主鄭玄説,而其考辨之精則出於衆家之上。其文曰:

> 夫解經莫切於以經證經,而經師相承互異之説無取焉。《周禮》不曰"醴齊縮酌"乎?是縮在未酌之前,非縮在既酌之後也,故爲縮去酒滓也。《禮記·郊特牲》不曰"縮酌用茅"乎?是用茅去酒滓,非用茅藉灌酒也。故必用三脊有毛束者,且必包裹也。鄭氏康成主此説,則於經有徵。以禮説《書》,即以禮説《左傳》也可。蓋醴酒在堂,其質最濁,以明酌和之,然後沛之以茅。茅之來也宜包,故名"包茅";沛即縮酒義,故曰"包茅縮酒"矣,豈曰象神歆飲之哉?④

謹案:鄭興、鄭玄兩説并行,似皆有理。自來學者或主鄭興、或主鄭玄,皆僅以自圓其説,而皆不能證僞彼説,故有李惇、楊伯峻之兼采調和也。唯徐有珂據《周禮》《禮記》原文皆云"縮酌",以證"縮"先於"酌"。而鄭興、許慎釋"縮酒"爲酌酒以灌茅,而後茅縮其酒,則是"酌"先於"縮",顯與禮制不合。即此一證,足以推倒彼説,證成己説,可謂讀書得間矣。

① 〔晋〕杜預注,〔唐〕孔穎達疏:《春秋左傳正義》卷十二,《十三經注疏》第3891頁。
② 〔漢〕鄭玄注,〔唐〕孔穎達疏:《禮記正義》卷二十六,《十三經注疏》第3157頁。〔漢〕鄭玄注,〔唐〕賈公彥疏:《周禮注疏》卷四,《十三經注疏》第1427頁。
③ 〔漢〕鄭玄注,〔唐〕賈公彥疏:《周禮注疏》卷四,《十三經注疏》第1427頁。
④ 〔清〕徐有珂:《小不其山房集》卷二,《清代詩文集彙編》第680册,第25頁。

四、釋"三望"

《春秋·僖公三十一年》："夏四月，四卜郊，不從，乃免牲，猶三望。"①
《左傳》曰："夏四月，四卜郊，不從，乃免牲，非禮也。猶三望，亦非禮也。
禮不卜常祀，而卜其牲日。牛卜日曰牲，牲成而卜郊，上怠慢也。望，郊之
細也。不郊，亦無望可也。"②

所謂"卜郊"者，卜郊祀之日也；"不從"者，不吉也；"免牲"者，遂不郊
祀也。三月啓蟄而郊祀，郊祀必取辛日。三月上辛不吉則卜中辛，中辛不
吉則徑取下辛日，更不再卜。今魯國四卜皆不吉，而延宕至於四月矣。祭
祀之牛，卜得吉日而後稱"牲"。今魯國卜日不吉而曰"免牲"，是成牲先於
卜郊矣。故《左傳》云"非禮"者，言四卜、免牲皆違舊禮也③。

"三望"者，亦祭祀之名，而其所指爲何，大抵有如下四家之説：

公羊家以"三望"爲望祭泰山、黃河、東海，一説也。《公羊傳》云："三
望者何？望祭也。然則曷祭？祭泰山、河、海。曷爲祭泰山、河、海？山川
有能潤於百里者，天子秩而祭之。觸石而出，膚寸而合，不崇朝而遍雨乎
天下者，唯泰山爾。河、海潤於千里。"④

賈逵、服虔、許慎、杜預以爲望祭分野星辰、國中山、川，二説也。賈
逵、服虔曰："三望，分野之星、國之山、川。"⑤許慎亦曰："春秋魯郊祭三
望，言郊天日、月、星、河、海、山，凡六宗。魯下天子，不祭日、月、星，但祭
其分野星、其中山、川，故曰三望。"⑥杜預《集解》、孔穎達《正義》、李貽德
《輯述》從之。

鄭玄則以爲望祭東海、泰山、淮河，以駁公羊之黃河及賈、服、許之

---

　　①⑤　〔晉〕杜預注，〔唐〕孔穎達疏：《春秋左傳正義》卷十七，《十三經注疏》第
3975 頁。

　　②　〔晉〕杜預注，〔唐〕孔穎達疏：《春秋左傳正義》卷十七，《十三經注疏》第
3975—3976 頁。

　　③　説參〔日〕竹添光鴻：《左氏會箋》，成都：巴蜀書社影印本，2008 年，第 635—
640 頁。

　　④　〔漢〕何休注，〔唐〕徐彥疏：《春秋公羊傳注疏》卷十二，《十三經注疏》第
4914—4915 頁。

　　⑥　〔清〕陳壽祺撰，王豐先整理：《五經異義疏證》卷上，中華書局，2014 年，第
31 頁。

星辰，三説也。鄭玄曰："望者，祭山川之名也，非其疆界則不祭。……昔者楚昭王曰'不穀雖不德，河非所獲罪'，言境内所不及則不祭也。魯則徐州地，《禹貢》'海、岱及淮爲徐州'，以昭王之言，魯之境内亦不及河，則所望者海也、岱也、淮也。是之謂三望。"①陳壽祺、竹添光鴻、楊伯峻從之。

宋儒趙鵬飛以爲望祭泰山、淮河、濟水，四説也。趙氏曰："望者，望祀其境内山川也。五嶽之岱，四瀆之淮、濟皆在魯，所謂三望也。岱在兗州，所不必考。濟出王屋山，分於砥柱，經齊魯之間入于海。淮在信陽，合泗水，經魯之南入于海。則三望岱、濟、淮也審矣。"②

今讀鄭敦耀《亦若是齋隨筆》，中有《猶三望考》一篇，又欲盡反前説，其文曰：

> 考《周禮·大司樂》"奏黄鐘以祀天神，奏大簇以祭地示，奏姑洗以祀四望，奏蕤賓以祭山川"。既曰四望，又曰山川，是山川不得列於四望也。天神與四望皆曰"祀"，地示與山川皆曰"祭"，是四望爲天神之屬，各從其類也。故後郊社之禮，亦以日月星辰風雨從祀也。後人徒以《虞書》有"望于山川"之文，遂以泰山、河、海之屬爲三望，而不知其於郊天之望無涉也。然則四望者，天神之屬，日月星辰、司中司命、風師雨師皆在其中。天子四方望祭，故曰"四望"，又曰"方望"。魯虚一方，讓於天子，故曰"三望"，猶樂器之曲縣，亦虚一面，以讓軒縣（筆者按：軒縣當作官縣。）耳。若山川固不得列於郊祀之望也。③

謹案：《周禮·大宗伯》曰："以禋祀祀昊天上帝，以實柴祀日月星辰，以槱燎祀司中、司命、飌師、雨師。以血祭祭社稷、五祀、五嶽，以貍沉祭山林川澤，以辨辜祭四方百物。以肆獻祼享先王，以饋食享先王，以祠春享先王，以禴夏享先王，以嘗秋享先王，以烝冬享先王。"④又曰："凡祀大神，

---

①　〔清〕陳壽祺撰，王豐先整理：《五經異義疏證》卷上，第38頁。
②　〔宋〕趙鵬飛：《春秋經筌》卷七，《通志堂經解》本。
③　〔清〕鄭敦耀：《亦若是齋隨筆》卷三，同治十一年長沙星藪園刻本。
④　〔漢〕鄭玄注，〔唐〕賈公彦疏：《周禮注疏》卷十八，《十三經注疏》第1633—1636頁。

享大鬼,祭大示。"①可見《周禮》於祭祀之名,天神曰祀,地示曰祭,人鬼曰享也。故鄭敦耀據《大司樂》云"祀四望"而不云"祭四望",遂斷言望祀爲天神之祀,日月星辰、司中司命、風師雨師之類皆在其中,而與山川之神無關。

余細考之,乃知其説不可信。今案《周禮·典瑞》云:"四圭有邸,以祀天,旅上帝;兩圭有邸,以祀地,旅四望。"②此將四望與地并言,而曰"祀地"不曰"祭地"。又《周禮·司服》曰:"祀四望、山川,則毳冕。"③此例四望與山川并言,而曰"祀山川"不曰"祭山川"。又《周禮·天府》云"祭天之司民司禄"④,此亦曰"祭天"而不曰"祀天"。可見《周禮》"祭""祀"之用法有别有不别也。且《尚書》云"望于山川"⑤,《左傳》云"三代命祀,祭不越望,江漢濉漳,楚之望也"⑥,《爾雅》云"梁山,晋望也"⑦,是明以望祭指山川,未見以日月星辰屬望祭者⑧。故曰敦耀之説不足據也。

又案:敦耀之結論雖誤,然其論説亦有甚可取者,足以辯駁舊注,啓迪新説。今略陳鄙見如下:

《禮記·祭統》云:"昔者周公旦有勳勞於天下,周公既没,成王、康王追念周公之所以勳勞而欲尊魯,故賜之重祭。外祭則郊、社是也,内祭則大嘗、禘是也。……子孫纂之,至於今不廢,所以明周公之德,而又重其國也。"⑨又《禮器》云:"魯人將有事於上帝,必先有事於頖宫。"鄭玄注:"上

———————

① 〔漢〕鄭玄注,〔唐〕賈公彦疏:《周禮注疏》卷十八,《十三經注疏》第1646頁。
② 〔漢〕鄭玄注,〔唐〕賈公彦疏:《周禮注疏》卷二十,《十三經注疏》第1677頁。
③ 〔漢〕鄭玄注,〔唐〕賈公彦疏:《周禮注疏》卷二十一,《十三經注疏》第1686頁。
④ 〔漢〕鄭玄注,〔唐〕賈公彦疏:《周禮注疏》卷二十,《十三經注疏》第1675頁。
⑤ 〔漢〕孔安國注,〔唐〕孔穎達疏:《尚書正義》卷三,《十三經注疏》第266頁。
⑥ 〔晋〕杜預注,〔唐〕孔穎達疏:《春秋左傳正義》卷五十八,《十三經注疏》第4695頁。
⑦ 〔晋〕郭璞注,周遠富、愚若點校:《爾雅》,第142頁。
⑧ 黃以周曰:"諸經言望,無及天神。《書》'望于山川',《左傳》'江漢濉漳,楚之望',《爾雅》'梁山,晋望',《周禮·典瑞》'祀天旅上帝'與'祭地旅四望'對文,則望祀地示,不得有日月星辰天神之屬也。"(見〔清〕黃以周撰,王文錦點校:《禮書通故》,中華書局,2007年,第680—681頁。)
⑨ 〔漢〕鄭玄注,〔唐〕孔穎達疏:《禮記正義》卷四十九,《十三經注疏》第3488—3489頁。

帝,周所郊祀之帝。魯以周公之故,得郊祀上帝,與周同。"①又《詩經·魯頌·閟宫》云:"皇皇后帝,皇祖后稷。"鄭玄箋:"皇皇后帝,謂天也。成王以周公功大,命魯郊祭天,亦配之以君祖后稷,其牲用赤牛純色,與天子同也。"②

然則郊天而四望者,天子之禮也。魯因周公之故,得行天子禮樂,故諸侯中唯魯國有郊天、有三望,他國無此禮也③。然則《春秋》"三望"與《周禮》"四望"必爲近似之禮,當援《周禮》以證《春秋》。鄭玄云:"望者,祭山川之名也。"竹添光鴻云"望則專指山川","不至其地,遥擬其方,望而祭之也"④。陳壽祺云:"山川之祭,周禮四望,魯禮三望,其餘諸侯祀境内山川,蓋無定數。……五經自魯外,他國無'三望'之稱。"⑤其説皆是也,然猶未盡其義。予更有進者,周王之望、魯侯之望、諸侯之望,三者互有異同,不可不辨也。

竊謂古之望祭,有天子之望,有諸侯之望;有天下之望,有一國之望。天子之望有二類:一曰天下之望,祭天下四方之山川也,故又謂之"方望",即《公羊傳》所謂"天子有方望之事,無所不通"者也。一曰畿内之望,祭周

---

① 〔漢〕鄭玄注,〔唐〕孔穎達疏:《禮記正義》卷二十四,《十三經注疏》第3116頁。

② 〔漢〕毛亨傳,〔漢〕鄭玄箋,〔唐〕孔穎達疏:《毛詩正義》卷二十之二,《十三經注疏》第1328頁。

③ 清儒江永不信"成王賜魯重祭"之説,認爲魯國郊、禘之禮皆始於春秋魯僖公之僭越。其言曰:"魯有郊、禘重祭,記禮者以爲成王賜之,先儒謂成王之賜,伯禽之受,皆非。今考之,若果成王所賜,則《魯頌·閟宫》當及之,《頌》言'賜之山川,土田附庸',絶不及賜祭之事,其非成王所賜可知矣。《吕氏春秋》言魯惠公使宰讓請郊廟之禮,桓王使史角往止之,其言當必有據。但惠公之時爲平王,非桓王耳。周既東遷,王室陵夷,魯遂敢請郊廟之禮。王遣使諭止,猶有請隧弗許,慎守王章之意。而魯他日遂敢行之,其無王甚矣。《詩》言'錫之山川,土田附庸',即繼以'周公之孫,莊公之子,龍旂承祀',因以騂犧享后帝、后稷,以白牡享周公,則僭郊、禘之禮者,其始於僖公乎?禘于大廟,用致夫人,見《僖八年》;四卜郊不從,乃免牲,猶三望,見《僖三十一年》。則始僭郊、禘者,非僖公而何?"(見江永:《鄉黨圖考》卷四,學苑出版社影印乾隆致和堂刊本,1993年,第300—301頁。)案:《春秋》書"四卜郊,不從,乃免牲,猶三望",《左傳》稱四卜非禮、先卜牲非禮、猶三望非禮,而絶不言郊祀非禮。且曰"禮不卜常祀",可見《左氏》以魯之郊禮爲常禮,若果爲僖公所僭,必不能謂之"常祀"也。況《祭統》《禮器》言之鑿鑿,《明堂位》亦云:"成王以周公爲有勳勞於天下,命魯公世世祀周公以天子之禮樂。季夏六月,以禘禮祀周公於大廟。……言廣魯於天下也。"明是魯國得行天子禮樂。而江永一概不信,未免武斷也。

④ 〔日〕竹添光鴻:《左氏會箋》,第636頁。

⑤ 〔清〕陳壽祺撰,王豐先整理:《五經異義疏證》卷上,第38、40頁。

王畿内山川之神也，相當於諸侯國内之望。考之《周禮》，既有四望之祭，又有山川之祭，二者并行而不悖。如《典瑞》云："四圭有邸，以祀天，旅上帝；兩圭有邸，以祀地，旅四望。……圭璧以祀日月星辰；璋邸射以祀山川。"①可知四望之祭獨具一格，與上帝、日月、星辰、山川之祭皆不同。又如《大司樂》云："奏黄鐘以祀天神，奏大簇以祭地示，奏姑洗以祀四望，奏蕤賓以祭山川。"②祭四望與祭山川并舉，可知四望之祭與天神、地示、山川之祭亦皆不同，無怪乎鄭敦耀之質疑也。既然四望已指山川，何故重出山川之祭？蓋言"四望"者專指天下之望，言"山川"者專指畿内之望也③。

此外，四望之祭必於四郊行之，此又與斥言"山川"者不同。考之《周禮》，《小宗伯》云："兆五帝於四郊，四望、四類亦如之；兆山川、丘陵、墳衍，各因其方。"④所謂"兆"即祭祀之壇域，祭四望則兆於四郊，祭山川則順其地之所在，嚮其方而設兆即可，此其異也。《小宗伯》又云："有司將事於四望，若大甸，則帥有司而饁獸於郊。"⑤此亦可見四望之祭必在郊。又《春秋·僖公三十一年》《宣公三年》《成公七年》三言"三望"，皆因郊禮而及之，亦可佐證四望於郊也。

諸侯之望，則祭其國内名山大川也，故《爾雅》以梁山爲晋望，《左傳》以江、漢、雎、漳四水爲楚望，《禮記·禮器》曰"晋人將有事於河，必先有事於惡池。齊人將有事於泰山，必先有事於配林"⑥，則黄河、惡池亦爲晋望，泰山、配林皆爲齊望。一國之内，名山大川亦復不少，故《左傳·昭公

---

① 〔漢〕鄭玄注，〔唐〕賈公彦疏：《周禮注疏》卷二十，《十三經注疏》第 1677 頁。

② 〔漢〕鄭玄注，〔唐〕賈公彦疏：《周禮注疏》卷二十二，《十三經注疏》第 1703 頁。

③ 秦蕙田曰："《小宗伯》'兆五帝於四郊，四望、四類亦如之。兆山川、丘陵、墳衍，各因其方'，是兆不同。《典瑞》'兩圭有邸，以旅四望。璋邸射，以祀山川'，是玉不同。《大司樂》'奏姑洗，歌《南吕》，舞《大磬》，以祀四望。奏蕤賓，歌《函鍾》，舞《大夏》，以祭山川'，是樂不同。又《周禮》於四望則曰'祀'，於山川則曰'祭'，是秩不同。蓋同一山川，遠而望祭之，則名爲'望'；祭於其地，則直曰'祭山川'也。"（見秦蕙田：《五禮通考》，上海古籍出版社，1986 年，第 1053 頁。）案：秦氏據《周禮》辨祭四望與祭山川之别，甚是。但謂"同一山川，遠而望祭之，則名爲'望'；祭於其地，則直曰'祭山川'"則不可信。既是同一山川，則其等級不應有别，與上文所言"玉不同""秩不同"之説顯然不合，今不取其説。

④ 〔漢〕鄭玄注，〔唐〕賈公彦疏：《周禮注疏》卷十九，《十三經注疏》第 1653 頁。

⑤ 〔漢〕鄭玄注，〔唐〕賈公彦疏：《周禮注疏》卷十九，《十三經注疏》第 1656 頁。

⑥ 〔漢〕鄭玄注，〔唐〕孔穎達疏：《禮記正義》卷二十四，《十三經注疏》第 3116 頁。

七年》晋韓宣子曰"并走群望"①、《昭公十三年》曰楚共王"大有事於群望""徧以璧見於群望"②是也。諸侯守其四境,不得望祭境外之山川,故《公羊傳》曰"諸侯山川有不在其封内者,則不祭也"③,《禮記·王制》亦曰"天子祭天下名山大川,諸侯祭名山大川之在其地者"④是也。

魯國之殊異者,兼有天子、諸侯之禮,蓋既有天下之望,又有國内之望。因郊天而望,則用天子方望之禮,然不敢敵於天子,缺其一方,故云"三望"。敦耀謂缺其一方,以讓於天子,如天子宮縣、諸侯曲縣之義,此説是也。考《周禮·小胥》"王宮縣,諸侯軒縣",鄭衆云:"宮縣四面縣,軒縣去其一面。四面象宮室四面有墙,故謂之宮縣。軒縣三面,其形曲。"鄭玄云:"軒縣去南面,辟王也。"⑤以此推之,則魯國"三望"者,蓋舍南方之望也。若非郊天之三望,則用諸侯望國内山川之禮,蓋祭泰山、濟水之類是也。

《周禮·舞師》"舞四方之祭祀",鄭玄注:"四方之祭祀,謂四望也。"⑥《牧人》"望祀,各以其方之色牲毛之",鄭玄注:"望祀,五嶽、四鎮、四瀆也。"⑦《大宗伯》"國有大故,則旅上帝及四望",鄭玄注:"四望,五嶽、四鎮、四瀆。"⑧據此,則天子四望所祭爲五嶽、四鎮、四瀆。又鄭玄《周禮·大司樂》注云:"四鎮,山之重大者,謂揚州之會稽,青州之沂山,幽州之醫無閭,冀州之霍山。五嶽,岱在兗州,衡在荆州,華在豫州,嶽在雍州,恒在并州。"⑨又《大宗伯》注云:"五嶽,東曰岱宗,南曰衡山,西曰華山,北曰恒

---

① 〔晋〕杜預注,〔唐〕孔穎達疏:《春秋左傳正義》卷四十四,《十三經注疏》第4450頁。

② 〔晋〕杜預注,〔唐〕孔穎達疏:《春秋左傳正義》卷四十六,《十三經注疏》第4496頁。

③ 〔漢〕何休注,〔唐〕徐彦疏:《春秋公羊傳注疏》卷十二,《十三經注疏》第4914頁。

④ 〔漢〕鄭玄注,〔唐〕孔穎達疏:《禮記正義》卷十二,《十三經注疏》第2891頁。

⑤ 〔漢〕鄭玄注,〔唐〕賈公彦疏:《周禮注疏》卷二十三,《十三經注疏》第1716—1717頁。

⑥ 〔漢〕鄭玄注,〔唐〕賈公彦疏:《周禮注疏》卷十二,《十三經注疏》第1553頁。

⑦ 〔漢〕鄭玄注,〔唐〕賈公彦疏:《周禮注疏》卷十三,《十三經注疏》第1558頁。

⑧ 〔漢〕鄭玄注,〔唐〕賈公彦疏:《周禮注疏》卷十八,《十三經注疏》第1647—1648頁。

⑨ 〔漢〕鄭玄注,〔唐〕賈公彦疏:《周禮注疏》卷二十二,《十三經注疏》第1708頁。

山,中曰嵩高山。”①《爾雅》云:“江、河、淮、濟爲四瀆。”②《釋名》曰:“天下大水四,謂之四瀆,江、河、淮、濟是也。”③然則天子四望所祭爲泰山、衡山、華山、恒山、嵩山、會稽山、沂山、醫無閭山、霍山、長江、黄河、淮河、濟水,爲名山大川十三處。而《禮記·王制》云:“天子祭天下名山大川,五嶽視三公,四瀆視諸侯。”④不言四鎮,則天子四望爲山川九處。其説雖不同,然周禮“四望”爲四方之望,非實指四處山川可知。由此推之,魯禮“三望”亦當爲三方之望,非實指三處山川可知也⑤。

總之,望祭專指山川。天子、諸侯皆有畿内(國内)之望,是其同也;而周、魯獨有郊望天下山川之禮,其餘諸侯僅有國内山川之望,是其異也。周、魯皆有天下之望,是其同也;而周王四望,魯侯三望,是其異也。故愚以爲《春秋》經傳之“三望”,乃望祭天下東方、西方、北方山川諸神,非謂日月星辰,亦非謂魯國之山川,亦非謂《禹貢》徐州之山川,前人之説皆非也。

漢宋諸儒既知魯國郊祀爲天子郊禮,則當知因郊而望亦是天子望禮,然而紛紛欲以魯地之星野、山川解之,吾乃知其不可也。清儒陳壽祺、日本竹添氏既知“三望”爲魯國獨有,擬於周禮之“四望”,又知周禮之“四望”爲天下四方之望,不限於四處山川,則當知魯國之“三望”亦爲天下之望,不得限於魯地,亦非實指三處山川,然而竟又尊信鄭玄以《禹貢》徐州之海、岱、淮三事解説“三望”,何其邏輯之違謬也⑥? 予因鄭氏敦耀之啓發,據《周禮》以解《春秋》,乃折中羣言,創爲新説,以質諸博物君子云爾。

① 〔漢〕鄭玄注,〔唐〕賈公彦疏:《周禮注疏》卷十八,《十三經注疏》第 1635 頁。
② 〔晋〕郭璞注,周遠富、愚若點校:《爾雅》,第 146 頁。
③ 〔漢〕劉熙撰,愚若點校:《釋名》,北京:中華書局,2020 年,第 13 頁。
④ 〔漢〕鄭玄注,〔唐〕孔穎達疏:《禮記正義》卷十二,《十三經注疏》第 2891 頁。
⑤ 黄以周曰:“天子方望,無所不通,故四望。四望者,四方之望也,非限定四事。故許以日月星河海岱言之,鄭以五嶽四鎮四瀆言之,當以鄭説爲正。諸侯方祀,名山大川有不在其地者,以不通而不望,故望不必備其四。在其地之名山大川又無定數,故望亦不必限以三。”此説是也。但黄氏又曰:“惟魯東有海,南有淮,北有岱,故三望爾。”則從鄭玄之説,以爲魯國三望之禮是指海、岱、淮三者,非也。
⑥ 陳壽祺《五經異義疏證》云:“望者,祭山川之名也。四望非限以四事,乃謂四方之望也,《公羊傳》言‘方望無所不通’是也。……山川之祭,周禮四望,魯禮三望,其餘諸侯祀境内山川,蓋無定數。五經自魯外,他國無‘三望’之稱。……不察‘三望’之名爲魯所專,而欲通於諸侯之制,故以分星强配其數,《左傳正義》因云‘天子四望,諸侯三望’,失之矣。”又云:“康成《駁異議》獨據《禹貢》‘海、岱及淮爲徐州’,謂魯即徐地,而以淮易河,……其義審矣。”竹添光鴻《左氏會箋》援引陳氏之説,又曰:“《周禮》言‘四望’者,舉其方耳。魯三望,實指其所祭山川之數,非於四望去一而三也。”

五、釋“都鄙有章,上下有服”

　　《左傳·襄公三十年》:“子産使都鄙有章,上下有服,田有封洫,廬井有伍。大人之忠儉者從而與之,泰侈者因而斃之。……從政一年,輿人誦之曰:‘取我衣冠而褚之,取我田疇而伍之。孰殺子産?吾其與之。’”①

　　所謂“取我衣冠而褚之”,杜預訓“褚”爲儲蓄,云:“奢侈者畏法,故畜藏。”②竹添光鴻訓“褚”爲衣囊,云:“《吕氏春秋·樂成篇》引正作‘貯’,《一切經音義·四十一》引此亦作‘貯’,言貯藏其衣冠也。褚、貯通用,爲藏畜之義,此當解爲子産悉没收奢侈者衣冠而藏之。”③楊伯峻據《吕氏春秋·樂成篇》作“我有衣冠,而子産貯之;我有田疇,而子産賦之”,以爲《左傳》“褚”即爲“貯”,“伍”當讀作“賦”,遂從楊寬《古史新探》之説,謂貯是財物税,伍是田税④。趙生群師又引申楊氏之説,謂“褚之”爲增收賦税以增加財政收入,“伍之”爲交納田租⑤。大抵古今主流見解如此。

　　今讀陳宗起《養志居僅存稿·經説》,中有解説此傳者,其文曰:

　　　　《説文》:“褚,卒也。一曰製衣。”製,裁也。此傳當取“裁製”之義。“上下有服”,故不如法者宜别爲裁製,與下文“取我田疇而伍之”文義正同,杜注非是。⑥

　　謹案:《説文》“製衣”當作“裝衣”,前人已有定論⑦。褚爲裝衣之囊,“取我衣冠而褚之”意爲將衣冠没收裝入囊中,竹添氏之説是也。陳氏訓爲“裁製”固非,然其將此句與上文“上下有服”應證,則其是。《左傳》此章,上下文意緊密貫串,互相照應。若不聯絡前後文義,斷章而解之,則不

　　①② 〔晋〕杜預注,〔唐〕孔穎達疏:《春秋左傳正義》卷四十,《十三經注疏》第4372頁。

　　③ 〔日〕竹添光鴻:《左氏會箋》,第1569頁。

　　④ 楊伯峻:《春秋左傳注》,北京:中華書局,1990年,第1182頁。

　　⑤ 趙生群:《春秋左傳新注》,西安:陝西人民出版社,2008年,第696頁。

　　⑥ 〔清〕陳宗起:《養志居僅存稿》卷四,光緒十一年丹徒陳克劬刻本。

　　⑦ 詳參丁福保編:《説文解字詁林》,北京:中華書局,1988年,第8471—8472頁。

免各言其是,無所折中矣。竊謂上文"都鄙有章,上下有服"與下文"取我衣冠而褚之"同指一事,而歷代學者多割裂解說,今試辨之:

此章言子產爲政之要,一言以蔽之,即建立禮法制度,規範社會秩序。首言"都鄙有章,上下有服",服、章義近,猶言"都鄙上下皆有服章",意爲都鄙上下皆以服飾、旗幟等物作爲等級尊卑之標誌。《左傳·閔公二年》云"衣,身之章也……服其身則衣之純"①,故知衣冠服飾可以謂之"章"。又《左傳·宣公十二年》云"君子小人,物有服章,貴有常尊,賤有等威,禮不逆矣"②,所謂"物有服章"是指貴賤有等,與本文語義相近。下文民衆批評子產"取我衣冠而褚之",即指政府將官民服飾之不合禮法者没收而裝入衣囊,以示禁用,故招致輿論怨忿。此舉蓋針對當時奢侈僭越之風,故下文又云"忠儉者從而與之,泰侈者因而斃之"③。杜氏以爲國人自己藏其衣冠,無當於情理。楊氏以爲政府收取國人衣冠作爲賦稅,亦無根據。

杜預釋"都鄙有章,上下有服"云:"國都及邊鄙車服尊卑,各有分部。公卿大夫,服不相逾。"④大旨不差。而竹添光鴻云:"'服'當爲'𠬪'字之假借。《説文·又部》:'𠬪,治也。從又,從卪。卪,事之治也。'上下有服,言上下有制也。"⑤楊伯峻云:"都鄙有章:章,別也。蓋都多大夫士與工商,鄙多田與農,因而有所不同。上下有服:服,事也,職也。上下各有任使。"⑥又趙生群師以爲"章""服"皆訓爲法度⑦。以上四家異義,唯杜預之説較爲允當。各家誤解之由,皆因未能溝通上下文意,不知上文之"章服"即下文之"衣冠"也。

又案:上文"田有封洫,廬井有伍"與下文"取我田疇而伍之"同指一事,此顯而易見者,然於訓詁尓有分歧。竊謂"出有封洫,廬井有伍"二句是互文,猶言使井田之内皆有封界、溝洫及廬舍之行伍也。蓋當時鄭國田

① 〔晉〕杜預注,〔唐〕孔穎達疏:《春秋左傳正義》卷十一,《十三經注疏》第3881—3882頁。

② 〔晉〕杜預注,〔唐〕孔穎達疏:《春秋左傳正義》卷二十三,《十三經注疏》第4080頁。

③④ 〔晉〕杜預注,〔唐〕孔穎達疏:《春秋左傳正義》卷四十,《十三經注疏》第4372頁。

⑤ 〔日〕竹添光鴻:《左氏會箋》,第1568頁。

⑥ 楊伯峻:《春秋左傳注》,第1181頁。

⑦ 趙生群:《春秋左傳新注》,第696頁。

制廢壞,封洫不修,或有兼并侵占,故子産執政,乃以重整田畝爲當務之急。"伍"非指人之編制,而是田疇之編制。此文"廬井有伍","伍"爲名詞;下文"取我田疇而伍之","伍"爲動詞,意爲政府收回土地而加以重新編制分配也。封爲疆界,洫爲溝渠,廬爲田舍,各家之説相同。唯"廬井有伍",杜預以爲是鄉邑之卒伍,故云:"九夫爲井,使五家相保。"①竹添光鴻以爲是子産新創井田之行伍,故云:"伍,井田之伍也。若是邑中之伍,不當言井。五井相保,周禮無此法。春秋之時,風俗漸漓,子産創意制之,以防民僞耳。下文云'取我田疇而伍之'是也。"②楊伯峻以爲"井"是水井,不是井田;"伍"是賦税,不是行伍。故云:"井田以九夫爲井,此則用水之井。耕田既改變疆界,又作大小水渠,則廬舍亦當另做布置。伍,即下文'取我田疇而伍之'之伍,賦税也"③。以上三家異義,當以竹添氏之説爲允,楊氏之説不可從。

（作者:山東大學文學院教授）

---

① 〔晋〕杜預注,〔唐〕孔穎達疏:《春秋左傳正義》卷四十,《十三經注疏》第4372頁。

② 〔日〕竹添光鴻:《左氏會箋》,第1568頁。

③ 楊伯峻:《春秋左傳注》,第1181頁。

朱彝尊著述補考
——以新披露竹垞尺牘二通爲中心

劉　仁

摘要：近日出版之《朱彝尊全集》中新披露朱彝尊書札二通，輯自中國國家圖書館所藏清道光間吳昂駒纂《初白庵藏珍記》。此二札對朱彝尊著述尤其是《明詩綜》的編纂具有重要補證價值。通過考證，可知此二札俱作于康熙四十年，書信中透露朱彝尊在編纂《兩淮鹽策書》之前還編纂過一部《浙江鹽策書》，亦記載了《明詩綜》約自康熙元年(1662)至康熙十五年(1676)初次編纂的這一尚未見于其他文獻的事迹。

關鍵詞：朱彝尊　尺牘　《鹽策書》　《明詩綜》

朱彝尊作爲清初學術史與文學史上的重要人物，博學多能，著述等身。而書札因其私密性特質，能够爲朱彝尊的思想與生平研究提供豐富的細節，所以具有獨特的價值。朱彝尊的書札除《曝書亭集》中所收録之外，尚有大量散見，故而有不少學者從事輯補與考釋，取得了很豐富的成果。[①] 新近出版之《朱彝尊全集》續有補輯，其中有二札輯自中國國家圖

---

① 較早關注朱彝尊集外信札的是劉玉才，其《朱彝尊晚年手牘考釋》一文對《古學彙刊》中《竹垞老人晚年手牘》十一通進行了考釋，載《北京大學古文獻研究所集刊》第 1 輯，北京：北京燕山出版社，1999 年，第 332—342 頁。比較全面收録朱彝尊集外信札的是王利民、胡愚整理《曝書亭全集》(長春：吉林文史出版社，2009 年)時所輯録的《曝書亭集外釋文補輯》，其中卷八至卷十共收入書札九十通。此後，新披露的朱彝尊信札有：龍野《新見朱彝尊致宋犖書札及相關問題考釋》共十三通，見《中國典籍與文化論叢》第 16 輯，南京：鳳凰出版社，2014 年，第 314　328 頁；龍野《題朱彝尊、查慎行致馬思贊等書札四十九通考録》共二十二通，見《中國典籍與文化論叢》第 17 輯，南京：鳳凰出版社，2015 年，第 123—141 頁；胡愚《新見朱彝尊信札五通》共五通，《嘉興學院學報》2018 年第 2 期，第 11—15 頁。對上述信札的考釋則有張宗友《竹垞尺牘十通考釋》，《古典文獻研究》第 16 輯，南京：鳳凰出版社，2013 年，第 446—462 頁；《竹垞老人晚年手牘考釋》，《中國典籍與文化論叢》第 16 輯，南京：鳳凰出版社，2014 年，第 298—313 頁；《新見竹垞書札釋證》，《北京大學中國古文獻研究中心集刊》第 18 輯，北京：北京大學出版社，2019 年，第 262—280 頁。謹按：爲行文簡潔，文中師友皆徑稱名，非不恭也，尚祈見宥。

書館所藏清道光間吳昂駒輯《初白庵藏珍記》①,爲朱彝尊致馬思贊札,此二札對補證竹垞生平與著述,尤其是對瞭解《明詩綜》的編纂過程,具有比較重要的價值。今不避瑣屑,考釋如下。

一、書札來源述略——兼及涉園所藏
初白、竹垞致衎齋尺牘藏弆源流

　　新見朱彝尊致馬思贊書札二通附見于道光間吳昂駒所輯《初白庵藏珍記》中。吳昂駒,字千仲,海寧人,歲貢生,爲著名藏書家吳騫從子。《兩浙輶軒續録》引吳敦言曰:"先世父詩瓣香初白,嘗搜輯初白詩見于他書者,得一百首,録爲《敬業堂外集》。"②知其對鄉前輩查慎行(初白)傾慕有加,乃至心追手摹。其纂《藏珍記》亦緣于此,卷前題識云:"仰峰查表侄,初白供奉五世孫也。……余每以春秋佳日,挈舟過訪,爐烟幾縷,香茗一甌,與之追談舊事,每請出手迹以相證,而仰峰亦以余知愛慕遺風,樂出觀而無厭,統先後所得見亦云多矣。兹將其詩篇題識録成一編,并以余家藏尺牘真迹附載于後。"③《藏珍記》中録有查慎行康熙"御札摹本""御賜福字"等的題識、以及《佟陶庵中丞詩幅》《桃枝竹杖題咏》等查慎行友朋題咏詩卷,這些內容皆來自于查氏後人的收藏。而其中又有《初白庵尺牘》二十通,皆爲致馬思贊者,其中八通爲吳氏自藏,另十二通抄録自他人所藏④。但是,吳氏在《初白庵藏珍記》中又附録了朱彝尊致馬思贊的四通書信,題做《曝書亭尺牘》,其原因何在? 吳氏在《曝書亭尺牘》跋文中交待了緣由:

　　　　竹垞先生尺牘百餘通,與初白先生尺牘百餘通,鷗舫張丈裝潢成

　　① 〔清〕吳昂駒《初白庵藏珍記》,中國國家圖書館藏清抄本,索書號爲14165。〔清〕朱彝尊著,沈松勤主編《曝書亭集外詩文續補》卷三,《朱彝尊全集》(第21冊),杭州:浙江大學出版社,2022年,第69—70頁。
　　② 〔清〕潘衍桐編:《兩浙輶軒續録》卷一九,《續修四庫全書》(第1685冊),上海:上海古籍出版社2002年影印清光緒十七年浙江書局本,第490頁下欄a。
　　③ 〔清〕吳昂駒編:《初白庵藏珍記》。
　　④ 范道濟《新輯查慎行文集》已輯録,鄭州:中州古籍出版社,2012年,第181—186頁。

册，珍爲合璧久矣，近乃先後散出。初白先生之手迹，余尚購得數頁。而先生之手迹，則一無所得，抑何緣之慳耶！偶于友人處見之，録此四通，以前三通有關于《明詩綜》，後一通則于初白先生《蘇詩補注》有關耳。①

據此，可知吳氏所擇録朱彝尊書札四通的理由是：其中三通與《明詩綜》的編刊問題相關，格外重要；另一通則與查慎行《蘇詩補注》相關，故録入其中。同時，可知《初白庵尺牘》與《曝書亭尺牘》都出自同一源頭，即涉園張鶴徵（鷗舫張丈）的收藏。

關于涉園所藏這批尺牘，《拜經樓藏書題跋記》中亦有記載。《題跋記》著録爲《竹垞初白二先生尺牘》，録吳騫二跋，其跋竹垞尺牘云“予以甲寅暮春之初，與諸名士修禊于海鹽城南張氏之涉園……鷗舫旋出此册見視，蓋皆竹垞檢討晚年手畢也，因借歸細閱之，書凡六十通，其間與馬寒中上舍者什九，寒中爲吾邑藏書家，插架多人間未見本，故書中大抵皆論典籍事，或展轉傳鈔，或多方購買，于此想見前輩好學之勤，嗜書之篤，誠可慕也。……因亟録副而以原本還鷗舫，俾珍弄之”②云云。又書初白庵尺牘後則曰：“右初白先生尺牘，蓋皆與寒中上舍者，其真迹并涉園主人所藏也。某又記。惜鈔本尚有訛字，須再校正爲善”③。據此可知，張氏所藏竹垞、初白尺牘絶大部分都是致馬寒中者。馬寒中名思贊，亦海寧人，寒中其字也，號南樓、衍齋，家有道古樓，富于藏書及金石秘玩，與竹垞、初白交好④。考《拜經樓詩集》有咏及道古樓者，其自注言思贊夫人早卒，無子，故“道古樓所藏俄皆散入‘雲烟過眼録’矣”⑤。其中必有部分輾轉歸涉園張氏，竹垞、初白致馬氏尺牘當亦在其中。

同時，可知吳騫據張氏所藏，抄録了全部竹垞、初白尺牘，這也是《題跋記》著録此書的來由。但前所引吳昂駒跋言張氏所藏竹垞、初白尺牘俱

---

①　〔清〕吳昂駒編：《初白庵藏珍記》。

②③　〔清〕吳壽晹編：《拜經樓藏書題跋記》卷四，《續修四庫全書》（第 930 册），上海：上海古籍出版社 2002 年影印本，第 432 頁下欄 b—第 433 頁上欄 a。

④　馬思贊生平見〔清〕阮元編：《兩浙輶軒録》卷七，《續修四庫全書》（第 1683 册），上海：上海古籍出版社 2002 年影印清嘉慶刻本，第 321 頁上欄 a—b。

⑤　〔清〕吳騫：《拜經樓詩集》卷三，《續修四庫全書》（第 1454 册），上海：上海古籍出版社 2002 年影印清嘉慶刻本，第 26 頁上欄 b。

"百餘通"，吴騫雖未言及初白尺牘數目，却言竹垞尺牘僅六十通，與吴昂駒所言不合。這自當以吴騫所言爲確。因吴昂駒《初白庵尺牘》第一跋云："乾隆甲寅暮春，先季父兔床公與一時名人修禊涉園，席間張丈出此册賞玩，先季父遂假以歸，余乃得一寓目。未幾，録存副本，以原册還之。忽忽數十載，時往來于心，不能去也。"可知，因吴昂駒所據以言者，并非别有一本，實乃即吴騫所借抄之張氏藏本，其言"百餘通"，蓋記憶之不準確故。

據吴昂駒所言，涉園張氏所藏的這批竹垞、初白尺牘，道光間即已散出。除上引《曝書亭尺牘》跋外，其《初白庵尺牘》跋文亦言及此事，第一跋云："近張丈物故，家中法書名畫間或散出，而尺牘亦遂爲諸人分去。余從苕賈先後購此八通……雖較張丈舊册不及十分之一，然少而益珍，誰謂斷錦零紈不足與天吴紫鳳□美也哉！道光丙戌孟秋中浣邑後學吴昂駒謹識。"第二跋云："右諸尺牘亦係涉園舊藏本，余未及購。第一通言及衍齋目疾，與余所得前二通同時。以下數通皆與《蘇詩補注》有關，故并録存之。"其中初白尺牘八通歸吴昂駒，其餘俱爲他人所得。可知吴昂駒所存録之《初白庵尺牘》《曝書亭尺牘》，除自藏初白尺牘八通外，皆從他人轉録。

涉園張氏所藏這批尺牘此後尚有踪迹可尋，其中竹垞尺牘十二通于咸豐間歸于沈可亭，民國間，書賈求售，爲鄧實所見，因書賈索價昂，鄧氏僅得抄録一份，後刊入《古學彙刊》中，并題作《竹垞老人晚年手牘》，而尺牘真迹，據鄧氏云，已"歸之日人有咏君"[1]。而可知此十二通即原爲涉園張氏所藏部分者，乃因吴騫跋竹垞札有"其中論耿炳文没于洪武二十七年而紀傳謂建文命炳文率師禦燕，由《實録》爲西楊改削，文獻無徵，此書足正史傳之失"[2]云云，而此《晚年手牘》中第七札正言及此事。此十二通與吴昂駒所録《曝書亭尺牘》無重合。

除上述吴昂駒所得初白尺牘八通，及鄧實所見竹垞尺牘十二通外，竹垞尺牘二十二通、初白尺牘二十七通真迹曾藏合衆圖書館，并爲館員抄録

① 鄧實輯：《竹垞老人晚年手牘》，見《叢書集成續編》（第 125 册），上海：上海書店 2014 年影印《古學彙刊》本，第 333 頁下欄 b。
② 〔清〕吴壽暘《拜經樓藏書題跋記》卷四，《續修四庫全書》（第 930 册），第 433 頁上欄 a。

一份,此抄本今藏上海圖書館。① 初白尺牘中有三通見于吳昂駒所録,然不在吳氏所藏八通之中;竹垞尺牘有一通見于吳昂駒所録,然皆未見于鄧實所録傳入日本者。其文本有重合,然藏弆源流無齟齬,知上圖抄本所録亦當出自涉園張氏所藏。而知其必依真迹抄録者,理由有二:一、此抄本之初白尺牘後亦有吳騫跋文,與《拜經樓藏書題跋記》所載跋文有重合之處,但抄本跋文中有叙述吳騫與張鶴徵之父張載華之交誼,及吳氏出借《敬業堂詩集原稿》給張載華之事②,且其中又有"予既多鷗舫克承先緒,重感前輩襟契之深,爰爲跋數語于末"云云,皆不見于《拜經樓藏書題跋》所録。細審二跋,《藏書題跋》中署題識時間爲"競渡日",抄本題跋則署"荷花生日"③,題寫時間在《藏書題跋》之後。其内容之差異,當是由于抄本題跋乃吳騫據《藏書題跋》稍加增益而成,因其原卷要返還張氏,增叙其與張氏交誼,自在情理之中。可知,抄本題跋應當是據原卷過録,絶非據《藏書題跋》改造。二、竹垞尺牘前有抄録題籤,云"朱竹垞先生手札,都二十二通,木公先生藏,癸亥冬十月下浣,張運署"。據上可知,初白尺牘與竹垞尺牘俱依真迹原卷存録,其真實性當無疑議④。

二、書札繫年考辨

上文言及,《藏珍記》中《初白庵尺牘》二十通已爲范道濟采入《新輯查慎行文集》,已爲衆所知。《曝書亭尺牘》四通中的第四通,與龍野所介紹

---

① 關于此抄本的介紹見龍野《題朱彝尊、查慎行致馬思贊等四十九通書札考録》,筆者未見原書。凡録文及書籍狀態描述皆據此文。據龍文,這批竹垞、初白尺牘見于《清代名人尺牘》抄本,其中另抄有劉墉、袁枚、紀昀、翁方綱等名家書札,俱抄寫于版心有"合衆圖書館"字樣的藍格紙張上,推測爲合衆圖書館時期的館員所輯録。

② 《敬業堂詩集原稿》今存上海圖書館,張氏借此書乃爲編纂《初白庵詩評》之用,書後有吳騫跋及張載華跋,叙述此事甚明,可知確有其事,并非僞造。可參周燕玲:《查慎行〈敬業堂詩集原稿〉考論》,《中國文學研究》2021 年第 3 期,第 70—76 頁。

③ 荷花生日爲六月廿四,"競渡日"一般指端午,然據趙翼《陔餘叢考》,是時江浙間競渡多有在春月者。考吳騫既確指爲"競渡日",則似當從俗從衆,以端午日爲宜。然無論如何,《藏書題跋》所録本晚于原卷題跋是確定無疑的。也即,原卷題跋是在《藏書題跋》基礎上增益而成,而非《藏書題跋》在原卷題跋上刪減而成。

④ 因龍文言這批書信"因非原件,無可靠的題跋真迹,其收藏或流傳源流也不清晰,故其真僞有待檢驗",故稍作辨析。

的上圖所藏抄本竹垞尺牘中的第二通相同①。第三通則見《曝書亭集外詩文補輯》②,已有學者考證之(見下文),而其餘二通,今雖已經披露,但就筆者淺見,似未見論及。因第三通與前兩通關係緊密,今就《初白庵藏珍記》之原次序一并移録,并考釋如下:

　　　　蓐收司方已久,而祝融不肯退,頗類今之大老。日内稍凉,前晚業語查田,期以月杪造訪。今駕既在硤山,幸少俟我,當于廿三日乘一葉索晤。兼受人之托,草創齰志,思詣鹽場,一觀團舍牢盆遺制,并可攬海上群山之勝,次公定爲我覓笨車耳。愚四十年前選有明詩全部,當時閲過集一千二百餘家,選本百家,廢寢忘食,經十五稔始就此書。後因所收太主格律,遂弃捐篋笥中。入秋曝書,忽檢出。又囊日于詩家俱作爲評語,謂散佚不復可得矣,老友繆天自乃爲我藏好,束笋戢戢無恙。因發興重爲增删,而里中有刻先集者,延得嘉善一寫樣人,書法頗佳,業逐卷令其寫清,思刊行問世。今宋元均有選本流行,明詩却無善本,次公有興,何不與我共成此書乎?統俟面晤商之也。凍石稍大者,亦不甚佳,緣係士白鐵筆,不忍磨之。次公既心賞,當持奉可耳。(第一札)

　　　　荷頒刻資,感德不朽,重損醇醪海錯,一飽蓬蓬,謝何可既。語不盡宣,統容面罄。(第二札)

　　　　自春徂秋,竟未得一晤,懷想可知。查田昨過宿醽舫,因與訂來月上弦,從横漲橋至華山,若老侄有武林之游,則此期又不能果矣。愚近選明詩,撰詩話,頗暢所欲言,正史、稗史皆可補缺闕。承老侄亦能相助,則裨益匪淺耳。《衎齋説》容草就呈正。孟兼《西臺記注》許抄惠,甚荷。《韵語陽秋》非僻書,晤時當携致。今年拙詩頗多,特牽

----

① 據龍文所録,此札中"僅留得《麗澤集》,已亡之矣"云云,校以《曝書亭尺牘》,作"僅留得《麗澤集説》十册,亦全集中所有,今附往,集已亡之矣",上圖本顯系涉下而脱誤。

② 〔清〕朱彝尊著,王利民、胡愚輯校《曝書亭集外詩文補輯》卷一一,長春:吉林文史出版社,2009年,第1014—1015頁。編者注此札録自潘承原編輯《明清藏書家尺牘》。

率不工,無足觀者。往杭前尚一至硤川否? 來乞示之。①（第三札）

張宗友《朱彝尊年譜》係第三札于康熙四十年(1701),且以此札爲基礎,證以查慎行《敬業堂詩集》卷二十八《翻經集》中《病後過竹垞先生》《喜竹垞先生至》《同竹垞德尹過馬寒中山居》等作于康熙辛巳(1701)的詩作,考出查慎行于七月二十六日過訪竹垞,八月上旬竹垞載書過訪查慎行,八日又同查慎行、查嗣瑮訪馬思贊②。

審第一、二札之辭氣與内容,與《朱彝尊年譜》所考朱彝尊此兩月事迹相符,當與第三札同作于此時。只是,三通書札的時間順序要稍作調整。其中第三札乃最先發出,第一札其次,第二札爲最後。其理由如下:

第三札言八月上旬將先往海寧衡漲橋訪查慎行,再至華山訪馬思贊③,因聽聞馬思贊將往杭州,所以擔心此次二人不能會面,故而詢問其"往杭前尚一至硤川否"④。同時告訴他《明詩綜》及詩話的寫作情況,并期待馬思贊襄助。此後數日,朱彝尊應當是收到了馬思贊的回信,馬氏在回信中告訴朱彝尊現在就在硤石,并且詢問了關于《明詩綜》的寫作情況。故而朱彝尊又覆信給馬思贊(即第一札),云"今駕既在硤山,幸少俟我,當于(八月)廿三日乘一葉索晤",請馬思贊不要着急往杭州,在硤山少作停留,而自己即將買舟前往。同時,又對《明詩綜》編纂的前因後果作了簡要交待,并言會面時再詳談。第二札則爲當朱、馬二人會面後,竹垞所寫的致謝札,其中"重損醇醪海錯"顯然是在感謝馬氏的款待,與查慎行詩中"款我非俗情""筴易得酒食"⑤云云相應。惟《朱彝尊年譜》僅據第三札

①　《曝書亭集外詩文補輯》所録第三札末有"彝尊頓首衡漲主人,七月廿七日午"落款。

②　張宗友:《朱彝尊年譜》,南京:鳳凰出版社,2014 年,第 468—469 頁。

③　〔清〕查慎行著,周劭標點:《敬業堂詩集》卷一四《江漲八韵》詩下自注:"余所居名橫漲橋",上海:上海古籍出版社,2015 年,第 384 頁。〔清〕吴騫《拜經樓詩話》卷一云:"馬寒中上舍居插花山中。"《續修四庫全書》(第 1704 册),上海:上海古籍出版社 2002 年影印《愚谷叢書》本,第 101 頁下欄 a。札中所言"華山"指"插花山",朱彝尊《明詩綜》卷一五言胡奎詩稿"爲華山馬思贊所藏"可證,《景印文淵閣四庫全書》(第 1459 册),臺北:台灣商務印書館 1982 年影印文淵閣本,第 469 頁上欄 a。

④　此"硤川"即海寧縣硤石鎮古稱,今存嘉慶間王德浩等所纂《硤川續志》。馬思贊自插花山往杭州,或當路過硤石鎮,故朱彝尊有此詢問。

⑤　〔清〕查慎行著,周劭標點:《敬業堂詩集》卷二八《翻經集》《同竹垞德尹過馬寒中山居》,第 746 頁。

“來月上弦”推測朱彝尊過訪查慎行及馬思贊的時間,不知朱彝尊後來將至海寧的時間推後至八月底(月杪)——原因應當是天氣炎熱①,故而所推測的時間稍早半月。

此外,關于第一札的繫年另有一問題需要辨析。第一札言及《明詩綜》正在增删之中,尚未發刻。考楊謙《朱竹垞先生年譜》、張宗友《朱彝尊年譜》,俱云《明詩綜》開雕于康熙四十一年(1702),刊刻完成于康熙四十三年(1704)②。是此札必作于康熙四十一年之前,與前所論相符。然而,此札又言及“兼受人之托,草創《齹志》”,此《齹志》一般認爲即《兩淮鹽策書》,今尚存朱彝尊《兩淮鹽策書引證書目》,見于《晨風閣叢書》所收《潜采堂書目四種》。陳廷敬所撰《竹垞朱公墓志銘》亦著録此書,并云“《齹志》者,通政使曹公寅與君合撰者也”③。據楊謙《朱竹垞先生年譜》,《兩淮鹽策書》之始輯,乃出于康熙四十四年(1705)秋至揚州訪曹寅時曹氏之囑托④,而曹寅于康熙四十三年起奉旨與李煦輪管兩淮鹽政,故有此事。至康熙四十七年(1708),《兩淮鹽策書》二十卷完成。康熙四十八年(1709),竹垞至揚州,交《鹽策書》于曹寅,曹寅“許爲刊行”,然康熙五十一年(1712)曹寅即卒,此書并未實際刊刻。⑤ 若據此而言,第一札之繫年至早也當在康熙四十四年,與前所考矛盾。那麼,究竟何者爲是呢? 按仍當以前者爲是。

原因在于,此札所言“《齹志》”并非《兩淮鹽策書》,也不是受曹寅囑托而作。《竹垞老人尺牘》有復曹寅札云:“弟因去夏偶許述修前輩,爲輯《鹽策志》,紊若棼絲,至春夏間,始有就緒,而述公遠移桂林。頃聞其行,特至武林,以稿交與之。七月杪,始還。”⑥“述修前輩”爲李濤,山東德州人,康

---

① 因第一札有“日内稍凉”云云。
② 〔清〕楊謙:《朱竹垞先生年譜》,《北京圖書館藏珍本年譜叢刊》(第79册),北京:北京圖書館出版社1999年影印本,第547、554頁。張宗友:《朱彝尊年譜》,第479、504頁。
③ 〔清〕朱彝尊:《曝書亭集》附録陳廷敬《皇清敕授徵士郎日講官起居注翰林院檢討竹垞朱公墓志銘》,《清代詩文集彙編》(第116册),上海:上海古籍出版社2010年影印《四部叢刊》本,第600頁上欄a。
④ 〔清〕楊謙:《朱竹垞先生年譜》,第555頁。張宗友《朱彝尊年譜》以爲始輯《兩淮鹽策書》在康熙四十五年夏,第525頁。
⑤ 王利器:《曹寅與朱彝尊》,《中華文史論叢》1979年第1輯,第387—392頁。
⑥ 〔清〕朱彝尊著,王利民、胡愚輯校:《曝書亭集外詩文補輯》卷九,第1002頁。

熙三十六年(1697)任浙江鹽運使,尋代理按察使司事,至康熙四十一年(1702)升任廣西布政使①,以終養故告歸,尋丁母憂,服闋,康熙四十六年(1707)仍補原官。可知此《鹽策志》本爲因李濤所托而作,李濤將赴廣西之任,朱彝尊至武林交付此稿。很顯然,此《鹽策志》并非康熙四十八年(1709)朱彝尊交付曹寅之《兩淮鹽策書》,而應當是"《浙江鹽策書》",因爲任官浙江鹽運使的李濤顯然不會托朱彝尊編纂淮揚鹽場的事迹。那麼,問題是,李濤兩任廣西布政使,此札所言"遠移桂林"究竟指的是哪一次呢?張宗友《朱彝尊年譜》繫此札于康熙四十六年,以爲"述公遠移桂林"乃李濤第二次補任時的事情,則李濤托朱彝尊作《鹽策志》當在康熙四十五年(1706)夏,不確②。試想康熙四十五年李濤正里居服喪,且早已不任鹽政之官,不太可能會于此時委托朱彝尊編纂《鹽策書》。且"遠移"當爲移官之意,康熙四十六年李濤爲補任原官,不得稱"遠移",故系此札于康熙四十一年李濤將初任廣西布政使時爲宜。則李濤委托朱彝尊作《鹽策書》當在康熙四十年(1701)夏,與作于康熙四十年之秋的第一札"兼受人之托,草創《齹志》,思詣鹽場,一觀團舍牢盆遺制"云云正相吻合。

三、新見札對認識《明詩綜》的價值

正如吳昂駒跋文所言,其録存此三札,乃因此三札"有關于《明詩綜》",而其中尤以第一札所提供的信息最爲重要,對《明詩綜》編纂過程相關問題有補證之用,今考論如下。

首先,關于《明詩綜》的編纂過程。《明詩綜》何時開始編纂,向未有明確記載。容庚據朱彝尊《寄禮部韓尚書書》中有"喪子無以遣日……近又輯《明詩綜》百卷,亦就其半"云云,推測其編纂當在康熙三十八年(1699)之後,而《明詩綜》至康熙四十三年(1704)即已刊刻完畢,則此前必然已在

---

① 《(雍正)浙江通志》載其鹽運使任止于康熙三十八年,《(雍正)廣西通志》載其任布政使在康熙四十一年,據陸奎勛傳其間當是以代按察使之職留任浙江。據陸傳,其康熙辛巳擢廣西布政使,則傳所記爲接任命之時間,而《廣西通志》所載爲到任時間。〔清〕陸奎勛:《少司寇李公濤傳》,〔清〕錢儀吉編《碑傳集》卷二一,《清代傳記叢刊》(第107冊),臺北:明文書局1985年影印本,第502頁。
② 張宗友:《朱彝尊年譜》,第525、536頁。

搜集資料①。其所以推測爲康熙三十八年(1699)之後者,因竹垞之子昆田卒于是年。但"三十八年之後"究竟是何年?"此前搜集資料"具體是何種情況? 都有待考索。

第一札恰給我們提供了比較具體的信息,《明詩綜》的編纂當分爲前後兩期。札中云"愚四十年前選有明詩全部",如上所考,第一札作于康熙四十年(1701),則《明詩綜》之初次編纂當起于康熙元年(1662)前後。"十五稔始就此書",則康熙十五年(1676)前後初次編纂完成,一直存于"篋笥"。"入秋曝書,忽檢出",且其"老友繆天自(泳)"爲其保存了所作評語——即《静志居詩話》雛形,故竹垞"發興重爲增删",《明詩綜》才開始進入第二次的編纂。② 前期并非僅僅是在"搜集資料",而是已有成書,且其時間也起迄也十分清晰。第二次編纂的緣起,也有較爲清晰的説明。只是"入秋曝書,忽檢出"究竟指哪一年呢? 這關係第二次編纂的起始時間,尚需進一步考證,這又需要結合朱彝尊《寄禮部韓尚書書》的繫年來看。

《明詩綜》于康熙四十一年(1702)六月纂成開雕,《寄禮部韓尚書書》云僅"就其半",則書札必作于此前。又云"行宫側獲侍履絢",則當在康熙三十八年(1699)第三次聖駕南巡之後。又言"今歲"朱錫鬯以《易韋》見示,據《四庫全書總目》此書成于康熙三十九年(1700),則此札作于此年或次年。又朱彝尊《禮部尚書兼掌翰林院學士長洲韓公墓碑》載韓菼于康熙

---

①　容庚:《論〈列朝詩集〉與〈明詩綜〉》,《嶺南學報》1950 年第 1 期,第 135—167頁。李程《〈明詩綜〉成書與版本考》觀點與之相近,見《古典文獻研究》第 17 輯(下),南京:鳳凰出版社,2014 年,第 192—193 頁。

②　王利民、胡愚輯校《曝書亭集外詩文補輯》卷一〇有題爲《與萬斯同》一札云:"客冬《詩綜》印樣……回憶拙選初稿,非長兄韜藏,則投□□已久,安能補綴克成此書。"(第 1009 頁)張宗友《朱彝尊年譜》系此札于康熙四十二年(1703),非是(第 497頁)。萬斯同卒于康熙四十一年,且此札有"哀里中舊雨,只有長兄,一息尚存"云云,萬斯同爲浙東鄞縣人,浙西秀水朱彝尊不可能稱其爲"同里"。按《補輯》定此札爲"與萬斯同",蓋據札末有"斯兄先生,弟尊頓首"的稱謂,是以"斯兄"爲萬斯同。考朱彝尊同里且年紀相仿的友人中有李繩遠,字斯年,卒于康熙四十七年(1708),"斯兄"當即此人。札中又有"鹺使公詩話一條,業經改鑒"云,"鹺使公"當即《明詩綜》卷六五所載之李東純,字玄白,嘉興人,累官至兩淮鹽運使(《景印文淵閣四庫全書》第 1460 册,第520 頁下欄 b)。李東純爲李繩遠之伯曾祖,故朱彝尊有此稱呼。此札中所言的"初稿"應當即是《明詩綜》的初稿本,爲李繩遠保存,與繆泳爲其保存了詩話情形相似,與第一札"弃捐篋笥"説法并不構成矛盾。

三十九年(1700)冬方由吏部侍郎擢爲禮部尚書①，信中有"當以秋冬爲期"，可知此札不可能是康熙三十九年本年之事。綜上可知，此札以系于康熙四十年(1701)春夏較爲合理。②

　　既然康熙四十年春夏間《明詩綜》已就其半，則第一札所云"入秋曝書，忽檢出"云云自然不可能是本年之事，必在之前數年。考張宗友《朱彝尊年譜》，康熙三十八年(1699)秋恰有曝書之事，則《明詩綜》初稿再次進入竹垞之眼界亦當在此時，是爲《明詩綜》第二次編纂之緣起③。

　　其次，關于"詩史"意識與朱彝尊入明史館的經歷。《明詩綜》的編纂有很明顯的"以詩存史"的意圖，比如上引第三札即云："愚近選明詩，撰詩話，頗暢所欲言，正史、稗史皆可補缺闕。"《明詩綜序》也説："庶幾成一代之書，竊取國史之義。"④但是，由于嘉慶間所刊《靜志居詩話》的兩篇序言都將"以詩存史"的意圖與朱彝尊入史館的經歷相聯繫，使得這種觀念頗有影響力，其中曾燠序云："竹垞先生以博學鴻詞應舉入翰林，充明史纂修官，嘗以書上史館總裁，議其體例，惜未竟事而以他故罷職。于是輯《明詩綜》，附以詩話……足以備一朝之掌故，而補史乘所不及。"⑤趙慎畛序亦云："先生以沉博絶麗之才由薦舉入史館，未幾罷去，晚年乃輯《明詩綜》一百卷，一切以史法行之。"⑥現在由第一札得知了《明詩綜》的初次編纂在朱彝尊應博學宏詞科之前，這種將《明詩綜》"以詩存史"的意圖與朱彝尊入史館的經歷相聯繫的説法自然就不攻自破了。

　　再次，關于《明詩綜》所反映的朱彝尊詩學觀念。在文學史上，一般認爲朱彝尊的詩學觀念以"醇真""醇雅"爲核心，表現在詩歌體式上，則傾向古體詩而鄙薄格律詩。如《王先生言遠詩序》批判正德、嘉靖以後的詩人"斤斤權格律聲調之高下，使出于一"，以致喪失了詩歌的"言志"功能，同

①　〔清〕朱彝尊著，王利民點校：《曝書亭集》卷七一，長春：吉林文史出版社，2009年，第685頁。
②　張宗友《朱彝尊年譜》系《寄禮部韓尚書書》于康熙四十二年(1703)，不確，第496頁。
③　李程《〈明詩綜〉成書與版本考》云："康熙三十八年，《經義考》編定刊行後，朱彝尊隨即開始着手選輯《明詩綜》。"以常理推斷，應當如此，然未言其所據。
④　〔清〕朱彝尊著，王利民點校：《曝書亭集》卷三六，第423頁。
⑤　〔清〕朱彝尊著，姚祖恩編，黄君坦校：《靜志居詩話》曾燠序，北京：人民文學出版社，1990年，第2頁。
⑥　〔清〕朱彝尊著，姚祖恩編，黄君坦校：《靜志居詩話》趙慎畛序，第1頁。

時贊揚王言遠(庭)"不爲格律聲調所縛"①。其《成周卜詩集序》云:"予近録明三百年詩,閱集不下四千部,集中凡古風多者,其詩必工。開卷即七言律者,其詩必下。"②《李上舍瓦缶集序》則贊揚其詩"古詩多于近體,五言遒于七言,是誠能道古者。"③但就以上三序而言,《王先生言遠詩序》作于康熙三十二年(1693)之後④,《成周卜詩集序》作于康熙四十三年(1704)⑤,《李上舍瓦缶集序》作于康熙四十六年(1707)⑥,這實際上已是朱彝尊晚年的態度。不僅如此,今存集中體現竹垞詩學觀念的文獻,是《曝書亭集》中卷三十六之三十九的七十篇詩集序文,"基本上作于其舉'鴻博'、享大名之後的三十年間"⑦,所反映的是中年以後的詩學觀念。

　　而第一札則透露,竹垞早年的詩學觀念并非如此。《明詩綜》的初次編纂在康熙元年(1662)至康熙十五年(1676)間,已如前述。編成後,却"因所收太主格律,遂弃捐篋笥中弃捐篋笥中",這一方面表明編纂期間的竹垞對格律詩并未像後期那樣鄙薄,另一方面則顯示竹垞詩學觀念的轉變就在康熙十五年左右,這與今存《曝書亭集》中只存其舉"鴻博"〔康熙十八年(1679)〕之後的詩集序文也相應。

四、結　論

　　綜上可知,吳昂駒編纂的《初白庵藏珍記》中附録的四通朱彝尊致馬思贊的書信源自涉園張氏所藏,來源可靠,其中有二札屬新見。此二札俱作于康熙四十年(1701)。通過新見之札,并結合其他文獻,可以瞭解到朱

---

①　〔清〕朱彝尊著,王利民點校:《曝書亭集》卷三八,第 437 頁。

②　〔清〕朱彝尊著,王利民點校:《曝書亭集》卷三九,第 446 頁。

③　〔清〕朱彝尊著,王利民點校:《曝書亭集》卷三九,第 449 頁。

④　序文云:"先生没後,季子某合其平生諸集彙刻以傳,于是同里朱彝尊爲之序。"考江慶柏《清代人物生卒年表》(北京:人民文學出版社,2005 年,第 25 頁),王庭卒于康熙三十二年,可知序文作于此後。

⑤　成文昭《讔觴詩集》卷首朱彝尊序亦無作年,其中作于康熙乙酉的顧圖河序云"竹垞先生特以不好七律之",是竹垞序當作于此前。《四庫未收書輯刊》(第 8 輯第 26 册),北京:北京出版社 1997 年影印清康熙刻本,第 401 頁。考張宗友《朱彝尊年譜》(第 506 頁)康熙四十三年,竹垞有爲成文昭題畫事,序亦當作于此時。

⑥　〔清〕李宗渭《瓦缶集》卷首朱彝尊序屬作年爲"康熙丁亥",見《四庫全書存目叢書》(集部第 267 册),濟南:齊魯書社 1997 年影印清乾隆刻本,第 42 頁上欄 b。

⑦　嚴迪昌:《清詩史》,北京:人民文學出版社,2011 年,第 460 頁。

彝尊在編纂《兩淮鹽策書》之前還編纂過一部《浙江鹽策書》。同時提供了《明詩綜》約初次編纂於康熙元年(1662)至康熙十五年(1676)的記載,對我們瞭解《明詩綜》的編纂過程及其朱彝尊早年的偏重"格律"的詩學觀念具有較爲重要的價值。通過以上論述,亦可窺見尺牘書札類文獻在研究中的特殊作用。

(作者:南京師範大學文學院講師)

《十三經注疏校勘記》編纂人員考*

井　超

摘要：阮元組織校勘《十三經注疏》，先授經分校，復定其是非。李鋭分校《周易注疏》《春秋穀梁傳注疏》《孟子注疏》，徐養原分校《尚書注疏》《儀禮注疏》，顧廣圻分校《毛詩注疏》，臧庸分校《周禮注疏》《春秋公羊傳注疏》《爾雅注疏》，洪震煊分校《禮記注疏》，嚴杰分校《春秋左傳注疏》《孝經注疏》，孫同元分校《論語注疏》。阮元、段玉裁擔任總校，定校記是非，嚴杰也在一定程度上參與總校工作。文章通過梳理段玉裁等八人與阮元在校經前後的交游情況，分析他們的知識背景和校經經驗，抉發其參與校經活動始末，以深入了解《十三經注疏校勘記》的編纂過程。

關鍵詞：十三經注疏校勘記　阮元　段玉裁　顧廣圻　臧庸

一、阮元的總校工作

阮元作爲《十三經注疏》校勘工作的發起人，提供場地、圖書、資金，召集校勘人員、發凡起例，做了大量工作。阮元在《十三經注疏校勘記》成書過程中的主導地位，本無須多言。但是就校勘記文本而言，前人多言阮元僅是掛名，并未參與具體校經工作。此論有失偏頗，故略述如下。

首先，阮元承擔校勘記總校工作，有段玉裁序言、校勘記凡例、阮亨側記之言爲證。段玉裁《十三經注疏并釋文校勘記序》曰：

> 廣搜江東故家所儲各善本，集諸名士，授簡詁經精舍，令詳其異同，抄撮會萃之，而以官事之暇，篝燈斆燭，定其是非。復以家居讀禮，數年卒業，於鄭氏《三禮》，條分縷析，犁然悉當，成此巨編。①

---

* 本文是國家社科基金青年項目“阮元刊刻《十三經注疏》研究”（20CZW010）的階段性成果。

① 《十三經注疏校勘記》卷首，《續修四庫全書》（第 180 册），上海：上海古籍出版社 2002 年影印南京圖書館藏本，第 286 頁上欄。

據段氏之説,阮元校經,廣搜善本,集諸名士,令詳其異同,抄撮會萃,而以官事之暇,定其是非。在守喪期間,對鄭氏《三禮》,用意尤多。

阮元於《宋本十三經注疏并經典釋文校勘記凡例》專立一條凡例曰:"諸經皆舊有校本,復就江浙經生,授經分校,復加親勘,定其是非,以成是《記》。"①而且各經校勘記序中,也都有"臣復定其是非"的表述。

阮亨《瀛舟筆談》中説:

> 至于《十三經注疏校勘記》《經籍籑詁》《十三經經郛》《疇人傳》《金石志》等書,篇帙浩繁,皆自起凡例,擇友人弟子分任之,而親加朱墨,改訂甚多。②

阮亨指出《十三經注疏校勘記》等書,都是阮元發凡起例,使友人、弟子分任其事,而後阮元親加朱墨,進行改訂。

第二,校勘記稿本批語,印證阮元承擔總校工作。中國國家圖書館藏《周易注疏校勘記》稿本中,間有阮元的批注、按語,數量不多。阮元所加按語,與段玉裁所加一樣,亦以"〇"與分校者校語相隔。③ 這足以證明阮元"定其是非",并非虛言。

第三,阮元於校勘記的修訂,用力很多。段玉裁"復以家居讀禮,數年卒業。於鄭氏《三禮》,條分縷析,犁然悉當"之説一直爲人忽視,這句話揭示出非常重要的學術信息。嘉慶十年(1805)閏六月,阮元回揚州守父喪,相比在浙江巡撫任上,阮元此時有更多時間對《十三經注疏校勘記》進行定是非的工作。雖然到嘉慶十一年(1806)十月,《十三經注疏校勘記》陸續刊刻完成。但是阮元依然可以對所刻的板片進行修訂。阮元直到嘉慶十二年(1807)十月守喪期滿,纔至北京任事。如果説嘉慶十一年十月刊刻完成後,阮元不作修訂,那段玉裁嘉慶十三年(1808)八月《序》中所稱"家居讀禮,數年卒業"就不符合實際。事實上,文選樓本至少經過了五次修訂。嘉慶十五年(1810),阮元還重寫了《儀禮注疏校勘記》中的"下言爲

---

① 《十三經注疏校勘記》卷首,《續修四庫全書》(第180冊),第288頁上欄。
② 〔清〕阮亨:《瀛舟筆談》卷七,嘉慶二十五年刻本,第1頁a面。
③ 劉玉才:《阮元〈十三經注疏校勘記〉成書蠡測》,《國學研究》第35卷,第8—9頁。

世父母叔父母姑姊妹者謂妾自服其私親也"條校勘記。阮元居喪期間,對《校勘記》進行審定,當是不爭的事實。

二、段玉裁的總校工作

　　阮元撰《十三經注疏校勘記》,延請段玉裁任總校,負責審定分校者所撰校勘記,考辨不明者補之,考辨有誤者則改之。段氏按語與分校者校語一般以"○"相隔①。但是段玉裁并未獲得署名的權利,其校語與阮元、嚴杰等人校語混在一起,難以分別。

　　阮元與段玉裁早有往來。乾隆五十六年,阮元分校《儀禮》石經,即作書向段玉裁請教。阮元對段玉裁之學非常推崇。嘉慶元年(1796),阮元爲段玉裁《周禮漢讀考》作序,稱曰:

　　　　聖朝右文,超軼前古,淳氣鬱積。段若膺先生生於其閒,摩擎經籍,甄綜百氏,聰可以辨牛鐸,舌可以別淄澠,巧可以分風擘流,其所爲書,有功於天下後世者,可得而言也……蓋先生於語言文字,剖析如是,則於經傳之大義,必能互勘而得其不易之理可知。其爲政,亦必能剖析利弊源流善爲之法又可知。而一行作吏,即引疾養親,食貧樂道二十年所矣,其諸所得於己者深歟!②

　　阮元高度評價段玉裁語言文字之學,以爲其學有功於後世。所以在校勘《十三經注疏》時,延段玉裁任總校,主要負責審定是非的工作③。

---

　　① 詳見唐光榮:《〈十三經注疏校勘記〉圈("○")後案語作者問題考論》,西南師範大學碩士學位論文,重慶,2001年;〔日〕水上雅晴:《〈十三經注疏校勘記〉的編纂以及段玉裁的參與》,《中國經學》第6輯,桂林:廣西師範大學出版社,2010年,第143—162頁。

　　② 〔清〕段玉裁撰,趙航、薛正興整理:《周禮漢讀考》,《經韵樓集》附《補編》《兩考》,南京:鳳凰出版社,2010年,第1—2頁。

　　③ 關於段玉裁總校的身份,總序及各經小序中并未交待,祇是强調了阮元"復定其是非"。對於該問題,學界亦有爭論。汪紹楹主張,主其事者爲段玉裁,并列段玉裁《與劉端臨書》《與王懷祖書》《跋黄蕘圃蜀石經毛詩殘本》《與孫淵如書》及黄丕烈《士禮居重雕嚴州本儀禮經注緣起》中提及定《十三經注疏校勘記》者爲據。詳見汪紹楹:《阮氏重刻宋本十三經注疏考》,《文史》第3輯,北京:中華書局,1963年,第27頁。日本學者關口順對此并不認同,他以爲"關於這個問題,汪紹楹提出段玉裁 (轉下頁)

段玉裁參與校勘《十三經注疏》的時間，可據其與王念孫書信中所言而推定。段氏《與王懷祖第一書》曰：

> 弟七十餘耳，乃昏眊如八九十者，不能讀書。唯恨前此三年，爲人作嫁衣而不自作，致此時拙著不能成矣，所謂一個錯也。①

此信作於嘉慶九年（1804），此時段玉裁已經年過七十。段氏所謂“爲人作嫁衣”，即任《十三經注疏校勘記》總校。段氏所遺憾的是，前此三年，助阮元審定《十三經注疏校勘記》，導致其《説文解字注》遲遲不能完成。那麽，段玉裁當在嘉慶六年（1801），已經參與到阮元《十三經注疏校勘記》的相關工作。

據劉盼遂《段玉裁先生年譜》：

> 嘉慶六年五月，先生到杭州。十二日，阮中丞元招先生同孫淵如星衍、程易疇瑶田雅集於詁經精舍之第一樓，淵如有詩紀之。（《濟上停雲集》）
>
> 盼遂按：先生平數數入杭，初見者爲嘉慶辛酉一行。②

（接上頁）主持《校勘記》編纂事業之説，舉出幾個旁證，不過他所舉的旁證缺少説服力，‘段氏主持説’難以成立”，“段玉裁與《校勘記》編纂有關不能否定，管見所及，汪紹楹所援引的諸文，段氏爲《左傳校勘記》撰寫的序文（《經韵樓集》卷四《春秋左傳校勘記目録序》），以及他爲《校勘記》全書寫了序文的事實，都可算是證據。就《毛詩校勘記》而言，汪氏甚至斷言‘經段氏重定，則無可疑，則此并合七卷，當由段氏’（第32頁），但是他對《十三經注疏校勘記》全書的參與程度現在不能確定”。〔日〕關口順撰，〔日〕水上雅晴譯注：《〈十三經注疏校勘記〉略説》，《經典與校勘論叢》，北京：北京大學出版社，2015年，第226、228頁。簡單來説，關口順認同段玉裁參與了校勘記審定工作，但是不認同汪氏所言“主事者爲段玉裁”。對於段玉裁審定校勘記工作，陳鴻森、唐光榮、李慧玲、水上雅晴、劉玉才等都曾撰文專門考證。水上雅晴稱“以往研究表明，阮校的編纂過程比較複雜，圈識後的校語并不都是由段玉裁一個人編寫的。除了阮元和段玉裁以外還有幾位學者參與校勘工作”。《顧廣圻與〈十三經注疏校勘記〉——以〈毛詩釋文校勘記〉爲考察中心》，《經典與校勘論叢》，第243頁。我們以爲，段玉裁在《十三經注疏校勘記》的撰作中，承擔的是總校工作，稱之爲主事者，確實欠妥。

① 〔清〕段玉裁撰，趙航、薛正興整理：《經韵樓文集補編》，《經韵樓集》附《補編》《兩考》，第51頁。

② 劉盼遂：《段玉裁先生年譜》，北平來熏閣書店印《段王學五種》本，第35頁a面。

以此可知,段玉裁在〔嘉慶六年(1801)〕五月至杭州,而且是初次至杭州。此時,段玉裁還在詁經精舍撰《釋能》一文以爲程作,示範詁經精舍學生,後此文被收入《詁經精舍文集》①。可見,段玉裁在詁經精舍非衹一日。段氏此次至杭州,我們懷疑他是受阮元召而來,主要爲《十三經注疏》校勘之事。然而,段玉裁并未在詁經精舍常駐。②

段玉裁在嘉慶七年給劉端臨的書信中說:

> 弟衰邁之至,《説文》尚缺十卷,去年春病甚,作書請王伯申踵完,伯申杳無回書;今年一年,《説文》僅成三頁,故雖阮公盛意而辭不敷文,初心欲看完《注疏考證》,自顧精力萬萬不能,近日亦薦顧千里、徐心田養原兩君而辭之。蓋春、夏、秋三季多不適,而春病尤甚,有不得不然者也。③

此信末,劉盼遂按曰"嘉慶七年十月初三日,端臨繼母鍾氏卒,此云'哀痛稍節',謂此也"④,可知此信作於嘉慶七年(1802)十月以後,當在年

---

① 王華寶:《段玉裁年譜長編》,南京:江蘇人民出版社,2016 年,第 293—294 頁。

② 段玉裁《經韵樓集》收錄《與阮梁伯書》一篇,指出詁經精舍中所設許叔重栗主銜名"漢涇長太尉南閣祭酒許公"之誤,故知其不在詁經精舍常駐。書信詳見〔清〕段玉裁撰,趙航、薛正興整理:《經韵樓集》,《經韵樓集》附《補編》《兩考》,第 105—106 頁。

③ 〔清〕段玉裁撰,趙航、薛正興整理:《經韵樓文集補編》,《經韵樓集》附《補編》《兩考》,第 49 頁。

④ 〔清〕段玉裁撰,趙航、薛正興整理:《經韵樓文集補編》,《經韵樓集》附《補編》《兩考》,第 50 頁。陳鴻森《劉盼遂氏〈段玉裁年譜〉補正》對此信作於嘉慶七年說不認同,認爲應當作於嘉慶六年,其主要依據是,顧廣圻校經在嘉慶六年,"既爲段氏所薦,而六年冬顧氏已在詁經精舍,則此書斷無反撰於七年之理"(《大陸雜誌》第 70 卷第 5 期,1985 年,第 206 頁)。實際上,陳氏未明段玉裁所說的推薦顧廣圻爲何意。顧廣圻嘉慶六年正月就已經往杭州應阮元校經之聘。即使是段玉裁推薦,也在嘉慶六年正月或之前。而段玉裁此處所說的推薦,是推薦顧、徐二人代替自己,擔任總校,負責審定工作。嘉慶六年,分校工作正在進行之中,顧廣圻、徐養原皆有分校的任務。段玉裁在嘉慶六年推薦二人任總校,於理不合。而嘉慶七年,顧廣圻的分校工作基本完成,此時推薦他任總校工作,方合情理。另外,此信中提到"去年春病甚,作書請王伯申踵完,伯申杳無回書;今年一年,《説文》僅成三頁"。段玉裁給劉端臨的另外一封信中,提到"接奉老伯大人行述……《説文注》恐難成,意欲請王伯申終其事,未識能允許否"。(〔清〕段玉裁撰,趙航、薛正興整理:《經韵樓文集補編》,《經韵樓集》附《補編》《兩考》,第 48 頁。)所謂老伯大人行述,指劉端臨之父的行述,其父卒於嘉慶六年二月,段玉裁撰這封信亦應該在本年。段玉裁在信中還說想讓王引之替他完成《説文注》,不知道他同不同意。這與嘉慶七年所作信中所稱的"去年春病甚,作書請王伯申踵完,伯申杳無回書"正好對應。所以陳氏推論有誤,當從劉氏所說。

末。此時，段玉裁《説文》尚有十卷未完成，前請王引之續寫，亦未見允。而段氏又多病，一年僅著成三頁。在這樣的情況下，段氏自覺精力不濟，難以完成整個《十三經注疏校勘記》的審定工作，所以他推薦顧廣圻、徐養原代替自己負責總校工作，向阮元辭去這項差事。值得注意的是，在顧廣圻、徐養原之外，段氏還推薦宋翔鳳擔任總校。然而，因學術旨趣不合，阮元予以回絶。宋翔鳳《樸學齋文録》卷一有《答段若膺大令書》一通，其文曰：

　　昨奉手教，具審萬福。中丞於某未嘗見知，辱荷見推，俾助萬一，齒牙非素，姓氏不達，將分筆札之費，以償賃春之直，宜其意之中更也。然中丞之所爲，非翔鳳所願望。蓋旨莫正於六經，説莫詳於前疏，冲遠所述猶存漢、晋之遺學，叔明之疏徒爲唐人之剿説。至經分十三，亦非古制，如準經之體則“二戴”同爲禮類，按子之例則《孟子》別入儒家，邵武僞書奚容校勘。揆之鄙臆，《易經》《三禮》以及《三傳》宜兼賈、孔、徐、楊之疏，《論語》《孟子》《孝經》《爾雅》祇列漢、魏、晋、唐之注，則業不徒勞，學皆準古。今既不然，其弊一也。《孝經疏》尚存元行冲之舊，亦可存也。且君子之傳，詞繁者深其恉，誼顯者略其説。存其本根，則删其枝葉，而後功倍於前人，事益於來學。觀諸《正義》，複詞重言；秦延説《書》，見譏前哲。章句爲小，字畫益微，如“天”脱爲“大”，“人”別作“八”，其誤大顯，奚俟引申，而編纂諸生，概加標識。僅采芻蕘，舉其總要，剗剛既省，卷袠易臧。既不能行，其弊二也。夫古文多假藉之字，故文省於小篆；經典盛通行之體，則例別于汝南。所以偏旁隨形，點畫任便，要能不謬於文理，亦可無俟乎正定。乃於“飢”“饑”之殊義，“亨”“言”之別説，一卷之中，多詳此辨。既不明乎假藉，復何益乎通經，其弊三也。舍此三弊，乃有二要。蓋六經雖炳，故訓則隱。苟宗馬、鄭，易逐逐於章句；不窺漢、唐，徒冥冥於玄理。學失統紀，遂成支離。有志之士，宜理兩漢之遺業，追群師之緒論，則唐賢《正義》，實爲階梯。前書雖佚，徵引略具。順文之繁，宜從乎刊落；同異既見，乃得而參合。標厥門類，去其複重，彙爲一編，題曰“要義”。就掇拾而已足，皆實事而求是，其要一也。卮言日出，大道多岐，師儒代興，心思益變。自近世之學者，始漸異乎鑿空。故一朝之論,宜合聖言,積久之疑,多成後定。然按彼衆家,亦滋門户,綜其述作,幾衍篋笥。集前人之菁英,亦後死之深責。董生有言"尊其所聞,則高明矣",考其駁難之文,如聽一堂之議,可以據今而驗古,睹指而知歸,其要二也。翔鳳學慚乎觀海,志切於負山,事耕養以有年,思汗青而無日,旁徨古今,徒慨然自廢而已。閣下學追前賢,識開來者,中丞之推服,自非一日,亦當道以有用之學,無爲恐泥之談。蓋風尚所趣,由乎在位,故公孫入相而儒雅遂興,子孟不學而俗流易進。今之當路,通經致用,固不乏人,至於中丞,良未易覯,如失精氣於占畢,誤諸生以句讀,斷斷之言,雖聞於耳,其於大義,亦已遠矣。翔鳳在弟子之列而事先王之業,居賤者之位而論君子之失,誠自儕於闕黨,望見采於匠門。區區之私,言多未盡。①

宋翔鳳看過分校者所撰校勘記後,指出阮元所爲,并非其所中意的。在信中,宋氏指斥阮元校勘記之三大弊端:一是經分爲十三種,非古制,不合理;二是將有明顯訛誤的字,一一開列,徒增篇幅,意義不大;三是校勘記不明假借,於通經無益。此三弊外,宋氏又提出二要,提出明經的方法。宋氏對阮元的批評,體現了其治學思路與阮元不合。

雖然段玉裁舉薦了顧廣圻、徐養原代替自己,但是,顧廣圻在嘉慶七年(1802)末,離開《十三經》局,回到蘇州。第二年續校完《毛詩釋文》後,就沒有繼續參與該項工作。而且,從現存材料看,不能説明徐養原參與了總校工作。反倒是種種迹象表明,因無合適人選,段氏繼續從事總校工作。

方東樹曾在阮刻《十三經注疏校勘記》上臨盧文弨《十三經注疏》校語,其於阮《序》"定其是非"句批記曰:

　　阮《序》"臣復定其是非"。按:嚴云:"臣復定其是非,此語專爲段氏駁《詩經》而設,因以施於群序云爾。"按《校刊記》成,芸臺寄與段懋堂復校,段見顧所校《詩經》引用段説未著其名,怒之,於顧所訂肆行

　　① 〔清〕宋翔鳳:《樸學齋文録》,《續修四庫全書》(第1504冊),上海:上海古籍出版社2002年影印清嘉慶二十五年刻《浮谿精舍叢書》本,第329—330頁。

駁斥,隨即寄粵付凌姓司刻事者開雕,而阮與顧皆不知也,故今《詩經》獨不成體。此事當時無人知者,後世無論矣。乙酉八月,嚴厚民杰見告,蓋以後諸經,乃嚴親齎至蘇共段同校者也。①

此則材料爲我們揭示了非常重要而且豐富的信息。據此可知,段玉裁完成了《毛詩注疏校勘記》的審定工作,而且對顧廣圻頗不滿意,肆意駁斥顧説。《毛詩注疏校勘記》中確實有很多校勘記前後判斷矛盾。

段玉裁總校工作結束於何時,目前并没有太多證據。劉玉才稱"嘉慶八年(1803)六月,段玉裁之父卒於蘇州,很可能此後即較少參與《十三經注疏校勘記》審定事宜",②此説較爲可靠。因爲嘉慶九年(1804)二月,《周易注疏校勘記》稿本上的訂補已大多出於嚴杰之手。另外,段玉裁嘉慶九年與劉端臨所説的"唯恨前此三年,爲人作嫁衣而不自作,致此時拙著不能成矣,所謂一個錯也",似是總結之語,意味着段玉裁此時已不再"爲人作嫁衣"了。

三、嚴杰校經及對段氏的輔助

嚴杰(1764—1843),字厚民,號鷗盟,浙江餘杭(今杭州市)人,寓居錢塘。他邃學能文,熟於經疏,通曉經術,鑽研傳注,得漢唐經師家法,撰作詞章,樸古奧衍。久試不售,以監生終。嚴杰三十四歲應省試,考卷得浙江學政阮元嘆賞,蒙阮元親往尋訪,遂與之訂交。此後,嚴杰長期追隨阮元,讀書於詁經精舍、文選樓等,久在其幕中。阮元作爲封疆大吏,輾轉山東、浙江、河南、江西、湖廣、兩廣、雲貴等地,嚴杰也隨其奔走於浙江、江蘇、北京、廣東間,結識段玉裁、孫星衍、焦循、丁杰、顧廣圻、臧庸、李鋭、周中孚、凌廷堪、汪遠孫、錢師曾等一大批學者。在相互問難砥礪中,其學問亦得精進。在阮元幕中,嚴杰參與《經籍籑詁》的編纂及補纂;參與《十三經注疏》的校勘工作;參與《皇清經解》輯刻工作,任校勘之職,并編次《經

① 〔清〕蕭穆撰,項純文點校:《記方植之先生臨盧抱經手校〈十三經注疏〉》,《敬孚類稿》卷八,合肥:黃山書社,2014年,第211—212頁。
② 劉玉才:《前言》,劉玉才主編整理本《十三經注疏校勘記》(第1冊),北京:北京大學出版社,2015年,第5頁。

義叢鈔》。自著之書有《小爾雅疏證》《蜀石經殘本毛詩考證》等。晚年與東軒詩社諸人往來唱和,有少量詩文傳世。

嚴杰精於校勘,阮元有詩讚曰:"嚴子精校讎,館我日最長。校經校《文選》,十目始一行。"①嚴氏的校勘之才,在阮元幕中得到充分施展。

嘉慶二年(1797)正月二十二日,阮元始修《經籍籑詁》,首先是"分籍籑訓"工作,嚴氏分籑《家語》王肅《注》。②嘉慶三年《經籍籑詁》分籑工作完成,又進行"依韻歸字"工作。嚴氏編韻"入聲九屑"以上。臧庸《經籍籑詁後序》曰:"期年,分籑成,更選其尤者十人,每二人彙編一聲。"③又曰:"同籑諸君往復辨難,國子監生嚴杰、仁和附生趙坦,頗不以鏞堂爲悠謬,其所編書亦精審不苟,皆學行交篤士也。"④可知嚴杰分籑工作精審不苟,堪稱優異。

嘉慶五年(1800),嚴杰又參與《經籍籑詁》補遺工作,負責《周禮》鄭《注》、《周禮疏》、《禮記》鄭《注》、《禮記疏》的補籑。嚴氏負責補籑之書較少,又沒有參與分韻工作〔根據《經籍籑詁》撰作的情況看,分韻工作至少需要三個月,《經籍籑詁》在嘉慶六年(1801)四月成書〕。所以,嚴杰可能在嘉慶六年年初就開始參與校勘《十三經注疏》,主要負責《春秋左傳注疏》《孝經注疏》二經。

嘉慶八年(1803)冬至日,段玉裁撰《春秋左傳校勘記目錄序》。這説明,嚴杰應該在此之前,已經完成《春秋左傳注疏》的分校工作。段氏《序》曰:"錢塘嚴生杰,博聞强識,因授以慶元所刻淳化本,并陳氏《考證》,及《唐石經》以下各本,及《釋文》各本,令其精詳捃摭。觀其所聚,而於是非難定者,則予以暇日折其衷焉。"⑤嚴氏所撰《春秋左傳校勘記》,所校文字異同之是非難定者,段玉裁予以審定。

除了校勘工作,嚴杰所做的一項重要工作是《校勘記》的總校工作。上文所引方東樹批記有"蓋以後諸經,乃嚴親賚至蘇共段同校者也",説明

---

① 〔清〕阮元撰,鄧經元點校:《揅經室集》下册,北京:中華書局,1993年,第1109頁。

② 〔清〕阮元編:《經籍籑詁》卷首,《續修四庫全書》(第198册),上海:上海古籍出版社2002年影印阮氏琅嬛僊館本,第300頁下至301頁下。

③④ 〔清〕阮元編:《經籍籑詁》卷首,《續修四庫全書》(第198册),第295頁下。

⑤ 〔清〕段玉裁撰,趙航、薛正興整理:《經韵樓集》,《經韵樓集》附《補編》《兩考》,第63頁。

嚴杰輔助段玉裁審定《十三經注疏校勘記》。而嘉慶九年(1804)以後,嚴杰所做工作更多。根據中國國家圖書館藏阮元《周易注疏校勘記》的部分稿本和全部謄清本中的標記,嘉慶九年甲子仲春三日,嚴氏校補完成《周易注疏校勘記》。劉玉才對稿本進行深入研究。他根據對《周易注疏校勘記》稿本、謄清本的筆迹、署名、文字等方面的比對,清理出從稿本到刻本的基本脈絡:"一、分任者李鋭完成初稿并作自我修訂;二、嚴杰校補調整;三、阮元批校;四、謄清成稿;五、孫同元復核,并有少量增補;六、嚴杰校定(或如方東樹言,與段玉裁同校);七、刊刻成書(刊本校樣仍有少量增補)。"①另外,劉氏曰:"現存《周易注疏校勘記》七卷稿本,在李鋭原稿之外,以嚴杰校補的文字最多。如第一卷共有校勘記二百七十六條,其中新增和訂補的就有四十七條,而且基本出自嚴杰之手。嚴杰的校補主要體現在兩個方面:一是通過新增條目和訂補校記文字,補入李鼎祚《周易集解》異文以及清儒盧文弨、浦鏜等人的校勘成果。二是李鋭原稿止校文字異同,甚少論斷,嚴杰校補則對諸本異文間下按語、斷語。"②可見,嚴氏在李鋭校對文字異同後,又做了大量增補和訂是非的工作。我們查檢《十三經注疏校勘記》,除上已述及的《周易注疏校勘記》外,《尚書注疏校勘記》《毛詩注疏校勘記》《儀禮注疏校勘記》《禮記注疏校勘記》《春秋公羊傳注疏校勘記》《春秋穀梁傳注疏校勘記》《爾雅注疏校勘記》等皆有嚴杰的校語。可見嚴杰在阮元校勘《十三經注疏》工作中發揮了重要作用。③

四、臧庸、顧廣圻與李鋭的分校工作

(一) 臧庸

在進入《十三經》局前,臧庸具有豐富的校經經驗,積累了大量的資料。

首先,臧庸早年助其師盧文弨校書。盧文弨有志于校勘群經,并付諸行動,但精力有限,晚年興趣轉向《經典釋文》,撰《經典釋文考證》,并作

---

①② 劉玉才:《阮元〈十三經注疏校勘記〉成書蠡測》,《國學研究》第35卷,北京:北京大學出版社,2015年,第8頁。

③ 嚴杰是阮元幕府中一位重要人物,二人交游情況,詳見筆者所撰《阮元嚴杰交游考略》,《歷史文獻研究》第46輯,2021年,第62—70頁。

《儀禮注疏詳校》,無暇顧及他經,故囑臧庸助其完成《毛詩注疏校纂》《尚書注疏校纂》。臧庸乾隆五十四年(1789)十一月所撰《毛詩注疏校纂序》曰:

> 余師學士盧紹弓,以《七經孟子考文》及《十三經注疏正字》參定《毛詩》,命鏞堂校録之。爰不揣固陋從事,偶有所得,亦附其中,以俟裁擇。一字之審,或至數日。兩月以來,寢食屢廢,蓋深懼心力有未盡也。①

據此可知,盧文弨用《七經孟子考文》和《十三經注疏正字》參定《毛詩》,命臧庸校録,臧庸偶有所得,亦附在其中,耗時兩月,完成《毛詩注疏校纂》四卷。又依《毛詩注疏校纂》之例,耗時一個月,於乾隆五十五年(1790)正月二十六日完成《尚書注疏校纂》三卷。乾隆五十五年十二月至次年二月,臧庸録盧文弨《周易注疏輯正》九卷及《略例》一卷之切要可據者,成《周易注疏校纂》三卷。②

其次,曾助袁廷檮校《十三經》。乾隆五十八年(1793)十二月,臧庸所撰《別鈕匪石序》曰:

> 袁氏主人又愷,敦倫好古士也,以《十三經》校勘見委。余初於《易》《書》《詩》《爾雅》粗有所訂,餘經奪他事未暇,至是以校《三禮》《三傳》《經典釋文》《群經音辨》等。明府歸,或録其副。雖因人成事,猝爾未有定本,余懷亦稍慰矣。③

袁廷檮,字又愷,江蘇吳縣(今蘇州)人,富有藏書,其拜經閣藏書數萬卷,多宋元舊本及傳抄秘本。袁氏招臧庸爲其校《十三經》,臧庸校《三禮》《三傳》及《經典釋文》《群經音辨》等書,但未將校勘成果整理成書。

---

① 〔清〕臧庸:《拜經堂文集》卷二,丁喜霞:《臧庸及〈拜經堂文集〉整理研究·點校篇》,北京:中國社會科學出版社,2016年,第133頁。
② 詳見臧庸《尚書注疏校纂序》及《周易注疏校纂序》,〔清〕臧庸:《拜經堂文集》卷二,丁喜霞:《臧庸及〈拜經堂文集〉整理研究·點校篇》,第132—133頁。
③ 〔清〕臧庸:《拜經堂文集》卷四,丁喜霞:《臧庸及〈拜經堂文集〉整理研究·點校篇》,第219頁。

第三,對《爾雅》進行校勘,用力頗深。嘉慶四年(1799)十月,臧庸所撰《重雕宋本爾雅書後》曰:

> 戊午仲冬,鏞堂將有粤東之行,嚴君久能貽我雪窗書院《爾雅》三卷。審其雕刻,定爲南宋本。深感良友所惠,不忍一己私祕之,將願人人得讀宋本也,因勉力重雕焉。
>
> 鏞堂讀《雅》十餘年於今矣。初得明天啓丙寅郎奎金《五雅》本,據以校正注疏本之訛。己酉冬,得嘉靖十七年吳元恭單注本,較郎本爲善,始知郎本尚多竄改。癸丑夏四月,得明陳深《十三經解詁》本,與吳本合,間有愈於吳本者。最後得此册,又出郎、吳、陳三本之上。凡已據三本校正者,勿論。論其三本所失,而此得焉者。①

臧庸稱讀《爾雅》十餘年,陸續校郎奎金本、吳元恭本、陳深本於毛本上,② 這次又校刻雪窗書院本。③

嘉慶五年(1800)秋,臧庸借袁又愷藏宋板《爾雅疏》,仔細校勘,一一考證,九日卒業,又著其弟禮堂覆勘。撰《校宋槧板爾雅疏書後》一文,詳記異同。④ 至此,連同毛本,臧庸已經校過《爾雅》的六個版本。

臧庸在爲阮元校經前,在《經籍籑詁》及《補遺》的編纂上出力甚多。嘉慶二年(1797),阮元組織學者編纂《經籍籑詁》,請臧庸專司校勘,書成後,又命臧庸南下廣東刊刻。臧庸撰《經籍籑詁後序》詳記其事。⑤ 嘉慶五年三月,阮元訂補《經籍籑詁》,又延請臧庸主事。五月,臧庸以疾辭去這項工作,回到常州。嘉慶五年秋,臧庸再返杭州以後,當開始從事校經的相關工作。

---

① 〔清〕臧庸:《拜經堂文集》卷二,丁喜霞:《臧庸及〈拜經堂文集〉整理研究·點校篇》,第113頁。

② 臧庸《書吳元恭本爾雅後》曰:"鏞堂嘗以明人郎奎金本勘正毛本之失……同里莊葆琛先生家藏此本,得借讀相參校。"〔清〕臧庸:《拜經堂文集》卷二,丁喜霞:《臧庸及〈拜經堂文集〉整理研究·點校篇》,第122頁。以此,知臧庸校諸本於毛本上。

③ 按:臧庸誤將雪窗書院本《爾雅》定爲南宋本。此本實爲元刻本,《爾雅注疏校勘記·引據各本目録》中已改稱元刻本。

④ 〔清〕臧庸:《拜經堂文集》卷二,丁喜霞:《臧庸及〈拜經堂文集〉整理研究·點校篇》,第117—122頁。

⑤ 陳鴻森:《臧庸年譜》,《中國經學》第2輯,第273—279頁。

對於刊刻《十三經注疏》,臧庸有一定的想法,他在嘉慶四年(1799)所作《重雕宋本爾雅書後》中説:

> 凡諸經《義疏》與經注皆別行,南宋以來欲省兩讀,始合載之,名之曰《兼義》。然經注本與《義疏》往往不同,分之則兩全,合之則兩傷。近日讀經之士,多思重雕十三部注疏而未見有發軔者。蓋因資費浩繁,善本亦難一時具得。故鏞堂意以古人校刊書籍,必得善本,而勿參以己意,亦不取其兼備。試約同志於十三部中不拘經注、義疏,得一宋本即爲重雕,無則寧缺。庶得友朋分任,力既紓緩,而所刊之書,復無私智臆改之失。不數年間十三部之注若疏亦可漸備。奚必一人一時合而爲之,始稱雄快哉?①

臧庸提出重刊《十三經注疏》的辦法,即:約志同道合之人,不拘經注本、單疏本,凡是得一宋本,即雕刻之,數年後,《十三經》亦可大略齊備。臧庸雕刻宋本《爾雅疏》,故於其中申明己意。而且臧庸指出,讀經之士都想重新刊刻《十三經注疏》,但是不見有從事者,一是資金問題,一是善本不容易獲取。

臧庸與阮元過從甚密,嘉慶五年(1800)又在詁經精舍中。因此,我們認爲阮元校刻《十三經注疏》的想法或受臧庸啓發。在所有的校勘參與者中,臧庸是最先參與校經的,又是最先完成分校的。嘉慶七年(1802)九月,臧庸就完成了所分校的《周禮》《春秋公羊傳》《爾雅》,離開了《十三經》局。

(二) 顧廣圻

嘉慶六年(1801)正月,顧廣圻應阮元校經之聘至杭州,負責《毛詩注疏》的分校工作。李慶稱"千里赴杭州校《十三經》,殆得力於孫星衍、段玉裁等人之推薦"。② 顧廣圻於《經典釋文》校本卷五首跋語云:"壬戌八月,

① 〔清〕臧庸:《拜經堂文集》卷二,丁喜霞:《臧庸及〈拜經堂文集〉整理研究·點校篇》,第117頁。
② 李慶:《顧千里研究》(增補本),臺北:臺灣學生書局,2013年,第66頁。

西湖孤山寓中續校此《毛詩》三卷,用何夢華臨段本。"①《經典釋文》卷五是《毛詩音義》上卷,顧廣圻於其首稱"續校",説明《毛詩注疏》在嘉慶七年八月已校勘完成。此後,顧廣圻專校《毛詩釋文》。顧廣圻在《經典釋文》校本卷五末跋曰:"十一月在黎川湛華堂讀,中間瘧病大發,屢作屢輟,殊苦不貫穿也。澗薲記。"②卷六末跋語曰:"壬戌十一月九日,黎川湛華堂重讀此卷一過,以毛居正《六經正誤》證之,葉鈔從宋時潭本出,澗薲居士記。"③卷七末跋曰:"嘉慶壬戌十一月初九日,黎川湛華堂讀訖,澗薲記。"④以此知嘉慶七年(1802)十一月,顧廣圻已離開詁經精舍,在黎川。李慶曰:"時,千里殆因與經局中諸人不諧,且又病瘧,於冬返蘇州。"⑤

又,顧校《經典釋文》卷五末的跋語,還有嘉慶八年(1803)春正月以宋本《毛詩》校《毛詩釋文》的信息,今檢《毛詩釋文校勘記》,其中亦校有宋本。這説明嘉慶八年正月,顧廣圻《毛詩釋文校勘記》還未完成。從嘉慶七年八月算起,已校之半年。因此,顧廣圻分校之《毛詩》,當完成於嘉慶八年。

顧廣圻在杭州校經期間,對臧庸、何元錫頗有微詞。顧廣圻校本《經典釋文》卷一末跋曰:"武進臧庸堂在東氏用葉林宗景宋本校,元和顧廣圻臨。近知此人好變亂黑白,當不足憑據,擬借元本一覆之。壬戌正月記。"⑥臧庸校書,頗負盛名。顧廣圻與其接觸後,知臧氏好變亂黑白,故輕視之。顧氏校本《經典釋文》卷首又稱:"段茂堂據葉鈔更校,屬其役於庸妄人,舛駁脱漏,均所不免,二厄也;阮雲臺辦一書曰《考證》,以不識一字之某人臨段本爲據,踳駁錯誤,不計其數,三厄也。"⑦所謂"庸妄人",指的是臧庸;所謂"不識一字之某人",則指何元錫。⑧ 因輯《校勘記》,顧氏更與段玉裁論爭,此後事態擴大,二人數番交鋒,形成有名的段顧之爭。⑨嘉慶七年七月和九月,顧廣圻連作《有感》《重有感》,將擅改古書者所爲比之秦始皇焚書,蓋亦影射《十三經》局中人。

①②③⑥　〔清〕顧廣圻撰,王欣夫輯,李慶點校:《顧千里集》,北京:中華書局,2014 年,第 266 頁。

　⑤　李慶:《顧千里研究》(增補本),第 70 頁。

　⑦　〔清〕顧廣圻撰,王欣夫輯,李慶點校:《顧千里集》,第 267 頁。

　⑧　何夢華在阮元校經過程中,充當了資料搜集者的角色。

　⑨　詳見侯婕:《清段玉裁、顧廣圻相争始末》,《經學文獻研究集刊》第 18 輯,上海:上海書店出版社,2017 年,第 242—251 頁。

顧廣圻與《十三經》局中人多不睦,此其性格使然。在顧廣圻赴杭州校經前,其好友戈宙襄曾作《贈顧子游序》,文中曰:

> 顧子行端潔,性剛果,故出語恒忤觸人。醉後論事,尤中時要,而慢易人尤甚,即不慢人,習見者多徙席以辟。余之交顧子以此,而顧子之不合于世亦以此。今使顧子一游而遂降其操,易其貞,非吾顧子矣。不降且易,則恐真識顧子者少,而遂至不能容也。況游士之紛雜瑣碎,此推彼翼,互譽交進,舉世一趨,乃所異者,獨吾顧子爾。顧子于游士之中下者,固奴畜之,其上者,亦非眉目間人,遇之當必有揮斥,不則亦談笑置之,不與之同也,決矣。人見顧子之獨異而妒且恨也,又決矣。顧子誠明哲,其不能暢達所懷,而或幾幾乎有所沮止也,又決矣。①

戈宙襄分析了顧廣圻的性格,稱顧氏行端潔,性剛果,好忤觸人,不易容於人,爲其感到憂慮。就顧廣圻與《十三經》局中人之交往看,不幸爲戈氏言中。所以,雖然段玉裁推薦了顧廣圻代替自己任總校,但是顧廣圻還是離開了《十三經》局。

(三)李銳

李銳(1769—1817),字尚之,號四香,江蘇元和(今蘇州市)人。弱冠補縣學生,入紫陽書院,受業於錢大昕。潛研經史,精通天文曆算之術,與焦循、汪萊爲"談天三友"。阮元對李銳在天文曆算方面的成績評價很高,曾説"李尚之鋭,錢辛楣宮詹高弟,深於天文算術,江以南第一人也"。②所著《召誥日名考》一卷、《漢三統術》三卷、《漢四分術》三卷、《漢乾象術》二卷、《補修宋奉元術》一卷、《補修宋占天術》一卷、《日法朔餘强弱考》一卷、《方程新術草》一卷、《勾股算術細草》一卷、《弧矢算術細草》一卷、《開方説》三卷(下卷清黎應南補),道光三年(1823)阮元爲其刊成《李氏遺書》。又有《回回曆元考》《磬折説》《考工記戈戟解》《杭州府學新鑄鐘圖

---

① 〔清〕戈宙襄:《半樹齋文》,《清代詩文集匯編》(第478冊),上海:上海古籍出版社,2010年,第703—704頁。
② 〔清〕阮元撰,姚文昌點校:《定香亭筆談》,濟南:山東人民出版社,2018年,第158頁。按:《定香亭筆談》乃阮元督學浙江時隨筆所記,嘉慶五年(1800)刊刻問世。

説》《虞氏易例》等，未刊。阮元撰有《李尚之傳》，張星鑑撰有《李尚之先生傳》，《清史稿》、羅士琳《續疇人傳》等亦有傳。

在經史方面，阮元稱李鋭之學曰：“君天禀高明，潛心經史，以唐、宋人詩文爲雕蟲小技，不足觀也，然工《四書》之文。家居教學，從游者多登第，君則屢不得中。”①阮元對其經史方面，尤其是《四書》方面的學問給予肯定。阮亨《珠湖草堂筆記》曰：“李四香與予訂交於浙撫署中，爲人樸厚篤學，邃於經義，尤精於天文步算。”②阮亨亦贊許其經學研究。張星鑑《李尚之先生傳》曰“先生篤學樸厚，長於經義，素習《公羊春秋》《虞氏易》”③，進一步指出李鋭經學研究的範圍。可見，李鋭對《周易》《春秋公羊傳》及《四書》等皆有研究。李鋭爲阮元校勘《十三經注疏》，所校之書爲《周易注疏》《春秋穀梁傳注疏》《孟子注疏》，大致符合李鋭的研究範圍、興趣。

李鋭第一次入阮元幕的時間，當在嘉慶元年（1796）。此年冬天，阮元延請李鋭至西湖浙江學政官署，校《測圜海鏡》《禮記正義》等。嘉慶二年，李鋭又助阮元編輯《疇人傳》，出力甚多。嘉慶四年十月，《疇人傳》編竣，李鋭返回蘇州。④此年十一月，阮元又聘其入幕。嘉慶五年（1800）十一

---

① 〔清〕阮元撰，鄧經元點校：《揅經室集》上册，第 483 頁。

② 《李氏遺書紀略》引，《李氏遺書》，《續修四庫全書》（第 1045 册），上海：上海古籍出版社 2002 年影印道光三年儀征阮氏刊本，第 537 頁。

③ 〔清〕張星鑑：《李尚之先生傳》，《仰蕭樓文集》，《清代詩文集彙編》（第 676 册），上海：上海古籍出版社，2010 年，第 337 頁。

④ 李鋭爲阮元校《測圜海鏡》事，阮元《定香亭筆談》曰：“元和李尚之鋭……居西園，爲余校李冶《測圜海鏡》，推算立天元一細草。”〔清〕阮元撰，姚文昌點校：《定香亭筆談》，第 158 頁。所謂西園，即杭州學署之西園，是賓客居住之地。據馮錦榮《李鋭的生平及其〈觀妙居日記〉》考辨，李鋭校此書始嘉慶元年正月，嘉慶二年（1797）二月校算完畢。詳見《文史》第 47 輯，北京：中華書局，1998 年，第 209—211 頁。李鋭爲阮元校《禮記正義》及助編《疇人傳》事，阮元《李尚之傳》曰“元昔在浙，延君至西湖，校《禮記正義》，予所輯《疇人傳》亦與君共商榷，君之力爲多。”〔清〕阮元撰，鄧經元點校：《揅經室集》上册，第 483 頁。張星鑑《李尚之先生傳》亦曰：“嘉慶元年，儀徵阮公督學浙江，延至西湖校《禮記正義》，輯《疇人傳》亦與之商榷。”〔清〕張星鑑：《仰蕭樓文集》，《清代詩文集彙編》第 676 册，第 337 頁。阮元緣何請李鋭校《禮記正義》，所校爲何本，皆不可考。馮錦榮《李鋭的生平及其〈觀妙居日記〉》記曰：“這一年（嘉慶元年）的冬天，浙江學政阮元延聘李鋭至杭州西湖《經籍籑詁》編纂處負責《禮記正義》的校勘工作。”《文史》第 47 輯，第 211 頁。據馮氏之説，似乎李鋭是爲《經籍籑詁》校勘《禮記正義》。然據《經籍籑詁姓氏》，《禮記》鄭《注》的分籑，乃丁傳經負責。詳見〔清〕阮元編：《經籍籑詁》卷首，《續修四庫全書》（第 198 册），第 300—301 頁。李鋭并未參與《經籍籑詁》的具體工作。

月,李鋭在阮元杭州節署,焦循客游杭州,曾與其同住於節署誠本堂東偏堂。① 同月,李鋭回蘇州,與蔣業晉、段玉裁、鈕樹玉、袁廷檮、黄丕烈、顧藂、顧廣圻、何元錫、瞿中溶、夏文燾、陶梁、沈培、徐頲、唐鑑、李福、戴延祚等餞别孫星衍於虎丘一榭園,題名於册。② 值得關注的是,段玉裁、顧廣圻、何元錫與李鋭皆參與了阮元校勘《十三經注疏》的工作。

　　李鋭在《十三經》局的時間,無明確記載。有學者論及,但説法不一。馮錦榮稱:"嘉慶六年(辛酉,1801)正月,阮元在杭州西湖孤山《經籍籑詁》編籑處的址舍創立'詁經精舍',延李鋭至西湖參與編籑《十三經注疏校勘記》的工作……(嘉慶七年)九月,《十三經注疏》分校者先竣其役,李鋭由是返回蘇州。"③ 按照馮氏的説法,李鋭入《十三經》局在嘉慶六年正月,結束是在次年九月。嚴敦傑持論不一,他説:"嘉慶六年,鋭在蘇州……又是年(嘉慶七年)鋭當在杭州校《十三經》中之《周易》《穀梁》及《孟子》,又撰《周易虞氏略例》十八篇爲一卷,又撰《召誥日名考》。"④ 嚴《譜》稱李鋭嘉慶六年在蘇州,未提其校經之事。僅稱李鋭嘉慶七年(1802)校《周易注疏》《春秋穀梁傳注疏》《孟子注疏》三書,還撰寫了《虞氏易例》《召誥日名考》二書。

　　馮氏、嚴氏之説,皆值得商榷。根據相關材料,我們認爲:

　　其一,李鋭開始校經的時間,當在嘉慶六年年初。嘉慶元年(1796)至嘉慶五年(1800),李鋭多次往返蘇、杭之間,大部分時間都在阮元幕中。嘉慶五年十一月初,李鋭仍在阮元幕中。此時,校經之議已興,臧庸甚至

---

① 焦循《雕菰集》卷二十《誠本堂記》:"嘉慶五年,歲庚申,夏四月,浙江撫軍阮公以書招余。冬十月,爲武林之游,寓居節署誠本堂之東偏……吴門李鋭,與余同屋居,共論經史,窮天人消息之理,固有勝於渭之所學。後之居者,亦知居此堂者之有焦、李兩生耶? 今年李歸,余獨處此,風雨之夕,遠念良友,因以爲記。"〔清〕焦循撰,劉建臻點校:《焦循全集》第 13 册,揚州:廣陵書社,2016 年,第 6021—6022 頁。焦循《雕菰集》卷十五《修補六家術序》曰:"嘉慶庚申冬十一月,循與尚之同客武林節署。"〔清〕焦循撰,劉建臻點校:《焦循全集》第 12 册,第 5932 頁。由此可知,李鋭嘉慶五年十一月,尚在阮元幕府中,與焦循縱論經史。

② 詳見〔清〕張紹南:《孫淵如先生年譜》卷下,〔清〕繆荃孫主編:《藕香零拾》,清光緒宣統間刊本,第 4 頁 b 面。

③ 馮錦榮:《李鋭的生平及其〈觀妙居日記〉》,《文史》第 47 輯,第 212 頁。按:詁經精舍設立於嘉慶五年,馮氏此説有誤。

④ 嚴敦傑:《李尚之先生年譜》,梅榮照主編:《明清數學史論文集·附録一》,南京:江蘇教育出版社,1990 年,第 459 頁。

已經開始着手相關工作。十一月中,李鋭回到蘇州。年後,即嘉慶六年(1801)年初,李鋭再來參與校經工作,亦在情理之中。

其二,李鋭嘉慶七年(1802)七月,仍在孤山。焦循《雕菰集》卷十五《衡齋算學序》曰:"是秋(壬戌)予復在浙,尚之需於孤山,買舟訪之。"①又焦循《雕菰集》卷五《杭州雜詩》序曰:"壬戌七月,以阮撫軍之招,復客武林,至冬而歸。理所作詩,得絶句二十二首。"其中一首曰:"石楠聽雨憶霜晨,款段騎來湖水濱。佳話今年足登記,孤山秋訪二高人。"自注曰:"訪李尚之、臧在東。"②可見,嘉慶壬戌年秋七月,李鋭仍在杭州。

其三,李鋭結束校經的時間,當在嘉慶七年九月之後。馮氏稱"(嘉慶七年)九月,《十三經注疏》分校者先竣其役",當誤執臧庸"壬戌九月,鏞堂分校者先竣,因請歸"之説衡之李鋭。根據臧庸的説法,可知嘉慶七年九月,臧庸最先完成校勘,其餘人尚未完成。顧廣圻在此年八月,才完成《毛詩注疏》的校勘,《毛詩釋文》更是在嘉慶八年(1803)才校勘完成。因此,可知李鋭校經結束時間不會早於嘉慶七年九月。校勘工作,非一朝一夕所能完成。臧庸校《周禮注疏》《春秋公羊傳注疏》《爾雅注疏》,前後三年。顧廣圻校《毛詩注疏》一種,歷時兩年有餘。李鋭校《周易注疏》《春秋穀梁傳注疏》《孟子注疏》三經,不太可能在一年之内就能完成。而且嘉慶七年下半年,李鋭遭逢妻喪,又逢子殤,悲苦不可言狀。③如果此時仍在校經,精力定會大受影響,更不可能一年之内完成。故而嚴敦傑的説法亦有問題。

五、徐養原、孫同元與洪震煊的分校工作

(一)徐養原

徐養原(1758—1825),字新田,又字飴庵,浙江德清(今屬湖州市)人。父天柱(1734—1793),乾隆二十四年(1769)進士。徐氏年十三,隨父至京師,從一時名宿,對學術源流、派别無不曉貫。後讀書詁經精舍,爲高材

①　〔清〕焦循撰,劉建臻點校:《焦循全集》第12册,第5930頁。
②　〔清〕焦循撰,劉建臻點校:《焦循全集》第12册,第5727—5728頁。
③　詳見嚴敦傑:《李尚之先生年譜》,梅榮照主編:《明清數學史論文集·附録一》,第459頁。

生,嘉慶六年(1801)充浙江副貢。四年以後,其母亡故,遂無心科舉,專研學術。徐氏通六經、古音、曆算、輿地之學,所著有二十餘種。有《尚書考》《儀禮今古文異同疏證》《周禮故書考》《明堂説》《禘郊辨》《井田議》《飲食考》《古樂章考》《律吕臆説》《荀勖笛律圖注》《管色考》《周官五禮表》《五官表》《考工雜記》《春秋三家異同考》《論語魯讀考》《頑石廬經説》《六書故》《檀園字説》《僮謡》《急就篇考異》《説文聲類》《毛詩類韻》,以及《周髀解》《九章重差補圖》《劉徽割圜表》《帶縱諸乘方記》《乘方補記》《三角割圜對數比例》《對數新論》等。清錢儀吉撰有《徐新田墓志銘》,潘衍桐《兩浙輶軒續録》卷二十、諸可寶《疇人傳三編》卷二有其傳。

嘉慶初年阮元在浙江學政任上撰寫的《定香亭筆談》中提及徐養原,稱其"天算之功頗精,自言學之二十年矣"。[①] 此時阮元著李鋭編《疇人傳》,所以對曆算學方面的人才格外留意。徐養原學習天算二十年,卓有成績,得到了阮元的賞識。

嘉慶五年(1800),阮元立詁經精舍,徐養原爲上舍生。阮元校勘《十三經注疏》,委任徐養原校勘《尚書注疏》《儀禮注疏》。徐氏開始參與校經時間及校畢離開時間,皆不詳。顧廣圻跋嚴九能藏宋刻本《儀禮要義》曰:

> 中丞阮公將爲《十三經》作《考證》一書,任《儀禮》者爲德清徐君新田,新田與九能有姻親,曾傳鈔是書,近日復從余所持舊校景德本去,臨出一部……廣圻又記。[②]

此條跋語記在顧廣圻嘉慶七年(1802)六月七日爲宋刻本《儀禮要義》所作跋語後,當爲同時所作。其中提到徐養原借顧校景德本《儀禮要義》臨出一部,當爲校勘《儀禮注疏》而臨。這説明徐養原在嘉慶七年六月在校《儀禮》,或爲校《儀禮》做準備。目前筆者僅得到這一條材料。

劉玉才稱"徐養原或參與其事較久,因遲至嘉慶二十一年(1816)印行《十三經注疏校勘記》進呈本,其分校《儀禮注疏》尚有較多與之相關的内容增補"[③],劉氏根據《儀禮注疏校勘記》文本得出結論,可從。另外,段玉

---

①　〔清〕阮元撰,姚文昌點校:《定香亭筆談》,第 158 頁。

②　〔清〕顧廣圻撰,王欣夫輯,李慶點校:《顧千里集》,第 262 頁。

③　劉玉才:《前言》,劉玉才主編整理本《十三經注疏校勘記》第 1 册,第 5—6 頁。

裁所説的推薦顧廣圻與徐養原代己事,據上文論證,當是段玉裁推薦徐養原代替自己擔任復核審定的總校工作。可見,徐養原的學術能力贏得了段玉裁的肯定和推崇。徐養原在校完《尚書》《儀禮》二經後,還做了哪些工作,尚需進一步研究。

(二)孫同元

孫同元(1771—?),字雨人(一作"與人"),號笑山,浙江仁和縣(今杭州市)人。孫志祖嗣子。肄業詁經精舍,守經師家法。阮亨稱曰:"留心經學,能讀父書。"①嘉慶十三年(1808)舉人,道光中官永嘉縣教諭,以經義提倡諸生。與梁章鉅相善,又與東軒詩社諸人往來唱和,《清尊集》有著録。撰有《今韻三辨》六卷、《弟子職注》一卷、《永嘉聞見録》二卷、《學福軒筆記》,輯刊《六韜逸文》等,潘衍桐《兩浙輶軒續録》卷二十五、孫詒讓《温州經籍志》卷三十六等有傳。②

嘉慶二年(1797),阮元編《經籍籑詁》,孫同元參與其中,分籑《周書》孔晁《注》、《墨子》及《韓非子》三種。嘉慶五年(1800),編《經籍籑詁補遺》,孫同元任分校,又進行編韻工作。孫同元參與《十三經注疏》的校勘工作,當在《補遺》完成之後。孫同元負責《論語注疏》的校勘工作,完成時間不詳。然據劉玉才記載,中國國家圖書館藏《周易注疏校勘記》謄清本:

> 第一册封底題有"約二万乙千七百六十六/三本約五万八千九百六十二""甲子十二月十七日鐙下對畢同元記";第二册封底題有"約二万〇百七十""甲子十二月十八日同元對畢";第三册封底題有"約乙万七千〇廿六""甲子十二月十九日同元對畢"。由此可見,謄清本是孫同元擔任復核。③

根據謄清本封底題寫的信息,我們可以判定,嘉慶九年(1804)十二月,孫同元用時三日,完成了《周易注疏校勘記》的復核工作。也就是説,

① 〔清〕阮亨:《瀛舟筆談》卷七,嘉慶二十五年刻本,第16頁a面。
② 參考張學謙:《〈論語注疏校勘記〉編纂考述》,《中國經學》第20輯,桂林:廣西師範大學出版社,2017年,第161頁。
③ 劉玉才:《阮元〈十三經注疏校勘記〉成書蠡測》,《國學研究》第35卷,第7—8頁。

孫同元在完成了《論語注疏校勘記》的分校工作後,還參與了其他方面的工作。另外,其父孫志祖有《十三經》校本,阮元《十三經注疏校勘記》中多所采用,概得孫同元之便。

(三) 洪震煊

洪震煊(1770—1815),字百里,一字樨堂,浙江臨海(今屬臺州市)人。① 兄坤煊、頤煊,《清史稿》皆有傳。震煊年輕時刻苦好學,後來因治經與兄頤煊同受阮元賞識,兄弟二人同爲學使,校《經籍籑詁》。他們與臧庸、丁杰晨夕辨難,臧庸對二人贊賞有加,曾説:“大洪淵博,小洪精鋭,兩君之卓識,吾不及也。”除了治經外,他還精通《選》學,負有詩才,擅寫楷書。洪震煊仕途不暢,晚景凄涼。據《清史稿·列傳》載,“洪震煊後頤煊十二年充選拔貢生,既廷試,貧不克歸,遂以客死”②,年僅四十六歲。洪震煊性情孤介,嘗言“讀書貴自得,何以名爲”,故而撰述不多。③ 著有《夏小正疏義》《石鼓文考異》《樨堂詩鈔》等。

嘉慶二年(1797),洪震煊參與《經籍籑詁》的編纂工作,先分纂《方言》,又進行“依韻歸字”工作,負責上平聲的“十灰”以下。嘉慶五年,洪震煊成爲詁經精舍的上舍生,又參與了《經籍籑詁》的補遺工作,分纂《書》孔《傳》、馬鄭《注》、《書疏》、《論語》何晏《集解》、皇侃《義疏》,《國語》韋《注》,《國策》高誘《注》、《風俗通》、《越絕書》、《春秋繁露》,賈誼《新書》、《大戴記》盧辯《注》、《論衡》、《鹽鐵論》、《韓非子》,董輯《書大傳》、《説苑》、《新序》、《墨子》、《周髀算經》趙《注》、《匡謬正俗》等,任務繁重,又負責“下平聲”部分的編韻工作。所以,洪震煊校勘《禮記注疏》,當在嘉慶六年(1801)四月《經籍籑詁》完成以後。洪震煊撰述不多,其一生的主要成就便是爲阮元作《禮記注疏校勘記》,他的校勘頗爲精審,值得表彰。其分校完成時間,無明文可考,尚待更多材料的發現。

(作者:南京師範大學文學院副教授)

---

① 江慶柏:《清代人物生卒年表》,北京:人民文學出版社,2005年,第586頁。
② 〔清〕趙爾巽等:《清史稿》第44冊,北京:中華書局,1977年,第13412頁。
③ 據〔清〕洪頤煊:《筠軒文鈔》卷八之《昆季別傳》,《叢書集成續編》(第133冊),上海:上海書店出版社,1994年,第674頁。

從選目與實績看《皇清經解》的編纂理念*

侯　婕

摘要：道光年間阮元等輯刻《皇清經解》，是清人經學文獻編纂的代表性成果之一。此書刻成，却遭致部分學者非議，認爲阮元編輯此書存門户之見。通過分析《皇清經解》編纂的學術背景，比較阮元編纂《儒林傳稿》與焦循建議，和江藩撰寫《國朝漢學師承記》之間的選人異同，阮元《皇清經解》與江氏《經師經義目録》、焦氏《讀書三十二贊》對經師著作的選取差異，可知阮元在學術理念與著述的推崇層面，以實學爲導向，對訓詁考據之學多有肯定。阮元編纂《皇清經解》的真正用意與實績在於希冀通過此書之編纂，爲學海堂諸生、乃至學界士子提供盡可能全面詳致的經學考據學資料參考，其對清代學術的推進值得認可。

關鍵詞：皇清經解　阮元　焦循　江藩

嘉慶二十三年（1818），阮元時任兩廣總督，是年江藩《國朝漢學師承記》（下簡稱"《師承記》"）纂成，南下廣州入阮氏之幕，在阮氏的支持下將此書刊板，阮氏爲之作序，并述欲纂經解之志："元又嘗思國朝諸儒説經之書甚多，以及文集説部，皆有可采，竊欲析縷分條，加以翦截，引繫於群經各章句之下。……如此勒成一書，名曰《大清經解》。徒以學力日荒，政事無暇，而能總此事，審是非，定去取者，海内學友惟江君暨顧君千里二二人。他年各家所著之書，或不盡傳，奥義單辭，淪替可惜，若之何哉！"①但因在匯集諸家經説的取捨標準上，阮、江旨趣有異，故未能施行。直至道光五年（1825），嚴杰受阮氏之邀赴粤負責編輯《皇清經解》（下簡稱"《經解》"），次年成書千卷，因阮氏離粤赴雲貴總督任，將輯書之事委任夏修恕。道光九年（1829），《經解》一千四百卷刻成，凡收七十三家之作一百八

---

* 本文是國家社科基金青年項目"清代《禮記》文獻研究"（21CZS006）的階段性成果。

① 〔清〕阮元撰，鄧經元點校：《揅經室集》卷一一《國朝漢學師承記序》，北京：中華書局，2016年，第248—249頁。

十三種。

　　阮元編纂《皇清經解》,傳播清代經學研究成果,表彰清學之功甚矣,關於《經解》的編纂、輯刻始末與得失,時賢評議頗多,然於理念旨趣探索方面,猶有討論餘地。本文即從阮元編纂《經解》的學術背景、選目用意與實績出發,對其編纂理念試加論析。

一、《皇清經解》的編纂背景

　　梁啓超稱:"乾隆之初,惠、戴崛起,漢幟大張,疇昔以宋學鳴者,頗無顔色。時則有方苞者,名位略似斌、光地等,尊宋學,篤謹能躬行,而又好爲文。苞,桐城人也,與同里姚范、劉大櫆共學文,誦法曾鞏、歸有光,造立所謂古文義法,號曰'桐城派'。又好述歐陽修'因文見道'之言,以孔、孟、韓、歐、程、朱以來之道統自任,而與當時所謂漢學者互相輕。"①清初官方以理學爲主流學術導向,繼熊賜履、李光地等理學大臣之後,以方苞爲代表的學者居於學界泰斗地位,其所主持參與的三禮館修撰《三禮義疏》和經史館刊刻殿本《十三經注疏》工作,一定程度上爲乾嘉學術奠定了文獻基礎。但是以方苞及其桐城派後學爲代表的治學方法,却在乾嘉學界遭致漢學派的諸多批評。

　　文章方面,桐城派姚鼐稱:"望溪先生之古文,爲我朝百餘年文章之冠,天下論文者無異説也。鼐爲先生邑弟子,誦其文,蓋尤慕之。"對方氏推崇備至,稱其"立言必本義法,而文氣高古深厚"。② 但是錢大昕却對方氏文章義法提出批判,認爲其"未喻乎古文之義法","蓋方所謂古文義法者,特世俗選本之古文,未嘗博觀而求其法也。法且不知,而義於何有"。又稱:"予以爲方所得者,古文之糟粕,非古文之神理也。王若霖言:'靈皋以古文爲時文,却以時文爲古文。'方終身病之,若霖可謂洞中垣一方癥結者矣。"③對方氏文章大有指摘。

---

　　① 梁啓超撰,朱維錚導讀:《清代學術概論》,上海:上海古籍出版社,2019 年,第109 頁。
　　② 〔清〕姚鼐著,劉季高標校:《惜抱軒詩文集後集》卷一《望溪先生集外文序》,上海:上海古籍出版社,1992 年,第 267 頁。
　　③ 〔清〕錢大昕撰,吕友仁標校:《潜研堂集》卷三三《與友人書》,上海:上海古籍出版社,1989 年,第 606—608 頁。

在經學方面,乾嘉學者對方苞學問亦多有批判。與方氏同時的全祖望即稱:"世稱公之文章,萬口無異辭,而於經術已不過皮相之。"[①]又據戴震《江慎修先生事略狀》記載:"(江永)嘗一游京師,以同郡程編修恂延之至也。三禮館總裁桐城方侍郎苞素負其學,及聞先生,願得見,見則以所疑《士冠禮》《士昏禮》中數事爲問,先生從容置答,乃大折服。"王昶、錢大昕、劉大櫆皆從戴説,至江藩編纂《師承記》,改爲"苞負氣不服,永哂之而已"。[②]清末桐城派學人曾國藩亦稱:"望溪經學勇於自信,而國朝巨儒多不甚推服,《四庫書目》中於望溪每有貶詞,《皇清經解》中并未收其一册一句。姬傳先生最推崇方氏,亦不稱其經説。"[③]可見隨着學術潮流趨向客觀考證,桐城派内外對前期以方氏爲代表的宋學繼承者的經學成績皆有一定程度上的否定。

在抨擊桐城派文章義法以及尊宋學術理念的同時,惠棟、戴震、錢大昕以考據學名家,重小學訓詁,崇尚漢學,反對空衍義理,講求實事求是。如惠棟言:"漢人通經有家法,故有《五經》師。訓詁之學,皆師所口授,其後乃著竹帛,所以漢經師之説,立於學官,與經并行。《五經》出於屋壁,多古字古言,非經師不能辨。經之義存乎訓,識字審音,乃知其義,是故古訓不可改也,經師不可廢也。"[④]戴震言:"《經》之至者道也,所以明道者其詞也,所以成詞者未有能外小學文字者也。由文字以通乎語言,由語言以通乎古聖賢之心志,譬之適堂壇之必循其階,而不可以躐等。"[⑤]錢大昕言:"有文字而後有詁訓,有詁訓而後有義理,訓詁者,義理之所由出,非别有義理出乎訓詁之外者也。"[⑥]皆可見其尊經重漢、注重考證的學術風格。

在乾嘉漢學盛行的環境下,康乾前期官方獨尊理學的格局已被打破。

①　〔清〕全祖望:《鮚埼亭集》卷一七《前侍郎桐城方贈公神道碑銘》,朱鑄禹匯校集注:《全祖望集匯校集注》上,上海:上海古籍出版社,2018年,第307頁。

②　參見〔清〕江藩纂,漆永祥箋釋、整理:《漢學師承記箋釋》上,北京:北京聯合出版公司,2022年,第472頁。

③　〔清〕曾國藩:《曾國藩全集》第二十册,長沙:嶽麓書社,2011年,第671頁。

④　〔清〕惠棟:《九經古義述首》,〔清〕阮元編纂:《皇清經解》卷三五九卷首,清咸豐庚申(1860)補刊本,第1頁a。

⑤　〔清〕戴震著,趙玉新點校:《戴震文集》卷十《古經解鈎沉序》,北京:中華書局,1980年,第146頁。

⑥　〔清〕錢大昕撰,吕友仁標校:《潛研堂集》卷二四《經籍籑詁序》,第392—393頁。

一時間,學者前赴後繼,致力於對經書訓詁、名物、制度等進行深度考證,產生了大量的校勘考證劄記,或以篇名,或附屬經書文本之上輾轉傳抄,或散見文集之中。惠、戴之後的學者,相比前者致力於宣大論、立大著,埋首實證考據,持"實事求是"理念,凡遇字詞必訓詁,凡遇名物制度必考證,因而也難免陷入治"餖飣"之學的困境,而建立於校勘、訓詁、考證之上的對經文大義的詮釋則遥遥無期。

嘉道年間,學者開始對這一困境進行反思,以江藩爲代表的漢學繼承者致力於大肆宣揚漢學,以方東樹爲代表的桐城派,則以革命者之姿躍於舞臺,逐一揭露漢學弊病。在這種極端對立之外,阮元則相對客觀冷静。江藩想要打造的漢學鼎盛局面和方東樹極力想要打破的漢學繁榮虚像,阮元未嘗没有思考,阮氏嘗稱:

> 聖人之道,譬若宫墙,文字訓詁,其門徑也。門徑苟誤,跬步皆歧,安能升堂入室乎。學人求道太高,卑視章句,譬猶天際之翔,出於豐屋之上,高則高矣,户奥之間未實窺也。或者但求名物,不論聖道,又若終年寢饋於門廡之間,無復知有堂室矣。是故正衣尊視,惡難從易,但立宗旨,即居大名,此一蔽也。精校博考,經義確然,雖不逾閑,德便出入,此又一蔽也。①

對漢宋之弊逐一揭露,認爲不訓詁經文而空闡義理,徒有建瓴高屋之勢,實則豐墙峭址,浮寄孤懸;囿於名物考證而不講經義,則猶跦躅門廡之間,不曾登於阼階之上。强調爲學當遵循門徑,援訓詁考據以升堂,循章句義理以入室。

爲指引士子研經治學之門徑,阮元陸續開展了三項工作,即《經籍籑詁》(下簡稱"《籑詁》")、《十三經注疏校勘記》(下簡稱"《校勘記》")、《皇清經解》的編纂刊刻,通過這三項工作,逐步整理了有清以來學者已有的學術成果,認清所處的學術階段,明確未來的學術發展趨勢。

《經籍籑詁》主要致力於搜集唐宋以前古訓,爲當下學者借助古訓疏

---

① 〔清〕阮元撰,鄧經元點校:《揅經室集》卷二《擬國史儒林傳序》,第37—38頁。

通經文提供索引資料。嘉慶二年(1797)，阮元任浙江學政，選取兩浙經詁之士，與修《篹詁》，并延請臧庸總理其事。但因阮氏將任滿調離，冀此書早成，故於嘉慶三年(1798)，臧庸等人在未能一一校對完善的基礎上，赴粵刊版。因倉促成書，此書僅留作家塾之用。後阮氏又命徐鯤等爲之校補，撰《補遺》一百零六卷。王引之嘗稱此書有"展一韻而衆字畢備，檢一字而諸訓皆存，尋一訓而原書可識"①之功用，郝懿行撰《爾雅義疏》頗獲《篹詁》之利，嘉慶十四年(1809)，郝氏寄書阮氏即稱："又適購得《經籍篹詁》一書，絕無檢書之勞，而有引書之樂。是書體例甚精，而又聚集通人衆手所成，故能芳漱六藝，囊括百家，泂著述者之潭奧，學覽者之華苑，所謂懸諸日月不刊之書。而懿行於《爾雅》幸得獵其豔詞，拾其香草，以攘臂振挽於其間者也。"②可見其倚賴、盛贊阮書之貌。再觀阮氏在編纂《篹詁》前，曾與友人書稱："將來編次此書，悉以造此訓詁之人時代爲先後。如此，則凡一字一詁，皆有以考其始自何人；從源至流，某人用某人之説，某人承某人之誤。數千載盤結，如指諸掌，不亦快哉！"③則此番暢想的實踐確爲學者提供了極大的便利。

　　而阮元組織學者編纂《十三經注疏校勘記》，則是對清代學者校勘《十三經注疏》成果的一大資源整合。校勘工作本身加上後期南昌府學本《十三經注疏》附《校勘記》的刊刻，皆是對《十三經注疏》文本的進一步優化。皮錫瑞稱清代經師有功於後學者有三事：一曰輯佚書，一曰精校勘，一曰通小學。其中校勘以戴震、盧文弨、丁杰、顧廣圻尤精此學，阮元《校勘記》爲經學之淵海。④ 此書刊行之後，清人《十三經》新疏的撰作，如胡承珙《毛詩後箋》、陳奐《詩毛氏傳疏》、馬瑞辰《毛詩傳箋通釋》、王先謙《詩三家義集疏》、胡培翬《儀禮正義》、郭嵩燾《禮記質疑》、陳立《公羊義疏》、劉寶楠《論語正義》、焦循《孟子正義》等，頗有引據參正。

---

　　① 〔清〕王引之：《王文簡公文集》卷二《經籍篹詁序》，《續修四庫全書》(第1100册)，上海：上海古籍出版社2002年影印道光三年儀征阮氏刊本，第386頁。

　　② 〔清〕郝懿行：《曬書堂集》卷二《再奉雲臺先生論爾雅書》，《續修四庫全書》(第1481册)，第447頁。

　　③ 劉師培著，萬仕國點校：《讀書隨筆：外五種》，揚州：廣陵書社，2015年，第71頁。劉師培案："以上三書，係阮氏早年手札。第三則言編書甚詳，亦不詳所編何書，然大抵《經籍篹詁》一書也。"

　　④ 〔清〕皮錫瑞著，周予同注釋：《經學歷史》，北京：中華書局，2004年，第241—242頁。

第三就是《皇清經解》的編纂工作。清代前期所産生的清人解經論說，能成一獨立讀本者，或有單行本大量行世，或爲《四庫全書》所收，學者往往易見易得。但這些學者另有單篇論文或小書、零星經義考證散見他書，乾嘉學者又多專爲經義考證劄記，收入雜著當中，吉光片羽，流傳不廣。此外，在嘉慶年間，學者又陸續利用新材料、新見版本撰作新書數種，如利用《纂詁》之便而著成的郝懿行《爾雅義疏》，由顧廣圻校勘其從兄珍藏撫州本《禮記注》而成的《撫本禮記鄭注考異》又能補阮氏《禮記注疏校勘記》未備，這些著作值得再度加以整合。故在粵任上，在具備學海堂生徒人力資源與往歲交游所收經師著述的文獻基礎上，阮氏遂延請嚴杰主持開展《經解》的纂刊工作。

二、從《皇清經解》的選目看阮元的編纂用意

阮元爲江藩《師承記》作序時稱其有編纂《大清經解》之念，計劃邀請江藩與顧廣圻總其事。但因江氏與阮氏對於選人擇書的標準與編纂理念未能達成一致，而顧氏又困於校書之役，遂不得行，故委任嚴杰主事。關於《皇清經解》纂成後的選目取捨得失，勞崇光、徐時棟等多有微詞，下文即將阮元的《經解》編纂計劃，置於乾嘉"漢學"大盛背景之下，聯繫其編纂《國史儒林傳》之役，與同時交游學者江藩、焦循學術立場之差異，對三人擇取經師著述目錄之舉措、理念之差異試加論析，以揭示阮氏《經解》擇取諸書之用意。

（一）江藩、焦循、阮元的"漢學"認同與學術立場差異

戚學民先生認爲江藩《國朝漢學師承記》的集中編纂應始於嘉慶十五年(1810)六月以後，而完成於嘉慶十六年(1811)底之前，而促使江藩起意編寫《師承記》，主要是因爲阮元在嘉慶十五年出任國史館總輯，請纓纂修《國史儒林傳》。[①] 在江氏撰寫《師承記》的同時，阮氏的學術活動主要包括：一是在嘉慶十一年(1806)冬刊成《十三經注疏校勘記》，後陸續校訂，在嘉慶二十年(1815)與盧宣旬等命工雕版《十三經注疏》，至嘉慶二十一

---

① 參見戚學民:《阮元〈儒林傳稿〉研究》，北京:讀書·生活·新知三聯書店，2011 年，第 285 頁。

年(1816)刊成,并於此年進呈《校勘記》。二是從嘉慶十一年(1806)、十二年(1807)開始校寫抄録《四庫》未收書,在鮑廷博、何元錫、嚴杰等人襄助下陸續撰寫提要,撰成《四庫未收書提要》一百七十三篇。① 三是嘉慶十五年(1810)自編録《經郛》,由凌曙等助校,於次年編成。四是嘉慶十五年,阮元奉旨充日講起居注官,自願兼國史館總輯,輯《儒林傳》《文苑傳》。就二《傳》之編輯,阮氏先後致書焦循、臧庸徵求建議。

　　焦循擬例七則,曰:徵實、長編、兼收、鑒別、詳載、公論、附見。在對《儒林》《文苑》兩傳人物甄選歸類方面,焦氏認爲如黄宗羲、毛奇齡、全祖望,"詩文富矣,而學實冠乎文"。朱彝尊、姜宸英、汪琬"非不説經,而文究優於學"。王錫闡、梅文鼎、陳厚耀之推步録,顧炎武之音學,王蘭生之律吕,胡煦、惠棟之《易》,萬斯大、顧棟高之《春秋》,胡渭之《禹貢》,閻若璩之《尚書》,張爾岐之《儀禮》,邵晋涵之《爾雅》。王懋竑之服膺朱子,萬斯同之論定明史,方苞、齊召南、周永年、陸錫熊之校輯諸書,江永、戴震、錢塘之聲音訓詁,名物象數,皆於《儒林》爲近。同一校讎也,何焯宜屬《文苑》,盧文弨宜置《儒林》。同之博物也,錢大昕宜入《儒林》,袁枚宜歸《文苑》。推之馬驌、沈彤、陳祖范、應撝謙、孔廣森、朱筠、金榜、武億、王鳴盛、江聲、任大椿、張惠言、汪中,皆《儒林》之選也。魏禧、尤侗、施閏章、田雯、周亮工、吴偉業、陳維崧、吴綺、汪懋麟、馮景、杭世駿,皆《文苑》之雄也。他若孫奇逢、李顒之徒,説經説理,無甚過人,確能自守蒿萊,不趨軒冕,以入《隱逸》,於類爲安。抑或立德可依,卓行政事不愧循良,以著述核之,宜去宜取,宜彼宜此,自有條而不紊矣。② 今比對阮氏《儒林傳稿》③,阮氏在人

　　① 詳見井超:《阮元〈四庫未收書提要〉平議》,《南京師範大學文學院學報》2020年第 3 期,第 176—182 頁。
　　② 〔清〕焦循著,劉建臻整理:《雕菰集》,《焦循全集》(第 12 册),揚州:廣陵書社,2016 年,第 5856—5857 頁。
　　③ 以《續修四庫全書》所載嘉慶刻四卷本爲例,收入:顧栐商(附陳祖虎、吴鼎、梁錫璵)、孫奇逢(附魏一鰲、耿介等)、李顒(附王心敬、李因篤)、黄宗羲(附宗炎等)、王夫之(附陳大章、劉夢鵬)、高愈(附顧樞、刁苞、彭定求等)、謝文洊(附彭任)、顧炎武(附張弨、吴任臣)、胡渭(附顧祖禹)、惠周惕(附士奇、棟、江聲等)、閻若璩(附李愷等)、毛奇齡(附陸邦烈)、應撝謙、陸世儀(附沈昀、張履祥、沈國模等)、嚴衍、萬斯大(附斯同、斯選等)、潘天成(附顏元)、曹本榮、李塨、梅文鼎(附王錫闡、談泰)、薛鳳祚、陳厚耀、王懋竑、張爾岐(附馬驌、桂馥)、錢澄之(附方中通)、沈彤(附蔡德晋、盛世佐)、朱鶴齡(附陳啓源)、臧琳(附庸)、劉源渌(附閻循觀等)、范鎬鼎、邵廷采(附邵晋涵、周永年)、徐文靖(附任啓運)、李光坡(附鍾倫)、全祖望、江永(附汪紱、金(轉下頁)

物選擇上基本接受了焦氏建議,但也有意見不同之處,例如收入孫奇逢、李顒,以孫奇逢、李顒、黃宗羲爲清初三大儒,并將孔、顔後人附於傳末。

嘉慶十七年(1812),因奉旨出任漕運總督,阮元將所纂《儒林傳》稿本交付國史館。後國史館據此稿本,删若干篇而成《儒林傳》定稿。據王章濤先生考察,上海圖書館藏《儒林傳擬稿》一卷抄本,有秦更年跋,謂:"阮文達離館後,總裁進呈,以私憾去孔廣森、張惠言諸人,出毛奇齡於《文苑》。"①

阮元纂成《儒林傳稿》一事在嘉道年間引起學界强烈反響,最直接的反映即是江藩私家修纂《國朝漢學師承記》一書,與阮氏代表官方"理學各家與經學并重,一并同列,不必分歧,致有軒輊"②的編纂理念和"持漢學、宋學之平"③的立場不同,在漢宋門户問題上,江氏明確其漢學立場,對宋學大力抨擊,稱宋初"邪説詭言,亂經非聖"④,濂洛關閩"率履則有餘,考鏡則不足"⑤,元明之際更是"學多鄙俗"⑥。故在《師承記》的選人標準上,擯斥宋學人物,不爲立傳,同時在史料選擇上,對宋學派人物所寫的傳狀、墓誌等,一概不加參考。同一史料中,選擇對漢學有利之材料,删削對宋學有利之材料。且不惜歪曲史料來抬高漢學。⑦ 則可反映出在學史編纂層面,江氏與阮氏代表官方對學者認定標準的差異。

在對當時學術環境與"漢學"的理解上,江藩、焦循、阮元亦有差異,江藩嘗稱:

　　　　近今漢學昌明,徧於寰宇,有一知半解者無不痛詆宋學然。⑧

(接上頁)榜)、朱筠、錢大昕(附塘、王鳴盛)、戴震(附淩廷堪)、盧文弨(附孫志祖、丁杰)、武億、任大椿(附李惇等)、孔廣森、張惠言、孔興燮(附孔毓圻、孔傳鐸、孔廣榮、孔昭焕、孔憲培、孔繼涵、顔光猷等)。

① 王章濤:《阮元年譜》,合肥:黄山書社,2003年,第555頁。

② 〔清〕阮元撰,鄧經元點校:《揅經室續集》卷二《擬儒林傳稿凡例》,第1023頁。

③ 〔清〕阮元撰,鄧經元點校:《揅經室集》卷二《擬國史儒林傳序》,第38頁。

④⑤ 〔清〕江藩纂,漆永祥箋釋、整理:《漢學師承記箋釋》上,第12頁。

⑥ 〔清〕江藩纂,漆永祥箋釋、整理:《漢學師承記箋釋》上,第14頁。

⑦ 參見漆永祥:《江藩與〈漢學師承記〉研究》,上海:上海古籍出版社,2006年,第374—377頁。

⑧ 〔清〕江藩纂,劉國宣箋證:《宋學淵源記箋證》,北京:中國社會科學出版社,2021年,第46頁。

　　經術一壞於東、西晋之清談，再壞於南、北宋之道學，元、明以來，
此道益晦。至本朝，三惠之學盛於吳中，江永、戴震諸君繼起於歙，從
此漢學昌明，千載沉霾，一朝復旦。①

爲標榜漢學不遺餘力。焦循則對當時漢學家尊漢必抑宋的門户之見表示
不認同：

　　學者述孔子而持漢人之言，惟漢是求，而不求其是，於是拘於傳
注，往往扞格於經文，是所述者漢儒也，非孔子也。而究之漢人之言，
亦晦而不能明，則亦第持其言，而未通其義也，則亦未足爲述也。且
夫唐、宋以後之人，亦述孔子者也。持漢學者，或屏之不使犯諸目，則
唐、宋人之述孔子，詎無一足徵者乎？學者或知其言之足徵，而取之
又必深諱其姓名，以其爲唐、宋以後之人，一若稱其名，遂有礙乎其爲
漢學者也。噫，吾惑矣！②

認爲漢學、宋學，皆爲述孔子之學者。漢學家爲標榜門派，對宋學觀點一
概否定的行爲，以及明知宋學之可取處，却爲净化其漢學身份，遮蔽埋没
宋學家學術的行爲實有礙學術發展。并於《論語通釋》一書解讀孔子以
"一貫"授曾子，曾子答以"忠恕而已矣"之義，稱："凡後世九流二氏之説，
漢、魏、南北經師門户之争，宋、元、明朱、陸、陽明之學，近時考據家漢學、
宋學之辨，其始皆緣於不恕，不能克己、舍己、善與人同，終遂自小其道而
近於異端，使明于聖人'一貫'之指，何以至此？"③對從古至今學術界門户
之見提出批判。
　　阮元爲文提及本朝學術，則多以實學、古學、經學爲導向，亦强調漢宋
兼采。如其撰《擬國史儒林傳序》稱"我朝列聖，道德純備，包涵前古，崇宋
學之性道，而以漢儒經義實之，聖學所指，海内嚮風"，"我朝諸儒，好古敏

---

　　①　〔清〕江藩纂，漆永祥箋釋、整理：《漢學師承記箋釋》上，第32—33頁。
　　②　〔清〕焦循著，劉建臻整理：《雕菰集》，《焦循全集》（第12册），第5764—
5765頁。
　　③　〔清〕焦循著，劉建臻整理：《論語通釋》，《焦循全集》（第5册），第2475頁。

求,各造其域,不立門户,不相黨伐,束身踐行,暗然自修"①。在浙建詁經精舍,作《西湖詁經精舍記》亦稱:"舍經而文,其文無質,舍詁求經,其經不實。爲文者尚不可以昧經詁,況聖賢之道乎!"②爲孔廣森《春秋公羊通義》作序:"我朝經術昌明,超軼前代,諸儒振興,皆能表章六經,修復古學。"③爲李咸熙《惜陰日記》作序稱:"我朝儒者,束身修行,好古敏求,不立門户,不涉二氏,似有合於實事求是之教。"④可見阮氏無論在官、私學術史纂修立場上,還是課試弟子、教導後學的學術規劃上,抑或是爲時人著作撰序評述中,更見其在順應官方導向下對實學的推崇,以"經學""古學"爲核心,不排斥對性道義理的追求,但認爲對經義的發明必先據以訓詁考據之學。

(二)江藩、焦循、阮元的經師著述選目差異與《經解》的選目用意

正是因爲江藩、焦循、阮元三人對當朝學術的内涵理解上有一定程度的差異,故三人在編纂經師著作目録時,收録人物著述與擇取標準亦有不同。江藩撰《師承記》之後,又復以傳中所載諸家撰述,仿陸德明《經典釋文》傳注姓氏之例,撰《經師經義目録》(下簡稱"江氏《目録》")一卷,收録經師三十三家著述九十五種。焦循亦撰有《讀書三十二贊》⑤(下簡稱"焦氏《贊》"),收録所推崇國朝經師書目四十家著述四十八種。二書與阮元以私學立場組織編纂《皇清經解》的學術人物、著作擇取標準有何差異,值得琢磨。

比較阮元《皇清經解》、江藩《經師經義目録》與焦循《讀書三十二贊》所收録的經師著述,阮氏《經解》所收的七十家經師(除後來補入的馮登府一家及阮、江、焦本人三家),與江氏《目録》重合二十家,與焦氏《贊》重合二十六家,江、焦二目重合十八家。

據江懋鈞跋語,江藩《目録》著録標準有四:"一、言不關乎經義小學,意不純乎漢儒古訓者,不著録;一、書雖存其名而實未成者,不著録;一、書

---

①　〔清〕阮元撰,鄧經元點校:《揅經室集》卷二《擬國史儒林傳序》,第 37 頁。
②　〔清〕阮元撰,鄧經元點校:《揅經室二集》卷六《西湖詁經精舍記》,第 548 頁。
③　〔清〕阮元撰,鄧經元點校:《揅經室集》卷一一《春秋公羊通義序》,第 246 頁。
④　〔清〕阮元撰,鄧經元點校:《揅經室三集》卷五《惜陰日記序》,第 687—688 頁。
⑤　〔清〕焦循著,劉建臻整理:《雕菰集》,《焦循全集》(第 12 册),第 5740—5746 頁。

已行於世而未及見者,不著録;一、其人尚存,著述僅附見於前人傳後者,不著録。"①江氏《目録》的輯録時間當在嘉慶十六年(1811)前後,②選擇標準又極爲嚴苛,對實未成、未及見、附見著述一概不録,故諸如王引之《經義述聞》,爲阮、焦同録,却不見於江氏之目。而焦循自稱《贊》之作,緣乎"本朝文學之盛,一洗元、明之陋。僕讀諸君子著述,心嚮往之,意有所契,隨贊其末,集之良久,具三十有二首。僅就耳目所及,容再續之"③。可知焦目擇選較爲隨意,雖多爲與己意契合之書,但就人選來看,四十家中有二十六家皆與阮氏相合,二人所收萬斯大、毛奇齡二家,不爲江氏著録。

　　在對前輩學者論著的擇取上,阮元與江藩、焦循一致推崇顧炎武、閻若璩、胡渭等清初大家,此外,阮氏又格外推崇毛奇齡之學,認爲清初學林以浙東萬斯大、浙西胡渭、江淮顧炎武、閻若璩振奮學林,蕭山毛氏與其不相上下。其學雖遭乾嘉學界非議,以其經説引證時有訛誤,但阮氏專爲開解,認爲對毛氏之學,當"略其短而著其功,表其長而正其誤",強調毛氏"以經學自任,大聲疾呼,而一時之實學頓起",於清初實學大有開創之功。毛氏門人李塨等編次《毛西河全集》之康熙年間舊板在乾隆三十五年(1770)爲商賈買去,蕭山陸體元聞之,斥資購歸,加以修補重印。④ 嘉慶元年(1796),阮氏撫浙時因在陸成棟處見毛氏《全集》藏板,故督促陸氏爲之刊印,并撰序宣傳,稱"俾浙士知鄉先生之書,有以通神智而開蒙塞。人蓄一編,以教子弟,所藉以興起者,較之研求注疏,其取徑爲尤捷。余曩喜觀是集,得力頗多。惟願諸生共置案頭讀之,足勝名師十輩矣",并評價毛氏治學"推溯太極、《河》、《洛》在胡朏明之先,發明荀、虞、干侯之《易》在惠定宇之先,於《詩》駁申氏之僞,於《春秋》指胡氏之偏,《三禮》《四書》所辨正尤博"⑤。故彙毛氏《仲氏易》《春秋毛氏傳》《春秋簡書刊誤》《春秋屬辭比事記》《經問》《經問補》《論語稽求篇》《四書賸言》《四書剩言補》九部,雖《四庫全書》已收,特刊入《經解》,引導士子讀書參考。

　　浙東萬斯大、萬斯同、全祖望師承黄宗羲經世致用之學,阮元贊其學

①　〔清〕江藩纂,漆永祥箋理、整理:《漢學師承記箋釋》下,第851頁。
②　參見漆永祥《江藩與〈漢學師承記〉研究》,第248頁。
③　〔清〕焦循著,劉建臻整理:《雕菰集》,《焦循全集》(第12册),第5740頁。
④　王章濤:《阮元年譜》,第92頁。
⑤　〔清〕阮元撰,鄧經元點校:《揅經室二集》卷七《毛西河檢討全集後序》,第543—544頁。

"出於梨洲而變之,則如百尺樓臺,實從地起,其功非積年工力不成",在嘉慶二年(1797)視學寧波時,又刻意搜求二萬氏、全氏遺書於其後人,慈溪鄭勳以全氏《經史問答》進呈,阮氏讀而序之,稱此書"實足以繼古賢、啓後學,與顧亭林《日知録》相垺"①,選入《經解》,刊爲七卷,剔除《諸史答問》三卷,收録《易答問》《尚書答問》《詩答問》《三傳答問》《三禮答問》《論語答問》《大學中庸孟子答問》各一卷。

乾嘉學界,盧文弨以校勘名家,錢大昕謂其"精研經訓,博極群書,自通籍以至歸田,鉛槧未嘗一日去手"②,阮元《儒林傳稿》輯録盧氏事迹,亦對其稱贊有加,認爲盧氏所自著書"《抱經堂集》三十四卷,《儀禮注疏詳校》十七卷,《鍾山札記》四卷,《龍城札記》三卷,《廣雅注》二卷,皆使學者諟正積非,蓄疑渙釋"③。乾隆六十年(1795)阮元督學兩浙,時盧氏出游白下,言歸可以晤,未料卒然病終常州龍城書院,阮氏以未見盧氏爲憾,又患盧氏卒後,所校書湮没無聞,撰《抱經堂校刻書總叙》爲之宣傳。④ 後校勘《十三經注疏》,引徵盧氏校語頗多。故特於《皇清經解》中收入盧氏《鍾山札記》《龍城札記》兩種,以供學子參考理解盧氏校勘之功。

在對同輩學者的擇取上,高郵二王諸書,江藩以其書未成而不收,焦循著録王念孫《廣雅疏證》、王引之《經義述聞》,阮元在此二書外又收王念孫《讀書雜志》與王引之《經傳釋詞》。嘉慶二十年(1815),王氏《經義述聞》成,即以全帙寄與阮氏,阮氏授之盧宣旬,於刻《十三經注疏》之暇,刻於江西,⑤阮氏爲之序,稱其嘗問字於王念孫,先生頗有所授,而王引之入其門下,平日説經之意,投合無間。并評價《述聞》一書一出,"學者當曉然於古書之本義,庶不至爲成見舊習所膠固矣"⑥。嘉慶二十四年(1821),

---

① 王章濤編著:《阮元年譜》,第124—125頁。〔清〕阮元撰,鄧經元點校:《揅經室二集》卷七《全謝山先生經史問答序》,第544頁。

② 〔清〕盧文弨:《群書拾補》卷首錢大昕序,《續修四庫全書》(第1149冊),第215頁。

③ 王章濤:《阮元年譜》,第97頁。〔清〕阮元:《儒林傳稿》,《續修四庫全書》(第537冊),第672頁。

④ 參見柳詒徵《盧抱經先生年譜》引阮元《抱經堂校刻書總叙》:"先生没,先生之家甚貧,書之外,無長物。元恐其所校書久而就損,謹以其書之所以益人之故,詳爲叙述。"柳詒徵著,楊共樂、張昭軍主編:《柳詒徵文集》卷十《歷史與文化論集》(二),北京:商務印書館,2018年,第193頁。

⑤⑥ 〔清〕阮元撰,鄧經元點校:《揅經室集》卷五《王伯申經義述聞序》,第120頁。

王氏又撰成《經傳釋詞》十卷，阮氏爲其撰序，稱"元讀之，恨不能起毛、孔、鄭諸儒而共證此快論也"，又稱"學者執是書以求之，當不悖謬於經傳矣"①。皆可見阮氏對二王經傳訓詁成果之認可。

此外如孫志祖、臧庸、洪震煊諸人，皆爲阮氏交游稱許者。嘉慶三年（1798），阮氏邀臧氏爲其總編《纂詁》，歷五月而成，於是年冬又委任臧氏南下廣州刊板。② 嘉慶五年（1800），臧氏又應阮氏之聘，赴浙補訂《纂詁》且任《十三經注疏》校勘之職。③ 阮氏爲臧氏作傳，稱其"沈默敦重，天性孝友"，"爲學根據經傳，剖析精微"，"所著之書，擬《經義雜記》，爲《拜經日記》八卷，高郵王懷祖先生念孫亟稱之，用筆圈識其精確不磨者十之六七"④，并稱其初因劉台拱結交臧氏，十年之間所著，於阮氏館中爲多，故臧氏卒後，阮氏專寫刻其所著書爲副本，以原本還其家，編纂《儒林傳稿》時，以臧氏附於臧琳傳中，輯刻《經解》時即收入臧氏《拜經日記》《拜經文集》兩種。

阮元《皇清經解》收録清代學人著述，與江藩、焦循相比，從三家目録著録相同經師的書目收録情況來看，阮氏特意選入顧炎武《日知録》、閻若璩《潛丘劄記》、錢大昕《十駕齋養新録》《餘録》《潛研堂文集》、戴震《東原集》、段玉裁《經韻樓集》、淩廷堪《校禮堂文集》，而對江藩、焦循皆著録之顧氏《音學五書》、閻氏《古文尚書疏證》、戴氏《孟子字義疏證》、淩氏《燕樂考原》未加收録或未完全收録，從一個側面反映出，相比於對國朝名家通行巨著的宣揚傳播，阮氏更傾向於對諸經師文集雜考資料的搜輯編刻，得使散見於諸氏文集雜著中有關經義訓詁考據的成果得以匯聚《經解》一書，便於士子讀書參考。從阮氏《經解》獨有的經師著述選録情況來看，《經解》收入毛奇齡著作九種，全祖望《經史問答》，盧文弨《鍾山札記》《龍城札記》兩種，王念孫《讀書雜志》、王引之《經傳釋詞》，張惠言《虞氏易禮》《周易鄭氏義》《周易荀氏九家義》《易義別録》諸書，孫志祖《讀書脞録》《續編》，臧庸《拜經日記》《拜經堂文集》諸書，皆爲江、焦二目所未及，而與阮

① 王章濤：《阮元年譜》，第669—669頁。〔清〕阮元撰，鄧經元點校：《揅經室集》卷五《王伯申經傳釋詞序》，第121頁。
② 王章濤：《阮元年譜》，第150—152、165頁。
③ 王章濤：《阮元年譜》，第209頁。
④ 〔清〕阮元撰，鄧經元點校：《揅經室二集》卷六《臧拜經別傳》，第523—524頁。

氏有一定淵源者,從表面上看,是以阮氏主觀學術取向爲主導的,但體會阮氏收書用意,不難看出,其所擇取學者,兼具清初開山元老、乾嘉中流砥柱與嘉道後起之秀,爲學根據經傳古義,以實事求是爲指歸,此類學者著述,或爲鴻文巨製,或精悍短篇,奉爲楷模,以此指導士子,引領學風,鼓勵後進,功莫大焉。

三、從《皇清經解》的實績看阮元的編纂理念

《皇清經解》刊成之後,學界對其去取之弊多有苛責,時賢所辯,不再贅述。《經解》之纂,與以往經解編纂旨趣不一,相比於對歷代或一朝各經傳説讀本的選編,更側重於對清人文集、札記、筆記乃至論文中散見經義訓詁考據資料的搜輯。這些學術資料相比於完整的解經專著,往往易爲學子讀書忽視,《經解》的編纂使得這些考證札記匯聚一書,比類合觀。從阮元最初編纂體例構想來看,其本欲承襲《經郛》編纂之例,將各家經説條係於各經各篇之下,最後却以作者生年先後次序排列,①遭致學者如徐時棟等人非議。實則在聯繫乾嘉學界江藩、方東樹、焦循等學者所做的學術史整理工作,深刻理解《經解》編纂一事在阮氏學術規劃中所扮演的角色、承擔的任務之後,徐時棟所稱阮氏此書次序未當、搜羅未備、去取未公、抉擇未精等疵,以及吳汝綸等病《經解》重漢學的門户之見,或可恕諒。以下試予發明。

一是出於當代學人的經學研究成果除大著外亦有單篇雜章,不加整合便有可能被世人忽略,長此以往容易散佚,這也是《皇清經解》不收代表大作而多收文集雜著的用意之一。《經解》最末,收録題名"嚴杰補編"的《經義叢鈔》一部,囊括顧棟高《春秋大事表》、王昶《蜀石經毛詩殘字》、洪頤煊《讀書叢説》《禮經宫室答問》《孔子三朝記》三書,單篇論文四十餘篇以及《詁經精舍文集》《學海堂文集》兩部論文集,選録阮元撫浙、督粤創辦書院中的學子優秀課卷。《經解》刊入此書,桂文燦、徐時棟皆有苛責,以

---

① 虞萬里先生認爲:"《清經解》所匯輯之清人著作數量遠過於《經郛》,若以《經郛》體例係分縷析清人經説,非唯時間上必曠日持久,無有了時,即校勘精審之嚴子,畢竟不如江藩與顧千里,恐難肩斯任。"虞萬里:《〈正續清經解〉編纂考》,《榆枋齋學術論集》,南京:江蘇古籍出版社,2001年,第693頁。

嚴氏選編此書編輯失當、率意收録、漫無統紀，虞萬里先生已辨，認爲“至於《叢鈔》專著與單篇雜燴一鍋，似另有原因。《清經解》編録大致以人之先後爲序，朱彬、劉玉麐、王崧三書晚得，故居於最末。《叢鈔》中顧、姚、洪之書或更後得，若復殿後，不免自亂其例，且隨得隨刊，終無有了，乃選而編之，都爲一集，名爲‘叢鈔’，題曰‘補編’，殿以了事。原心循迹，或亦不得已也”①。此外，阮氏編纂《經解》時，除從藏書中選其有益於學海堂諸生及嶺南士林應刻者，還向交游學者詢其所著説經之書，許以刊入，顧廣圻回信稱其早年雖有志於此，但迄今無成書，僅呈論王肅文一則，并請阮氏示以《經解》現有目録，願爲代訪。② 推知，在《經解》編纂過程中，阮氏有意擇取學者之作，尚有未能刊入者，故在《經解》編刊接近尾聲時，嚴杰將所得經説論文未能成集者，一概編入《叢鈔》付梓。如於顧氏所撰，即鈔入《周立學古義考》《釋名略例》《廣復古編序》《列女傳考證》四篇，其中《周立學古義考》乃段玉裁與顧氏由《禮記·祭義》“西郊”“四郊”異文引發關於周代學制爭議所涉之文，可與《經解》所收《禮記鄭注考異》條目及段氏《經韻樓集》所涉書札參看。《釋名略例》爲顧氏代吳志忠刊《釋名》所撰，附書刊行，時道光九年（1829），正值《經解》刻成之限，《經解》刊入《叢鈔》無序之由、不得已之處，於此可見。另一方面，也透露出阮元對顧氏學識的認可，故而在《經解》中，特意收録題名張敦仁，實爲顧氏所撰的《撫本禮記鄭注考異》，供學界參正。此外，阮氏亦從陳壽祺處索其所撰，陳氏答曰：“夫子所編學海堂《皇清經解》，摭近儒説經之件，網羅衆家零鏐碎璧之寶也，然欲以鄙撰《經辨》雜厠其中，恐不足稱。”③然阮氏認爲陳氏解經，“得兩漢大義。每舉一義，輒有折衷，上溯伏生，下至許、鄭，靡不通徹”，故於所著當中，選其《五經異義疏證》《左海經辨》及《左海文集》中之説經者，刊入《經解》。④

二是這些學者的考據成果，散見各書，但往往涉及對同一經文疑難雜

---

① 虞萬里：《〈正續清經解〉編纂考》，《榆枋齋學術論集》，第 703 頁。
② 〔清〕顧廣圻著，王欣夫輯：《顧千里集》卷七《與阮雲臺制府書》，北京：中華書局，2014 年，第 126 頁。
③ 〔清〕陳壽祺：《左海文集》卷四《答儀征公書》，《續修四庫全書》（第 1496 册），第 178 頁。
④ 〔清〕阮元：《隱屏山人陳編修傳》，錢儀吉纂《碑傳集》卷五一，北京：中華書局，1993 年，第 1469 頁。

症的診治,衹見一家,或有偏差,如能彙聚一書,則對此問題理解更爲全面,這也是阮氏原本構想析縷分條,加以剪裁,引繫於群經各章句下的體例的出發點之一。雖然《皇清經解》最終采取以書繫人的形式編纂,但猶有彙考之效。如《禮記》"貸""貳""忒"用字,《月令》曰"宿離不貸""無或差貸""毋有差貸",《中庸》曰"其爲物不貳,則其生物不測",又《緇衣》《大學》《經解》引《詩》云"其儀不忒"。《禮記釋文》爲"貸""貳""忒"作音,曰:"不貸。吐得反,徐音二。""差貸。音二,又他得反。""不貳。本亦作'貣',音二。""不忒。他得反,本或作'貳',音二。""不忒。吐得反。""不忒。他得反。"據《釋文》用例,則"忒"音"吐得反",又音"他得反",或作"貳",音"二"。"貳"亦作"貣",音"二"。至於"貸",有兩讀,一與"忒"音同,音"吐得反""他得反",一與"貳"音同,音"二"。也就是説,在陸德明的釋音釋義體系中,"貸""貳""忒"三字存在可借字借音借義的情況。對此經典用字,乾嘉諸儒惠棟、段玉裁、王引之等皆有考證:

　　惠棟《九經古義》於《禮記》"無或差貸"下案:"'貸'依字當作'貣',古'忒'字。《吕覽》正作'忒',《易·豫》象云'四時不忒',京房本作'貣'。《尚書·洪範》'衍忒',《史記》作'衍貣'。又《管子》書皆以'貣'爲'忒',今皆讀爲二者,非。張參《五經文字》云:'貸相承或借爲貣字。'是'貸'與'貣'通。又漢《張表碑》'茍忒'字作'荷貣',此其證也。"[1]《月令》"宿離不貸""無或差貸""毋有差貸"之"貸",歷來爲誤已久,按《説文》釋義,二字本義相對,但經典用例多相混用。唐張參《五經文字》已謂"貸""貣"相承借用。段玉裁《説文解字注》亦考證認爲:忒之假借或作貣。古時"代""弋"同聲,無去、入之别。"貣""貸"同義,無求人、施人之分。後因"貣"字或作"貸",因分其義,又分其聲。而經史內"貣""貸"錯出,是出於俗人妄增人旁。[2] 可爲之佐證。

　　王引之《經義述聞》亦考《曹風·鳲鳩》"其儀不忒",毛《傳》曰:"忒,疑也。"鄭《箋》:"執義不疑。"孔《疏》:"《釋言》文。執義如一,無疑貳之心。"王氏稱:"古無訓'忒'爲'疑'者。《爾雅·釋言》亦無'忒,疑也'之文,惟《釋詁》曰:'貳,疑也。'蓋毛、鄭本'忒'作'貳',故訓以爲疑。'貳'者,'貳'之譌,'貳'即'忒'之借字。《緇衣》引此詩曰'淑人君子,其儀不忒',釋文:

　　① 〔清〕惠棟:《九經古義》,〔清〕阮元編纂:《皇清經解》卷三六九,第7頁b—第8頁a。

　　② 〔清〕段玉裁:《説文解字注》,上海:上海古籍出版社,1988年,第280頁。

'不忒,他得反,本或作貳。'是《緇衣》之'不忒',亦有作'不貳'者,'貳'亦'貳'之譌也。《孝經》及《經解》《大學》《荀子·富國篇》《吕氏春秋·先己篇》引此詩并作'忒',高誘曰:'忒,差也。'蓋'忒',本字也;'貳',借字也;'貳'譌字也。"又稱:"'貳'爲'貳'之譌、'貳'爲'忒'之借,皆可推測而知也。經傳'貳'字多譌作'貳',互見《禮記》'宿離不貸'、《周語》'成事不貳'下。"①求證可得《禮記》引《詩》之"不忒"或作"不貳"者,"貳"是"貳"之譌。

綜合惠氏、段氏、王氏考證,可知《禮記》中《月令》《緇衣》《大學》《經解》諸篇作"貸""貳"者,本當作"貣""貳",原爲"忒"之古字、借字,傳本作"貸"或音訓爲"二"者,皆由形近而譌,又輾轉相承,借字互訓,反將本義不相干之字强作系聯。觀阮氏所謂:"聖人之道,譬若宮墻,文字訓詁,其門徑也。門徑苟誤,跬步皆歧,安能升堂入室乎。"②如《禮記》等經混用"貸""貳""忒"之例,非訓詁而不明其文字,不明其文字訓詁,則不得經文義理所指,此《皇清經解》重收經書訓詁著作意圖體現之一。

又如古明堂之制,阮元曾撰《明堂論》一文,歷數上古、三代至漢明堂之義。後更撰《明堂圖説》詳論明堂之制,稱:"明堂異名同實,及上古、中古之分,元于己未歲以前已著論明之矣。歲庚寅(道光十年),《學海堂經解》刻成,復取近代諸家之説而驗其圖,皆未能確也。"③以戴震之説"竊有未安","爰更分析爲十説,并圖以明之",涉及對孔廣森讀《考工》"世室四旁兩夾"爲句,"窗白盛"爲句之説與程瑶田對明堂采用"中霤"形制之説的取用,對戴震《考工記圖》、汪中《述學》明堂圖之駁議與改定。《明堂圖説》的撰寫,亦可視爲阮氏輯刻程氏《釋宫小記》、金榜《禮箋》、戴震《考工記圖》、孔廣森《禮學卮言》、汪中《述學》於《皇清經解》一書實績之顯例。

三是阮元希望通過此書的編纂,爲學海堂諸生、乃至學界士子提供盡可能全面詳致的資料參考,寄期望於後人能够利用《經籍籑詁》《十三經注疏校勘記》《皇清經解》三位一體的資料合集,制造出代表清代學術的《十三經》讀本。

王引之爲《經籍籑詁》撰序稱:"後之覽是書者,去鑿空妄談之病,而稽

① 〔清〕王引之撰,虞思徵、馬濤、徐煒君點校:《經義述聞》,上海:上海古籍出版社,2017年,第298—299頁。
② 〔清〕阮元撰,鄧經元點校:《揅經室集》卷二《擬國史儒林傳序》,第37頁。
③ 〔清〕阮元撰,鄧經元點校:《揅經室續集》卷一《明堂圖説》,第989—999頁。

於古。取古人之傳注,而得其聲音之理,以知其所以然。而傳注之未安者,又能博考前訓以正之,庶可傳古聖賢著書本旨,且不失吾師纂是書之意與。"①阮元《江西校刻宋本十三經注疏書後》言:"竊謂士人讀書當從經學始,經學當從注疏始,空疏之士、高明之徒讀注疏不終卷而思臥者,是不能潛心覃索,終身不知有聖賢諸儒經傳之學矣。至於注疏諸義,亦有是有非,我朝經學最盛,諸儒論之甚詳,是又在好學深思實事求是之士由注疏而推求尋覽之也。"②嚴杰《皇清經解》識語又揭示道:"是編以人之先後爲次序,不以書爲次序。凡見於雜家、小説家及文集中者,亦挨次編録,計一千四百卷。《注疏》罕言推算,編中所載天算各書,使孔沖遠明乎此不致誤爲三統,以庚戌之歲爲太極上元矣。賈公彥明乎此自無中氣匝則爲歲,朔氣匝則爲年之説矣。解經貴通詁訓,《廣雅》一書依乎《爾雅》,王觀察之《疏證》尤宜奉爲圭臬也。許氏《説文》,凡經師異文莫不畢采,段大令積數十年心力而成是《注》,悉有根據,不同臆説。諸如此類,并爲編入,更足補《注疏》所未逮。經術之盛,洵無過於昭代矣。"③

　　覽此三序,不難勾勒出阮元的學術願景,即覽《纂詁》以審音度義,離經辨志,備小學之用;讀《注疏》而推求尋覽經學本源。而《皇清經解》則將學涉《注疏》罕言之推算、訓詁之書網羅編次,以補《注疏》所未逮。俾後之學者藉此三書,精校博考,潛心覃索,去鑿空妄談之病,好古深思,以求古聖賢之道。

結　語

　　通過比較阮元《儒林傳稿》與焦循建議及江藩《國朝漢學師承記》,阮氏《皇清經解》與江藩《經師經義目録》、焦循《讀書三十二贊》對清代經師及經師著作的選取評價標準差異,可以看出,在乾嘉學界漢宋門户之爭的立場選擇上,阮元在官方層面一以尊崇實學、漢宋持平爲傾向,在個人的

---

①　〔清〕阮元等纂:《經籍纂詁》,北京:中華書局,1982年,第4頁。
②　〔清〕阮元撰,鄧經元點校:《揅經室三集》卷二《江西校刻宋本十三經注疏書後》,第620—621頁。
③　〔清〕嚴杰:《皇清經解》識語,〔清〕阮元編纂:《皇清經解》卷首,第17頁b—第18頁a。

學術立場上,與持明確漢學立場的江氏不同,阮氏與焦氏的觀念與態度更爲相近,即不刻意區別漢宋,且對考據學多有肯定。而在對清代學術著作的評價方面,阮氏《皇清經解》的選書標準與江、焦二氏明顯有異,突出表現在阮氏對涵蓋經學、小學訓詁考據資料的傾向性。又得益於阮氏顯達的爲官經歷與廣泛的交游範圍,阮氏平生搜羅、得見本朝學術著作要遠遠超過二人,且許多乾嘉經師的代表著作皆刊行傳播於阮氏之手,故而在書目的選擇上,阮氏具備更廣闊的空間與更深刻的理念。

(作者:南京師範大學文學院講師)

阮元《孝經義疏》辨僞

——兼論其與阮福《孝經義疏補》的關係

張鑫龍

摘要:道光十六年(1836)王德瑛刊入《今古文孝經彙刻》中所謂"阮元《孝經義疏》"一書,實際是他將道光九年(1829)所刊《皇清經解》中阮福所撰《孝經義疏》中的"福按""福謂""福又謂"等明確揭示作者信息的關鍵詞眼進行删改、將含有"家大人"的字句無一例外删除,同時捨棄某些内容,并且通過修改字句的方式,對因删除内容而導致的前後不對應的情况進行彌縫,然後冒題"阮元"之名而成的一部僞書。其書演進軌迹爲:阮福先撰成《孝經義疏補》,而後承其父阮元之命,擇取精華成《孝經義疏》一書,刊入《皇清經解》,最後王德瑛將《孝經義疏》改頭换面,冒"阮元"之名刊入《今古文孝經彙刻》。

關鍵詞:阮元 《皇清經解》 《孝經義疏補》 《今古文孝經彙刻》 辨僞

阮元(1764—1849),字伯元,號雲臺,江蘇儀徵人。身經乾隆、嘉慶、道光三朝,博學多聞,傾心學術,提倡實事求是的學風。他在所撰《曾子十篇叙録》中言:"然則七十子親受業於孔子,其言之無異於孔子而獨存者,惟《曾子十篇》乎! 曾子修身慎行,忠實不欺,而大端本乎孝。孔子以曾子爲能通孝道,故授之業,作《孝經》。今讀《事父母》以上四篇,實與《孝經》相表裏焉。"①爲此阮元還專門撰成《曾子注釋》一書。那既然《曾子十篇》和"《孝經》相表裏",阮元爲《曾子》作過注釋,那他是否有與《孝經》相關的著述呢? 稽檢歷代著録,還真有署名阮元的一部與《孝經》相關的著作:《孝經義疏》一卷。

一、阮元《孝經義疏》的情况

在《續修四庫全書總目提要(稿本)》中,有所謂"《孝經義疏》"一書,隸

---

① 〔清〕阮元:《曾子注釋叙録》,《續修四庫全書》(第932册),上海:上海古籍出版社,1996年,第253頁。

屬于阮元名下,而且有近代著名學者、藏書家倫明爲此書所撰寫的提要:

　　《孝經義疏》不分卷

　　清阮元撰。是書題曰《義疏》,并不依經文章解句釋,實劄記體也。而中多精義,如謂"以'經'爲書之名目,實始《孝經》,此名目又自本經《三才章》'夫孝,天之經也'之'經'字出。《易》《書》《詩》《禮》《春秋》,當孔子時,并無'五經'之名,惟此書言孝道,則肇名曰'經',是孔子自名之也。後世各書名'經'者,皆始此"。又謂:"孔子于諸侯、卿大夫、士,則曰然後能保其社稷,然後能保其宗廟,然後能保其禄位。于天子但曰德教加于百姓,刑于四海,不言然後能保其四海者,此孔子《春秋》尊王之義。孔子時,王室更弱,幾於不保,不肯斥言,所謂'志在《春秋》,行在《孝經》',非不煩言保也。諸侯之社稷,天子可予奪之。卿大夫之禄位,諸侯能予奪之。保守者能盡孝道,不致爲上所奪、爲下所犯也,故曰'志在《春秋》,行在《孝經》'。《孝經》所以維持上下封建也。"又謂:"《春秋》以帝王大法,治之於已事之後;《孝經》以帝王大道,順之於未事之前。皆所以維持君臣,安輯邦家。《論語》'其爲人孝弟'一章,《孟子》'王必曰利'一章,皆即此義。孔、孟正傳在此。"凡此皆云微言大義所繫。他如釋"敬"字,謂"終日常自肅警,不敢怠逸放縱之謂,非端坐静觀主一之謂"。釋"患"字,主"恐禍患及身"之解,而不主"憂患己力不能及"之解。又發明"順""訓"二字,古每通借,《孝經》"順"字,兼"訓"字爲義。此類俱極精確,惟斷鄭注爲鄭小同作,過信陸澄,而非劉肅,是其一蔽。書爲道光十六年日省吾齋刊本。①

　　此後學界關於"阮元《孝經義疏》"的著録、論述,幾乎皆出於倫明這篇提要。如舒大剛《中國孝經學史》將清代的《孝經》文獻按類型分別,製爲表格,其中阮元《孝經義疏》被分入"劄記體",其表格中"特色"一欄云:"名爲《義疏》,實爲劄記。如説《孝經》稱經,開群經先河,乃孔子自名;説五

　　① 中國科學院圖書館整理:《續修四庫全書總目提要(稿本)》(第14册),濟南:齊魯書社,1996年,第212—213頁。

孝,諸侯以下皆有'然後能',天子不説,乃'尊王';又以訓釋順,等。"①顯然是承自倫明提要,其"備注"中亦標明出自《續修四庫全書總目提要》一書。《歷代孝行類編 興孝篇》一書中論述清代《孝經》文獻形式多樣時,亦言:"除傳統的注疏形式之外,出現了以《御制孝經衍義》爲代表的衍義型,以曹元弼的《孝經學》爲代表的學術型,以阮元《孝經義疏》爲代表的劄記體,以清嘉慶時金汝幹《孝經傳説圖解》爲代表的圖解型……"②分體方式是繼承《中國孝經學史》的説法,而所謂"劄記體",源頭仍是倫明之提要。又如《十三經辭典 孝經卷》中《歷代〈孝經〉研究參考書目》中,列有"《孝經義疏》1卷,〔清〕阮元撰,《今古文孝經彙刻》本"③。王章濤在其所撰《阮元年譜》末附有《阮元著述知見録》一篇,羅列阮元所著、所編、所校等書,并標注版本、館藏等,極爲詳細。其中有"《孝經義疏》一卷",版本標爲道光十六年(1836)福山王氏日省齋刊《今古文孝經彙刻》本。④ 其他如劉建臻《清代揚州學派經學研究》一書中説:"阮元的經學著述可分爲獨自所成之書及組織編寫諸書兩大類。自己撰成之書,如……《孝經義疏》一卷……"⑤其他類似論述記載多有,不煩一一列舉。

二、王德瑛及其《今古文孝經彙刻》

據上引倫明提要,阮元《孝經義疏》爲"道光十六年(1836)日省吾齋刊本"。日省吾齋爲王德瑛之堂號。王德瑛(1788—?)⑥,原名璠,字念池,號蓮墅,山東登州府福山縣人,嘉慶十九年(1814)進士,歷任河南考城、伊陽、扶溝、安陽縣知縣。撰有《初學辨字》《格致臆説》《格致易簡録》《日省吾齋雜著》等,并輯刻《孝譜類編》《孝經類編續編》《今古文孝經彙刻》

① 舒大剛:《中國孝經學史》,福州:福建人民出版社,2013年,第426頁。
② 駱明:《歷代孝行類編 興孝篇》,北京:光明日報出版社,2016年,第51頁。
③ 劉學林、關會民主編:《十三經辭典 孝經卷》,西安:陝西人民出版社,2002年,第11頁。
④ 王章濤:《阮元年譜》,合肥:黃山書社,2003年,第1039頁。
⑤ 劉建臻:《清代揚州學派經學研究》,南京:江蘇人民出版社,2018年,第190頁。
⑥ 王德瑛事迹見《〔民國〕福山縣志稿·人物志》卷七。關於王德瑛卒年,一説爲道光十二年(1832),然據《〔民國〕續安陽縣志》卷一五云:"王德瑛,福山人,道光十四年任。"可知王德瑛不可能卒於道光十二年。

諸書。

《今古文孝經彙刻》叢書中所收皆爲歷代有關《孝經》注解、校釋之小書,包括:

> 漢孔安國《古文孝經傳》一卷
> 宋邢昺《孝經正義》一卷
> 宋司馬光《孝經指解》一卷
> 宋朱熹《孝經刊誤》一卷
> 元董鼎《孝經大義》一卷
> 元吴澄《孝經定本》一卷
> 明項霩《孝經述注》一卷
> 明黃道周《孝經集傳》四卷
> 清世祖《御注孝經》一卷
> 清世宗《御纂孝經集注》一卷
> 清毛奇齡《孝經問》一卷
> 清李光地《孝經全注》一卷
> 清吴隆元《孝經三本管窺》一卷
> 清無名氏《孝經解紛》一卷
> 清任啓運《孝經章句》一卷
> 清阮元《孝經義疏》一卷①

共十六種十九卷,國家圖書館、上海圖書館、復旦大學圖書館等有藏本。② 每半葉九行,行二十五字,小字雙行同,乃於道光十四年(1834)至道光十六年(1836)間次第刊刻而成,每書末皆有刊刻時間,如孔安國《古文孝經傳》末鎸"道光十四年六月河南安陽縣知縣福山王德瑛刊",又如黃道周《孝經集傳》末鎸"道光十五年夏河南安陽縣知縣福山王德瑛刊",而最後一種《孝經義疏》則鎸"道光十六年夏河南安陽縣知縣福山王德瑛刊"。

---

① 上海圖書館編:《中國叢書綜録·總目》,上海:上海古籍出版社,2007 年,第618 頁。

② 筆者所見《今古文孝經彙刻》爲復旦大學圖書館藏本,索書號爲 100024。

考《［民國］續安陽縣志》卷十五《循政志》云：“王德瑛，福山人，道光十四年任。曾將節孝貞烈婦女二百一十二人，彙案請旌，纂輯成編。繼任朱令顯曾，復取德瑛所纂輯者，捐廉刊發，以維風教。德瑛著有《日省吾齋録》，又刊發《孝經指解》《孝經注疏》等册行世。”①王德瑛特地請朝廷旌表貞潔烈婦，可見其爲政極爲重視綱常倫理教化，而《孝經》一書是古代綱常倫理教化中最基本、最重要的典籍，所以王德瑛彙刊《今古文孝經彙刻》一書，是和他的爲政理念一脈相承的。

三、王德瑛冒題阮元名而作僞之迹

據前文所述，《今古文孝經彙刻》收録道光十六年（1836）所刊《孝經義疏》一卷，題“儀徵阮元著”。無獨有偶，在《皇清經解》之中，也收録了《孝經義疏》一卷，題“儀徵阮福著”，爲道光九年（1829）刊本。阮福（1801—1878），字賜卿，號喜齋，阮元之子。粗看之下，筆者發現這兩部書皆爲劄記條辨之體，但内容很相似。於是筆者將二書對校一遍，發現兩書性質、内容幾乎相同，但也明顯存在一些不同之處，下面以表格詳細展示二本的差異之處：

《皇清經解》本 阮福《孝經義疏》	《今古文孝經彙刻》本 阮元《孝經義疏》	備注
福案：安國未獻《孝經》。	按：安國未獻《孝經》。	後者删去“福案”二字，改用“按”字。
堯之傳舜，首以孝重，此真堯舜相傳之道。	堯舜相傳之道。	後者删去“堯之傳舜，首以孝重，此真”十字。
古人引書，一切皆可稱曰傳，如《孟子·梁惠王》兩見“於傳有之”，是以《漢書·翟方進傳》……	古人引書，多稱曰傳，《漢書·翟方進傳》……	後者删改文字。
福案：《孝經》相傳爲鄭元注。	按：《孝經》相傳爲鄭元注。	後者删去“福案”二字，改用“按”字。

①　方策、王幼僑修，裴希度、董作賓纂：《［民國］續安陽縣志》卷一五，《中國地方志集成·河南府縣志輯》（第22册），上海：上海書店出版社，2013年，第440頁。

續　表

《皇清經解》本 阮福《孝經義疏》	《今古文孝經彙刻》本 阮元《孝經義疏》	備注
確有可據。福案:《後漢書・鄭元傳》……	確有可據。《後漢書・鄭元傳》……	後者删去"福案"二字。
蓋康成裔孫所作也。福審此裔孫之言……	蓋康成裔孫所作也。審此裔孫之言……	後者删去"福"字。
福今擅將陸德明《音義》……	余今擅將陸德明《音義》……	後者將"福"改"余"。
福案:陸澄議非康成之注。	按:陸澄議非康成之注。	後者删去"福案"二字,改用"按"字。
福案:《說文》"尻"乃許氏受衛宏之真古文……	按:《說文》"尻"乃許氏受衛宏之真古文……	後者删去"福案"二字,改用"按"字。
福謂:此篇乃見孔子傳曾子、曾子傳門人……	按:此篇乃見孔子傳曾子、曾子傳門人……	後者將"福謂"二字改爲"按"字。
《大孝篇》曰:"刑自反此作。"家大人注:"違反孝道,則刑戮及身。"此亦"不敢毁傷"之義也。	《大孝篇》曰:"刑自反此作。"此亦"不敢毁傷"之義也。	後者删去"家大人注"整句。
福謂:鄭注"形,見",唐注"刑,法"……	余謂:鄭注"形,見",唐注"刑,法"……	後者將"福"改"余"。
福案:《孝經》重"敬"字,敬字凡二十二見,而首見於此。《揅經室續集・釋敬》云:古聖人造一字……	《孝經》重"敬"字,敬字凡二十二見,古人造一字……	後者删去"福案",并删去提示出處的《揅經室續集》篇名。
福謂家大人《釋敬》主於支苟之義,《孝經》此"敬"字,後人……	《孝經》"敬"字,後人……	後者删除"福謂"一段文字。
福謂:不敢惡於人……	不敢惡於人……	後者删除"福謂"二字。
福謂:孔子於經則不敢斥言……	孔子於經則不敢斥言……	後者删除"福謂"二字。

《皇清經解》本 阮福《孝經義疏》	《今古文孝經彙刻》本 阮元《孝經義疏》	備注
家大人曰:孔子曰:吾志在《春秋》……	孔子曰:吾志在《春秋》……	後者刪除"家大人曰"四字。
皆有"不"字,福謂此不然也。臧謂……	皆有"不"字,臧謂……	後者刪除"福謂"一句。
福謂:《曾子·立事篇》……	《曾子·立事篇》……	後者刪除"福謂"二字。
福案:此秦人引《孝經》……	此秦人引《孝經》……	後者刪除"福案"二字。
福謂:諸侯危社稷……	諸侯危社稷……	後者刪除"福謂"二字。
家大人曰:卿大夫之孝……	卿大夫之孝……	後者刪除"家大人"四字。
福謂:無口過……	無口過……	後者刪除"福謂"二字。
福謂:不娶無後……	不娶無後……	後者刪除"福謂"二字。
福案:徐彥乃晚唐人……	按:徐彥乃晚唐人……	後者刪去"福案"二字,改用"按"字。
福謂:孔鄭韋王之説是也。	孔鄭韋王之説是也。	後者刪除"福謂"二字。
福又謂:《開宗明義章》曰……	《開宗明義章》曰……	後者刪除"福又謂"三字。
家大人曰:《抑》詩……	《抑》詩……	後者刪除"家大人曰"四字。
皆實實在孝、善、仁字上起義,所以家大人辟李翱《復性書》爲禪學也。至於《論語》……	皆實實在孝、善、仁字上起義,至於《論語》……	後者刪除含"家大人"字樣之一句。
其義更爲互明。家大人著《性命古訓》,更爲明顯,蓋性無奧義……	其義更爲互明。性無奧義……	後者刪除"家大人"一段文字。
福案:倍者,背也。	倍者,背也。	後者刪除"福案"二字。
福謂:到子即倒子。	到子即倒子。	後者刪除"福謂"二字。

《皇清經解》本 阮福《孝經義疏》	《今古文孝經彙刻》本 阮元《孝經義疏》	備注
詳見《諸侯章》"富貴不離" 補義下 。	詳見 前 。	後者修改文字。
先意承志,諭父母以道。 家 大人曰:諭猶諫也。又云……	先意承志,諭父母以道。 又云……	後者删除"家大人曰" 一句。
福案:《家語》王肅采小説 僞撰……	《家語》王肅采小説僞撰。	後者删除"福案"二字。
聖人爲天地主。 家大人注 引孔檢討云 :主,祭主也。	聖人爲天地主。 主,祭 主也。	後者删除含"家大人"字 樣之一句。
福又謂 :明堂以祀天……	明堂以祀天……	後者删除"福又謂" 三字。
福案 :《詩經》亦作"中"……	《詩經》亦作"中"……	後者删除"福案"二字。
詩人必變"何"字爲"遐"字 者,此 即家大人所謂 "義同 字變"之例,三百篇中此例 甚多。	詩人必變"何"字爲"遐"字 者,此"義同字變"之例,三 百篇中此例甚多。	後者删除含"家大人"字 樣之句。

　　以上表格中的若干條屬於舉例性質,并未將兩本的所有異同羅列出來。可以看出,表格中揭示的是《今古文孝經彙刻》本直接采取删除"提示語"的方法。此外,有時因爲删除一些内容,導致一條劄記之中前後不相應時,《今古文孝經彙刻》本則會對文字進行修改,如下面這條,《皇清經解》本阮福《孝經義疏》中作:

　　揚名。福案古聖賢以名爲重,《易》云:"善不積不足以成名。"《禮記》云:"身不失天下之顯名。"又云:"將爲善,思貽父母令名,必果。"《曾子•大孝篇》曰:"父母既没,慎行其身,不遺父母惡名,可謂能終矣。"舉此數則,皆可證《孝經》孔子此語之義。①

　　① 〔清〕阮福:《孝經義疏》,《皇清經解》卷一三六〇,道光九年(1829)學海堂刊本,第8b頁。

在《今古文孝經彙刻》本阮元《孝經義疏》中，則成了：

> 古聖賢以名爲重，《易》云："善不積不足以成名。"《禮記》云："身不失天下之顯名。"又云："將爲善，思貽父母令名，必果。"《曾子·大孝篇》曰："父母既没，慎行其身，不遺父母惡名，可謂能終矣。"舉此數則，皆可證《孝經》"揚名"之義。①

由此可見，《皇清經解》本中的這部分内容，在《今古文孝經彙刻》本中被删去了"揚名福案"四字，於是王德瑛將後面的"孔子此語"四字改爲"揚名"二字。因爲一旦開頭的"揚名福按"四字被删，則後面的"孔子此語"（指拈出的"揚名"二字）就變得没有着落，前後没法照應，於是不得不進行修改。上面表格中亦有一條相類似，《皇清經解》本中"詳見《諸侯章》'富貴不離'補義下"一句，在《今古文孝經彙刻》本中則成了"詳見前"三字，也屬於這類爲了前後相照應而修改文字的情況。王德瑛真可謂巧於作僞，不露絲毫破綻。至於《皇清經解》本中爲何也出現"詳見《諸侯章》'富貴不離'補義下"這種前後不相照應的情況，詳後文論述。

除此之外，《今古文孝經彙刻》本阮元《孝經義疏》中還删除了《皇清經解》本阮福《孝經義疏》中幾處大段的内容。如：

> "《太平御覽》卷一百四十七引《孝經》鄭注曰"整條 310 字；
> "《尚書·堯典》'五載一巡守，群後四朝'鄭康成注云"整條 418 字；
> "蔡邕《明堂論》引魏文侯《孝經傳》曰"整條 646 字；

又如：

> "《曾子·立事篇》"條中"漢班固《白虎通·社稷篇》"至"此亦漢班氏、應氏説《孝經》古義也"343 字；
> "孔子言庶人之孝"條末"又疏内兩鄭曰"至"今人或即輯爲鄭注，

---

① 〔清〕阮元：《孝經義疏》，《今古文孝經彙刻》本，第 9 頁。

誤矣"107 字；

　　"則身不離於令名"條中"魯哀公問於孔子曰"至"謂貞也又案"
123 字；

　　在《今古文孝經彙刻》本中，以上所述均被删除。其他訛誤如"會黄巾
寇兗部"之"兗"字，《今古文孝經彙刻》本因刻本形近誤爲"奇"字；"南史陸
澄傳"之"史"字，《今古文孝經彙刻》本亦因形近誤爲"安"字；"隋書經籍
志"誤爲"唐書經籍志"等，亦在在可見。其他簡省字句如删除句末"也"字
"者"字等情况，則比比皆是。

　　綜上可知，阮福《孝經義疏》在道光九年（1829）即被刊入《皇清經解》
中，王德瑛輯刊《今古文孝經彙刻》時，將阮福《孝經義疏》中的"福案""福
謂""福又謂"等揭示作者信息的關鍵詞眼進行删改，將含有"家大人"字眼
的字句則無一例外删除，同時捨棄某些内容，并且通過修改字句的方式，
對因删除内容而導致的前後不對應的情况進行彌縫，然後冒題"阮元"之
名，在道光十六年（1836）刊行於世，這顯然是王德瑛有意爲之的。杜澤遜
在《文獻學概要》一書中將"作僞的主要手段"總結爲十一種，其中第二種
爲"後人改題著者"①。以此而論，所謂"阮元《孝經義疏》"實際是一部王
德瑛有意冒題其他作者之名的僞書。

四、從《孝經義疏補》到《孝經義疏》

　　或許有人會有疑問，古人著作權觀念不強，何況阮元、阮福還是父子
關係，《孝經義疏》題"阮元"或者"阮福"之名，并無大礙。那不妨先來查考
一下《孝經義疏補》與收入《皇清經解》中的阮福《孝經義疏》的關係。

　　《孝經義疏補》正文九卷，又卷首序目一卷，凡十卷，是清代《孝經》學
的名著，本書《自序》有對撰述此書的起因與宗旨的詳細闡述：

　　　　福早受庭訓，讀家大人所著《曾子十篇注釋》，與《孝經》相爲表
　　裏。家大人教福曰："汝試撰《孝經義疏補》一書。"福謹以《曾子十篇》

――――――――
　　①　杜澤遜：《文獻學概要》，北京：中華書局，2008 年，第 186 頁。

中凡可以發明《孝經》,可以見孔、曾授受大義者,悉分補于各章各句之下。今《孝經注》爲唐明皇所删之《鄭注》,而《鄭注》半存其中。爰定《鄭注》爲鄭小同。唐以前書,凡可見鄭氏舊注者,今皆補之。陸氏《音義》尚可見《鄭注》舊字舊義,但又多爲唐疏、宋校時所删,今全據《經典釋文・孝經音義》載入,以存鄭氏舊觀,且疏證之。古籍可發明《孝經》者,自魏文侯《孝經傳》以下,多引證之。偶下己意,不敢自是,皆就訓于家大人而後著之。家大人謂:"《孝經》之郊祀,即《召誥》之'用牲於郊';《孝經》之宗祀,即《洛誥》之'宗禮功宗'。"福又備引各經,推明此義,謂《洛誥》之文祖,即《孝經》之明堂以著之。此本以正德板本爲主,所有脱誤之字,據《孝經注疏校勘記》,於《注疏》《音義》各章句下補之。①

可見阮福奉父親阮元之命,撰成《孝經義疏補》。雖然在撰作過程中,時時請教并徵求阮元的意見,阮元對兒子也確實進行了悉心的指導,而且還特地撰寫《宗禮餘説》《大雅文王詩解》《咸秩無文解》等文章,來補充阮福《孝經義疏補》之不足。儘管如此,著作權還是只能歸屬于阮福,《孝經義疏補》只能説是阮福的著作。

《孝經義疏補》最早在道光九年(1829)刊刻於雲南滇池節院。而據前所述,阮福《孝經義疏》一卷本也是在道光九年刻入《皇清經解》之中的。從二書的名稱來看,似乎很容易得出這樣的推斷,即:阮福先以劄記體的形式撰成《孝經義疏》一卷,後在其基礎上增補,撰成《孝經義疏補》一書。前輩學者王欣夫所持即是這種看法,他在《蛾術軒篋存善本書録・甲辰稿》卷一中説:

　　賜卿承家學,并受業于江鄭堂、淩曉樓之門,博雅好古。道光九年從宦滇池,奉父命撰《孝經義疏》,以《曾子十篇》中凡可以發明《孝經》,可以見孔、曾授受大義者,分補于各章各句之下,先以討論條記,刊入《學海堂經解》。其後續有增補,以明皇《注》、陸德明《音義》、元行冲《疏》、邢昺校并爲一編，於《音義》、元《疏》後各下己意，故曰"義疏補"。①

　　單據書名推測的話，此説似乎言之成理。但已有學者對此提出疑問，張付東指出："非常值得注意的是，《義疏》對《義疏補》中某些訛誤的更正。"并列舉了五處《孝經義疏補》中有誤字，而《孝經義疏》却不誤的情况，如"上"誤爲"土"，"樂"誤爲"學"，"過"誤爲"通"等。於是張付東做出推斷："有鑒於此，我們可以用'加減法'原理對這種現象作出兩種不同的猜測：一是，阮福最先完成《義疏》，并在此基礎上加以增飾成《義疏補》刊行，後又把原來的《義疏》加以改訂刻入《皇清經解》中。二是，阮氏先成《義疏補》刊行，然後把自己所補者摘録出來加以裁剪、改訂成一卷本《義疏》，刻入《皇清經解》中。"②

　　張付東的説法很有啓發性，但他僅僅用五處誤字的情况來進行論斷，則稍嫌證據不足，因爲在刻板的時候，偶然因形近刻錯字的情况是很常見的。比如肖吟校勘後指出道光十四年（1834）刻本《孝經義疏補》雖然後出，但却比道光九年（1829）本《孝經義疏補》增加了不少誤字。③ 而且張付東僅僅提出兩種猜測，而沒有最終論斷哪一種是對的，實際上仍然沒有解決問題。

　　筆者在仔細抽繹阮福《孝經義疏》一書之後，認爲阮福是先撰成《孝經義疏補》一書，後將其中自己補充和校正內容的精華部分抽出，改訂成《孝經義疏》一卷，刻入其父所編《皇清經解》之中。

　　我們先來看《皇清經解》本阮福《孝經義疏》中的幾段論述：

　　　　福今全依《經典釋文》本，補録於《音義》之中，以見尚有典型。……至於鄭注之見引於各經《正義》及《北堂書鈔》《文選注》等書內，而非明皇之注，曾經余氏《古經解鈎沉》、臧氏《鄭注解輯》所録，今

　　① 王欣夫撰，鮑正鵠、徐鵬整理：《蛾術軒篋存善本書録》，上海：上海古籍出版社，2002年，第1143頁。

　　② 張付東：《簡論阮福的〈孝經義疏補〉》，《湖北工程學院學報》2013年第4期，第27頁。

　　③ 肖吟：《阮福〈孝經義疏補〉研究》，山東大學碩士學位論文，濟南，2021年，第15—16頁。

亦備加采引,附于各章各句之下,以存鄭氏注之遺。①

　　但御制序,前列"唐明皇撰、宋邢昺校",卷一至卷九,經文前列"唐明皇御注,陸德明音義,宋邢昺校",是經內陰文"注"字,是屬明皇;陰文"音義"二字,是屬陸德明;陰文"疏"字,自是屬元行沖。而行沖未列名,若屬邢昺,則列名又是"校"字,非"疏"字。檢《論語》《爾雅》,每卷前邢昺列名,皆直寫"疏"字,此獨言"校"者,更可見矣。然此"疏"字,究無著處。福今擅將"陸德明音義"下、"宋邢昺校"上,補增"元行沖疏"四字,以正唐儒之名。德明爲隋末唐初人,是《音義》在明皇注前。行沖爲明皇時人,故補列名,當次於德明之後。②

　　福案《孝經》重"敬"字,"敬"字凡二十二見,而首見於此。……《孝經》此"敬"字,後人未有不以爲"心中恭敬"之義者。③

　　"則身不離於令名"經文,石臺、開成石經、唐注皆有"不"字,獨此《釋文》無"不"字,偶脱耳。……詳見《諸侯章》"富貴不離"補義下。④

　　以上四段文字,顯然是在需要有前後文相照應的情況下,才能寫出來的文字。如"今全依《經典釋文》本,補録於《音義》之中,以見尚有典型"一句,如果是純粹的劄記體著作,這一句中所謂"補録於《音義》之中"則顯然是無的放矢,因爲《孝經義疏》一書中完全没有單録陸德明之《音義》,何來"補録"一説? 又如"福今擅將'陸德明音義'下、'宋邢昺校'上,補增'元行沖疏'四字,以正唐儒之名。德明爲隋末唐初人,是《音義》在明皇注前。行沖爲明皇時人,故補列名,當次於德明之後"一句,如果僅是劄記體著作,則所謂"補增"也是無從説起。考《孝經義疏補》卷一至卷九之題名,皆爲"唐明皇御注　陸德明音義　元行沖疏　宋邢昺校",可見"福今擅將……德明之後"一段,顯然是針對《孝經義疏補》每卷開頭題名異于唐代題名而進行的解釋。其他兩條,與此類似,"首見於此""詳見《諸侯章》'富貴不離'補義下"等闡述,也必須有上下文才能説通。何況《孝經義疏》中没有"富貴不離"相關的劄記,所謂"詳見《諸侯章》'富貴不離'補義下"只

---

① 〔清〕阮福:《孝經義疏》,第 4b 頁。
② 〔清〕阮福:《孝經義疏》,第 5b 頁。
③ 〔清〕阮福:《孝經義疏》,第 9b—10a 頁。
④ 〔清〕阮福:《孝經義疏》,第 29a 頁。

能是《孝經義疏補》中的內容。可見以上各條,不是單純的劄記體類型的著作能寫出來的文字,否則前後無法照應,成了無的放矢。

綜上可知,如果是先撰作《孝經義疏》的話,則以上所列若干條必須有上下文才能理解的文字就變得解釋不通,而以上內容,全部可以在《孝經義疏補》中找到。筆者進一步校勘後,發現《孝經義疏》全書數十條劄記,亦全部存在於《孝經義疏補》之中。所以《皇清經解》中阮福《孝經義疏》一書,只可能是從《孝經義疏補》一書中將精華部分抽出并改訂形成的。只是阮福在擇取精華之時,忘記了《孝經義疏》的劄記體性質,不慎采入了一些必須要有上下文才能解釋得通的文字。

而且《孝經義疏補》雖然初刊于道光九年(1829),但阮福在道光七年(1827)前後就已經着手寫作此書。《雷塘庵主弟子記》卷六"道光九年"條載:"是時,福撰《孝經義疏補》成。福到滇後,大人命撰此書,兩年已來,以成清稿。……至是刊書爲十卷成。"[①]是年,阮元有《秋祭東園齋居時四十韻》一詩:"仲秋多祭祀,齋宿今其期。……滇南宦最遠,今惟仲子隨。仲子文筆拙,經義微能窺。疏經成十卷,(自注:時福兒《孝經義疏補》初成。)閱之頗解頤。"[②]詩作于"仲秋",也就是八月,而據詩中自注,此時阮福《孝經義疏補》初成;而《孝經義疏》刊入《皇清經解》在同一年,且據夏修恕序,《皇清經解》刊成于道光九年九月,距離《孝經義疏補》初成之"八月",僅一月之隔。將《孝經義疏補》全書收入《皇清經解》自然不切實際,也大可不必,因爲《孝經義疏補》的主體內容,其實還是邢昺的《孝經注疏》,阮福只是以"補"的形式,對經義進行闡發。但是《孝經義疏補》又實在對《孝經》多有發明,對主持編纂《皇清經解》的阮元而言,這也是國朝經學昌明下的重要學術研究成果。可以推測,阮福將《孝經義疏補》中精華內容選出,然後改訂成《孝經義疏》一書而刊入《皇清經解》,也應是出於其父阮元之命。只是因爲時間較爲倉促,阮福未及仔細核查審閱,以致出現了上述前後失於照應的情況。而這些前後失於照應的情況,也恰恰成了我們論定《孝經義疏補》成書先於《孝經義疏》的關鍵證據。

---

　　①　〔清〕张鑒等撰,黄愛平點校:《阮元年譜》(即《雷塘庵主弟子記》),北京:中華書局,1995 年,第 165 頁。
　　②　〔清〕阮元撰,沈瑩瑩校點:《揅經室集》,北京:北京大學出版社,2016 年,第1153—1154 頁。

五、結　語

道光七年(1827),阮福開始着手撰寫《孝經義疏補》,至道光九年(1829)完成并刊刻。同年,遵其父阮元之命,采擇《孝經義疏補》中的精華部分,改訂成《孝經義疏》一卷,刊入《皇清經解》之中。至道光十六年(1836),王德瑛將《皇清經解》中阮福所撰《孝經義疏》改頭換面,冒題"阮元"之名,刊入《今古文孝經彙刻》一書中。前文已論證,王德瑛顯然是有意爲之,故所謂"阮元《孝經義疏》"是一部徹頭徹尾的僞書。

雖然阮福在撰寫《孝經義疏補》的過程中,時時咨詢其父,而且阮元還特地爲此撰寫《宗禮餘説》《大雅文王詩解》《咸秩無文解》等文章,來補充阮福《孝經義疏補》之不足,其意見也被采入《孝經義疏補》之中。但《孝經義疏補》卻實實在在是阮福的著作,只可題"阮福"之名;而《孝經義疏》出自於《孝經義疏補》,自然也只能是"阮福"之作。何況王德瑛在刊刻之時,有意隱去"福案""福謂""家大人"等關鍵詞句,改頭換面而題阮元之名,故而只能認定爲僞書。

所謂"阮元《孝經義疏》"一書,經過倫明撰寫提要後而廣爲知名,其後論述多因襲倫明之説。甚至《中國孝經學史》一書在討論《孝經義疏補》之時,還出現了"如果我們再校以阮元另一部著作——《孝經義疏》劄記,兩書之中雷同之處甚多,看來阮福之撰此書,確實得益阮元多多"①這樣的顛倒時間先後、不明成書始末的論斷。《孝經義疏》一書篇幅雖小,不足兩萬字,但因爲冒題阮元之名,影響較廣,所以還是有廓清的必要。

(作者:南京師範大學文學院講師)

---

① 　舒大剛:《中國孝經學史》,第443頁。

跋北京大學圖書館藏周星詒
批校《三國志考證》

劉國宣

摘要：由清人潘眉撰著的《三國志考證》爲清代《三國志》研究史上的一部要籍，專重校勘，立説精審。北京大學圖書館藏清嘉慶刊《三國志考證》爲譚獻舊藏，更經周星詒批校，不惟訂補《考證》之偶失，有裨於《三國志》之研讀，亦可展現周氏學術於一斑。

關鍵詞：潘眉　《三國志考證》　譚獻　周星詒　批校

一

考察歷代著録，早在漢末六朝即形成了《史記》《漢書》的研究高峰期，降至唐代，對《後漢書》的研究注解也成爲一時顯學，《史記》三家注、《漢書》顏師古注、《後漢書》李賢注先後行世，然而迄於晚明之前，對《三國志》的研究，始終遠遜三史。對陳《志》、裴注施以密集持續的關注與詳盡深入的探討，直到清代方始出現。在"學術社會化與學者專業化"的時代背景下①，徵實求是的宗尚與古籍譌誤的現狀之間的矛盾，推動了考證學的演進，由此開啓了清代《三國志》的研究高潮。與前代相比，清人研治重心所繫不復局限於三國史實的評價與重寫，而是回溯原典，對《三國志》與裴注進行精密審慎的文獻考證，包括文本校勘、語詞名物訓詁、地理職官考釋、史實書法闡發等等，研治内容大爲拓展擴充，務在細節的考訂上超逸前代，取得的學術成就遠惠後世至爲深鉅，由潘眉（1771—1841）撰著的《三國志考證》即是其中的佼佼者。北京大學圖書館藏有清嘉慶十五年（1810）潘氏小遂初堂刻本《三國志考證》八卷，一册，百四十二葉，每半葉十行，行二十三字。篇題、引文頂格，《考證》正文低一格。鈐有"譚獻"（白

---

①　詳參漆永祥師：《乾嘉考據學研究（修訂本）》第一、二章，北京：北京大學出版社，2020年，第1—69頁。

文方印)、"復堂藏書"(朱文長印)二印。更經周星詒(1833—1904)批校，載錄周氏手題跋語。此書乃清代《三國志》研究史上之要籍，近人李詳(1859—1931)①曾將周星詒批識一一錄出，依次排布，題曰《〈三國志考證〉校語》，刊發於《國粹學報》第六十三期，力爲表彰。今就譾陋所及，撮叙其書文獻梗概如下。

二

潘眉，字稚韓，號壽生，別號青堂館主。江蘇吳江(今蘇州)人。貢生。少從同里郭麐(1767—1831)游，得其傳授詩古文之法。家貧不遇，長而遍游江右、浙閩、嶺南，謀於稻粱，寄迹廣東最久，主講潮州黃岡書院凡五、六年。當時的廣東學風，因阮元努力倡導，崇尚徵實考證，潘眉有染於此，刻意經史之學，"於天文、輿圖、金石及三統大衍曆數之學，靡不研究"。② 年老還鄉，道光二十一年(1841)卒，年七十二。有《孟子游歷考》一卷、《三國志考證》八卷、《小遂初堂詩稿》八卷、《文鈔》三卷等。事具《[光緒]嘉善縣志》卷二五、《清續文獻通考》卷二六一。

郭麐撰有《國志蒙拾》二卷，仿杭世駿《漢書蒙拾》《後漢書蒙拾》體例，以爲"筆者采伐漁獵之助焉"③。此書雖旨在便利詩文創作之運事用典，但析疑辨惑，兼具考史之資，實爲《三國志考證》結撰之遠源。揆諸潘眉自叙，《考證》之撰，有鑒於殿本《三國志》購置爲難，《四庫全書》深扃文瀾三閣，檢閱匪易，而通行明監本諸本謬誤頻見，每掩陳《志》、裴注之真，學者病焉，是以《考證》所重，惟在校勘，史實考辨，厥屬餘事。序稱"承祚《國志》，絕少專門考訂之學"，"近錢竹汀少詹著《考異》三卷，與陳少章書并傳，眉不自量，更疏其可知者。凡衍文若干條，脱文若干條，譌文若干條，異同文若干條，其淺顯易改者，概不贅辨。又間采傳記，略爲駁解。積數

① 案李詳，字審言，江蘇興化人。清末任江楚編譯官書局幫總纂、安徽存古學堂教習，入民國曾任東南大學教授。有《二研堂全集》，後人輯有《李審言文集》。
② 劉聲木：《桐城文學淵源撰述考》，合肥：黃山書社，1989 年，第 192 頁。
③ 〔清〕陳鴻壽：《國志蒙拾序》，〔清〕郭麐：《國志蒙拾》，嘉慶道光間《靈芬館集》本，第 1 葉。

年,得自以爲《考證》者共八卷".①

綜觀《考證》,其校勘內容概有三端:(一)時代考證。潘眉自序後附錄自撰《月日考舊序》,大意謂三國"規模未備","或則但徵穢祥,或則不設史官,朔惟詳丙寅庚寅,日惟記辛巳癸巳",故陳《志》、裴注於月日記錄頗多缺略。如《文帝紀》裴注引曹植文"惟黃初七年五月七日,大行皇帝崩",潘眉據魏文帝崩於丁巳日,推算其年五月十七日爲丁巳,故知今本"七日"前脫"十"字。《明帝紀》太和四年六月戊子太皇太后崩,《后妃傳》作五月,潘眉推得太和四年五月無戊子,《后妃傳》實誤。(二)文字正譌。如曹氏國號"魏",潘眉據《説文》及《文帝紀》注引《易運期》"鬼在山,禾女連,王天下",以爲本作"巍"。《武帝紀》"敗面喎口",據《一切經音義》引《通俗文》稱"喎"爲俗字,正字當從《説文》作"咼","口戾不正"之義。(三)史實審訂。如《武帝紀》"引用荆州名士韓嵩、鄧義",潘眉據《劉表傳》以爲"鄧義"乃"鄧羲"之譌。《武帝紀》注"奮威將軍樂鄉侯劉展",潘眉據《典論》以爲"劉展"當作"鄧展"。同篇"遷爲濟南相,國有十餘縣",《續漢書·郡國志》謂"濟南國領十縣",潘眉據《太平御覽》引《魏志》"國有十縣",判定"餘"爲衍字,兼正錢大昕舊説之失。又如《霍峻傳》"合郡曲數百人",潘眉云:"凡領兵營有五部,部有校尉及軍司馬,部下有曲,曲有軍侯。"是以"郡曲"當作"部曲"。考證立説,理據兼備,精審不讓任何名家,大致有如此類。

梁章鉅《三國志旁證》係清代唯一集解體《三國志》注解著作,對前人成説允能甄別優劣,擇取精華,在校勘方面,何焯、沈欽韓二家之外,最重潘眉之説,援引極多。黃體芳亦以《三國志考證》"孤詣絶業,獨成一家".② 在清代學林文壇之中,潘眉俱非第一流人物,但有《考證》之結撰,已足稱不朽矣。

三

譚獻(1831—1901),字仲修,號復堂,浙江仁和(今杭州)人。同治六

① 〔清〕潘眉:《三國志考證》卷首,北京大學圖書館藏清嘉慶十五年潘氏小遂初堂刻本,第1—2葉。

② 〔清〕黃體芳:《斠吳江學》,見俞天舒編:《黃體芳集》,上海:上海社會科學院出版社,2004年,第100頁。

年(1867)舉人,歷任知縣,晚年主武昌經心書院講席。博學多聞,尤以詞學擅名。生平藏書精富,北大藏《三國志考證》既鈐有"譚獻""復堂藏書"二印,自爲譚氏舊廋無疑。周星詒(1833—1904),字季貺,號窳翁,河南祥符(今開封)人,祖籍浙江山陰,往往以浙人自稱。咸豐十年(1860),候補福建知縣。十三年(1863),任邵武府同知。光緒二年(1876),以未應巡撫獻書之命,責以虧欠公帑,遣送軍臺效力。晚居蘇州。星詒好學不輟,自謂"生無嗜好,惟喜蓄書,尤好爲校讎目録之學"①,"喜收藏金石、書籍、字畫,手自校閲,精審絶倫"②。

　　譚、周二氏俱爲晚清藏書名家,誼屬摯交,交游亦以書籍往還爲主。③據譚氏云,"季貺嗜古之篤,爲同好僅見"④。星詒亦稱譚氏"素以氣象道義自命,與予總角交,予視之猶弟兄者也"⑤。當其仕閩之日,適逢譚獻客居福建,彼此交往尤密。揆諸周氏批識,《三國志考證》或即其時譚獻餽贈之物,惜《書鈔閣題跋》《復堂日記》皆不記其事。⑥又據李詳所陳,周氏身歿之年,《考證》"留落揚州書肆"⑦。蓋入藏北大之前,此書遞藏源流如此。

　　《考證》載録周星詒批校計48條。案該書卷八"此汲古閣本評語如

　　①　〔清〕周星詒:《欽定天禄琳瑯書目》跋語,上海圖書館藏清鈔本(索書號P465616—21)。周跋又稱"苦家貧力弱,不能多蓄宋元刻本,然留心既久,粗悉淵源"。孫詒讓嘗盛稱"季貺先生喜收藏異書,著録數萬卷,多宋元舊槧及乾嘉諸老精校善本",則所謂"不能多蓄宋元刻本",蓋星詒謙辭耳。孫詒讓:《窳櫎詩質序》,轉録自林夕主編:《中國著名藏書家書目滙刊·近代卷》(第9冊),北京:商務印書館,2005年,第233頁。
　　②　〔清〕俞樾:《五周先生集序》,轉録自《中國著名藏書家書目滙刊·近代卷》(第9冊),第233頁。
　　③　羅振常《〈書鈔閣行篋書目〉重訂例言》:"周氏所藏不乏冷僻之品,其中一部分得之陳氏帶經堂,約居十之二三。"轉録自《中國著名藏書家書目滙刊·近代卷》(第9冊),第13頁。案同治三年(1864),譚獻以陳徵芝《帶經堂書目》相寄售,周即罄産購之,羅氏所述即此事。譚、周後亦因書交惡,參見吳欽根:《譚獻代周星詒購藏陳氏帶經堂書籍考——兼及周、譚二人的交游與交惡》,《文獻》2019年第3期。
　　④　范旭崙、牟曉朋整理:《譚獻日記》同治三年十二月初六日條,北京:中華書局,2013年,第202頁。
　　⑤　語出國家圖書館藏清雍正六年濮梁延古堂刊本《讀書敏求記》"《隸釋》二十七卷"條周星詒眉批。
　　⑥　李詳推測"蓋仲修先生客閩時藏書,歸之季貺",於理甚合,今從其説。語見李詳整理:《〈三國志考證〉校語》,《國粹學報》第63期。
　　⑦　李詳整理:《〈三國志考證〉校語》,第1頁。

此"條批識曰：

> 己巳十二月二十一日，讀《國志》注，以元槧與汲古閣對勘，出此相佐，小有辯訂，附箸書眉。先及《吳》，以時兼校許嵩《建康實錄》也。遽衍，未攜錢氏《考異》，或有雷同，當俟表出。周星詒在汀洲記。（第二十葉）

"己巳"當光緒五年。審察全書字迹，似非成於一時。星詒於《三國志》研習頗勤，《考證》扉葉批識云：

> 陳書裴注，竭畢生精力，探討不窮。若校勘文字謬誤，其小者耳，然非博考載籍，互相證佐，未能寫定也。詒年二十四，歲在丙寅①，始從事《國志》，當官多故，作輟不恒。後東事起，大府起司奏記，益少暇事此。及丙子秋得譴，乃更專力校勘。據以統校全書者，明鈔大德本、明修補元本、郝經《書》、鄭樵《志》、蕭常《書》、謝陛《書》；其節校者，《華陽國志》《建康實錄》《通鑑御覽》。

卷首潘眉自序批識有曰：

> 詒嘗擬仿惠先生《漢事會最》例，爲《三國會最》，以爲會要底本。蓋三國典章制度，上承兩漢，下啓六朝，變章改革，關繫最重。蕭氏《補志》，所采未博，能廣求之《宋》《隋》諸志、《三通》、《書鈔》、《類聚》、《初學記》、《御覽》，考穴諸書，當較勝於蕭也。②

----

①　案："丙寅"當作"丙辰"。
②　案惠棟《漢事會最》二十四卷，係爲撰著《後漢書補注》之史料彙編，"全書從諸經子史中采摘條目，按類排列，以備查閱，亦有祇標在某書某卷者，更見其備查之索引功能"。漆永祥師：《清學劄記》第九六條《乾嘉考據學家著書之先爲長編》，北京：北京聯合出版公司，2019年，第215頁。又案蕭常《續後漢書》體分紀、表、列傳、載紀而無志錄，不若郝經《續後漢書》有《道術》《曆象》《疆理》《職官》《禮樂》《刑法》《食貨》《兵》凡八錄，疑"蕭氏"乃"郝氏"之譌。漆永祥師指示："此可見周星詒對惠氏《會最》並不知底，或者其所言乃爲惠氏《後漢書補注》而言，初名《後漢書訓纂》，此亦可略窺周氏著述之初期想法。"

所謂“若校勘文字謬誤，其小者耳”，蓋指潘眉《考證》之專重校勘而言。綜合上引諸語，知周星詒二十四歲始專門從事《三國志》之研究，時在同治五年（1866）。惜乎因仕累學，未克精心。至光緒二年（1876）獲譴，方一意考校其書。譚獻《復堂日記》卷一有謂：“得季貺書，言正爲《三國會要》，采獲群籍，已就數卷。”①時爲同治三年（1864）。觀星詒題跋，知其嘗欲博稽《宋書》《隋書》諸志、《三通》及《北堂書鈔》《藝文類聚》《初學記》《太平御覽》等類書，重纂《三國會要》（先此有錢儀吉纂《三國會要》，未刊行），然終於無果。

循其校語，極多心得。如《考證》卷三“青牛角”條批識：“案《張燕傳》：張牛角中飛矢死，衆奉燕爲帥。獻帝遷長安後，燕助公孫瓚，令于毒與魏郡兵破鄴城。袁紹還師，復鄴，斬毒，入奔守山北行，斬左髭丈八、牛角等。事在建安四年。張牛角之死，在靈帝時，此青牛角是別一賊號，非一人也。”（原書第五葉）《考證》卷四“榻上當膝處皆穿”條批識：“古坐皆同今跪，垂足坐始於諸胡。侯景垂足坐，《梁書》紀以爲怪也。”（原書第七葉）《考證》卷七“《魏志·荀彧傳》注”條批識：“汲古祕本目有宋本《吳志》，黃氏《百宋一廛》亦載之，未見其書。此屢云宋本，係屬臆斷，未可據也。《御覽》世無善本，未可據改。”（原書第三葉）足補潘著之偶失。

光緒三十年（1904）四月，適值周星詒之卒歲，李詳於揚州書肆獲睹此書，輯錄周氏校語，并於六年之後，以《〈三國志考證〉校語》爲題，刊發於《國粹學報》第六十三期，此後目錄家竟引爲周星詒代表著述之一。② 不惟有裨於《三國志》之研讀，亦可展現周氏學術於一斑，兼補《書鈔閣行篋書目》《題跋》之闕失。

四

關於周星詒校勘《三國志》，別有一問題當爲吾人注意，即對成書於宋元時代的蕭常、郝經兩種《續後漢書》特加重視（識語中亦及明人謝陛《續後漢書》，然全書批校未涉謝《書》），迥逾於清代考據學家，殊不宜輕忽其説。

① 范旭崙、牟曉朋整理：《譚獻日記》卷一，第 24 頁。
② 參見李敏修《中州藝文錄》卷二、陳乃乾《二十四史注補表譜考證書籍簡目》（《中國歷史文獻研究集刊》第四集）。

　　《考證》卷首批識枚舉“《國志》今行世本”，既有“武英殿附《考證》本、明南監元槧本、北監本、嘉靖衢州參軍蔡宙重校刻本、汲古閣本、重刻汲古本、廣東重刻殿本《二十四史》本”“何義門焯本、趙東潛一清評注本、沈虹舟祖惠評點本”，又有“專家考訂單行之□［本］”如“無名氏《辨疑》、項［杭］菫□［浦］世駿《補注》、陳少章景雲之《舉正》、錢竹汀大昕《考異》、可廬大昭《辨疑》、洪□□［孟慈］《補職官表》、梁茞林章鉅《旁證》”，尤足引人注意者，在其強調“宋蕭常《重撰續漢書》、元郝經撰《後漢書》、明謝陛《後漢書》”爲“讀者所不可缺也”。

　　蕭、郝、謝三家《續後漢書》，皆改寫《三國志》之作，爲蜀漢爭正統，意欲取陳《志》而代之，洵足代表宋明史家治《三國志》之風格。郝經（1223—1275）《續後漢書》九十卷，初名《三國志》，其序有曰：“經嘗聞搢紳先生餘論，謂壽書必當改作，竊有志焉。（中略）起漢終晋，立限斷條目，以更壽書，作表、記、傳、録、諸序、議、贊。（中略）以裴注之異同，《通鑑》之去取，《綱目》之義例，參校刊定，歸於詳實。以昭烈纂承漢統，魏、吳爲僭僞。（中統）十三年冬十月書成，年表一卷、帝紀二卷、列傳七十九卷、録八卷，共九十卷，別爲一百三十卷，仍故號曰《三國志》。”①此前，南宋蕭常已有《續後漢書》四十二卷之撰，而郝氏未嘗獲睹。案蕭常（1141—？），字季韶，號晦齋，吉州廬陵（今江西吉安）人，淳熙四年（1177）進士。《續後漢書》卷首冠蕭常《進書表》有謂：“三國之書，既紀曹而傳劉，復貶漢而爲蜀，以鬼蜮之雄而接東京正統，以高文之胄而與孫權并稱，不可以訓，莫甚於斯。是用質之古人，揆之公議，一切反之於正，（中略）所有編次《續後漢書》紀、表、列傳、載紀，總計四十二卷。”②

　　依據校勘學之普遍認識與方法，晚出新著於校訂古籍多不足依憑，然則周星詒何以重視蕭、郝二氏《續後漢書》如此？檢《考證》卷首批識云：

　　　　郝氏經、蕭氏常兩《續後漢書》所据陳、裴之書皆宋世舊本，其文字異同，每勝今日流傳各本。丙子秋，借郁氏刻本校勘，凡有所得，箸之斯本，以補證潘氏之説。

①　〔元〕郝經：《續後漢書》卷首，清道光二十二年《宜稼堂叢書》本，第四葉。
②　〔宋〕蕭常：《續後漢書》卷首，《文淵閣四庫全書》本。

蓋二《書》雖係改撰之作,然多據宋本,極具校勘價值。耿文光《萬卷精華樓藏書記》亦稱郝著"所采多陳《志》舊本,與今本互異,是可貴也"①。所見甚的。清人校理《三國志》,雖偶涉三書,然未有逾於季眖之重視若此者,蓋於蕭、郝、謝三書之校勘價值,所見未深耳。

附表:周星詒以蕭、郝二家《續後漢書》校勘《三國志考證》簡況表

《考證》卷次	《考證》條目原文	周星詒校語	葉數
卷三	《袁紹傳》注"未若文公之忿曹"條。	"郝書正作太公。范書此書,比志注爲詳。太公凡三見,志注悉删上二段,改稱尊公,故後人致誤也。"	第六葉
卷六	《劉先主傳》"先主亦推(劉)璋持鎮西大將軍"條:"持下當有節字。"	"蕭常、郝經《續後漢書》俱作行。"	第三葉
	《後主傳》"登觀阪看汶水之流"條。	"注貸其元帥。按郝書作誅其元惡。"	第五葉
	同篇"後主即即位"條。	"郝書無即字。"	第六葉
	《諸葛亮傳》"故其文指不得及遠也　邁蹤古聖"條:"不得及遠,一本作不及得遠。邁蹤一作邁縱,并誤。"	"郝書正與校合。"	第九葉
	《諸葛瞻傳》"爲翰林中郎將"條:"此翰字乃羽字之譌。"	"郝書作羽。"	第九葉
卷六	《關羽傳》"將軍傅士仁屯公安"條。	"蕭、郝書皆有傅字。知其文衍久矣。"	第十葉
	《楊洪傳》"漢中則益州咽喉"條上。	"《費詩傳》'隆重於漢室'。案常《志》作漢升。注:黃忠字也。爲華離乎。案郝書華作乖。《册府》《通志》同。"	第十六葉
	《楊戲傳》"歷雒、郫令"條上。	"注胡熊。案郝書作胡烈。"	第二十一葉
卷七	《孫亮傳》"太子名罩字酉"條。	"郝書俱不誤。酉下作茵。"	第十葉

---

　　① 〔清〕耿文光:《萬卷精華樓藏書記》卷三十一"《續後漢書》九十卷"條,上海:上海古籍出版社,2016年,第195頁。

《考證》卷次	《考證》條目原文	周星詒校語	葉數
卷八	《程普傳》"騎五十四"條:"當爲五十匹。"	"郝書、《通志》均作匹。"	第五葉
	《陸抗傳》"自關羽至白帝"條:"關羽下當有瀨字。"	"郝書有瀨字。《通志》有城字。然以下白帝例之,則但稱關羽,亦無不可也。"	第十一葉

結　語

　　清代以來,先後出現梁章鉅《三國志旁證》、盧弼《三國志集解》兩種旨在集成的《三國志》注解著述,對潘眉《三國志考證》均做了大量的援引采録,客觀上對《考證》的著述價值給予了充分的肯定。周星詒精審的批校,不僅對《考證》予以補訂,也展現了周氏研治《三國志》的一個側影。既有研究《三國志》之著作未見就周星詒批校《考證》施以專論者,偶爾涉及,不過轉引稗販,譌謬殊甚,蓋善本秘笈,瑯嬛深藏,世所罕覿。本文就北大圖書館藏周星詒批校《三國志考證》稍作考述,謹供學界參考,尤願當世研究《三國志》者對此書施加注意,區區私衷在焉。

（作者:南京師範大學文學院講師）

略論唐文治先生的《左傳》教學實踐

蘇　芃

摘要：唐文治先生作爲近現代著名教育家，在經典教學方面成績斐然，以其《左傳》教學爲例，至少包含四個方面的實踐内容：一是將《左傳》教學納入階段性的課程體系；二是注重實用性的教材編選；三是提倡經世致用的分類閱讀法，抉發經典閱讀的當代價值；四是將理論化的經典吟誦納入教學。這四個方面的教學實踐至今依然具有重要的現實意義。

關鍵詞：唐文治　左傳　教學實踐

引　言

唐文治先生，字穎侯，號蔚芝，别號茹經，江蘇太倉人，是近現代著名教育家。先生生於 1865 年，光緒十八年(1892)壬辰科進士，先後任户部江西司主事，總理衙門章京，外務部榷算司主事，商部右丞、左丞、左侍郎，農工商部署理尚書等職。1906 年因母親病逝丁憂返鄉居喪，其後從事教育事業。自 1907 年起，出任上海交通大學前身上海高等實業學堂(1912年改爲交通部上海工業專門學校)監督、校長 14 年。1920 年，唐文治先生因目疾、父病、學潮諸原因辭去上海工業專門學校校長職務，回到無錫前西溪寓所修養，同年創辦無錫國學專修館(1928 年改名無錫國學專門學院，1929 年定名爲無錫國學專修學校，以下簡稱"無錫國專")并任校長，長達 30 年之久，1954 年病逝於上海。唐文治先生的後半生都在從事教育事業，尤其是任教無錫國專期間，雖然雙目失明，但仍親自授課，培養了大批人才。時至今日，傳統文化教育愈加受到重視，唐文治先生在經典教學方面的探索值得我們重新回顧總結。近年來，關於唐先生的教育思想雖然不斷有學者進行揭示闡發，但就其對某部專經的教學研究却鮮有論及。今不揣淺陋，試從唐文治先生的《左傳》教學實踐與貢獻出發，略作研討。

　　《左傳》作爲一部重要的儒家經典,是古代士子的必讀書。根據《外祖古愚胡公家傳》和《茹經先生自訂年譜》可知,唐先生從十二歲開始讀《左傳》①。1921 年在無錫國專開館上課,與施肇曾議刻《十三經讀本》②,其中就有《春秋左傳讀本》,1924 年付梓③,1922 年所授科目即有《左傳》④,其時弟子有王蘧常、唐蘭、蔣天樞等,1927 年又撰《讀〈左傳〉研究法》⑤。從 1936 年無錫國專編纂出版的《私立無錫國學專修學校十五周年紀念册》附錄《歷届畢業論文選題》來看,此時已有六篇畢業論文以《春秋左傳》的相關內容作爲選題⑥。可見唐先生有關《左傳》教學曾有不少探索實踐,成績斐然,歸納起來,至少包含以下四端。

一、將《左傳》教學納入階段性的課程體系

　　唐文治先生倡議讀經,有自己的“統系”。1936 年他在《讀經條義》中指出:“初級小學三四年級應讀《孝經》”,“高級小學兩學年應讀《大學》及上半部《論語》”,“初級中學三學年應讀下半部《論語》及《詩經》選本”,“高級中學三學年應讀《孟子》及《左傳》選本”,“專科以上各大學及研究院應治專經之學”。⑦

　　根據《私立無錫國學專修學校十五周年紀念册》收錄的《各學年學程學分及綱要表》可知,1936 年的無錫國專是三年制專科學校,招生對象是

---

　　① “丁丑(1877),十三歲,是年受業於姨丈錢會甫先生之門。……余時讀《左傳》。”唐文治:《茹經先生自訂年譜》,臺北:文海出版社,1986 年,第 4 頁。其實,唐文治先生十二歲時,外公已經教授他讀《左傳》,“歲丙子(1876),文治隨家大人至滬上,因受業於公。時初受《左氏春秋》。”唐文治:《外祖古愚胡公家傳》,《茹經堂文集》一編卷五,臺北:文海出版社,1974 年,第 403 頁。
　　② 唐文治:《茹經先生自訂年譜》,第 86 頁。
　　③ 據《十二經讀本》牌記。
　　④ “壬戌,五十八歲。正月,開館上課。余講授《左傳》《禮記》《大學》《中庸》。”唐文治:《茹經先生自訂年譜》,第 89 頁。
　　⑤ 唐文治:《茹經堂文集》,臺北:文海出版社,1974 年,第 1318—1320 頁。
　　⑥ 分別是馮書耕《春秋研究》、徐炎文《讀左巵言》、顧時《春秋左傳述禮考》、程鵬搏《春秋列國軍事學研究》、王苹嘉《春秋列國軍事學與外交學之研究》、徐景賢《春秋人品人才評議》,詳參無錫國學專修學校編:《私立無錫國學專修學校十五周年紀念册》,無錫:民生印書館,1936 年。
　　⑦ 唐文治:《茹經堂文集》,第 1605—1608 頁。

具有一定國學根柢的公私立學校高級中學畢業生,六個學期的課程如下:

第一學期:

黨義(1學時)、軍事訓練(3學時)、散文選(4學時)、國學概論(3學時)、文字學(3學時)、文學史(3學時)、韻文選(2學時)、作文訓練(2學時)、看護學(3學時)、論語(1學時)、孟子(2學時)、國術(3學時)

第二學期:

黨義(1學時)、軍事訓練(3學時)、散文選(4學時)、國學概論(3學時)、文字學(3學時)、文學史(3學時)、韻文選(2學時)、作文訓練(2學時)、看護學(3學時)、論語(1學時)、孟子(2學時)、文史通義(2學時)、國術(3學時)

第三學期:

黨義(1學時)、中國文化史(3學時)、散文選(4學時)、韻文選(2學時)、目錄學(3學時)、修辭學(2學時)、作文訓練(2學時)、荀子(3學時)、王荆公文(3學時)、音韻學(1學時)、要籍解題(1學時)、<u>左傳(2學時)</u>、性理學(2學時)、國術(3學時)

第四學期:

黨義(1學時)、中國文化史(3學時)、散文選(4學時)、韻文選(2學時)、版本學(2學時)、修辭學(2學時)、作文訓練(2學時)、作文訓練(2學時)、昭明文選(3學時)、毛詩(1學時)、音韻學(1學時)、要籍解題(1學時)、史記(4學時)、<u>左傳(2學時)</u>、國術(3學時)

第五學期:

哲學概論(2學時)、論理學(2學時)、毛詩(1學時)、禮記(1學時)、史通(2學時)、老子(1學時)、昭明文選(3學時)、韓昌黎文(3學時)、鍾嶸詩品(1學時)、史記(3學時)、呂氏春秋(3學時)、韓非子(3學時)、音韻學(1學時)、要籍解題(1學時)、國術(3學時)

第六學期:

中國哲學史(3學時)、西洋文學史(2學時)、教育學(2學時)、尚書(1學時)、周易(1學時)、爾雅(2學時)、漢書(4學時)、墨子(3學時)、孫子(1學時)、楚辭(3學時)、要籍解題(1學時)、音韻學(1學

時)、國術(3 學時)、畢業論文①

此外,唐先生早年認爲蒙學階段亦可讀《左傳》,1907 年在《蓄艾編·論整理學部》中指出:"竊謂學部亟宜頒定課程,蒙學堂中應讀《孝經》'四書'本文,旁及歷史輿地歌括,其聰穎者兼讀《左傳》。"②這種認識或是承自舊學私塾的課程,唐先生自己也是十二歲由外公初授《左傳》。

綜合來看唐文治先生所訂的"統系",《左傳》是一部必讀經典,不同階段讀法亦有不同。在無錫國專的課程方案中,《左傳》安排在二年級全年,前期需要修習《論語》、《孟子》、國學概論、文字學、文史通義等課程,《左傳》之後,再修習《毛詩》《史記》《禮記》《文選》《尚書》《周易》《漢書》等課程。無錫國專的課程綱要記載:《左傳》爲選修課,"分八類選講,曰禮教類、紀事類、兵略類、外交類、内政類、諷諫類、志怪類、小品類(注重兵略外交),參證《國語》及《公》《穀》二傳,兼采孫月峰、方望溪、姚姬傳、曾滌笙諸家評點,鼓舞學生興趣"。(詳參圖一)③

二、注重實用性的教材編選

唐文治先生的經典教學,注重教材編纂。受聘無錫國專之初,即編纂《十三經讀本》,同時撰成《十三經提綱》,其中《春秋左傳》占有較大篇幅。從《十三經讀本·春秋左傳讀本》和《十三經提綱·左傳》來看,唐先生所編教材有如下特點。

第一,全本與選本相結合。

《春秋左傳讀本》(下或簡稱"《讀本》")以乾隆《欽定左傳讀本》爲底本,綫裝十册,是《春秋左傳》全本。同時,《十三經提綱》的《左傳》部分,又附有《左傳》選目,具體如下:

鄭伯克段于鄢(隱公元年)、魯會齊鄭入許(隱公十一年)、楚屈

---

① 詳參無錫國學專修學校編:《私立無錫國學專修學校十五周年紀念册》。
② 唐文治著,鄧國光輯釋:《唐文治文集》,上海:上海古籍出版社,2018 年,第 479 頁。
③ 據無錫國專《各學年學程學分及綱要表》,詳參無錫國學專修學校編:《私立無錫國學專修學校十五周年紀念册》,第 16 頁。

私立無錫國學專修學校十五週紀念册　章則　一六

二　學					
學期					
作文訓練	二	一	必	見前	
荀子	三	三	選	荀子於先秦諸子生世較晚其評論諸子之語較多其學說亦較充實除逐篇討論闡明其精蘊外並融貫大義揚榷是非	
王荆公文	三	三	選	荆公文學昌黎獨能勁拔其政治學說原本周官讀王集者知非徒託空文也	
音韻學	一	一	選	音韻之學濫觴東漢取便音讀無取紛繁自後人分部治絲益棼本學程明音韻之變遷及治音韻者必讀之書蓋以客觀之材料而爲歷史之研究者也	
要籍解題	一	一	選	四部之書浩如烟海畢生精力有所難窮本學程精擇四百餘種加以解題皆人人必讀之書無汎淫泛濫之弊有事半功倍之收	
左傳	二	二	選	分八類選講曰禮教類紀事類兵略類外交類內政類諷諫類志怪類小品類(注重兵略外交)參證國語及公穀二傳兼採孫月峯方望溪姚姬傳曾滌笙諸家評點鼓舞學者興趣	
性理學	二	二	選	採周程張朱諸先生精蘊要在救人心崇正學明體達用爲主此外參講性理救世書紫陽陽明學術發微於朱子求放心陽明致良知學說尤三致意焉	
國術	三	一、五	選	授花槍寶劍等兼授對子	
第二					
黨義	一	一	必	見前	
中國文化史	三	三	必	見前	
散文選	四	四	必	見前	
韻文選	二	二	必	講授七言絕句結構之方式凡五十六類一類之中又析其同而異者以詩之格式爲主不以家數爲標準意在使學者神明乎法度之中	
版本學	二	二	必	述明研究版本之目的及其制度之變遷與夫校讎目錄藝術等相互之關係一以實用爲主非僅備骨董家譜錄之用而已	

圖一　無錫國專《各學年學程學分及綱要表》(部分)

瑕伐羅(桓公十三年)、齊人弑襄公(莊公八年)、齊魯長勺之戰(莊公十年)、秦晉韓之戰(僖公十五年)、晉公子重耳出亡(僖公二十三年)、晉楚城濮之戰(僖公二十八年)、秦晉殽之戰(僖公三十三年)、晉楚邲之戰(宣公二年)、楚子伐蕭(宣公十二年)、齊晉鞌之戰(成公二年)、晉侯使呂相絕秦(成公十三年)、晉楚鄢陵之戰(成公十六年)、齊晉平陰之戰(襄公八年)、叔孫穆子之難(昭公十三年)、楚子狩於州來(昭公十二年)、楚靈王乾谿之難(昭公十三年)、吳楚柏舉之戰(定公四年)、齊魯清之戰(哀公十一年)、白公之難(哀公十六年)

如此一來,不同層次的讀者,可以各取所需。如前所述 1936 年唐先生所撰的《讀經條義》中指出:"高級中學三學年應讀《孟子》及《左傳》選本","《左傳》爲禮教大宗,旁逮外交等學,無所不備,惟卷帙繁多,短期中難以卒讀,鄙人有《左傳》選本,共分八類:曰禮教類、政治類、國際類、兵事類、諷諫類、文辭類、紀事類、小品類。可作課本,於一年内支配之,注解以杜林合注爲善"。① 這類選本不僅是針對初學者,同時也用於無錫國專二年級同學。②

第二,注釋務實簡明,揭示《春秋》經傳凡例。

《春秋左傳讀本》"以左氏爲傳,故不復爲經作注,惟解釋傳義以爲讀本"③,即對《春秋經》不作注解,只標注疑難字讀音,以傳解經,再對傳文進行注釋,極爲簡明。如此作注,綱舉目張,還能突顯經傳關係。以《左傳》開篇爲例,在隱公元年《春秋經》前有一段《左傳》文字,交代隱桓關係,爲下文張本:"惠公元妃孟子。孟子卒,繼室以聲子,生隱公。宋武公生仲子,仲子生而有文在其手,曰爲魯夫人。故仲子歸於我,生桓公而惠公薨。是以隱公立而奉之。"這段文字《讀本》注:"魯,周公國,今曲阜。惠公,孝公子。宋,今商邱。子,宋姓。孟,長也。聲,謚也。諸侯娶元妃,其媵侄娣八人,元妃卒,則長侄娣繼室。仲子手文曰爲魯夫人,'魯'古作'𢽴',或似之。隱公立桓爲惠公太子,而己攝位以奉之。傳于元年之前,預發此

---

① 唐文治:《茹經堂文集》,第 1607 頁。
② 據無錫國專《各學年學程學分及綱要表》《左傳》課程綱要可知,國專《左傳》課程亦作此八類選講。
③ 《春秋左傳讀本》凡例。

語,是謂先經以始事也。"此段注釋言簡意賅,而且交代了《春秋》經傳
凡例。

　　第三,注重版式設計,便於閱讀。

　　如前所述,《讀本》不對《春秋經》注解,只注傳文,但注釋和傳文也不
相雜厠,只列于傳文之後,這樣的好處是,經傳使用大字,半頁八行,注釋
小字雙行,經傳與注釋之間層次分明,一目了然,排版疏朗,親和易讀,相
比今日許多《左傳》注本的版式,仍略勝一籌。(見圖二)

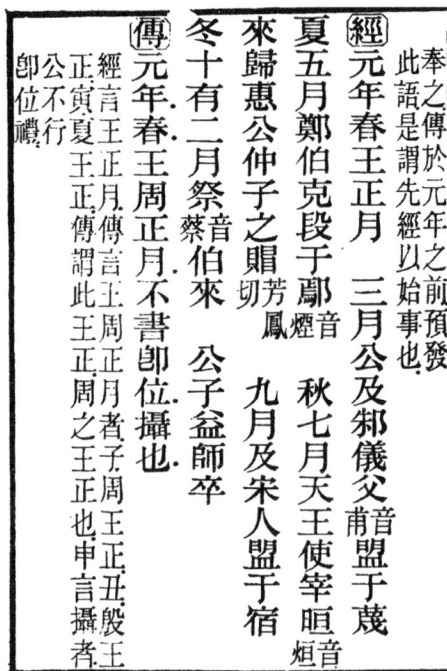

圖二　《春秋左傳讀本》隱公元年經傳

三、提倡經世致用的分類閱讀法,
抉發經典閱讀的當代價值

　　唐文治先生一再强調"讀經貴乎致用"①。衆所周知,《左傳》爲編年
體著作,分經繫年割裂史事,叙事繁雜,號爲難讀。唐文治先生總結讀書
方法,撰成《讀〈左傳〉研究法》,爲《左傳》閱讀與教學指點門徑,這篇文章

---

　　① 　唐文治:《茹經堂文集》,第 1605 頁。

最核心的内容是把《左傳》分成文字八個部類：

　　一曰紀事類，以綫索變化爲主。左氏文雖亞于司馬子長，然紀事特爲神妙。譬諸弈棋然，可與子長同稱國手。① 如"齊侯使連稱管至父"一段，不叙連稱之布置，即叙齊侯之遇賊；"鄭厲公自櫟侵鄭"，插入"内蛇與外蛇鬥"，均有天外飛來之致。讀者應從此等處推求，可以悟變化之妙矣。

　　二曰兵事類，以局度縱橫爲主。《左傳》叙用兵，間有勝於子長處。如"齊晉鞌之戰""晉楚鄢陵之戰"是。故方望溪先生《左傳義法舉要》選四大戰，曾文正《經史百家雜鈔》于諸大戰概行選録，胡文忠《讀史兵略》首選《左氏》。讀者學其文，兼可知兵略。要而言之，變化無方而已。

　　三曰諷諫類，以清婉正直爲主。如"臧僖伯之諫觀魚""臧哀伯之諫取鼎""季文子之諫納莒僕"是。《孝經》曰："天子有諍臣七人，雖無道，不失其天下；諸侯有諍臣五人，雖無道，不失其國。"事君者能將順其美，匡救其惡，故能上下相親也。及世之衰，士君子"獨寐寤宿，永矢弗告"，誦《考槃》之詩，深爲天下蒼生惜矣！

　　四曰詞令類，言語之科，聖門所重。然春秋時辭令委婉，不若戰國策士之囂張。如"鄭燭之武説秦伯""晉侯使吕相絶秦"是。厥後子貢一出，存魯亂齊，强晉霸越，此聖門之教，子長所以大書之也。

　　五曰政治類，多有可爲近世鑒戒者。如"鄭子産止尹何爲邑"及"不毁鄉校"等是。夫内政之與軍政，有息息相通者，管子"作内政寄軍令"，其《七法》篇口："不能治其民，而能强其病者，未之有也。"是以楚子玉剛而無禮，不可以治民，即不可以治兵。

　　六曰論道類，多有極精粹樸實之處。如"劉子論定命"是。他如克己復禮爲仁、敬爲德之聚等，皆古時格言，可爲修身之韋佩也。

　　七曰國際類，西人選録《左傳》中交涉事爲《中國古世公法》，失之太簡，然其意亦可取。交涉之才，吾於春秋得二人，曰齊管仲，曰鄭子

────────────

① 《十三經提綱·左傳》唐先生尚認爲"譬諸弈棋然，子長國手也，邱明則二手也，向令後無子長，則邱明固國手矣"，可見到了《讀〈左傳〉研究法》，唐先生對《左傳》的評價更加肯定了。

産,皆可師法。然子産時,鄭國地險已盡矣,尚能尊崇國體,維持四十餘年;設以泱泱大齊屬諸子産,蕞爾小邦屬諸管仲,則功業之升降,國勢之盛衰,恐未可以一例論。

八曰小品類。曾文正《古文四象》于《左傳》小品中之詼詭者,選入"少陽類",趣味横生,令人讀之不厭。同程吴氏《左傳文法教科書》亦專選小品,然其精采不逮曾氏矣。讀者當以《古文四象》爲本,要知傳一人必肯其人,傳一事必肯其事,則小品可爲神品已。

以上八類,略舉大概。後之興國者,於政治、兵事二端尤宜三致意焉。蓋左氏親受緒論於孔子,最深於政治學。[1]

誠如唐先生所説"《左傳》之文,如名山大川,魚龍變化,寶藏興,貨財殖,衆美畢備。至爲宏博,必分類讀之,方盡其妙",通過分類,化整爲零,把複雜的編年體文獻切分成一個個單元,不僅便於學生閱讀,也便於安排課堂教學,可以充分發掘《左傳》這部經典所藴藏的精神財富。

這種分類,實際上是以經世致用的教學目標爲框架,對古代經典進行重新編排,以此實現經典教育與修身致用的統一,發揮經典教育的社會價值。同時,經典教學中對致用性的追尋,也可以增强學生閱讀文本的興趣,加深理解。

從 1936 年無錫國專《各學年學程學分及綱要表》來看,唐先生將《左傳》分類閱讀貫徹到了國專的教學之中。在這種分類閱讀教學中,唐先生尤其注重軍事與外交,1938 年他的《香港孔道學院講演録》説:"治《左傳》較易,以軍事、外交兩類爲要。"[2]這可能與唐先生的經歷有關,他早年曾任總理衙門章京,後來總理衙門改爲外務部,他又任外務部権算司主事,管理通商、關稅等事務,在長期從事的外交活動中體會到了《左傳》的致用價值。另一方面,恐怕也與當時戰亂頻仍的時代背景有關,1938 年無錫已經淪陷,被日軍占領,國專師生輾轉遷往桂林,唐先生因患病回到上海租界休養,其後又在上海租界創立國專分校(無錫國專滬校),在這種歷史

① 據虞萬里導讀、張靖偉整理:《唐文治國學講演録》,上海:上海交通大學出版社,2017 年,第 31 頁,較《茹經堂文集》、鄧國光輯釋《唐文治文集》等所收録的《讀〈左傳〉研究法》文字更詳實。
② 唐文治著、鄧國光輯釋:《唐文治文集》,第 1049 頁。

大背景之下,唐先生對《左傳》軍事學價值的申發也是順應時變的。1936
年出版的《私立無錫國學專修學校十五周年紀念册》載録的兩篇畢業論文
選題:《春秋列國軍事學研究》(程鵬搏)和《春秋列國軍事學與外交學之研
究》(王苹嘉),無疑都是在唐先生這種教學理念的影響之下產生的。

　　此外,唐先生還曾提倡軍人也要讀《左傳》。他在《軍箴》一書中提出
《法守七條》,其中第七條"守真實學問"説:"故吾切望我軍人爲第一等之
學問,即爲第一等之品行,成世界上第一等之人格。其始先求識字,正字
音,通字義,并講古來忠孝名節之事,其次讀《論語》,再讀《孝經》,再讀《孟
子》,再讀《春秋左氏傳》。至天資高者,再讀他種經書及《資治通鑑》、歷代
史書等。……既成名將,即成大儒。"①

　　這些方面的倡議導向,都可以反映出唐文治先生經典教學古爲今用、
與時俱進的眼光。然而唐先生的經典教學思想絕非閉門造車,單憑一己
之臆斷。他曾經出訪日本、英國、比利時、法國、美國等國家,參觀過牛津
大學等名校,因此始終懷有國際視野,能夠廣泛吸取各方面的意見,將其
融入經學教學之中,抉發經典閱讀的當代價值。如在《讀經條義》中引英
國公使朱爾典(John Newell Jordan)與嚴復的對話,朱爾典説:"中國決不
至亡","中國經典皆寶典也,發而讀之,深入人心,基隆局固,豈有滅亡之
理!"唐先生評判説:"余謂朱説良然。吾國經書,不獨可以固結民心,且可
以涵養民性,和平民氣,啓發民智,故居今之世而欲救國,非讀經不可。"②
這是借英國公使之説,把經典閱讀的意義提升到了救國圖存的高度。又
如,前揭《讀〈左傳〉研究法》第七"國際類"中提及的"西人選録《左傳》中交
涉事爲《中國古世公法》,失之太簡,然其意亦可取","《中國古世公法》"是
指美國傳教士丁韙良(William Alexander Parsons Martin)所撰《中國古
世公法論略》一書,1888年京師同文館刊印出版中譯本。

四、將理論化的經典吟誦引入教學

　　唐文治先生不僅是近現代的著名教育家,也是古文家、理學家,還是

---

①　1925年初,無錫陷入江蘇督軍齊燮元與浙江督軍盧永祥之間的"江浙戰争",
唐先生有感而作《軍箴》四卷,擬作爲陸軍學校課本,在1925年至1926年分五期連載
於《兵事雜誌》。參見唐文治著,鄧國光輯釋:《唐文治文集》,第1126頁。
②　唐文治:《茹經堂文集》,第1605頁。

20世紀最具影響力的古文吟誦名家。他出生在江蘇太倉,自幼熱愛昆曲,中年時又從桐城派古文家吳摯甫學習吟誦之法,在此基礎上創造出了著名的"唐調"。唐先生長期在無錫國專開設"讀文法"課,將吟誦引入經典教學之中,1924年出版了專門討論吟誦的理論著作《讀文法》,又在1934年和1948年兩次錄製了中國最早的吟誦專輯,1948年由"唐文治先生讀文傳播會"輯編、上海大中華唱片公司出版發行的"唐調"唱片,共有兩套,一套十片裝,一套五片裝,前者稱《唐文治先生讀文灌音片》,後者稱《唐文治先生讀文灌音片通用集》,是前者的選輯版,内容除唐先生讀文外,還有唐先生長子唐慶詒的英文翻譯①,從此將"唐調"推廣到了全世界,使之成爲20世紀影響最大的吟誦調,因此唐調也被稱爲"近現代吟誦第一調"。1948年發行的《唐文治先生讀文灌音片》收錄有唐先生吟誦的21篇古詩文,其中第九張唱片就有《左傳·吕相絶秦》(譜例見圖三)②,可見唐先生已經把他系統化、理論化的吟誦與《左傳》教學相結合,把高頭講章的古文經典用不同的形式加以表現,這種新穎的教學方式,一定程度上可以激發學生研讀經典的興趣。

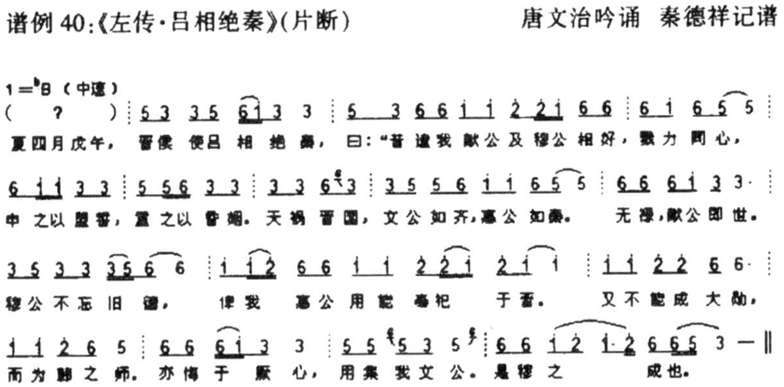

圖三 《左傳·吕相絶秦》譜例

---

① 詳參柳和城:《張元濟題簽的"唐調"唱片説明書》,《書裏書外——張元濟與現代中國出版》,上海:上海交通大學出版社,2017年,第279—284頁。

② 《左傳·吕相絶秦》譜例引自秦德祥:《"唐調"簡析及其他》,《"絶學"探微吟誦文集》,上海:上海三聯書店,2010年,第141頁。喜馬拉雅網站收有《唐文治先生原聲録音專輯》,其中收有《唐蔚芝先生誦〈吕相絶秦〉》,網址爲 https://www.ximalaya.com/youshengshu/4797354/18821776。另有《唐調吟誦專輯》,收有陳以鴻根據唐調吟誦的《吕相絶秦》,網址爲 https://www.ximalaya.com/renwen/11823972/60415140,謹供感興趣的讀者收聽參考。

　　以上是對唐文治先生《左傳》教學實踐的粗淺梳理，難免挂一漏萬，但僅從揭舉的四個方面，就可以窺見唐先生在經典教學領域的不懈探索與追求。這些歷史實踐折射出的教學理念以及唐先生留存下來的教學文獻資源，對於當下的《左傳》教學依然具有不容忽視的參考價值，值得我們珍視。

　　　　　　　　　　　　　（作者：南京師範大學文學院教授）

由曹元弼《二南分風説》看其《詩經》
學特色及學術價值

聶　濤

摘要：本文以曹元弼《二南分風説》一文爲核心，探討曹氏作爲晚清時期重要經學家如何處理《詩經》中有關"二南"的公案，藉此看其《詩經》學的特色與價值。文章首先探討了曹元弼以《詩》爲教，發揮"無邪"之旨、據《序》説詩，堅守毛《傳》、鄭學立場，兼融宋學和經世之志，昌明古學的治《詩》態度和立場，其次結合其文，指出曹氏在"二南"的認知上，是以繼承《詩序》、毛《傳》、鄭《箋》的傳統學説爲主，但又受朱子《詩集傳》的影響，使他對"二南"的解釋，既不是對漢唐舊説的簡單因襲，也不是朱子的新傳統，對於清人的見解，亦表現出有選擇的去取，鮮明的體現了其個性化和整合漢、宋詩説内在矛盾的良苦用心。通過曹氏的個案研究，以期爲《詩經》學史、經學史的研究提供一種嶄新的視角和啓發。

關鍵詞：曹元弼　二南　詩經學　特色　價值

一、前　言

對於歷代的《詩經》學而言，關於《周南》《召南》之"南"字意涵以及"二南"之别的問題，向來爲經學史上極其重大且聚訟不休的大問題。對於"南"字的意涵，總結不同學者的看法，大致有南化説、方位説、樂調説、樂器説、詩體説等①。關於二南之别，馮浩菲先生曾將歷代學人所論概括爲王者與諸侯之分、聖人與賢人之分、治内與治外之分、按岐周地域分、分陝而治説等五個方面②。

---

① 吴從祥：《〈詩經〉二〈南〉考辨》，《淮北師範大學學報（哲學社會科學版）》，第42卷第1期，2021年2月，第88頁。又陳致先生列舉"南"可作爲方位詞、爲詩之一體、爲音樂之一體和作爲王朝卿士之稱以及職貢之名四個方面，見《從禮儀化到世俗化——詩經的形成》，上海：上海古籍出版社，2009年，第199—205頁。

② 馮浩菲：《歷代詩經論説述評》，北京：中華書局，2003年，第230頁。

曹元弼作爲晚清著名經學家,雖就其精力所萃,多在禮學與易學,但考其生平與論述,據其《復禮堂述學詩》所云,曹氏十七歲"始治《詩》,讀《注疏》及《毛詩稽古編》深好之",年十八,其父授以陳奂的《詩毛氏傳疏》,"教以擇善而從,自是由《詩》入禮,以及他經",可知治《詩》乃曹氏治學之起點。① 早年所撰《十四經學》,其中亦有《毛詩學》在内。而其多次强調欲撰《毛詩通義》以闡發《詩經》意藴(惜未成),足見其對於《詩經》研究亦非毫無心得。有鑒於目前學界對曹氏《詩經》學的研究尚屬闕如,因草此文梳理曹氏治《詩》的基本態度與對二南問題的看法。可以説,對於晚清的曹元弼而言,他所面對的,不僅是漢學、宋學既有框架下的《詩經》詮釋,還有乾嘉以來所形成的清人詩説。如何整合這三種説解體系之間的矛盾,從而整合爲一,是曹元弼要思考的問題,而其學術價值亦得以體現。

二、曹元弼治《詩》的基本態度

(一) 以《詩》爲教,發揮"無邪"之旨

曹元弼本儒家詩教宗旨,認爲王道之大,一本人情。先王恐"庶邦群后,或即慆淫;兆民鰥寡,或苦無告。故采列國歌謡,由其聲之哀樂、辭之善惡,以知其政之得失,而黜陟由之。則有國者無敢不勤恤民隱,稼穡匪懈,以求勿予禍適,而升平可致矣。此南、豳之化所以致雅、頌之成功也"②。傳統儒家認爲,研讀《詩經》,可以提高人品,養成温柔敦厚的性情。因爲詩歌是感情的流露,詩教即本於性情,注重於純真情思的表達。曹氏在此基礎上,進一步認爲先王施教,亦可藉由"采列國歌謡,由其聲之哀樂、辭之善惡,以知其政之得失,而黜陟由之",從而達到升平之治。曹氏又發揮《論語》中孔子"詩三百,一言以蔽之曰'思無邪'"的宗旨,以爲"王者采詩,兼陳美惡,以知當時列國政教得失而黜陟之。既采之後,國史序其本事,存之樂官,以備考省。至孔子删詩,則非一時之黜陟,而爲萬世之典型"③。以爲"思無邪"爲孔子説詩之大義,其曰:

① 〔清〕曹元弼:《復禮堂述學詩》卷三,民國二十五年(1936)刻本,第65頁b。
② 〔清〕曹元弼:《復禮堂述學詩》卷三,第2頁a—b。
③ 〔清〕曹元弼:《復禮堂述學詩》卷三,第3頁b。

　　古詩三千,散亡必多。即其存者,變風變雅,民間謡諺,各道饑寒怨曠之思,豈能盡合禮義? 孔子録之爲經,則必據《國史》標題確有明文,爲美某王某公,刺某王某公而作。其情出於愛君憂民,其辭足以勸善懲惡,然後取之,以與正經之雅、頌,古樂之韶、武,并傳萬世。國風好色而不淫,小雅怨悱而不亂,大抵皆聖賢發憤之所爲作。蓋雖人心陷溺之時而至性存焉,國家危亂之秋而忠愛篤焉,小人道長之日而清議昭焉。故一言以蔽之曰:"思無邪。"①

由上述可知,曹元弼站在傳統立場,認爲古詩三千多篇,經由孔子删定,并以"思無邪"三字爲《詩經》大旨。關於孔子是否删詩,首見於司馬遷《史記》,但在曹氏之前即有不同看法,如鄭樵、朱熹、程大昌、朱彝尊、毛奇齡、魏源、方玉潤、皮錫瑞等皆紛紛著論,反對孔子删詩之説,如與曹氏同時的皮錫瑞即認爲孔子删《詩》是去其重②。則曹氏的堅持,充分表明了其信古的立場。

　　(二)據《序》説詩,堅守毛《傳》

　　漢代所傳四家《詩》中,毛、魯、韓《詩》皆有《序》,齊《詩》是否有《序》,不得而知。三家《詩》亡佚後,魯、韓《詩》之《序》亦隨之而亡。僅存《毛詩序》。但關於《詩序》,歷代有兩大問題,一爲作者問題,一爲它的詩教説。漢人對《詩序》的作者和以詩教説詩的政教立場都没什麽異議。到了宋代始有疑議,至朱子作《詩集傳》,《詩序》遂廢不用。至明中葉才漸漸復蘇,到了清代乾嘉時期,古學興起,大多依《序》説詩。曹氏延續漢學脈絡,對《詩序》有相當的維護,他認爲:

　　詩必有序,蓋國史就采風所得本事,紀其君世,明其作意。子夏從而審定之,以序孔子所删之經。義有未盡,毛公更足成之,亦間有後師增續之語。三家皆有序,特不如毛義之正耳。③

在此,曹氏繼承鄭玄《詩譜》的觀點,認爲《大序》是子夏作,《小序》是子夏、

① 〔清〕曹元弼:《復禮堂述學詩》卷三,第4頁a—b。
② 〔清〕皮錫瑞:《經學通論》,北京:中華書局,2018年,第240頁。
③ 〔清〕曹元弼:《復禮堂述學詩》卷三,第7頁a。

毛公合作,并從文章辭氣角度,認爲"《詩大序》義理深美,文與《孔子閑居》相類,非子夏不能爲。小序精理名言至多,與群經相表裏"①。他贊同陳奐"讀《詩》不讀《序》,無本之教"的説法,其對《詩序》的態度如此堅定,最大的原因在於曹氏相信《詩序》出自子夏、毛公,而子夏親受業於孔子,故《詩序》其實代表了孔門一貫微旨,嘗賦詩曰:"誰識詩人幽渺思,當時國史各題辭。史文斸栝爲經序,聖指親承無可疑。"②

　　除了對《詩序》的堅定立場之外,曹氏亦相當推崇毛《傳》。他認爲"惟大毛公作《傳》在秦火前,其説與各經、傳皆合"③,又"特詳訓詁"④,若能"熟于毛《傳》音訓之例,則鄭《箋》及漢經師説音訓之法皆一以貫之。學者治經,既讀《説文》《爾雅》,當先治《毛詩》,次及群經"⑥。在曹氏看來,毛《詩》所以最近古義,是因爲傳《詩》之人大毛公爲六國時人,其人爲君子,其學出於七十子之徒,故最能得孔門之真。所以,曹氏説:

　　　　毛《傳》文約指明,義理精粹。先儒謂毛公有儒者氣象,蓋有百世興起之思。其説詩世,與各經、傳盡合。訓詁與《爾雅》相表裏。……敷陳典禮,本末燦然。惟鄭《箋》善承其學。愚當爲《毛詩通義》發明之。又論文王周公之事,深合於道,具見聖人人倫之至,足以維持萬世名教。孔安國本治魯詩,而其後累世至孔僖皆治《毛詩》。許君《説文解字》博采通人,《詩》稱毛氏。鄭君兼綜三家,宗毛爲主。學者可識所適從矣。⑤

可見在曹氏心目中,毛《傳》不但淵源深遠,而且純粹以精,故而慨歎"元明間人讀《詩》,雖謂毛氏之本,多數典忘祖,不知毛、鄭爲何語"。這一情況,到了清代纔有所改觀,即所謂"國初通儒始講求古學",如惠周惕、朱鶴齡、陳啓源等皆講求古義,釋經宗毛鄭,一洗明代空陋之習,他强調學者應:"考之經旨,驗之事理,斷以《論語》'思無邪'之訓,詩義必當以子夏序、毛、

---

①　〔清〕曹元弼:《復禮堂述學詩》卷三,第 8 頁 b。
②　〔清〕曹元弼:《復禮堂述學詩》卷三,第 4 頁 b。
③　〔清〕曹元弼:《復禮堂述學詩》卷三,第 43 頁 a。
④⑥　〔清〕曹元弼:《復禮堂述學詩》卷三,第 11 頁 a。
⑤　〔清〕曹元弼:《復禮堂述學詩》卷三,第 45 頁 a。

鄭爲正。"①

（三）鄭學立場，兼融宋學

曹元弼號師鄭，一生治學以鄭玄爲宗。其弟子沈文倬曾形容："先生一生服膺鄭學，《易》《書》《詩》《三禮》《論語》《孝經》箋釋都用鄭《注》，有時好似意存回護，但也唯其如此，鄭氏的蘊義往往在他固執探求中揭發出來。"②曹氏認爲鄭玄禮學，深得孔子之義，三禮之學，集其大成，譽之爲"會通群籍，貫徹全經，確得先聖元意，學者由此通經，于正心修身、化民易俗如指諸掌"③，對其《儀禮注》更推崇備至，曰：

> 即以十七篇注論，今文古文各求其是，二戴《別録》，必從其長。本《周禮》以提其綱，引戴《記》以闡其義，參之《易》《書》《詩》《春秋》《論語》《孝經》以觀其會通，考訓詁，捃秘逸，轉相證明。發一義而全經貫，起一例而衆篇明。吉凶常變，各止其科。辭所不及，通之以指。辨傳記之訛，正舊讀之失，案圖立文，舉今曉古，若網在綱，如晦見明。其正人倫也，唯君專惠，詳于燕禮之篇，臣無作威，著於鄉射之記。明正體之重而尊禰之義彰，推高祖之服而正本之道著，于繼父同居，達從一本之意；於他邦加等，顯大功之自親。略舉一端，餘可隅反。古昔聖人所以辨君臣上下長幼之位，別男女父子兄弟之親者，無不照然備見。仁之至，義之盡，深而通，約而明，故范武子以爲仲尼之門不能過也。④

曹氏甚至認爲六朝夷狄交侵之際，中國之道賴鄭氏禮學而保存，所謂："六朝禮議獨精深，天秩不隨大陸沉。鄭學之徒世傳習，斯文未喪到於今。"并詮釋云：

> 鄭君禮學爲天下儒者宗，厥後王肅亂經，馬昭之徒辭而辟之；六

---

① 〔清〕曹元弼：《復禮堂述學詩》卷三，第 57 頁 a。
② 沈文倬：《懿齋學述之一》，《菿暗文存》，北京：商務印書館，2006 年，第 972 頁。
③ 〔清〕曹元弼：《復禮堂述學詩》卷六，第 49 頁 a。
④ 〔清〕曹元弼：《禮經纂疏序》，《復禮堂文集》卷四，臺北：文史哲出版社 1973 年影印本，第 439—440 頁。

朝通人,如雷次宗、周續之等并注《喪服》,黃慶、李孟悊訓釋全經,皆宗鄭學。諸儒禮議類能會通經記,引申注文,酌理准情,窮源竟委。當時南國清談,墮壞名教,北郊戎馬,蕩覆典文,人臣反顏事讎,習爲故事。文章綺靡,階屬淫昏,三綱淪,九法斁矣。而守道諸君子,說經鏗鏗,風雨如晦,雞鳴不已,以綿絕學於一綫,遂啓唐初經學政治之盛,雅言遺教,千載傳習。陳氏澧謂"魏晉以後天下大亂,而聖人之道不絕,唯鄭氏禮學是賴。"信矣哉!①

從上述言論可知曹氏推崇鄭玄,一在傳緒聖人之學,有功聖道,二在扶持綱常,有益世道。曹氏的這種鄭學立場,也貫徹於《詩經》之中。他認爲鄭玄注詩,"全引毛《傳》,而以己說識別於下",體例最爲精善。在他看來,正是鄭玄保存了毛《傳》本文,不使"千秋真面失廬山",所謂:

> 經師傳、注,莫古于毛《傳》,亦莫精于毛《傳》。然非鄭君信而好古,章前賢,則其義雖存,不過如《易》之孟氏、《春秋》之胡毋,後人何從得見原文乎?②

鄭玄箋《詩》,固然有助於毛《傳》之流傳與理解,但後人也往往批評鄭玄箋《詩》,間采三家,并參己意的做法,"不盡同于毛義"③,是淆亂家法。如清代陳奐所以不滿鄭玄者,即因此點,故其疏《詩》,對於鄭《箋》摒棄不用。對此,曹氏從出於維護鄭玄的立場,對陳奐的說法加以批評,認爲鄭《箋》"宗主分明別異同""博采三家附毛傳,約分四例不相蒙"④。其曰:

> 胡氏培翬《儀禮正義》有四例,曰申注、補注、附注、訂注,案:胡氏先治《詩》,四例暗合鄭氏箋《詩》之例。《鄭志》云:"注《詩》宗毛爲主,毛義若隱略,則更表明。如有不同,即下己意。"此鄭自述箋《詩》之

---

① 〔清〕曹元弼:《復禮堂述學詩》卷六,第50頁 a—b。相似言論又見《禮經纂疏序》,《復禮堂文集》卷四,第442頁。
②④ 〔清〕曹元弼:《復禮堂述學詩》卷三,第46頁 a。
③ 〔清〕陳奐撰、滕志賢整理:《詩毛氏傳疏》叙錄,南京:鳳凰出版社,2018年,第1頁。

例。宗毛爲主，申《傳》也；隱略更表，明補《傳》、附《傳》也。補者，毛所未釋，經旨未顯，則補釋之。附者，齊、魯、韓三家義雖不如毛之得其正，然皆有師承不可廢，毛但舉其本義，而餘義未備，則附載之，仍以毛爲主也。下己意，易《傳》也，申者十之四，補者十之二，附者十之三，易者十之一而已。惟易者與毛不同；附則不過兼存異義，仍以《傳》爲不易之正訓，後儒誤以附爲易，又不考其所附之皆本家，乃謂《箋》不得《傳》意，不知鄭與毛未嘗歧也。今案鄭《箋》易《傳》者甚少，餘往時作《詩箋釋例》明之，久未寫定。他日或并入《毛詩通義》。①

曹氏發揮胡培翬《儀禮正義》申注、補注、附注、訂注的“四例”，認爲乃是鄭玄“自述箋《詩》之例”。所謂申者，申毛《傳》也；補者，隱略更表、毛所未釋，經旨未顯，則補釋之；附者，間采三家，但仍以毛爲主也。整體上看，曹氏認爲鄭玄“申者十之四，補者十之二，附者十之三，易者十之一而已”，故曰“鄭《箋》易《傳》者甚少”。曹氏還從會通詩、禮的角度，甚贊鄭玄“據禮說詩，明軌章物，止僻防淫，實先王化民成俗、先聖垂世立教之本意”②。在這種“善述《毛》義莫如鄭”的觀念下，顯然并不認同陳奐疏《詩》“宗毛置鄭”的做法，甚至認爲陳奐《詩毛氏傳疏》說訓詁至精，而言禮多參錯，正是因爲其“說《訓詁》一宗許以申毛，而其說禮則好別異于鄭也”③。

　　另一方面，曹元弼雖然有强烈的漢學認同和鄭學立場，但并非不講宋學，這一點與乾嘉時期的學術特色形成鮮明的區别。當晚清之際，學界潮流多昌漢宋兼采，曹氏亦不例外。儘管從漢學角度，認爲：“北宋以前，說《詩》皆宗毛、《序》。自鄭樵創爲異說，而朱子《詩經集傳》遂有千慮之失”，但對朱子亦表頌揚，以爲其“明道立教，百世所宗。學者讀《四書注》，終身用之不能盡。說《詩》偶有未安，自有闕疑之法。”④故在曹氏看來，最重要的是：“勿争漢宋門户，但當擇善而從，兼得先儒之益，以明聖人之教斯善矣。”⑤

① 〔清〕曹元弼：《復禮堂述學詩》卷三，第 46 頁 b—47 頁 b。
② 〔清〕曹元弼：《復禮堂述學詩》卷三，第 50 頁 b。
③ 〔清〕曹元弼：《復禮堂述學詩》卷三，第 65 頁 a。
④ 〔清〕曹元弼：《復禮堂述學詩》卷三，第 57 頁 b。
⑤ 〔清〕曹元弼：《復禮堂述學詩》卷三，第 57 頁 a—b。

（四）經世之志，昌明古學

曹元弼身處晚清風雨飄搖之世，目睹時艱，其著述一本明道救世、通經致用之志。如《經學文鈔》以“羽翼聖經、扶持名教、感發人之善心”爲務。這一番心志，在曹元弼的《復禮堂文集序》中表露無遺：

　　道之大原出乎天，生乎人，心覺乎聖，率由乎民，達乎天下。其本三綱，其序五倫，其全體大用，因人愛親敬親與生俱生之天良而擴充之。使天下尊卑上下親疏長幼外内各循其分，各盡其情，各竭其力，合敬同愛，以相生相養，相保而不相殺。自伏羲至於周公，其爲道也一。……昔孔子論政曰：“君君、臣臣、父父、子子。”又曰：“吾非斯人之徒與而誰與。”孟子曰：“孔子成《春秋》，而亂臣賊子懼。”“無父無君，是禽獸也。”“孔子之道不著，則率獸食人，人將相食。”“吾爲此懼，正人心，息邪説，豈好辯哉？予不得已也。”守先王之道，待天下之清，拯圓顱方趾直題横目之民於獸蹄鳥迹之中，以復天地之性，願與天下志士仁人勉之而已。[1]

因此，曹氏治學，無論校《禮》説《詩》，并非僅僅關於古今經説之是非，其背後更有一番經世之心在内，最終指向的是“正人心，息邪説”，“守先王之道，待天下之清”。在曹氏看來，晚清衰亂、綱常解紐的一個重要原因，從《詩》學上來講，即今文經説的流行，私心求勝毛、鄭之義，導致非聖無法，如曰：

　　當詩書古義極明之際，異説即稍稍萌芽。其心蓋因東漢師説，群儒闡發已多。非借重西漢，不足推倒一世，挾求勝之私，以翻案爲能。浸淫日甚，公然誣高密，并詆河間。囂張如蜩螗沸羹，凶悖如奪攘矯虔，無復一毫儒者氣象。謬種流傳，數十年間變本加屬，攻鄭不已，遂至非孔。侮擾人紀，反易天常，而五帝三王以來叙典秩禮之中國，遂變爲猛虎長蛇磨牙吮血之場矣。生民之禍，聖教之厄，視暴秦焚書且十倍過之。何則？秦所焚者，簡策之《詩》《書》；今所焚者，人心之

---

[1]　〔清〕曹元弼：《復禮堂文集序》，《復禮堂文集》，第1—4頁。

《詩》《書》。人心之《詩》《書》焚，則人心死。人心死，則盈天地間無非殺機。人類幾何而不滅？《易》曰："履霜堅冰至。"由來者漸。《詩》曰："誰生厲階，至今爲梗。"在始作俑者，不過恃才妄作，不自忖量，以奪毛、鄭之席爲快。而孰知流禍之極，三綱絶紐，六經掃地。無論西漢東漢，漢學宋學，皆一網打盡。古學從此微且滅，而天下之亂將何時巳乎？①

可見，曹元弼將是否守毛、鄭古學與治亂興衰相聯繫，對晚清流行的今文經説表示了極大的憤慨，"目之爲生民之禍，聖教之厄，視暴秦焚書且十倍過之"，敗壞人心，導致"三綱絶紐，六經掃地"。面對這樣的局面，出於衛道的目的，曹氏自表心志曰："深考漢學之源流，會通宋學之精義，平心實事，正本清源。群言淆亂質諸聖，天下之動貞夫一。其諸有心世道之君子，亦有樂於是歟？"②

三、曹元弼"二南"觀的特點及價值

通過上文的叙述，曹元弼治《詩》的基本態度和立場如何，也可略知一二。而曹氏有關二南的看法，完整體現于《二南分風説》這篇文章中，現爲了便於討論，引述如下：

鄭君説二南分風之義曰："得聖人之化者謂之《周南》，得賢人之化者謂之《召南》。"其言本《詩大序》。《序》云："《關雎》《麟趾》之化，王者之風，故繫之周公。南，言化自北而南也。《鵲巢》《騶虞》之德，諸侯之風也。先王之所以教，故繫之召公。"此數語義理精微、淵源深遠，非子夏親受聖旨不能爲。孔《疏》已極詳明。而近儒胡氏承珙、朱氏右曾、陳氏奂不達斯旨，輒謂二南以地分，不以化分。且强《序》就之。

今案：二公分陝在武王時，而《周》《召》之詩皆文王時作。當時二

---

① 〔清〕曹元弼：《復禮堂述學詩》卷三，第71頁a—第72頁a。
② 〔清〕曹元弼：《復禮堂述學詩》卷三，第72頁a。

公總施教而已,并無分屬之國,安得以地分詩? 如謂據後分前,則二南同風,王侯不別,顯與《序》背。《序》惟以王侯之風分別《周》《召》,故《周南序》自《關雎》至《芣苢》,皆言后妃,無言夫人者。天子之妃曰后,經文無后妃而《序》歷言之,非確知其爲王者之風而云然乎?《召南》序《鵲巢》《采蘩》《小星》皆言夫人,無言后妃者,諸侯曰夫人。經文無夫人,而《序》歷言之,非確知其爲諸侯之風而云然乎? 於是毛公本其義而作傳曰:"公侯夫人執蘩菜以助祭,王后則荇菜也。"師説相傳有自來矣。

且《周南》之《詩序》,每以天下言之。《關雎》序云:"所以風天下。"《葛覃》云:"化天下以婦道。"即《昏義》所云"王后聽天下之内治以明章婦順也。"《芣苢》云:"和平則婦人樂有子。"謂天下和,政教平也。《麟趾》云:"天下無犯非禮。"諸所稱天下,非即"三分天下有其二"之天下乎?《召南》惟《騶虞》云"天下純被文王之化"。《騶虞》總殿二南,別取王道成之意,與《關雎》終始相成,讀《關雎傳》可見。他詩未有言天下者,明其爲諸侯之風也。

二南皆文王之化,自武王追王後,《書》《傳》通稱文王。雖文王之爲世子,亦稱文王。故《召南》諸侯之風,而《序》稱文王無異詞。然《鵲巢》序特變文言國君,則已明著其例矣。以《序》證《序》,明白如此。夫《邶》《鄘》《衛》以下,詩以地分,當國自明。《序》未嘗釋之。釋之者以其詩不以周、召所治之地爲區域也。二南地本不分,故別其化而繫之。《詩譜》分而國之之云,即《序》兩繫之之義。若地先自分,則從其國本而異之可矣,焉用繫? 周公聖人,繫以王者之風。召公賢人,繫以諸侯之風。則分詩之意,主在二公。故《召南》有美召伯之詩,《行露》作于文王時。以召伯聽訟而屬之《召南》,非以召公陝内所得而屬之《召南》也。召公陝内詩與周公所主劃分者,惟《甘棠》一篇,武王時作,不得以例其餘。文王以諸侯行王道受命,《序》云:"王者之風。"言王者,則文王自明。又云諸侯之風,諸侯不獨謂文王,故申之曰:先王之所以教。《召南》先王所以教之風。《周南》則文王教成之風也。

《序》于周、召分風之間,總釋南義,云"化自北而南",不云"自周而南""自召而南"。所謂北者,岐也。所謂南者,非周之南、召之南,乃岐之南也。經傳言南，皆謂荆、揚二州及豫之南境。文王雖兼有六州，詩作多在江漢之域。《禹貢》沱、潛既道，荆、梁同文。《召南》江、沱，何知非荆州夏水？《韓詩》序曰："其地在南郡、南陽之間"，是二南同在荆、豫。《魯詩》以《行露》爲《召南》申女作，申不在梁境明矣。凡二南統言之曰南，曰南國。《詩·南有樛木》《南有喬木》序文王之道被于南國，召伯之教明于南國是也。偏言之曰周南、曰召南。《毛詩》記篇章都數曰周南之國、召南之國。及《序》云召南之國、召南之大夫是也。太史公留滯周南，猶云"留滯南邦"，因下論周事，用詩題成文耳。若謂陝東爲周南，《書》《傳》何以無謂陝西爲召南者？分陝論東西，不論南北。二南論南北，不論東西。截然兩事，非可牽合也。

《詩序》注曰："先王斥大王、王季、文王。"《鄉射禮》注曰："昔大王、王季、文王居於岐山之陽，躬行召南之教以成王業，至三分天下而有其二，乃宣周南、召南之化。"段玉裁云："文王未三分有二，未受命爲王，文王受命別有説。亦居岐山之陽，行召南之教，亦諸侯之風也。《召南》詩序四言文王，兩言召伯，固與《周南》皆文王之詩。云先王之所以教者，本其流風善政之所由來，起于大王、王季。《緜》之序曰：緜、文王之興本由大王也。其意一也。因是言之，《周南》《召南》言后妃之德者，謂文王受命以後之大姒也。《召南》言夫人之德者，周姜大任，文王未受命時之大姒皆是也。文王一人而兼王者、諸侯之風。故大姒一人而兼后妃、夫人之稱。《序》分王者、諸侯之風，鄭注《禮》、作《詩譜》，則曰仁賢之風、聖人之風，此非有異説也。有聖人之德，宜爲王者。有仁賢之德，宜爲諸侯。文王之德，至三分天下有其二，而極盛矣，宜乎受命作周矣。《周南》《召南》其地，皆由岐下而南國也。其君皆主文王也。其風之氣象有大小焉。大師陳詩非分之於地，非分之于人，於其詩之氣象分之而已矣。"

案段説至精。二南之別，不以地而以風，焚坑以來，管弦久絶，聲音之道，曠世無傳。然愚嘗據《序》《譜》之説，推繹經文，則見夫躬仁好禮、章志貞教、修潔百物、示民軌儀者，《召南》之風也。履中蹈和、正己物正、德廣所及、合敬同愛者，《周南》之風也。以《禮》況之，則《召南》履之，爲賢，《周南》體之，爲聖也。以《易》況之，則《召南》由否反泰，《周南》由泰而成既濟也。以《孝經》況之，則《召南》諸侯之孝，

《周南》天子之孝也。德之行有久速，民之惑有淺深，君子以順德積小以高大，堯舜三代之治，未有不始于《召南》之教而成于《周南》之教者。此謂其道同耳，非謂周以前有二南之目。以意逆志，神游目想，不知足之蹈之手之舞之也。藉非《序》《譜》發明於前，其孰從而求之。經之氣象不同，《序》之辭氣亦異，信乎其能聞樂知德也。

《序》云王者、諸侯，《譜》以聖人、賢人申之，其義至精。蓋文王以諸侯行王道，王道者，聖人修身及家平，均天下之道，非陰行善事以弋殷命之道也。子曰：下之事上也。雖有庇民之大德，不敢有君民之心，其文王之謂與？文王率商之叛國以事紂，爲人臣，止於敬。天命之，諸侯王之，而文不自文。故風、雅作于文王時者，皆不稱文爲王。《兔罝》《汝墳》在《周南》，而曰"公侯干城"、曰"王室如毀"，此可見文之不自王也。王其風，不王其號，此文王之所以爲文也。孟子曰："王者之民皥皥如也，民日遷善而不知爲之者，吾于《周南》見之。"王者、諸侯之分，實聖賢德教之差耳。子曰："人而不爲《周南》《召南》，其猶正墻面而立也與？"學者誠由先賢成訓而推索焉，以變化氣質，陶養性情，則安處善、樂循理，忽不自知其入于聖賢之域矣。①

（一）二南皆文王之化，彌縫漢宋之矛盾

曹氏開宗明義，引述鄭玄《詩譜》"得聖人之化者謂之周南，得賢人之化者謂之召南"，認爲二南之分，由王化之不同。并認爲鄭玄根源於《詩序》，《詩序》之言爲子夏親受孔子之教，義理精深，來源有據，批評了胡承珙、朱右曾、陳奐等人以地域區分二南的看法。在這一基礎之上，曹氏對"二南"問題有幾個新的面向值得關注：

首先，曹氏認爲"二公分陝在武王時，而《周》《召》之詩皆文王時作"，這與鄭玄《詩譜》中所謂武王伐紂，定天下，巡守述職，陳誦諸國之詩，以觀民風俗。六州者得二公之德教尤純，故獨錄之，屬之大師，分而國之"的看法相區別。鄭玄以爲文王都豐之後，分周、召故地爲周公旦、召公奭的採地，讓其施行先王之教於各自轄區。曹氏謂周公、召公當時"總施教而已"，并無分屬之國，是以不得以地分詩。

---

① 〔清〕曹元弼：《復禮堂文集》卷三，第 237—248 頁。

其次,曹氏扣住文王"三分天下有其二"之説,認爲《周南》之《詩序》,每以天下言之。如《關雎》序云:"所以風天下。"《葛覃》云:"化天下以婦道。"《麟趾》云:"天下無犯非禮。"這裏所稱的天下,曹氏以爲即"三分天下有其二"之天下。也就是説,文王當時乃爲商之諸侯,故《召南》惟《騶虞》云"天下純被文王之化"。《騶虞》總殿二南,別取王道成之意,與《關雎》終始相成。他詩未有言天下者,明其爲諸侯之風也。

再次,曹氏認爲"二南地本不分,故別其化而系之"。如果以地分,則直接以不同之國屬之即可,不需專用"系"字。所以用"系"字分屬,由於周公聖人,系以王者之風。召公賢人,系以諸侯之風。"則分詩之意,主在二公。"曹氏區別於前人最大的不同,在於他始終認爲文王以諸侯行王道受命,《序》云:"王者之風。"言王者,則文王自明。又云諸侯之風,諸侯不獨謂文王,故申之曰:先王之所以教。如此,在《周南》《召南》的先後順序,變爲《召南》先王所以教之風,《周南》則文王教成之風也。

最後,曹氏援引段玉裁的看法,認爲"《周南》《召南》言后妃之德者,謂文王受命以後之大姒也。《召南》言夫人之德者,周姜大任,文王未受命時之大姒皆是也。文王一人而兼王者、諸侯之風。故大姒一人而兼后妃、夫人之稱"。段玉裁對於二南的看法極爲特殊,打破了漢宋以來,后妃、夫人的傳統解釋,認爲無論后妃、夫人都是太姒,其解釋的基點在於文王是否受命。如此,則文王以受命與否,一人可兼王者、諸侯,則大姒一人可兼后妃、夫人兩種不同身份。所以這般創爲奇論,主要針對"《序》分王者、諸侯之風",鄭注《禮》、作《詩譜》,"曰仁賢之風、聖人之風"的内在矛盾。在段玉裁和曹氏看來,"有聖人之德,宜爲王者。有仁賢之德,宜爲諸侯",當時文王之德,至三分天下有其二,而極盛矣,宜乎受命作周。故《周南》《召南》其地,皆由岐下而南國也,其君皆主文王也,只不過氣象有別。曹氏并在段玉裁基礎上,"據《序》《譜》之説,推繹經文",指出如躬仁好禮、章志貞教、修潔百物、示民軌儀等等,乃《召南》之氣象。若履中蹈和、正己物正、德廣所及、合敬同愛等,則《周南》之氣象也。曹氏甚至認爲這一種氣象不同,大師陳詩時已然領悟,故"非分之於地,非分之于人,於其詩之氣象分之而已矣"。

曹氏在這裏所有解決的,主要是歷代對"二南"解釋中"王者與諸侯之分""后妃與夫人之分"的問題。如按照《詩序》的解釋,《周南》《召南》中二

十五篇詩歌,乃是一幅"由《周南》的后妃之德,感化《召南》夫人等衆妻室,
所形成的理想'内助'藍圖"①。但無論是詩《序》、毛《傳》抑或鄭《箋》,并
没有指明王化即文王之化,后妃即大姒。如胡承珙《毛詩後箋》即曰:
"《傳》《箋》皆未明言后妃爲大姒,君子爲文王。"②在《序》《傳》《箋》的詮釋
脈絡内,后妃、夫人的"内助"爲絶對的主角,體現了一種重視女德的思想
觀點。但是到了宋代,朱子受歐陽修的影響,將《關雎》中的后妃確指爲大
姒,則王化自然指文王之化。朱子盡可能的讓《周南》中每首詩都和文王
發生聯繫,并且都指向文王的心性修養有關,發而爲身修、家齊、國治、天
下平的德化模式。而《召南》中的諸侯、夫人也因被文化之化的結果,從而
達到"修身、齊家、治國"的效用。經此一整合,整個《周南》《召南》成爲彰
顯君子修齊治平内聖外王的最佳示範,也與孔穎達的《毛詩正義》相區别,
形成宋人的新學説。正如林慶彰所説的:"朱子把不成系統的《詩序》教化
觀,作了較大的修正,把《周南》連系成一内聖至外王的組詩,把《召南》詮
釋成一有教化意義的組詩。"③曹氏受段玉裁的啓發,以文王受命與否作
爲前後時間劃分的標準,故此前人所謂王者與諸侯之别、后妃與夫人之别
的問題,都可以由文王受命前後的不同身份來彌縫。如此一來,文王一人
而兼王者、諸侯,《周南》《召南》體現的都是文王之化。同時,《詩序》、毛
《傳》、鄭《箋》没有確指的"后妃""夫人",經由文王受命,也可由大姒一人
兼得,在一定程度上,宋人如朱子所强調的文王、大姒之説與漢代經説之
間的歧出也得到了相應的彌縫。

(二) 會通群經之義,擴大經典詮解的多元

曹元弼治學特别重視"會通"之説。其在《禮經會通大義論略》中説:

　　六經同歸,其指在禮。《易》之象,《書》之政皆禮也。《詩》之美
刺,《春秋》之褒貶,於禮得失之迹也。《周官》,禮之綱領,而《禮記》則
其義疏也。《孝經》,禮之始而《論語》則其微言大義也。故《易》之言

————————

①　張文朝:《日本江户時期伊藤家學對朱熹詩經二南觀的批評》,《國文學報》第
59 期,2016 年 6 月,第 55 頁。

②　〔清〕胡承珙:《毛詩後箋》,合肥:黄山書社,2014 年,第 7 頁。

③　林慶彰:《朱子〈詩集傳·二南〉的教化觀》,鍾彩鈞主編:《朱子學的開展——
學術篇》,臺北:漢學研究中心,2002 年,第 65—66 頁。

曰:"聖人有以見天下之動,而觀其會通,以行其典禮。"《書》之言曰:"天叙有典,天秩有禮。"《詩序》之言曰:"發乎情,止乎禮義。"《春秋》憲章文武,約以周禮,所譏所善,按禮以正之。《孝經》開宗明義言至德要道,要道謂禮樂。《論語》言禮者四十余章,自視聽言動,與凡事親教子,事君使臣,使民爲國,莫不以禮。《周禮》《儀禮》發源是一,《禮記》則七十子之徒共撰所聞,或録舊禮之義,或録變禮所由。蓋聖人之道,一禮而已。三代之學,皆所以明人倫。六藝殊科,禮爲之體。①

曹氏在此開宗明義提出"六經同歸,其指在禮",繼而暢發每一經書之中體現"禮義"者何在,從而歸結爲"聖人之道,一禮而已",再此重申其"三代之學,皆所以明人倫"的價值觀念。曹氏更將此種觀念推廣於他經,如在《周易學》中,他亦列"會通"之部,舉《易》理與《禮》例相應和的原則,解析《周禮》《儀禮》《禮記》等書徵引《周易》的内容,會通説解,體現了曹氏在禮學的基礎上,遍注群經,構建了一套龐大的學術體系,使經學以一種新的方式呈現在世人面前。具體到此處二南問題,曹氏在文中亦用會通的觀點詮釋之:

> 以《禮》況之,則《召南》履之,爲賢,《周南》體之,爲聖也。以《易》況之,則《召南》由否反泰,《周南》由泰而成既濟也。以《孝經》況之,則《召南》諸侯之孝,《周南》天子之孝也。

曹氏認爲二南之別,以《禮》爲例,則"《召南》履之,爲賢,《周南》體之,爲聖也"。此發端于賈公彥《儀禮疏》:"《周禮》是統心,《儀禮》是履踐,外内相因,首尾是一"②,在傳統禮學家眼中,《周禮》《儀禮》二書,内容特點不同,有《周禮》統心爲體,《儀禮》履踐爲用的説法,但兩者皆爲"發源是一,理有終始,分爲二部,并是周公攝政大平之書"③。核之《周南》《召南》,曹氏認

---

① 〔清〕曹元弼:《禮經會通大義論略》,《復禮堂文集》卷四,第539—540頁。
② 〔唐〕賈公彦:《儀禮疏》序,上海:上海書店1984年影印《四部叢刊》汪氏覆宋單疏本,第3頁a。
③ 〔唐〕賈公彦:《儀禮疏》序,第1頁a。

爲從氣象上來説,《召南》履之,爲賢,《周南》體之,爲聖也,但根本都源于
文王。至於"以《易》況之,則《召南》由否反泰,《周南》由泰而成既濟",蓋
因爲曹氏認爲《召南》體現了文王未受命爲諸侯時,王道初始之作,《周南》
爲文王受命之後,王道大成之作。同樣的思路,以《孝經》況之,則"《召南》
諸侯之孝,《周南》天子之孝也"。

中國經典互證會通的傳統,由來已久。歷代經學家以經解經、經典互
證,已成爲經典詮釋的普遍範式。清初黄宗羲、萬斯同等人都認爲治一經
不能僅理解一經,因爲"非通諸經,不能通一經"①。在《詩經》的詮釋上,
漢人已嘗試用《周易》《禮經》等與《詩經》的互證。後者如鄭玄的箋《詩》,
後者如《殷其雷》:"殷其雷,在南山之陽。"毛《傳》:"殷,雷聲也。山南曰
陽,雷出地奮,震驚百里。山出雲雨以潤天下。"此即引《周易·豫卦》"雷
出地奮"與《震卦》"震驚百里"以爲説。清初《禦纂詩義折中》於《小雅·瓠
葉》中説:"豐以燕賓者,《魚麗》是也,《鼎》之《彖》曰:'大亨以養聖賢。'薄
以燕賓者,《瓠葉》是也,《損》之《彖》曰'二簋可用享'。知《易》之義,則知
《詩》之義矣。"②這些運用群經之間的互證,對於後學在閱讀或詮釋《詩》
義時,自然會有相當的啓迪效果。曹元弼熟讀群經,湛深鄭學,自然明白
這種會通的詮釋傳統。因此,他在前人的基礎上,對於《周南》《召南》的詮
釋,引述《禮經》《周易》《孝經》等進行了創造性的互證,不僅呈現了其卓越
的學術理解力,也提供後人對於經典詮釋多元性的啓發。

（三）發揮修齊治平之道,整合《詩》旨新進路

《詩經》中"二南"問題,所以時刻牽動歷代儒者之神經,與《詩序》中所
謂"關雎麟趾之化,王者之風""鵲巢騶虞之德,先王之所以教""《周南》《召
南》,正始之道,王化之基"的崇敬之情密不可分。概而言之,無論從早期
的《詩序》作者,抑或漢、宋諸儒,儘管對某些詩旨的理解存在爭端,但關於
"二南"傳達了周朝所以興起的王道并無異詞。也就是説,對"二南"的詮
釋,其背後實在蘊含了傳統儒者上法三代的王道觀念。故曹氏云:

---

① 〔清〕黄宗羲:《南雷詩文集》上,《黄宗羲全集》(第 10 册),杭州:浙江古籍出
版社,1994 年,第 405 頁。

② 〔清〕傅恒等:《御纂詩義折中》卷一五,臺北:臺灣商務印書館 1983 年景印文
淵閣四庫全書本,第 42 頁。

《序》云王者、諸侯,《譜》以聖人、賢人申之,其義至精。蓋文王以諸侯行王道,王道者,聖人修身及家平,均天下之道,非陰行善事以弋殷命之道也。子曰:下之事上也。雖有庇民之大德,不敢有君民之心,其文王之謂與? 文王率商之叛國以事紂,爲人臣,止於敬。天命之,諸侯王之,而文不自文。故風、雅作于文王時者,皆不稱文爲王。《兔罝》《汝墳》在《周南》,而曰"公侯干城"、曰"王室如毀",此可見文之不自王也。王其風,不王其號,此文王之所以爲文也。孟子曰:"王者之民皞皞如也,民日遷善而不知爲之者,吾于《周南》見之。"王者、諸侯之分,實聖賢德教之差耳。子曰:"人而不爲《周南》《召南》,其猶正墻面而立也與?"學者誠由先賢成訓而推索焉,以變化氣質,陶養性情,則安處善、樂循理,忽不自知其入于聖賢之域矣。①

曹氏對於二南分風的説法,從根本上源於其對"周道"的體認和堅持。所謂"周道",即"文王以諸侯行王道,王道者,聖人修身及家平,均天下之道",也就是令後世儒者羨稱不已的"王道"。對於《序》云王者、諸侯"的做法,曹氏以爲鄭玄《詩譜》中以聖人、賢人申之,"其義至精"。這是因爲在曹氏眼中,"王者、諸侯之分,實聖賢德教之差耳"。

這種對"周道"起于文王的理解,又與《論語》中孔子的"聖言"密不可分。故曹元弼在文章的結尾,引述孔子之言:"人而不爲《周南》《召南》,其猶正墻面而立也與?"按《論語注疏》引馬融之言曰:"周南召南,國風之始,樂得淑女,以配君子,三綱之首,王教之端,故人而不爲,如向墻而立。"《疏》沿其脈絡,謂:"君爲臣綱,父爲子綱,夫爲妻綱。有夫婦,而後有父子,而後有君臣。二南之首論夫婦,文王:'刑於寡妻,至於兄弟,以禦於家邦。'是故二國之詩,以后妃夫人之德爲首,終以麟趾騶虞,言后妃夫人,有斯德興助其君子,皆可以成功,至於致嘉瑞。故爲三綱之首,王教之端也。"

如果説《論語注疏》的政教色彩濃厚,不離原來《序》《譜》漢儒之學的既有框架的話,朱子《論語集注》的説法,顯然更突顯了修身與治平之道的二者關聯:"爲,猶學也。《周南》《召南》,詩首篇名,所言皆修身齊家之事。

---

① 〔清〕曹元弼:《復禮堂文集》卷三,第237—248頁。

正墙面而立,言即其至近之地,而一物無所見,一步不可行。"朱子從正心修身的角度去詮釋"二南",以爲孔子所言的重視"二南",乃講明以修身爲起點,然後推廣德化至於鄉党邦國,以至於"平天下"。如此,則儒家所宣揚的大道就寄寓在"二南"之中。曹氏最後所謂的"學者誠由先賢成訓而推索焉,以變化氣質,陶養性情,則安處善、樂循理,忽不自知其入于聖賢之域矣"的觀點,很明顯的受到朱熹"修齊治平"的影響。

曹氏從維護孔門詩教宗旨的角度,通過"王教"不離"修齊治平",不但創造性的將《詩序》《注疏》中的"漢學"與朱子的"宋學"相打通,也再次點明聖人重視二《南》的微旨,即從中可見周道之所以盛,從而爲群經之間的聯繫與結構性平添了又一注脚。

四、結　論

本文以曹元弼對《詩經》"二南"的詮釋爲中心,綜觀了曹元弼的《詩》學態度和對"二南"問題的看法。曹元弼作爲晚清重要的經學家,其在"二南"的認知上,是以繼承《詩序》、毛《傳》、鄭《箋》的傳統學説爲主,但又受朱子《詩集傳》的影響,使他對"二南"的解釋,既不是對漢唐舊説的簡單因襲,也不是朱子的新傳統,對於清人如胡承珙、陳奂的見解,亦表現出有選擇的去取,鮮明的體現了其個性化和整合漢、宋詩説内在矛盾的良苦用心。從而啓示我們對於經學家的任一經説,不但要看到其繼承前人之處,即共同分享的視域所在,也要注意到每一經學家所關心的獨特問題,尤其後來者欲整合前代經説的企圖心。如此一來,經學史上那些看似無新意的争論,或許能得到重新的審視。

（作者：南京師範大學文學院博士後,
金陵科技學院人文學院講師）

《四庫全書總目》易類提要訂誤

孫利政

摘要：《四庫全書總目》是中國古代集大成的目録學著作，然其中訛誤錯漏之處不在少數。文章以中華書局整理本《欽定四庫全書總目》爲底本，參校各種類型的四庫提要，并采用《總目》著録之典籍與提要徵引之原文獻，就經部易類提要進行考校，共校正文字訛誤二十則。

關鍵詞：《四庫全書總目》　易類　訂誤

《四庫全書總目》是中國古代集大成的目録學著作，一直備受學者關注，對其進行考辨校訂的專著、論文也層出不窮。1997 年中華書局出版了《欽定四庫全書總目》"整理本"，以殿本爲底本，以浙、粤二本爲校本，同時廣泛吸取前人校訂成果。2012 年上海古籍出版社出版了魏小虎《四庫全書總目彙訂》（下簡稱《彙訂》），以浙本爲底本，對校殿本，極力搜集 2011 年底前發表的考校成果，資料頗爲完備。然校書如掃塵，旋掃旋生，《總目》仍然存在不少問題。今以中華書局整理本《欽定四庫全書總目》爲底本，參校各種類型的四庫提要，并采用《總目》著録之典籍與提要徵引之原文獻，就經部易類提要進行考校，共校正文字訛誤二十則。每條提要原文附整理本卷次和頁碼，以便按核。

1. 陸氏易解一卷

《吳志》載績所著有《易注》，不言卷數。《隋書·經籍志》有陸績《周易注》十五卷。《經典釋文·序録》作陸績《周易述》十三卷，《會通》一卷。新、舊《唐書志》所載卷數，與《釋文》同。原本久佚，未詳其孰是。（卷1，頁5）

按：檢《經典釋文》、兩《唐志》著録陸績《周易述》十三卷，然均未著録

《會通》一卷。《經義考》載:"陸氏績《周易注》(原注:《釋文·序録》'注'作'述'),《隋志》:'十五卷。'(《釋文·序録》、新舊《唐書志》:'十三卷。'《會通》:'一卷。')佚。(《鹽邑志林》載有一卷。)"①有學者指出《經義考》"《會通》一卷"指《會通》著録陸氏《易注》一卷,提要即據《經義考》,而誤讀"《會通》一卷"爲《經典釋文》、兩《唐書》著録文字,然"今不知朱氏《會通》所指,抑或元人董真卿《周易會通》著録爲一卷歟?"②有學者否定此説,指出《增補鄭氏周易》引用數條《會通》,"皆不見於董真卿《周易會通》,且《鄭氏周易》即爲王應麟所輯,自不當引用元人之書,或是董書之外别有一《會通》歟?"③

檢《翁方綱纂四庫提要稿》云:"(陸績)有《周易注》十五卷,見於《隋經籍志》,《釋文·序録》、新舊《唐書志》皆作十三卷,《會通》一卷。又注《京氏易》三卷。"④翁氏似已誤讀"《會通》一卷"爲《釋文》等著録文字,《總目》沿襲其誤。那麼此引《會通》是指董真卿《周易會通》,抑或别一《會通》?

考《經義考》稱引"會通"注明卷數異同者凡兩條,另一條爲"陸氏希聲《周易傳》"云:"《新唐志》:'二卷。'(《宋志》:'十三卷。'《中興書目》:'六卷。'《周易會通》作'十卷'。)"⑤兩條同屬易類,而彼文明謂"《周易會通》"。據《經義考》著録,朱彝尊得見《周易會通》者唯董真卿、汪邦柱⑥二家書⑦。董氏《會通》卷首《引用諸書群賢姓氏·古今名賢》載"陸氏績,公紀,吴人,爲鬱林太守。《易注》十卷"⑧,又《因革》載"陸氏(希聲)《易》,

---

① 〔清〕朱彝尊撰,林慶彰等主編:《經義考新校》卷一〇,上海:上海古籍出版社,2010年,第151頁。

② 楊新勛:《四庫提要易類辨正五則》,《南京師範大學文學院學報》2017年第1期,第82—83頁。

③ 張傲:《〈四庫全書總目〉經部提要辨證四則》,《貴州文史叢刊》2019年第4期,第70頁。

④ 〔清〕翁方綱撰,吴格整理:《翁方綱纂四庫提要稿》,上海:上海科學技術文獻出版社,2005年,第2頁。

⑤ 〔清〕朱彝尊撰,林慶彰等主編:《經義考新校》卷一五,第252頁。

⑥ 《經義考》卷六一著録繆昌期《周易會通》十二卷,今未見傳本,疑即汪邦柱書誤題。汪氏《周易會通》卷首載繆昌期序,殆誤以序者爲作者,《經義考》遂重複著録。

⑦ 〔清〕朱彝尊撰,林慶彰等主編:《經義考新校》卷四六、六一,第829、1141頁。

⑧ 〔元〕董真卿:《周易會通》卷首,《景印文淵閣四庫全書》(第26册),上海:上海古籍出版社,1987年,第78頁。(《四庫全書》所據底本爲《通志堂經解》本,《經解》本文同。下同。)

《易傳》十卷"①。汪氏《會通》卷首《采取易學》載"陸績,字公紀,華亭人,
爲鬱林太守。著《周易注》十三卷"②,未載陸希聲書。《經義考》"陸氏希
聲《周易傳》"條所稱"《周易會通》作'十卷'"與董書合,而本條《會通》一
卷"則與董書"十卷"、汪書"十三卷"的記載皆不合。細繹《經義考》之文,
前引《釋文》、兩《唐書志》"十三卷"云云,繼引《會通》以著卷數差異,可知
絶非援引汪書,而董書"十卷"則與《釋文》等著録卷數不同。事實上,《經
義考》從未稱引汪書,而引用董書頗夥,如"李氏翱《易詮》,《宋志》'三卷'"
條引"董真卿曰":"李氏《易》,七卷。"③"張子載《横渠易説》,《宋志》'十
卷'"條引"董真卿曰":"《横渠易説》三卷。"④"曾氏穜《大易粹言》,《宋志》
'十卷'(或作七十卷)"條引"董真卿曰":"曾穜集七家解,名《大易粹言》,
七十三卷,淳熙二年序。"⑤諸條皆載董氏《周易會通》卷首《引用諸書群賢
姓氏》或《因革》,《經義考》援引以明卷數差異。故我們有理由相信本條
"《會通》"亦指董氏《會通》。《經義考》所引陸績《易注》"一卷"於史無徵,
董氏《會通》所載"《易注》十卷"當本王應麟《玉海·藝文》"吴虞翻《易》注"
條:"《隋志》:虞翻注九卷。(《釋文·序録》:十卷。)陸績注十卷。(《序
録》:十三卷。)"⑥是董氏《會通》原文"十卷"無誤,《經義考》引作"一卷",
或因此書傳本一卷(《鹽邑志林》本)而誤記,或傳寫有字誤。《總目》又襲
《經義考》之誤而未察。

　　否定《經義考》"《會通》"指董真卿《周易會通》的理據是《增補鄭氏周
易》中"閑邪以存其誠"注"《會通》晁氏云"⑦、"損益衰盛之始也"注"《釋
文》。引見《會通》,今《釋文》無之"⑧,所引《會通》兩條文字皆不見於董真
卿《周易會通》。考董氏《會通》"閑邪存其誠"注:"晁氏曰:鄭作'以存其

　　①　〔元〕董真卿:《周易會通》卷首,第 97 頁。
　　②　〔明〕汪邦柱、〔明〕江栭:《周易會通》卷首,《四庫全書存目叢書》(經部第 18
册),濟南:齊魯書社,1996 年,第 543 頁。
　　③　〔清〕朱彝尊撰,林慶彰等主編:《經義考新校》卷一五,第 249 頁。
　　④　〔清〕朱彝尊撰,林慶彰等主編:《經義考新校》卷一九,第 338 頁。
　　⑤　〔清〕朱彝尊撰,林慶彰等主編:《經義考新校》卷二九,第 517 頁。
　　⑥　〔宋〕王應麟撰,武秀成、趙庶洋校證:《玉海藝文校證》卷二,南京:鳳凰出版
社,2013 年,第 59 頁。
　　⑦　〔宋〕王應麟輯,〔清〕惠棟補:《增補鄭氏周易》卷上,《景印文淵閣四庫全書》
(第 7 册),第 149 頁。
　　⑧　〔宋〕王應麟輯,〔清〕惠棟補:《增補鄭氏周易》卷下,第 181 頁。

誠'."①又"損益盛衰之始也"注:"陸氏曰:鄭、虞作'衰盛'."②此與《增補鄭氏周易》所引《會通》文合,否定者失檢。王應麟所輯鄭玄注名《周易鄭康成注》,不著出處,《增補鄭氏周易》則是惠棟在王本基礎上補輯,并"一一考求原本,注其出自某書,明其信而有徵"③。二書均收入《四庫全書》。檢此二條王氏原書并無,乃惠氏據董氏《會通》增補亦明。

要之,《經義考》本條"《會通》"指董真卿《周易會通》無疑,唯將原文"十卷"誤爲"一卷",提要又誤讀《經義考》"《會通》一卷"爲《經典釋文》、兩《唐志》著錄文字。

2. 周易正義十卷

魏王弼、晋韓康伯注,唐孔穎達疏。……序稱十四卷,《唐志》作十八卷,《書錄解題》作十三卷。此本十卷,乃與王、韓注本同。(卷1,頁6—7)

按:十八卷,當作"十六卷"。《舊唐書·經籍志》:"《周易正義》十四卷,孔穎達撰。"④《新唐書·藝文志》:"《周易正義》十六卷,國子祭酒孔穎達、顔師古、司馬才章、王恭、太學博士馬嘉運、太學助教趙乾叶、王談、于志寧等奉詔撰,四門博士蘇德融、趙弘智覆審。"⑤《舊志》"十四卷"與提要前引孔序合,故所稱"《唐志》"指《新唐志》,以著卷數差異。考《玉海·藝文》引《新唐志》亦作"《周易正義》十六卷"⑥。《經義考》"孔氏穎達《周易正義》"條云:"《舊唐志》:'十四卷.'(《中興書目》同,《新唐志》作'十六卷'.)"又引孔穎達序稱"爲之《正義》,凡十有四卷"云云,又引"陳振孫曰":"《序》云十四卷,《館閣書目》亦云。今本止十三卷。"⑦提要所述此書卷數之異當本《經義考》。《四庫全書薈要總目提要》(下簡稱《四庫薈要提要》)"《周易經傳注疏》"條稱"《舊唐志》《中興書目》作十四卷,《新唐志》

---

① 〔元〕董真卿:《周易會通》卷一,第167頁。
② 〔元〕董真卿:《周易會通》卷一四,第607頁。
③ 〔清〕紀昀等:《欽定四庫全書總目》卷一,北京:中華書局,1997年,第5頁。
④ 〔後晋〕劉昫等:《舊唐書》卷四六,北京:中華書局,1975年,第1968頁。
⑤ 〔宋〕歐陽修、〔宋〕宋祁:《新唐書》卷五七,北京:中華書局,1975年,第1426頁。
⑥ 〔宋〕王應麟撰,武秀成、趙庶洋校證:《玉海藝文校證》卷八,第376頁。
⑦ 〔清〕朱彝尊撰,林慶彰等主編:《經義考新校》卷一四,第223—226頁。

《玉海》并作十六卷",不誤。陳振孫《直齋書録解題》"《周易正義》十三卷"
條館臣按語稱"《舊唐書·經籍志》作十六卷,《唐書·藝文志》作十四
卷"①,所載兩《唐書》著録《周易正義》卷數適反,亦可證提要"十八卷"爲
"十六卷"之誤。

3. 了翁易説一卷

**宋陳瓘撰。瓘字瑩中,"了翁"其自號也。延平人。……事迹具《宋
史》本傳。……晁公武《讀書志》謂其"以《易》數言天下治忽,多驗",則瓘
於《易》實有所得,非徒以艱深文淺易者,正未可以難讀廢矣。(卷 2,頁
12—13)**

黄嬿婉《〈四庫全書總目〉誤引〈郡齋讀書志〉訂正十則》:"今查各種版
本《讀書志》及趙希弁《讀書附志》,并無《了翁易説》。……《總目》所謂'以
易數言天下治忽多驗'之語當出自《宋史》卷三四五《陳瓘傳》,云:'通於
《易》,數言國家大事,後多驗。'"②

按:黄氏發"以易數言天下治忽多驗"不載《郡齋讀書志》及《附志》甚
是,或因《總目》"事迹具《宋史》本傳"而指爲《宋史·陳瓘傳》,則尚未達一
間。今考《經義考》"陳氏瓘《了翁易説》"條引"晁公武曰":"陳瓘字瑩中,
南延平人。建中靖國初爲右司諫,嘗移書責曾布及言蔡京及弟卞之奸,章
疏十上,除名,編隸合浦以死。靖康中,贈諫議大夫。瓘自號了翁,《易》數
言天下治忽,多驗。"③提要即據《經義考》轉引晁氏語。《經義考》此文采
自晁氏《郡齋讀書志》"陳瑩中《了齋集》三十卷"條,然《讀書志》諸本止"自
號了翁"④,均無"《易》數言天下治忽,多驗"一句。檢此語僅見《東都事
略·陳瓘傳》:"瓘有詞辨,通《易》,數言天下治忽,多驗。"⑤由於《經義考》

---

① 〔宋〕陳振孫撰,徐小蠻、顧美華點校:《直齋書録解題》卷一,上海:上海古籍
出版社,1987 年,第 3 頁。
② 黄嬿婉:《〈四庫全書總目〉誤引〈郡齋讀書志〉訂正十則》,《圖書館工作與研
究》2011 年第 5 期,第 83 頁。
③ 〔清〕朱彝尊撰,林慶彰等主編:《經義考新校》卷二〇,第 360 頁。
④ 〔宋〕晁公武撰,孫猛校證:《郡齋讀書志校證》卷一九,上海:上海古籍出版
社,2011 年,第 1022 頁。
⑤ 〔宋〕王偁:《東都事略》卷一〇〇,《景印文淵閣四庫全書》(第 382 册),第
650 頁。

全書徵引《東都事略》頗夥,《讀書志》又確無此文,故此實爲朱彝尊引《東都事略》文,或失標出處,《總目》遂誤讀爲所引晁氏《讀書志》文。

4. 復齋易説六卷

宋趙彥肅撰。彥肅字子欽,號復齋,太祖之後。(卷3,頁21)

楊武泉《四庫全書總目辨誤》:"'彥'爲行輩,宋太祖之後無'彥'字輩。'彥'爲太祖弟魏王廷美七世孫之排行。《宋史·宗室世系表》廷美長子德恭之六世孫,有二彥肅,本書作者,當即其中一人。《總目》作'太祖之後',誤。"①

按:楊氏指趙彥肅爲宋太祖弟魏王廷美之後而非"太祖之後"甚是,唯稱作者爲二彥肅"其中一人",尚未能確斷。考文溯閣提要、《四庫薈要提要》均稱"景國公叔夏之曾孫也",《四庫薈要提要》長編載:"宋海寧軍節度推官宗室趙彥肅撰。今依内府所藏通志堂刊本繕録恭校。"②《通志堂經解》本《復齋易説》卷首載納蘭性德《復齋趙先生行實》稱"先生名彥肅,字子欽,其先自東都官新定家焉。曾祖叔夏,開府儀同三司、景國公;妣淮安郡夫人高氏。祖好之,右驍衛大將軍、忠州團練使;妣令人李氏。考功章,武經郎、主管台州崇道觀;妣太安人何氏"③,即《四庫薈要提要》等所本。檢核《宋史·宗室世系表》,趙氏世系爲:魏王廷美—高密郡王德恭—武當侯承壽—濟陰郡公克淑—景國公叔夏—右驍衛大將軍、忠州團練使好之—武經郎公章—趙彥肅。至於《總目》緣何誤稱"太祖之後",檢文淵閣提要、文溯閣提要、文津閣提要、《四庫全書初次進呈存目》(下簡稱《初次進呈存目》)、《四庫薈要提要》均稱"宋宗室趙彥肅撰",《總目》依例改稱"宋趙彥肅撰",或因"宗室"二字,未暇詳考其世系,故臆測爲"太祖之後"。

① 楊武泉:《四庫全書總目辨誤》,上海:上海古籍出版社,2001年,第2頁。
② 江慶柏等整理:《四庫全書薈要總目提要》,北京:人民文學出版社,2009年,第108頁。
③ 〔宋〕趙彥肅:《復齋易説》,《四庫提要著録叢書》(經部第32册),北京:北京出版社,2010年,第225頁。

5. 厚齋易學五十二卷

其搜采亦頗博洽,如王安石、張弼、張汝明、李椿年、李元量、李舜臣、閻邱昕、毛樸、馮時行、蘭廷瑞諸家,其全書今皆不傳,尚藉是以存梗概。(卷 3,頁 25)

按:毛樸,當作"毛璞"。《厚齋易學·先儒著述》"毛氏傳"條載:"《易傳》十一卷,瀘川毛璞撰,字伯玉,嘗持潼川憲節。"①俞琰《讀易舉要·魏晋以後唐宋以來諸家著述》亦載:"瀘川毛璞伯玉撰《易傳》,又有《外傳》,歷詆先儒之失。又有《三餘集》,多論《易傳》之得失。"②《蜀中廣記》載毛氏《毛伯玉集》,云:"瀘州毛璞著。乾道中進士,仕至利州路。所著有《三餘録》《六經解》。自號方山子。"③"璞"與其字"伯玉"義合。《經義考》:"毛氏璞《易傳》十一卷,未見。"④是朱彝尊亦未見傳本。

6. 讀易舉要四卷

宋俞琰撰。……**史璿**謂:"革居四十九,應大衍之數,故云'天地革而四時成';節居六十而甲子一周,故云'天地節而四時成'。"皆以偶合之見,窺聖人作《易》之意。琰顧取之,則殊非本旨。(卷 3,頁 33)

按:史璿,當作"史繩祖"。《讀易舉要》載:"史學齋謂:'革居第四十九,應大衍之數,故云:天地革而四時成。節居六十而甲子一周,故云:天地節而四時成。'"⑤此即提要所本。所稱"史學齋"指史繩祖,《讀易舉要·魏晋以後唐宋以來諸家著述》云:"眉山史繩祖慶長撰《學齋占畢》,其間説《易》處頗多。"⑥俞氏所引史繩祖説見《學齋占畢》⑦,是爲確證。

---

①　〔宋〕馮椅:《厚齋易學》附録二,《景印文淵閣四庫全書》(第 16 册),第 837 頁。
②　〔元〕俞琰:《讀易舉要》卷四,《景印文淵閣四庫全書》(第 21 册),第 468 頁。
③　〔明〕曹學佺:《蜀中廣記》卷九九,《景印文淵閣四庫全書》(第 592 册),第 599 頁。
④　〔清〕朱彝尊撰,林慶彰等主編:《經義考新校》卷三三,第 583 頁。
⑤　〔元〕俞琰:《讀易舉要》卷三,第 428 頁。
⑥　〔元〕俞琰:《讀易舉要》卷四,第 469 頁。
⑦　〔宋〕史繩祖:《學齋占畢》卷四,《景印文淵閣四庫全書》(第 854 册),第 48 頁。

考程晋芳《勉行堂文集》載《讀易舉要跋》與《總目》文字高度相似,此跋或其分纂稿,亦作"史璿"①。"史璿"史册無載,竊疑或"史伯璿"之脱誤。史伯璿字文璣,元温州平陽人,撰有《四書管窺》《管窺外篇》,《總目》已著録。《管窺外篇》大抵辨證經史等文,所論《易》學條目,均與此無涉。蓋程晋芳誤考《讀易舉要》"史學齋"爲"史伯璿",轉寫又脱"伯"字。

7. 易學變通六卷

元曾貫撰。……事迹見《江西通志》。所著《四書類辨》《學庸標旨》諸書,俱湮没不傳。惟朱彝尊《經義考》載有《周易變通》之名,亦以爲已佚。(卷 4,頁 41)

陳偉文《〈四庫提要〉易類補正》:"據楊士奇《東里續集》卷四《曾氏耕讀軒記》、尹昌隆《尹訥庵先生遺稿》卷五《曾九韶先生墓志銘》,曾貫撰有《庸學標注》,提要誤作'《學庸標旨》'。"②

按:陳氏指"學庸"爲"庸學"誤倒甚確,唯以"旨"當作"注",則尚未達一間。今考《經義考》"曾氏貫《周易變通》"條引"楊士奇"曰:"所著書有《易變通》《四書類辨》《庸學標旨》。"③檢所引楊氏説載其《曾春齡墓表》,原文作"庸學標著"④。《[雍正]江西通志》引林庭㭿《志》亦稱"庸學標著"⑤。"標著"或係"標注"音誤,而《經義考》"旨"字則當爲"著"字形誤,或爲朱氏妄改,館臣襲其誤而未察。

8. 水村易鏡一卷

宋林光世撰。光世字逢聖,莆田人。《館閣續録》載其"淳祐十一年,

---

① 〔清〕程晋芳:《勉行堂文集》卷四,《續修四庫全書》(第 1433 册),上海:上海古籍出版社,1995 年,第 334 頁。

② 陳偉文:《〈四庫提要〉易類補正》,《周易研究》2011 年第 5 期,第 46 頁。

③ 〔清〕朱彝尊撰,林慶彰等主編:《經義考新校》卷四八,第 856 頁。

④ 〔明〕楊士奇:《東里續集》卷三二,《景印文淵閣四庫全書》(第 1239 册),第 83 頁。

⑤ 〔清〕謝旻等監修:《江西通志》卷七六,《景印文淵閣四庫全書》(第 515 册),第 623 頁。(檢林庭㭿、周廣纂修《[嘉靖]江西通志·人物·曾貫傳》原文作"庸學標注"。)

以《易》學召赴闕,充秘書省檢校文字。十二年,教授常州,<u>文字職事如舊</u>"。(卷7,頁74)

按:"教授常州文字","文字"當作"文學"。《南宋館閣續録·秘書省檢閱文字》載:"林光世,字逢聖,興化軍莆田縣人。淳祐十一年九月以《易》學召赴闕,十二月有旨,充秘書省檢閱文字。十二年二月敕授常州文學,職事仍舊。"①《經義考》"林氏光世《水村易鏡》"條引《館閣續録》亦稱"淳祐十一年,以《易》學召赴闕,充秘書省檢校文字,十二年,教授常州文學,職事仍舊"②,提要即本《經義考》轉引。原文"文學"指文學掾。提要"文字"或涉前"充秘書省檢校文字"而誤,或館臣因承《經義考》改"敕授"爲"教授"之文,以"教授常州"四字語義已足,故改"文學"爲"文字",屬下"職事如舊"爲讀,以與前"檢校(閱)文字"相應。

9. 玩易意見二卷

明王恕撰。恕字宗貴,三原人。正統戊辰進士,官至吏部尚書。謚端毅。事迹具《明史》本傳。(卷7,頁78)

按:宗貴,浙本、粵本、《紀曉嵐删定〈四庫全書總目〉稿本》(下簡稱《紀稿》)、《初次進呈存目》作"宗貫",是。王恕《石渠老人履歷略》云:"予姓王氏,字宗貫,號介庵,石渠老人乃晚年號也。西安三原縣光遠里人。"③李東陽《明故光禄大夫柱國太子太傅吏部尚書致仕贈特進左柱國太師謚端毅王公(恕)神道碑銘》④、王鏊《太子太保吏部尚書贈特進光禄大夫左柱國太師謚端毅王公(恕)墓誌銘》⑤、《明史·王恕傳》⑥稱其字并同。《正統十三年(戊辰)進士登科録》二甲進士載:"王恕,貫陝西西安府耀州三原

① 〔宋〕佚名撰,張富祥點校:《南宋館閣續録》卷九,北京:中華書局,1998年,第357頁。

② 〔清〕朱彝尊撰,林慶彰等主編:《經義考新校》卷三五,第623頁。

③ 〔明〕王恕:《王端毅公文集》附録,《四庫全書存目叢書》(集部第36册),第219頁。

④ 〔明〕李東陽:《文後稿》卷二〇,周寅賓、錢振民校點《李東陽集》,長沙:嶽麓書社,2008年,第1193頁。

⑤ 〔明〕王鏊:《震澤集》卷二九,《景印文淵閣四庫全書》(第1256册),第432頁。

⑥ 〔清〕張廷玉等:《明史》卷一八二,北京:中華書局,1974年,第4831頁。

縣,民籍。國子生。治《易經》。字宗貫。"①又《經義考》"王氏恕《玩易意
見》"條引《言行録》:"恕,字宗貫,陝西三原人。正統戊辰進士,仕至太子
太保、吏部尚書。卒,贈太師,謚端毅。"②提要當本《經義考》。殿本"貴"
爲"貫"字形誤亦明。

10. 易經淵旨一卷

　　"艮爲黔喙之類",以"黔喙"爲"口有鈐,如蟋蟀、螳螂、<u>蝤蛑</u>之類,惟蟲
屬有之",因引《爾雅》注"螳螂,有斧蟲"爲證。(卷7,頁85)

　　按:蝤蛑,《紀稿》作"蛑",是。《易經淵旨》原文云:"黔喙,口有鈐,如
蟋蟀、螳螂、蛑之類,惟蟲屬有之。《爾雅》注'螳螂,有斧蟲'是也。"③《爾
雅·釋蟲》"莫貈,螳蜋,蛑"郭璞注:"螗蜋,有斧蟲,江東呼石蜋。孫叔然
以《方言》說此,義亦不了。"邢昺疏:"《釋》曰:莫貈,一名螳蜋,一名蛑,即
上'不過'也。捕蟬而食。"④《總目·〈方言〉提要》稱"魏孫炎注《爾雅》'莫
貈、螳螂、蛑'字"⑤,亦作"蛑"。《詩·小雅·大田》"及其蟊賊"毛《傳》:
"食根曰蟊。"《釋文》:"蟊,本又作'蛑'。"⑥又《大雅·瞻卬》"蟊賊蟊疾"
《釋文》:"蛑,本又作'蟊'。"⑦是"蛑"又寫作"蟊",螳蜋(螂)别名。"蝤蛑"
爲蟹類,段成式《酉陽雜俎》云:"蝤蛑,大者長尺餘,兩螯至強,八月,能與
虎鬥,虎不如。隨大潮退殼,一退一長。"⑧段公路《北户録》云:"儋州出紅
蟹,即蝤蛑。"龜圖注:"《證俗音》:'蝤蛑,大蟹也。'"⑨是"蛑"與"蝤蛑"迥

　　①　《正統十三年進士登科録》,載《天一閣藏明代科舉録選刊·登科録》上,寧
波:寧波出版社,2016年,第143頁。
　　②　〔清〕朱彝尊撰,林慶彰等主編《經義考新校》卷四九,第890頁。
　　③　〔明〕歸有光:《易經淵旨》卷下,《四庫全書存目叢書》(經部第7册),第761頁。
　　④　〔晋〕郭璞注,〔宋〕邢昺疏:《爾雅注疏》卷九,〔清〕阮元校刻《十三經注疏》本,
北京:中華書局,2009年,第5740頁。
　　⑤　〔清〕紀昀等:《欽定四庫全書總目》卷四〇,第529頁。
　　⑥　〔唐〕孔穎達疏:《毛詩注疏》卷一四,〔清〕阮元校刻《十三經注疏》本,第
1023頁。
　　⑦　〔唐〕孔穎達疏:《毛詩注疏》卷一八,第1244頁。
　　⑧　〔唐〕段成式撰,許逸民校箋:《酉陽雜俎校箋》卷一七,北京:中華書局,2015
年,第1232頁。
　　⑨　〔唐〕段公路撰,〔唐〕龜圖注:《北户録》卷一,《景印文淵閣四庫全書》(第589
册),第37頁。

然二物,《稿本》尚無誤,蓋《總目》修訂時因前"蟋蟀""螳螂"均雙音詞,遂以"蚟"即"蟷蚟"脱誤而妄增"蟷"字,當據删。

11. 易學識遺一卷

"數往者順"用王安石解,皆於經傳有裨,非同剿説雷同者。然《明史·藝文志》不載此書。核校其文,即睦檉《五經稽疑》中説《易》之一卷。(卷8,頁89)

按:王安石,當作"安磐"。朱睦檉《五經稽疑·周易》"知來者逆"條云:"'數往者順,知來者逆',此二句先儒多爲之疑。臨川王氏曰:'天下之事,數往者順,知來者逆,《易》爲知來而作,故其數逆數也。'數往者順',蓋因下句而并舉之,非謂《易》有數往之順數也。"①此即提要所本。王安石《易》學著述今已亡佚,有學者鈎稽王氏《易解》遺文時采入此條②。然檢王安石此説宋至明初均未見徵引,明、清亦僅見引於《五經稽疑》。而明初楊慎《升庵經説》"數往者順知來者逆"條云:

> 安公石作《易牕》。此解極爲超邁,自唐宋諸儒,未有是説也。朱子嘗有一半逆一半順之疑矣,而終未能自決之也。公石之説曰:"天下之事,數往者順,知來者逆。《易》爲知來而作,故其數逆數也。'往者順',蓋因下句而并舉之,非爲《易》有數往之順數也。"公石於《經》妙契超詣有如此。趙子崇爲予言此,惜未見其全也。予謂解聖賢之經,當先知古人文法。古人之文,有因此而援彼者,有從此而省彼者。……故心曉古人文法,而後可以解聖賢之經。噫! 安得起公石於九原而語此哉?③

《經義考》"安氏磐《易牕》"條載"楊慎曰"引安公石説同,并引《姓譜》云:

---

① 〔明〕朱睦檉:《五經稽疑》卷一,《景印文淵閣四庫全書》(第184册),第694頁。

② 楊倩描:《王安石〈易〉學研究》,保定:河北大學出版社,2016年,第102頁。

③ 〔明〕楊慎:《升庵經説》卷一,王文才、萬光治主編:《楊升庵叢書》(第1册),成都:天地出版社,2003年,第93—94頁。

“安磐字公石,嘉定州人。弘治乙丑進士,官兵科都給事中。以争大禮落
職。”①其後熊過《周易象旨決録》②、焦竑《易筌》③等稱引此文并稱“安公石
《易牖》”。安磐《易牖》今佚,熊、焦所引或本楊書。《五經稽疑》“知來者
逆”下條“因此援彼”稱“楊用修曰:‘古人之文,有因此而援彼者,有從此而
省彼者’”④,所引楊説正見前引楊書“數往者順知來者逆”條,是《五經稽
疑》所引“天下之事,數往者順,知來者逆”云云亦出此條。楊書原文“安公
石”指安磐,《五經稽疑》轉引時蓋誤考“安公石”指王安石,故稱“臨川王
氏”,提要沿其誤而未察。

12. 易經澹窝因指八卷

**明張汝霖撰。汝霖字明若,山陰人。萬歷乙未進士,官至江西布政司
參議。(卷 8,頁 94)**

按:字明若,當作“號雨若”。《經義考》“張氏汝霖《周易因指》”條引
“高佑釲曰”:“山陰人,字明若,萬歷乙未進士,江西布政司參議。”⑤提要
即本此。然張氏“字明若”查無實據,未知高佑釲何據。《易經澹窝因指》
卷首范淶序稱“山陰張君雨若家學淵源,名節繼武,嘗潛心《易》道,著《澹
窝因指》八卷”⑥,卷末朱敬循後序則屢稱張氏爲“肅之”⑦。沈德符《萬歷
野獲編》載“此張雨若汝霖兵部爲予言者”“山陰張雨若汝霖駕部曾爲余
言”云云⑧,汝霖孫張岱《家傳》稱“祖諱汝霖,號雨若”⑨,《自爲墓志銘》亦

　　① 〔清〕朱彝尊撰,林慶彰等主編:《經義考新校》卷五一,第 925 頁。
　　② 〔明〕熊過:《周易象旨決録》卷七,《景印文淵閣四庫全書》(第 31 册),第
627—628 頁。
　　③ 〔明〕焦竑:《易筌》卷六,《四庫全書存目叢書》(經部第 14 册),第 687 頁。
　　④ 〔明〕朱睦㮮:《五經稽疑》卷一,第 694 頁。
　　⑤ 〔清〕朱彝尊撰,林慶彰等主編:《經義考新校》卷六〇,第 1116 頁。
　　⑥ 〔明〕張汝霖:《易經澹窝因指》卷首,《四庫全書存目叢書》(經部第 17 册),第
2 頁。
　　⑦ 〔明〕張汝霖:《易經澹窝因指》卷末,第 281—283 頁。
　　⑧ 〔明〕沈德符:《萬歷野獲編》卷八、二三,北京:中華書局,1959 年,第 214、
595 頁。
　　⑨ 〔明〕張岱撰,路偉、馬濤點校:《沈復璨鈔本瑯嬛文集》,杭州:浙江古籍出版
社,2016 年,第 285 頁。

稱"大父雨若翁"①。又《萬曆乙未科進士同年序齒録》載:"張汝霖,字肅之,號雨若。……治《易經》。浙江紹興府山陰縣人。"②《[崇禎]清江縣志·官師志》載:"張汝霖,字肅之,號雨若,山陰人。萬曆乙未進士,授廣昌知縣。二十六年調清江。"③據此張汝霖字肅之,號雨若。《經義考》"明若"當爲"雨若"字誤,又誤號爲字,提要沿其誤而未察。

13. 周易象義十卷

明章潢撰。……大抵以《漢上易傳》爲椎輪,雜引虞翻、荀爽、九家《易》及李鼎祚、鄭汝諧、林栗、項安世、馮椅、徐大爲、吕樸卿諸家,而參以己意。(卷8,頁94—95)

按:鄭汝諧,當作"鄭東卿";徐大爲,當作"徐古爲"。有學者指出提要所述與章潢《周易象義》多有牴牾,而與宋人丁易東《周易象義》皆合,確定此篇提要"當爲丁易東《周易象義》之提要"④,此説極是! 丁易東《周易象義》卷首自序云:

> 若以象言,則得李鼎祚所集漢魏諸儒之説焉,朱子發所集古今諸儒之説焉,馮儀之所集近世諸儒之説焉。間言象者,則有康節邵氏之説焉,觀物張氏之説焉,少梅鄭氏之説焉,吴興沈氏之説焉,京口都氏之説焉,長樂林氏之説焉,恕齋趙氏之説焉,平庵項氏之説焉,節齋蔡氏之説焉,山齋易氏之説焉,樸卿吕氏之説焉,古爲徐氏之説焉。是數家者,非不可觀也。……其專以《説卦》言象者,不過李氏鼎祚與朱氏子發耳。朱氏之説原於李氏者也,李氏之説原於漢儒者也。李氏所主者,康成之學,於虞翻、荀爽所取爲多,其源流有自來矣。⑤

① 〔明〕張岱撰,路偉、馬濤點校:《沈復璨鈔本瑯嬛文集》,第370頁。
② 龔延明、邱進春:《明代登科總録》第二十一册,桂林:廣西師範大學出版社,2021年,第11191頁。
③ 〔明〕秦鏞纂修:《清江縣志》卷五,《四庫全書存目叢書》(史部第212册),第253頁。
④ 郭彧:《〈周易象義六卷讀易雜記四卷〉提要》,載單承彬主編:《續修四庫全書總目提要·經部》,上海:上海古籍出版社,2015年,第23頁。
⑤ 〔宋〕丁易東:《周易象義》卷首,《中華再造善本》影印元刻本。(文淵閣《四庫全書》所收丁氏《易象義》乃從《永樂大典》輯出者,卷首丁序文同。)

《凡例》亦云：

> 凡卦象去取，或本虞仲翔，或本荀慈明，或本九家，或本李鼎祚，或本朱子發，或本鄭東卿，或本林黃中，或本項平甫，或本馮儀之，或本徐古爲，或本呂樸卿。緣皆參錯其中，難於盡標其名，非敢掠前人爲己美。至於先儒所未發者，時亦以己見參之。①

《總目》所列諸家即據《凡例》移錄。《初次進呈存目》稱"雜引虞翻、荀爽、九家《易》及李鼎祚、鄭東卿、林栗、項安節、馮儀之、徐大爲、呂樸卿諸家"，"鄭東卿""馮儀之"仍用《凡例》原文，承襲痕迹顯然，唯《凡例》"項平甫"、序"平庵項氏"指項安世（字平甫，號平庵），非項安節，《總目》已正其誤。又《凡例》"鄭東卿"、序"少梅鄭氏"指鄭東卿，字少梅，三山人，《淳熙三山志·人物》"紹興二十七年特奏名"下載："鄭東卿，穆之曾侄孫，昂之侄，字少梅。明《易》學，終温州永嘉簿。"②《直齋書録解題》"《周易疑難圖解》二十五卷"條云："三山鄭東卿少梅撰。"③《宋史·藝文志》載："鄭東卿《易説》三卷。"④又鄭汝諧字舜舉，處州人，《直齋書録解題》"《易翼傳》二卷"條云："吏部侍郎括蒼鄭汝諧舜舉撰。"⑤《總目·〈東谷易翼傳〉提要》亦云："宋鄭汝諧撰。汝諧字舜舉，號東谷，處州人。"⑥《周易象義·復》卦辭引"鄭少梅曰"，全書未引鄭汝諧説。是《總目》誤考"鄭東卿"其人。

又考《凡例》"徐古爲"、序"古爲徐氏"指徐直方，宋謝翺《天地間集》載《觀水》詩署"古爲徐直方"⑦，元胡一桂《周易啓蒙翼傳》載徐古爲《易解》六卷，原注："初特補迪功郎。咸淳三年，進《易解》。後除正言，江東憲。

---

① 〔宋〕丁易東：《周易象義》卷首，《中華再造善本》影印元刻本。（《四庫全書》本《易象義·凡例》同。）

② 〔宋〕梁克家：《淳熙三山志》卷二九，《宋元方志叢刊》（第8册），北京：中華書局，1990年，第8046頁。

③ 〔宋〕陳振孫撰，徐小蠻、顧美華點校：《直齋書録解題》卷一，第18頁。

④ 〔元〕脱脱等：《宋史》卷二〇二，北京：中華書局，1985年，第5040頁。

⑤ 〔宋〕陳振孫撰，徐小蠻、顧美華點校：《直齋書録解題》卷一，第25頁。

⑥ 〔清〕紀昀等：《欽定四庫全書總目》卷三，第29頁。

⑦ 〔宋〕謝翺：《天地間集》，《景印文淵閣四庫全書》（第1188册），第346頁。

名直方，字立大，號古爲先生。"①《周易象義》中《小過·初六》《革·象》均引"古爲徐氏"説，而無所謂"徐大爲"説。蓋"徐古爲"及"吕樸卿（吕大圭號樸卿）"二人難於考索，《初目》移録《凡例》原文時誤"古"爲"大"，《總目》沿其誤而未察。

14. 易存無卷數

國朝蕭雲從撰。……王士禎《池北偶談》嘗記雲從作《杜律細》一書，凡吴體拗句，俱强使協於平仄。……此書言《易》，殆亦類斯，與連江童能靈作《律吕古義》二卷，純以《河圖》《洛書》爲聲音之本者，均可謂誤用其心矣。(卷9，頁109—110)

按：律吕古義，當作"樂律古義"。清雍正間貢生連江童能靈撰有《樂律古義》二卷，《總目·〈樂律古義〉提要》云："是書謂洛書爲五音之本，河圖爲洛書之源。河圖圓而爲氣，洛書方而爲體。五音者，氣也，氣凝爲體，體以聚氣，然後聲音出焉。"②與提要"純以河圖、洛書爲聲音之本者"正合，是指童氏此書無疑，當據改。《總目》著録明吕懷《律吕古義》三卷，與提要所述無涉，此乃提要張冠李戴之誤。

15. 易原無卷數

國朝趙振芳撰。振芳字香山，山陰人。(卷9，頁114)

按：香山，疑當作"胥山"。《易原》趙振芳自跋鈐"胥山趙振芳"印③，目録有小引末署"胥山氏識"④，卷首黄景昉、孔自洙、李元萃、馬文燦、孫錫蕃等序均稱趙氏爲"胥山"。趙氏《易原圖説》卷端題"胥山趙振芳述，練溪徐在漢參"⑤，徐在漢《易或》卷端亦題"天都徐在漢述，胥山趙振芳

① 〔元〕胡一桂：《周易啓蒙翼傳》中篇，《景印文淵閣四庫全書》（第22册），第281頁。
② 〔清〕紀昀等：《欽定四庫全書總目》卷三九，第523頁。
③ 〔清〕趙振芳：《易原》卷末，《四庫全書存目叢書》（經部第30册），第824頁。
④ 〔清〕趙振芳：《易原》卷首，第698頁。
⑤ 〔清〕趙振芳：《易原》卷首，第763頁。

參"①,并無載趙氏爲"香山"者。又《明季南略·堵胤錫始末》稱"(趙)振芳字胥山,浙江上虞人,在松江從師十年,學《易》,刻《易講》甚多。後清兵至,降爲福建延平府同知"②,皆可證,當據改。

16. 讀易約編四卷

國朝朱江撰。江字<u>東注</u>,江都人。是書成於康熙丁丑。(卷 9,頁 118)

按:東注,當作"東柱"。《讀易約編》卷端題"江都朱江東柱纂輯"③,卷首史夔、宋實穎二序皆稱朱氏"東柱"。"柱""注"蓋形近音同誤。

17. 周易闡理四卷

國朝戴虞皋撰。……首冠《授易源流》一篇,分言數、言理二宗……其述理學,以爲孔子授商瞿……至明而爲胡廣之《大全》、蔡清之《蒙引》、林希元之《存疑》、<u>陳深</u>之《通典》,而郝敬之書獨能脫盡陳腐。(卷 9,頁 118—119)

按:陳深,當作"陳琛"。《周易闡理·授易源流》載《易》言理宗派云:

> (胡廣)《大全》頒諸學校,與《注疏》《正義》并行,以備參考。嗣後蔡虛齋作《蒙引》,及門林次崖作《存疑》、陳紫溪作《通典》,各有見理之言,不相附會。其能明《易》理者,郝京山之後無人焉,有《易解》《易通》《易領》《枝言》四卷,脫盡陳腐,獨闡《易》理。④

此即提要所本。《浙江采集遺書總録》"《周易闡理》四卷"條稱此書"專主

---

①　〔清〕徐在漢:《易或》卷首,《四庫全書存目叢書》(經部第 31 册),第 6 頁。
②　〔清〕計六奇:《明季南略》卷一二,北京:中華書局,1984 年,第 400 頁。
③　〔清〕朱江:《讀易約編》卷端,《四庫全書存目叢書》(經部第 35 册),第 132 頁。
④　〔清〕戴虞皋:《周易闡理》卷首,《四庫全書存目叢書》(經部第 35 册),第 308 頁。

詮理,大約本蔡虚齋、林次崖、陳紫溪、郝京山諸家之説約而成文"①,據原文直録諸家名氏。考"陳紫溪"乃"陳紫峰"誤記,指蔡清門生陳琛,字思獻,號紫峰,晉江人,事迹附見《明史·儒林·蔡清傳》②。陳氏撰有《易經通典》(又名《易經淺説》),《總目》已著録,提要云:"琛《易》學出蔡清,故大旨頗醇,然欲兼爲科舉計,故較清《易經蒙引》終有遜焉。"③《明史》陳琛傳後載林希元事迹,稱林氏"所著《存疑》等書,與琛所著《易經通典》《四書淺説》,并爲舉業所宗"④。陳氏同時同鄉有蘇濬,字君禹,號紫溪,《總目》著録其《周易冥冥篇》《易經兒説》二書,《〈周易冥冥篇〉提要》稱"大旨主王弼虚無之説,一切歸之於心學,非惟廢卜筮之説,乃并宋儒言理而偶及數者,亦以爲執泥牽拘"⑤,《〈易經兒説〉提要》稱"墨守朱子《本義》,尺寸不逾"⑥,與陳氏主理之旨顯然牴牾,《周易闡理》稱"陳紫溪"疑涉蘇濬號而誤記,而其原文指稱陳琛《易經通典》確鑿無誤。

考明代學者陳深字子淵,長興人,《總目》著録其《十三經解詁》五十六卷,首三卷言《易》,提要云:"惟取程《傳》及《本義》,各標其名。"⑦既主程《傳》,則亦屬言理派,然與《周易闡理》原文無涉。

要之,提要"深"或爲"琛"字形誤,或涉明儒"陳深"誤記。

18. 經義管見

國朝饒一辛撰。一辛字治人,南城人。(卷 10,頁 125)

按:治人,浙本、粤本、《紀稿》作"冶人",疑是。李富孫《鶴徵後録》載《饒一辛傳》云:"饒一辛字冶人,江西廣昌人(原注:一作"南城人")。雍正癸卯舉人,新建縣教諭。由順天府府尹陳守創薦舉。著有《經義管見》。"⑧所載頗詳於《總目》,當别有所本,亦可證"治"當爲"冶"字形誤。

①　〔清〕沈初等撰,杜澤遜、何燦點校:《浙江采集遺書總録》,上海:上海古籍出版社,2019 年,第 31 頁。

②　〔清〕張廷玉等:《明史》卷二八二,第 7234 頁。

③　〔清〕紀昀等:《欽定四庫全書總目》卷七,第 81 頁。

④　〔清〕張廷玉等:《明史》卷二八二,第 7235 頁。

⑤⑥　〔清〕紀昀等:《欽定四庫全書總目》卷八,第 90 頁。

⑦　〔清〕紀昀等:《欽定四庫全書總目》卷三四,第 443 頁。

⑧　〔清〕李富孫輯:《鶴徵後録》卷五,《三十三種清代人物傳記資料匯編》(第 43 册),濟南:齊魯書社,2009 年,第 443 頁。

19. 十家易象集説九十卷

是編采宋俞琰,元龍仁夫、吳澄、胡一桂,明來知德、錢一本、唐鶴徵、高攀龍、郝敬、何楷十家之説。……蓋以漢、唐舊説略備於李鼎祚《周易集解》,宋儒新義略備於<u>董楷</u>《周易會通》,惟元、明諸解則未有專彙一書者,因裒此十家以繼二書之後。(卷 10,頁 132)

按:董楷,當作"董真卿"。考董楷爲宋代《易》學家,字正叔,台州臨海人,《總目》著録其《周易傳義附録》十四卷,提要云:"其説《易》惟以洛、閩爲宗。……合程子《傳》、朱子《本義》爲一書,而采二子之遺説附録其下,意在理、數兼通。"[1]董真卿爲元代易學家,字季真,鄱陽人,《總目》著録其《周易會通》十四卷,提要云:"斯編實本一桂之《纂疏》,而廣及諸家。初名曰《周易經傳集程朱解附録纂注》……其後定名《會通》者,則以程《傳》用王弼本,《本義》用吕祖謙本,次第既不同,而或主義理,或主象占。……真卿以爲諸家之《易》,途雖殊而歸則同,故兼搜博采,不主一説,務持象數、義理二家之平。即蘇軾、朱震、林栗之書,爲朱子所不取者,亦并録焉。"[2]董楷專取程朱,"惟以洛、閩爲宗",與董真卿"兼搜博采,不主一説"顯然有別。《總目·〈周易大全〉提要》稱"《易》則取諸天台、鄱陽二董氏,雙湖、雲峰二胡氏……天台董氏者,董楷之《周易傳義附録》,鄱陽董氏者,董真卿之《周易會通》;雙湖胡氏者,胡一桂之《周易本義附録纂疏》,雲峰胡氏者,胡炳文之《周易本義通釋》也。……董楷、胡一桂、胡炳文篤守朱子,其説頗謹嚴;董真卿則以程、朱爲主,而博采諸家以翼之,其説亦頗賅備"[3],對二書的異同做了精審的分析,可證提要此稱略備"宋儒新義"的指董真卿《周易會通》無疑。而二董氏由於姓氏、年代、書名(《周易會通》初名《周易經傳集程朱解附録纂注》)皆近似,提要或一時混淆。《總目·〈周易經傳訓解〉提要》稱"據董真卿《周易會通》稱此書……真卿又言……蓋真卿所見者四卷全本"云云[4],下兩"真卿"浙本、諸書前提要、《紀稿》作"(董)

---

① 〔清〕紀昀等:《欽定四庫全書總目》卷三,第 31 頁。
② 〔清〕紀昀等:《欽定四庫全書總目》卷四,第 41 頁。
③ 〔清〕紀昀等:《欽定四庫全書總目》卷五,第 44 頁。
④ 〔清〕紀昀等:《欽定四庫全書總目》卷三,第 28 頁。

楷”,亦誤淆二人之明證①。

20. 易準四卷

國朝曹廷棟撰。廷棟字六吉,嘉善人。(卷 10,頁 134)

按:字六吉,疑當作“號六圃”。曹庭棟《識閲歷》爲其自訂年譜,首云:“(慈山)居士姓曹氏,名庭棟,字楷人,號六圃。”②又曹氏《慈山居士自叙傳》云:“(庭棟)字楷人,號六圃。”③阮元《兩浙輶軒録》載曹庭棟“字六圃,號慈山居士。嘉善諸生”,引《梧門詩話》、《隨園詩話》、錢仁榮語均稱其爲“六圃”④。提要“字六吉”之説無據,疑“吉”爲“圃”之誤字,又誤號爲字。

（作者:泰州學院人文學院講師）

---

① 陳果:《〈四庫全書總目〉殿本與浙本異文研究——以經部爲中心》,南京大學2014 年碩士學位論文,第 13—14 頁。

② 〔清〕曹庭棟:《永字溪莊識略》卷六,《四庫未收書輯刊》第 10 輯(第 21 册),第401 頁。

③ 〔清〕曹庭棟:《産鶴亭詩》卷首,《四庫全書存目叢書》(集部第 282 册),第147 頁。

④ 〔清〕阮元:《兩浙輶軒録》卷一九,《續修四庫全書》(第 1683 册),第 614 頁。

孔氏"三世出妻"考

劉欣宇

摘要:孔氏"三世出妻"的説法,最早見於《孔子家語・後序》。歷代學者對此説解讀不一,或以爲"三世"自叔梁紇始,或説自孔子始。梳理相關文獻可知,孔子并没有出妻,伯魚之妻是"自出",叔梁紇也有可能是顏氏"自出",真正明確有出妻行爲的只是子思一人。將孔氏三代婚姻相聯繫而形成的孔氏"三世出妻"説,應該是前人對《禮記・檀弓》文本的誤讀。孔氏"三世出妻"説的産生與演變貫穿着自古及今的儒家衛道思想,明清學者對出妻説的强加解釋更是因爲缺乏對先秦婚姻情况的了解。其實,在先秦時期,貴族、士人出妻的情况并不罕見。

關鍵詞:孔氏出妻 《禮記・檀弓》 先君子 出母

一、前 言

今本《孔子家語・後序》云:"自叔梁紇始出妻,及伯魚亦出妻,至子思又出妻,故稱孔氏三世出妻。"①此處將叔梁紇、伯魚、子思三世的婚姻情况聯繫在一起,且因其都有出妻行爲而形成孔氏"三世出妻"説。這大概是目前能够見到最早的有關孔氏"三世出妻"説的來源。

歷代學者對此説中的"三世"解讀不一。② 一部分學者認可前文王肅《後序》的説法,如清人甘紱、江永以及當代學者林志鵬等;另一些人則認爲"三世"始自孔子而非叔梁紇,如孔穎達、吴澄等,以清人徐繼畬爲代表,其在《書王印川廣文詩注後》云:"孔子爲人倫之至,而伯魚之母、子思之

---

① 王國軒、王秀梅譯注:《孔子家語》,北京:中華書局,2011年,第562頁。
② 歷代學者有關意見可參考李寒光:《"孔氏出妻"諸家解説及其衛道立場考論》,虞萬里主編:《經學文獻研究集刊》第22輯,上海:上海書店出版社,2019年,第24—37頁。

母、子上之母，三世皆改適。"①

　　還有一部分人將孔氏出妻的範圍擴大至"四世"，即認爲自叔梁紇至子思皆曾出妻。此種説法無疑是有問題的，在承認叔梁紇出妻的同時，必須要否定孔子出妻，二者出妻行爲無法同時成立。如范家相曾言"今云'自叔梁紇始'，則四世矣，不知孔子未嘗出妻"。

　　我們認爲將孔氏三代婚姻相聯繫而形成的孔氏"三世出妻"説應該是前人對《禮記·檀弓》文本的誤讀。本文將結合先秦禮制及《禮記·檀弓》文本對此説加以辨析，并試圖探究歷代對所謂"孔氏出妻説"不同解讀的立場及動機。②

二、孔穎達對《禮記·檀弓》文本的誤讀

　　最早涉及孔氏出妻的文獻是《禮記·檀弓》中"子上之母死而不喪"章和"伯魚之母死"章，現引此兩章如下：

　　1. 子上之母死而不喪。門人問諸子思曰："昔者子之先君子喪出母乎？"曰："然。""子之不使白也喪之，何也？"子思曰："昔者吾先君子無所失道，道隆則從而隆，道污則從而污，伋則安能！爲伋也妻者，是爲白也母；不爲伋也妻者，是不爲白也母。"故孔氏之不喪出母，自子思始也。③

　　2. 伯魚之母死，期而猶哭。夫子聞之，曰："誰與哭者？"門人曰：

①　轉引劉貫文：《徐繼畬論考》，太原：山西高校聯合出版社，1995 年，第 213 頁。類似的意見也見於〔清〕孫希旦：《禮記集解》卷七，北京：中華書局，1989 年，第 166—167 頁。

②　歷代學者對孔氏出妻的看法多有不同，我們認爲可細分爲三類：一類是承認孔子、子思出妻，伯魚之妻自出，如孔穎達、陳澔、吳澄、孫希旦、朱彬、徐繼畬等。二類是承認叔梁紇、子思出妻，伯魚之妻自出，如王肅、甘紱、江永、林志鵬、劉全志、楊朝明等。前兩類的主要分歧在於對"先君子"一詞的理解。三類是徹底否認孔氏出妻，主要是通過推翻"出母"之義來維護孔門形象，如周亮工、張世經、張爾岐、錢泳、錢穆等。還有通過否定《檀弓》的真實性來推翻孔氏出妻説的郝敬、全祖望等。上述學者觀點後文多有引及。

③　〔漢〕鄭玄注，〔唐〕孔穎達正義，呂友仁整理：《禮記正義》卷八，上海：上海古籍出版社，2008 年，第 228—229 頁。

"鯉也。"夫子曰："嘻！其甚也。"伯魚聞之，遂除之。①

"子上之母死而不喪"章鄭《注》："其母出。"可見鄭玄認爲子思確有出妻行爲。"昔者子之先君子喪出母乎"句鄭《注》："禮，爲出母期，父卒，爲父後者不服耳。"②可見他認爲"先君子"曾喪出母，"父卒，爲父後者"不可服，而子上之父子思尚在，子思理應爲出母期，因此門人困惑而問。鄭玄在"伯魚之母死"章無注解，蓋因鄭玄認爲門人所問"先君子"指孔子，是叔梁紇出妻，孔子出母，與伯魚無關，所以在"伯魚之母死"章沒有關於"出母"或"出母期"的注解。我們認爲鄭玄對此兩章的釋讀是合理的，但却因後人的誤讀而致此兩章成爲孔氏"三世出妻"説的濫觴。

目前可見最早産生誤解的，是唐人孔穎達等所作之《疏》。"子上之母死而不喪"章中孔穎達肯定了孔子的出妻行爲：

> 案《喪服》齊衰杖期章"出妻之子爲母"，又云"出妻之子爲父後者，則爲出母無服。《傳》云，與尊者爲一體，不敢服其私親"是也。子思既在，子上當爲出母有服，故門人疑而問之。云子之先君子，謂孔子也，令子喪出母乎？子思曰："然。"然，猶如是也。言是喪出母。故也伯魚之母被出，死期而猶哭，是喪出母也。③

後孔穎達等也將"孔子出妻"的觀念沿用至"伯魚之母死"章中："時伯魚母出，父在爲出母，亦應十三月祥，十五月禫。言'期而猶哭'，則是祥後禫前。祥外無哭，於時伯魚在外哭，故夫子怪之，恨其甚也。"④期，指古代一年的喪服時間。這裏的"期而猶哭"是指伯魚在服喪一年期滿後仍未除去喪服，孔子"恨其甚"而怪之。

單從此章文句來看，是無法直接得出"時伯魚母出"這個前提的，這是孔穎達等先入爲主的觀念。歷代學者皆有對此觀點進行過批評，如宋人

---

① 〔漢〕鄭玄注，〔唐〕孔穎達正義，吕友仁整理：《禮記正義》卷八，第261頁。
② 〔漢〕鄭玄注，〔唐〕孔穎達正義，吕友仁整理：《禮記正義》卷八，第228頁。
③ 〔漢〕鄭玄注，〔唐〕孔穎達正義，吕友仁整理：《禮記正義》卷八，第229頁。
④ 〔漢〕鄭玄注，〔唐〕孔穎達正義，吕友仁整理：《禮記正義》卷八，第261—262頁。

衛湜《禮記集説》中曾引張載云:"禮期至練,必別有服,服練則不哭。時伯魚不除且哭,故夫子怪之。"明清學者亦有持此論者,如顧炎武在《日知録》中指出:"此自父在爲母之制當然,《疏》以爲出母者非。"①

孔穎達等根據"子上之母死而不喪"章得出"孔子曾出妻"這個結論無疑是有問題的,但他對"先君子"的理解是正確的。"先君子""先君"這一類詞在古時可以指已經離世的父親及以上的各輩先人,歷代學者對文中"先君子"指誰的看法不一。大部分學者依從孔《疏》,認爲當指孔子;另一部分人則認爲應指子思之父伯魚,如清汪紱《禮記章句》云:"子之先君子,謂伯魚也。伯魚之母亦出,而伯魚喪之,期而猶哭是也。門人疑子上之不喪出母,故以此問之。"②可見汪氏乃因"伯魚之母死"章孔《疏》"出妻"一語而推論此處"先君子"當指伯魚,實不足爲據。

也有少部分學者提出了與此二者不同的見解,如前人王夫之以爲此話由門人問子思,當指子思之父伯魚,以子思所回"吾先君子"指孔子。③其認爲文中兩處"先君子"指稱不一,此説恐怕不可取。子思所答"吾先君子"正是針對門人所問,問與答之主語不應有別。

再如清人黄以周認爲"先君子"不是指稱具體的一個人,而是指"先代之有賢德者"。④ 此種解釋無非是爲了轉移孔子出妻的嫌疑而模糊指代對象,也是不可取的。

我們認爲此處"先君子"當指孔子。這從現存有關孔門文獻中也可以找到證據,如《荀子·非十二子》批評子思:"案往舊造説,謂之五行,甚僻違而無類,幽隱而無説,閉約而無解,案飾其辭而衹敬之曰:此真先君子之言也。"唐人楊倞注:"先君子,孔子也。"⑤觀衆家注解,基本一致。汪維輝先生曾懷疑此例的真實性,并引盧文弨言曰:"《韓詩外傳》止十子,無子

① 〔清〕顧炎武撰,〔清〕黄汝成集釋:《日知録集釋》卷六,上海:上海古籍出版社,1985年,第432—433頁。

② 〔清〕汪紱:《禮記章句》卷二《檀弓上第三》,清光緒十年(1884)刻本,第2頁b、第3頁a。

③ 〔清〕王夫之:《禮記章句》卷三《檀弓上》,《船山全書》(第4册),長沙:岳麓書社,1996年,第135頁。

④ 〔清〕黄以周撰,王文錦校點:《禮書通故》,北京:中華書局,2007年,第314頁。

⑤ 〔清〕王先謙撰,沈嘯寰、王星賢點校:《荀子集解》卷三《非十二子篇第六》,北京:中華書局,2013年,第110—111頁。

思、孟子,此乃并非之,疑出韓非、李斯所附益。"①此外,他還指出"先子"的"子"和"先君子"的"君子"一樣,均是對亡父的尊稱,"先子"猶"先君子"及後世的"先大夫",所以此處"先君子"應指伯魚。②

汪先生的説法恐怕還有疑問,子思作爲儒門後學,以孔子言論爲尊,必事事稱孔子以彰其淵源有自,即使伯魚爲其父,在子思心中的尊崇地位恐怕亦不及孔子。陳劍先生在考釋上博簡《從政》篇當屬"子張之儒"時曾指出:"子思之書,正是因爲要標榜其所記是可靠的孔子之語,所以言必稱'子曰''子云''子言之''子言之曰'或'仲尼曰',并因此而引致當時人們的懷疑。在今存很多人認爲出自《子思子》的《禮記》之《坊記》《中庸》《表記》和《緇衣》四篇中,情況正是如此。"隨後同引上文《荀子·非十二子》中批評子思的言論,進一步論述:"子思之稱'先君子',其係指孔子也是明確的。子思之書如所稱引爲孔子之語,恐不會皆冠以言説者不明的'聞之曰'。"③陳先生的意見是很值得我們重視的。

"先君子"在古代文獻中使用較少,有不少學者對此作過考證,如劉全志先生認爲其在孔門文獻中多見,似乎不必有此説,"先君子"應該是先秦時期的常用詞,而僅僅是在儒家禮書中有所呈現。④

那麼,既然孔穎達等正確理解了"先君子"的含義,爲何最終會得出"孔子出妻"這個錯誤認識呢?我們認爲原因主要在於孔氏對"昔者子之先君子喪出母"一句的誤讀。清人江永就曾指出:"門人之問明云'子之先君子喪出母',是謂夫子自喪出母,非謂令伯魚爲出母服也。"⑤這個意見很具有啓發性。門人所問"先君子喪出母"當是孔子自喪出母,并非孔子使伯魚喪出母。孔穎達等蓋因後半句"子之不使白也喪之"句式的誤導,而將"喪出母"的對象理解成了伯魚。鄔可晶先生認爲若按孔《疏》之言,

① 〔清〕王先謙撰,沈嘯寰、王星賢點校:《荀子集解》卷三《非相篇第五》,第89頁。
② 汪維輝:《釋先秦文獻中的"先子"——附論"先君子"》,《古漢語研究》2016年第4期,第5—6頁。
③ 陳劍:《上海博物館藏戰國楚竹書〈從政〉篇研究(三題)》,陳劍:《戰國竹書論集》,上海:上海古籍出版社,2013年,第91頁。
④ 劉全志:《孔子"出妻"説及相關問題辨析》,《斯文》第1輯,北京:社會科學文獻出版社,2017年,第272頁。
⑤ 〔清〕江永:《鄉黨圖考》,〔清〕阮元編:《清經解》第二冊,上海:上海書店,1988年,第288頁。

則原文需增"令子"等文以足意,如果照字面意思理解,此句應該講成"孔子爲其出母喪",此説甚確。①

　　孔穎達等的誤讀也從側面反映出,"孔子出妻"説至少在唐代就已被提出,并得到了廣泛的討論,所以孔穎達等人在疏解"伯魚之母死"章時才會先入爲主,以"伯魚出母"爲背景,并與"子上之母死而不喪"章相互照應、相互聯結,更加印證了其心中"孔子出妻"的結論。

　　除此之外,楊朝明先生還通過引用《儀禮·喪服》中"出妻之子爲父後者,則爲出母無服"②來反推孔子必無出妻行爲。其認爲伯魚是孔子的唯一繼承人,按照《儀禮·喪服》的規定,如果伯魚母親被出,其母去世後,伯魚是不能爲她服喪的。而"伯魚之母死"章開頭明云"期而猶哭",可見伯魚能够爲其母期,反推孔子必無出妻行爲。③

　　此種推論看似合理,實則缺乏禮制的支撐。《儀禮·喪服》中曾介紹過"期"的三種情況:"期者,父在爲母,妻,出妻之子爲母。"④鄔可晶先生曾指出,出妻之子爲母服期,前人有指"父在"和"父卒"兩説。如胡培翬《儀禮正義》引高愈説:"出妻之子爲母期,蓋指父没言之。父没,本應爲母齊衰三年;因其出也,故降爲期,不敢欺其死父也。若父在而出母没也,其惟心喪乎!"可知其認爲如果父在,則出妻之子不能爲母服期。高説看似合理,實則缺乏根據。由"子上之母死而不喪"章中鄭注所言"父卒,爲父後者不服耳",與孔疏所論"子思既在,子上當爲出母有服",我們認爲《喪服》中"出妻之子爲母"當以"父在"爲前提。⑤ 即父在的情況下,出妻之子即使是爲父後者也要爲出母服喪。由此可知,楊文所用反推之法值得再商榷。

三、"出母"之"出"當訓爲"去"

　　孔《疏》因誤讀《檀弓》文本而推衍出"孔子出妻",明清學者却忽視孔

　　① 鄔可晶:《〈孔子家語〉成書考》,上海:中西書局,2015 年,第 385 頁。
　　② 〔漢〕鄭玄注,〔唐〕賈公彦疏,彭林整理,王文錦審定:《儀禮注疏》卷三〇,北京:北京大學出版社,2000 年,第 660 頁。
　　③ 楊朝明:《孔子"出妻"説及相關問題》,《齊魯學刊》2009 年第 2 期,第 11 頁。
　　④ 〔漢〕鄭玄注,〔唐〕賈公彦疏,彭林整理,王文錦審定:《儀禮注疏》卷三〇,第 658—659 頁。
　　⑤ 鄔可晶:《〈孔子家語〉成書考》,第 385 頁。

《疏》的誤讀,試圖通過重新考釋“出母”一詞來攻破“孔子出妻”説,但其實他們對“出母”的解釋也未嘗不是一種誤解。

明清以前的學者,如鄭玄訓“出妻”“出母”之“出”爲“去”。《喪服》“出妻之子爲母”句賈公彦疏:“此謂母犯七出。去,謂去夫氏。或適他族,或之本家,子從,而爲之服者也。”①賈公彦不僅重申了鄭玄的意見,還列出了妻出後的兩種選擇:再嫁或回娘家,并且子若相從,就能在母死後爲之服期。賈氏的解釋很精到,但明清學者却往往對此視而不見,另立他説。

最早翻新“出母”之義的是明清之際的張世經,周亮工《書影》、張爾岐《蒿庵閑話》也引了張世經的觀點:“夫出母者,蓋所生之母也。呂相絶秦曰‘康公我之自出,則出之爲生明矣’。”②以此爲依據,清人錢泳《履園叢話》更云:

> 然則子上之不喪出母,生母也,非見出於父之母也,更無待辨,何疑乎子思有出妻之事,而兼疑乎伯魚爲出母之喪哉!況《檀弓》止有“出母”字,并無“出妻”字。後人因“出母”字而溯從前一代爲“出妻”,亦弗思之甚。③

錢泳不僅承襲了張世經的説法,還將“出母”與“出妻”相割裂以駁前人對“出妻”的解釋。後錢穆亦從此説,并認爲孔子、子上皆非正妻所生,故稱其所自出之庶母爲“出母”。既然非正妻,所以有子思“不爲伋也妻者,是不爲白也母”之説。④

然而,張世經所引《左傳》成公十三年“晋侯使呂相絶秦”的例子,看似句中“出”表示“生”之義,實則考證《左傳》原文,此處“我之自出”所表示的是秦侯與晋侯所形成的“甥舅關係”,并非“父子關係”。《左傳》中還有“申後,申出也”“晋平公,杞出也”之類的句子,這些辭例的用法基本一致,都只表示一種籠統的親緣關係,并不能以此證明“出母”爲“生母”義。

---

①　〔漢〕鄭玄注,〔唐〕賈公彦疏,彭林整理,王文錦審定:《儀禮注疏》卷三〇,第659頁。

②　〔清〕周亮工:《書影》,上海:古典文學出版社,1957年,第125—126頁。

③　〔清〕錢泳:《履園叢話》,上海:上海古籍出版社,2012年,第41頁。

④　錢穆:《先秦諸子繫年》,《錢賓四先生全集》(第5冊),臺北:聯經出版事業股份有限公司,1998年,第527—528頁。

　　據張世經所説"出母"可稱作"生母",那麼相對而言,"生母"應當也可
稱作"出母",現存文獻中是否有這樣的用例呢？經劉全志先生考證,在現
存文獻中,如果没有被出之事,而直接把"生母"稱作"出母"的,絶不會出
現。① 雖然文獻在歷代傳承中必有散佚,我們不能因現存文獻中没有"出
母"作"生母"的例子就否定其可能性,但在古代大多數情况下,生身之母
可以直接稱"生母"或"真母",更可以用"子名＋母"的方式稱明,并且在
妻、妾并稱時,生母各自稱"母"。

　　此外,從上文所引《喪服》中將"出妻"與"出母"相對而稱也可看出,
"出妻"是站在父輩立場上的指稱,而"出母"則是站在子輩角度的説法,二
者并不矛盾,這也正説明了"出"非"生"之義。

　　以上論述皆可説明,在先秦話語體系中,"出母"之"出"訓爲"去"是没
有疑問的。不僅是先秦時期,歷代文獻中都可以找到這樣的用例,如《宋
史·張永德傳》"永德出母,後適安邑劉祚",②《宋史·孔道輔傳》"父母不
和,可以諫止,奈何順父出母乎",③《明史·李原名列傳》"進士王希曾請
喪出母,原名謂非禮,宜禁"等等。④

　　上述引文中若將"出母"换成"生母"來解釋是不合適的,并且可以看
出"出母"既可用作名詞,也可用作動詞。通過分析"出妻"一詞可以更爲
清晰地看出,"出妻"既可視作動賓結構,夫爲施事,妻爲受事;也可視作體
詞性短語,即夫在時"被出之妻"或夫亡後"自出之妻"。

四、關於叔梁紇出妻的幾種猜測

　　前文已證"先君子"指孔子,"出母"之"出"當訓爲"去",那麼就可以清
楚得到孔子未曾出妻,而是其父叔梁紇出妻的結論。再由門人所問子思
之言可知,子思確有出妻行爲。這其中最值得注意的是文獻中有關叔梁
紇出妻的記載,這對於我們瞭解孔子的身世,以及他的一些行爲,都有着

---

① 劉全志:《孔子"出妻"説及相關問題辨析》,第 272 頁。
② 〔元〕脱脱等:《宋史》卷二五五《列傳第十四》,北京:中華書局,1977 年,第
9744 頁。
③ 〔元〕脱脱等:《宋史》卷二九七《列傳第五十六》,第 9884 頁。
④ 〔清〕張廷玉等:《明史》卷一三六《列傳第二十四》,北京:中華書局,1974 年,
第 3939 頁。

極爲重要的意義。

記載叔梁紇婚姻狀況的文獻有以下三段：

1.《史記·孔子世家》：

> 防叔生伯夏，伯夏生叔梁紇。紇與顏氏女野合而生孔子，禱於尼丘得孔子，魯襄公二十二年而孔子生。①

2.《世家》"紇與顏氏女野合而生孔子"一句唐司馬貞《索隱》引及《孔子家語》：

> 梁紇娶魯之施氏，生九女。其妾生孟皮。孟皮病足，乃求婚於顏氏，徵在從父命爲婚。②

3.《世家》"紇與顏氏女野合而生孔子"一句唐張守節《正義》引及《孔子家語》：

> 梁紇娶魯施氏女，生九女，乃求婚於顏氏，顏氏有三女，小女徵在。③

4. 今本《孔子家語·本姓解》：

> 伯夏生叔梁紇，曰雖有九女，是無子。其妾生孟皮，孟皮一字伯尼，有足病，於是乃求婚於顏氏。……遂以妻之，徵在既往，廟見。以夫之年大，懼不時有男，而私禱尼丘之山以祈焉。生孔子，故名丘，而字仲尼。④

今本《家語》記載了叔梁紇曾有過三段婚姻，分別是與施氏、孟皮之母、顏

---

① 〔漢〕司馬遷：《史記》卷四七《孔子世家》，北京：中華書局，2014 年，第 2309 頁。下文皆簡稱《世家》。
②③ 〔漢〕司馬遷：《史記》卷四七《孔子世家》，第 2310 頁。
④ 王國軒、王秀梅譯注：《孔子家語》卷九，第 445 頁。

氏,與《世家》中司馬貞、張守節所引《家語》内容相合,而《世家》中只有關於顔氏的記載,對其餘兩段婚姻只字未提。

《家語》對叔梁紇婚姻情況的描寫要更加詳細,但此書的真假歷來就有較多爭議。鄔可晶先生曾對今本《家語》作過細緻的研究,最終其認爲:"今本《家語》是魏晋時人雜采古書(王肅之徒、孔子二十二世孫孔猛的嫌疑較大),參以己意編纂而成的一部晚出之書(但不能完全排斥其中保存了部分古本《家語》内容的可能性);跟《漢書·藝文志》著録的《家語》并非一事;前人認爲《家語》係僞書的看法,似不容輕易否定。"①誠如鄔先生所言,既然今本《家語》是後人雜采古書而成的晚出之書,我們尚且無法得知其文獻來源是否可靠;且其爲孔門後人所編,也不排除編者"爲尊者諱"而導致歷史原貌失真的可能性。

在了解到以上問題的基礎上,我們再來分情況討論叔梁紇出妻的問題。如果單從《家語》文本來看,施氏被出的可能性最大。江永《鄉黨圖考》卷二曾引甘紱《四書類典賦》中早有此説:

> 初,叔梁公娶施氏,生九女無子,此正所謂無子當出者,《家語·後序》所謂"叔梁公始出妻"是也。此説甚有理。施氏無子而出,乃求婚於顔氏,事當有之。……聖人以義處禮,父既不在,施氏非有他故,不幸無子而出,實爲可傷,故寧從其隆而爲之服。②

甘紱的觀點依據很明確,因施氏生九女而無子,正符合古代離婚禮規"七出"之一。"七出"最早見載於《大戴禮記·本命》:"婦有七去:不順父母去;無子去;淫去;妒去;有惡疾去;多言去;盜竊去。"③今本《家語·本命解》延續了此種説法,并將"七去"改爲"七出",④這便是後世所流傳的"七出"來源。

但在古代也有對離婚進行制約的"三不去",即"有所取,無所歸,不

<hr>

①　鄔可晶:《〈孔子家語〉成書考》,第 406 頁。

②　〔清〕江永:《鄉黨圖考》,第 288 頁。

③　〔清〕王聘珍撰,王文錦點校:《大戴禮記解詁》卷一三《本命第八十》,北京:中華書局,1983 年,第 255 頁。

④　王國軒、王秀梅譯注:《孔子家語》卷九,第 445 頁。

去;與更三年喪,不去;前貧賤,後富貴,不去"。① 金眉先生曾指出,"就
'三不去'精神而言,其是對自由出妻的一種限制,對於穩定婚姻關係,有
一定的效果。唐律中也有涉及'七出'與'三不去',但先秦禮制本質上是
一種禮儀規範而非强制律令,禮可違,出妻主要還是看男方及其父母家的
抉擇",②我們無法僅憑禮制去判斷叔梁紇是否出施氏。且在先秦時期,
如果無子,可以采取納妾的方式來獲得子嗣。③ 如楊樹達先生在《漢代婚
喪禮俗考》中明言:"若無子買妾,蓋尋常之事矣。"根據古、今《家語》的記
載,叔梁紇在施氏後納妾,妾生子孟皮,正符合"無子買妾"的做法,施氏不
一定被出。

除此之外,林志鵬先生曾云:"據甘、江二氏之説,施氏在孔子生前已
被出,於孔子既無養育之恩,又無相與同室之親,孔子背禮服之,恐無是
禮。"④此説從情理分析很有見地,更證叔梁紇出施氏之説未必成立。

有部分學者則認爲叔梁紇所出之妻乃是孟皮之母,因爲《家語》記載
其子孟皮有足病,而古人認爲"子出於母",子有足病顯然來源於母有足
病,所以孟氏之母也被貼上了"有惡疾"的標簽,而"惡疾"正是"七出"
之一。⑤

細察此觀點,與前文否定施氏同理,孟皮有足病,并不能説明其母必
有惡疾,且有"三不去"之説,出其母非必然。其次,還是從情理上考究,即

① 〔清〕王聘珍撰,王文錦點校:《大戴禮記解詁》卷一三《本命第八十》,第
255頁。
② 金眉:《試析唐代"七出三不去"法律制度》,《南京大學學報》2001年第6期,
第142—146頁。
③ 此處參考郭海燕:《略論中國古代的"無子出妻"制》,《華夏文化》2010年第1
期,第23頁。
④ 林志鵬:《〈禮記·檀弓〉"出母"考——并論"孔氏三世出妻"疑案》,《傳統中
國研究集刊》第11輯,上海:上海人民出版社,2013年,第32頁。
⑤ 關於"惡疾"的定義,參考王歌雅:《中國古代的離婚模式與離婚道德考略》,
《黑龍江社會科學》2004年第3期,第85頁。王文研究後認爲"惡疾"在古代被理解爲
兩類疾病:一是不治之症。據《公羊傳·昭公二十年》何休注:"惡疾,謂瘖、聾、盲、疠、
禿、跛、傴,不逮人倫之屬也。"二是疠病,即麻瘋病。孟氏之母恰符合一類中的"跛",
可視作有惡疾。

使孟皮爲孔子之兄,但其母已出,孔子并没有義務爲其母服喪。①

　　我們比較認同的説法是叔梁紇出妻乃是顔氏"自出"。《世家》言"丘生而叔梁紇死",②夫死,子幼,顔氏一人當無力撫養孔子,於是可能回家依親或再嫁。清人謝濟世有過類似的説法:

　　　　門人"先君子喪出母"之問,謂孔子於顔夫人也。以自出爲被出,以先君子爲伯魚,此讀《檀弓》者之鹵莽。③

《世家》中記載了孔子在顔氏死後合葬其父母一事,可見顔氏出後應該没有再嫁,所以才能够與叔梁紇合葬。清人吴紱曾指出,《喪服》"出妻之子爲母期"是指"出母之反在父室者",即妻子被出後未改嫁。④ 由此可見,顔氏出而未嫁,所以孔子仍能爲其服喪,這與"子上之母死而不喪"章的記載是吻合的。

　　《世家》曾記載"孔子疑其父墓處"一事,林志鵬先生認爲孔子并非全然不知其父墓處,乃因幼時隨母居住在曲阜,而父墓却在較遠的防山,遂疑其墓處非實。其母顔氏蓋因己非明媒正娶,且夫死後自出,難將此中緣由告知孔子。所以至顔氏死後"郰人輓父之母誨孔子父墓",孔子才得以將其父母合葬。林説不僅解釋了"孔子疑其墓處"的原因,還從側面印證了孔子幼時從其母顔氏回娘家依親一事。除此之外,侯文學先生認爲在孔子"不知墓處"時,是輓父之母告知墓處而非其同宗之人,這也暗示了孔子早年隨顔氏回家依親,與孔家保持了一定的距離。⑤

　　以上我們已經論證了叔梁紇出妻乃顔氏在夫死後自出,且孔子隨之

---

　　① 劉全志先生曾通過論證孟皮與孔子的命名方法一致,試圖來推翻《家語》中"孟皮之母爲妾"的説法,以吻合"出妻"説。但其實孟皮之母是否爲妻并不重要,因爲在"子上之母死而不喪"章中只是提及"出母",并未提及"出妻",我們無從知曉孔子"出母"之"母"的身份到底是妻還是妾,并且因爲妾的身份低微,先秦禮書中較少提及妾的禮儀規範,更無"出妾"一説。所以我們并不能直接認爲"出母"之"母"的身份一定是妻。這樣的話,探討孟皮之母的身份于此處并無裨益。
　　② 〔漢〕司馬遷:《史記》卷四七《孔子世家》,第 2311 頁。
　　③ 轉引錢穆:《先秦諸子繫年》,第 175 頁。
　　④ 轉引〔清〕胡培翬撰,段熙仲點校:《儀禮正義》卷二二,南京:江蘇古籍出版社,1993 年,第 6 頁。
　　⑤ 侯文學:《孔子早年的身份認同——從〈史記·孔子世家〉之孔子殯母、合葬、要絰説起》,《中國典籍與文化》2015 年第 1 期,第 97 頁。

回娘家依親。但此説成立的前提是孔子不是"爲父後者",否則其無法在叔梁紇死後爲顔氏服期。錢穆曾指出,顔徵在嫁叔梁紇是在其晚年,非正妻,而孔子亦非嫡子。[①] 此説是有問題的,叔梁紇晚年再娶,説明前必不會無妻。《家語》中記載他曾娶施氏爲妻,那麽娶顔氏時就有兩種可能:其一,施氏未被出,但因其生九女而無子,没有傳宗接代的能力,所以叔梁紇先後娶孟皮之母、顔氏爲妾。但因大兒子孟皮有足病,於是孔子便承宗祧,被視作嫡子;其二,施氏去世,孟皮之母爲妾且孟皮有足病,所以叔梁紇再娶顔氏爲妻,孔子便爲嫡子。以上無論是哪種情況,孔子被視作嫡子的可能性都很大。有學者曾指出,孔子有將兄女嫁於貴族學生南宫閲的權力,可見其在孔家的地位很高;且孔子能够傳道受業,弟子滿門,自然有較高的社會聲望。即使孔子本非嫡子出生,同族人對他也有一定的認可與信任。[②]

如果孔子被視作嫡子,叔梁紇卒,他本不可以爲顔氏服喪,但因血濃於水,顔氏是孔子的生母,并且是夫亡後自出而未嫁,在情理上應給予寬容。所以子思在回答門人時説:"道隆則從而隆,道污則從而污。"清人孫希旦注曰:"道之隆、污,謂禮之隆、殺。"[③]黄以周也有類似的説法:"出而不嫁,禮宜從厚,所謂道隆從隆是也。子上之母,蓋出而改嫁者,故曰'不爲伋也妻'。改嫁本可不服,所謂道污從污是也。"[④]

五、伯魚出妻及相關問題辨析

有關伯魚出妻的説法主要來源《禮記·檀弓》中的兩章文字:

1. 子思之母死於衛,柳若謂子思曰:"子,聖人之後也。四方於

①　錢穆:《先秦諸子繫年》,第528頁。
②　此處相同觀點可參考侯文學:《孔子早年的身份認同——從〈史記·孔子世家〉之孔子殯母、合葬、要絰説起》,第97頁。侯先生在該文中指出,孔子能够在母親去世後將父母合葬,恐怕還是得益於他成年以後所獲取的社會聲譽。而劉全志先生則認爲孔子是嫡子,并通過其合葬顔氏與叔梁紇、《左傳》及《論語》等記載時人對孔子的評論、其有決定家族成員婚姻大事的能力等論證孔子的嫡子身份。詳參劉全志:《孔子"出妻"説及相關問題辨析》,第280—281頁。
③　〔清〕孫希旦:《禮記集解》卷七,第166頁。
④　〔清〕黄以周撰,王文錦校點:《禮書通故》,第313—314頁。

子乎觀禮,子蓋慎諸!"子思曰:"吾何慎哉! 吾聞之有其禮,無其財,
君子弗行也;有其禮,有其財,無其時,君子弗行也。吾何慎哉!"①

2. 子思之母死於衛,赴於子思,子思哭於廟。門人至曰:"庶氏
之母死,何爲哭於孔氏之廟乎?"子思曰:"吾過矣,吾過矣。"遂哭於
他室。②

鄭玄注第一章曰:"伯魚卒,其妻嫁於衛。柳若,衛人也,見子思欲爲嫁母
服,恐失其禮,戒之嫁母齊衰期。"③可見鄭玄認爲子思之母不是"被出",
而是夫死後"自出"。孔《疏》與鄭《注》的觀點一致,并進一步提出"嫁母
説",將"嫁母"與"出母"進行比較,討論如何爲嫁母服的問題。④後孫希旦
在《禮記集解》中繼承此説,并提出"嫁而不從者"不必爲嫁母服喪的觀點。

對於第二章,鄭玄《注》:"嫁母也,姓庶氏。……嫁母與廟絶族。"⑤由
此兩章鄭《注》與孔《疏》可知其并不認爲伯魚曾有出妻行爲,而是其妻庶
氏在夫死後嫁於衛,《家語》所言并無明確根據。但歷代學者往往着眼於
"庶氏之母"一詞來證明伯魚曾有出妻行爲,如錢穆認爲"庶氏"并非其妻
姓氏,而是"庶出"之意,謂伯魚之母非正妻,子思亦非嫡出。

暫且不論"庶氏之母"在古代是否能够用來表示"身份非正妻的母
親",單從語境的角度來看便有疏漏,如有學者曾指出,倘若接受錢穆的觀
點,可把子思門人的話變成"庶出之母死,何爲哭於孔氏之廟"或者"庶母
死,何爲哭於孔氏之廟"。作爲門人弟子,當着老師的面直稱老師爲"庶
出"或稱老師的母親爲"庶母"實在有失禮節。⑥

其次,如果此處是想表達伯魚之母的身份并非正妻,可以稱"庶出之
母"或"庶之母",没有必要加上"氏"稱作"庶氏之母"。而且此處"庶氏之
母"與"孔氏之廟"相對并提,更可證"庶氏"乃姓氏而非"庶出"之意。

又據曹景年先生考《急就篇》中有庶霸遂,唐人顏師古注云:"庶氏之
先,本出衛之公族,以非正嫡,遂號庶氏,《禮記》曰子思之母死於衛,庶氏

---

①③④　〔漢〕鄭玄注,〔唐〕孔穎達正義,吕友仁整理:《禮記正義》卷一一,第
317頁。
②⑤　〔漢〕鄭玄注,〔唐〕孔穎達正義,吕友仁整理:《禮記正義》卷一一,第427頁。
⑥　劉全志:《孔子之子"伯魚出妻"説考辨》,《孔學堂》2018年第4期,第55頁。

之女也。"①顔師古認爲衛國本有"庶氏","庶"爲子思母家之姓。後劉師培在此基礎上提出《禮記·檀弓》中"庶氏之母"當從古本作"庶氏之女",子思之母蓋爲衛女,夫死後因其子幼而返回娘家依親。

曹先生贊同此説,并指出今所見子思材料多言"子思居衛",那麼其外祖家在衛也比較合理。且其考究孔子與衛國的淵源頗深,其弟子如子路、子貢、子夏等多是衛人,其周游列國時在衛國居住時間最長,故其爲子伯魚娶衛國之女也是極有可能的。我們認爲此説有一定的道理,無論是如鄭《注》、孔《疏》所云伯魚之妻乃自出後嫁於衛,還是如曹景年認爲的自出後回到衛國的娘家,子思都不應在其死後哭於"孔氏之廟"。

六、結　語

綜上所述,我們可以看到孔子并無出妻行爲,伯魚之妻是"自出",叔梁紇出妻也有可能是顔氏"自出",那麼真正在嚴格意義上有明確出妻行爲的只是子思一人。可見孔氏"三世出妻"説是前人對《禮記·檀弓》文本誤讀而産生的錯誤觀念。

其實,仔細推敲孔氏"三世出妻"説的産生與演變,我們不難發現其中貫穿着自古及今的儒家衛道思想。《家語·後序》之所以會提出孔氏"三世出妻"説,大概是因爲雜采了有關儒家的古書,但又缺乏對古書篇章内容的辨析,因而直接得出了孔氏"三世出妻"説。②

明清時期,一些儒家衛道者或傳統儒生認爲此説有損孔氏形象,更與孔子"仁義"觀不符,於是開始重新考釋"出母"之義,試圖推翻出妻説。明清學者此種"爲尊者諱"的行爲本意是爲聖賢辯護,但其結果不但没有起到辯護作用,反而更加厚誣了聖人,使"孔氏出妻説"愈演愈烈,甚至成爲後人心中的"定論"。然而,明清學者對出妻説的强加解釋,其實是因爲缺

---

　　①　張傳官:《急就篇校理》卷一,北京:中華書局,2017年,第95頁。
　　②　鄔可晶先生曾詳細研究過今本《家語》所謂孔安國《序》、後《序》及後序所録孔衍奏書的真僞問題,其認爲"孔安國《序》、後《序》及王肅《序》與今本《家語》關係密切,'三序'很可能是爲配合、解釋甚至維護今本《家語》而作的"。參考鄔可晶:《〈孔子家語〉成書考》,第394頁。我們認爲其説有理,"三序"很可能是後人所作,其史事記載來源不明,大概同今本《家語》成書過程一樣,是後人雜采古書、參以己意撰寫而成,其間史事是否完全可信,仍要仔細辨析。

乏對先秦婚姻情況的了解。

　　在先秦時期,貴族、士人出妻的情況其實并不罕見,《左傳》中就有大量的例子。如《左傳·成公十一年》:“聲伯之母不聘,穆姜曰:‘吾不以妾爲姒。’生聲伯而出之,嫁於齊管于奚,生二子而寡,以歸聲伯。”①穆姜不以聲伯之母爲姒娌,聲伯之母遂被出。《左傳·哀公十一年》:“子朝出,孔文子使疾出其妻,而妻之。”②衛國大叔疾原娶宋子朝之女,子朝出奔後,大叔疾遂出子朝之女而娶孔文子之女。上述兩例皆不在“七出”範疇内,可見當時出妻是一種普遍現象,并且出妻理由較爲隨意。被出後妻返於娘家又稱“來歸”,《左傳》中有“杞叔姬來歸”“子叔姬來歸”“郯伯姬來歸”等記載,反映出當時女子被出後返回母家是一種普遍選擇,這與前文所討論到的叔梁紇及伯魚的出妻情況亦相印證。

　　誠然,無論是如孔穎達等人認爲孔子曾出妻,還是如明清學者竭力反對出妻説,實際上都是他們在當時的時代語境和已有認知的基礎上對《禮記·檀弓》文本的誤讀。在閲讀先秦古書時,我們要盡可能地代入先秦時代語境和社會背景,這樣才有可能還原《禮記·檀弓》文本所反映的歷史真實面貌。

　　　　　　　　　　　　(作者:武漢大學歷史學院 2022 級碩士研究生)

---

① 楊伯峻編著:《春秋左傳注》第三册,北京:中華書局,2016 年,第 931—932 頁。
② 楊伯峻編著:《春秋左傳注》第六册,第 1859 頁。

關於《東君》"緪瑟兮交鼓"之
"交"字的理解和辯正

胡亦辰

摘要:歷來對《九歌·東君》"緪瑟兮交鼓"的"交"的訓釋和理解共有兩種不同的意見,其中將其訓釋爲"對擊"的觀點占絶對優勢。今人郭在貽提出新解,認爲"交"當是"攴"之訛誤,較有新意,但也存在一些問題。通過綜合考證和出土文獻的佐證來看,或許可以將其看作是"撇/擎"之借字。

關鍵詞:楚辭　東君　出土文獻

一、前人觀點

《九歌·東君》:

> 緪瑟兮交鼓,簫鐘兮瑶簴。鳴鷈兮吹竽,思靈保兮賢姱。翾飛兮翠曾,展詩兮會舞。應律兮合節,靈之來兮蔽日。

這段是祭神的巫師所唱,寫的是祭祀東君時的器樂演奏與舞蹈表演。整體看來頗爲難懂,王逸、洪興祖等學者在名物疏證方面做了不少工作,值得借鑒。而關於"緪瑟兮交鼓"一句中"交"字的解釋則更是眾説紛紜。歷史上對這個字的訓釋和理解主要有以下三種:

一、訓"交"爲"對擊"。從東漢王逸的《楚辭章句》①,到宋代朱熹的《楚辭集注》②,再到明代汪瑗的《楚辭集解》③,都持這一觀點。今人馬茂

---

① 〔宋〕洪興祖撰,白化文等點校:《楚辭補注》,北京:中華書局,1983年,第75頁。

② 〔宋〕朱熹撰:《楚辭集注》,《朱子全書》修訂本(第19冊),上海:上海古籍出版社,合肥:安徽教育出版社,2010年,第57頁。

③ 〔明〕汪瑗撰:《楚辭集解》,上海:上海古籍出版社,2017年,第124頁。

元的《楚辭選》①同樣如此訓釋。這種解釋最爲流行，絶大多數學者都支
持將"交"訓爲"對擊"之義。

二、訓"交"爲"齊鼓"。王夫之在《楚辭通釋》中抒發新見，將"交鼓"
訓釋爲"齊鼓"②。該解僅此一家，後人并無附益。

三、將"交"看做"攴"之訛字。今人郭在貽在《楚辭解詁》中寫道：

> 交蓋攴之訛字。二字形似，故易致訛。攴者，《説文》云"小擊
> 也"，又手部擊下云"攴也"。是攴、擊二字可以互訓，泛言之攴即是
> 擊。《詩·豳風·七月》"八月剥棗"（剥爲攴字之借），即"八月擊棗"，
> 今北方口語謂之"打棗子"。然則所謂"交（攴）鼓者，即擊鼓也。《國
> 殤》"援玉枹兮擊鳴鼓"。彼云擊鼓，此云攴鼓，二而一也。③

郭在貽認爲"交"字是"攴"字之訛，"交鼓"即"攴鼓"。

前兩種解釋其實都是將"交"字看作是副詞，用來修飾擊鼓這一動作。
郭在貽將"交"看作是"攴"的訛字，看作是動詞，他認爲"交（攴）鼓"就是
"擊鼓"。

考察該句的上下文我們可以發現，"緪""簫""瑶""鳴"都是當作動詞
來用，考慮到句法的一致性，我們贊同郭在貽將"交"看作動詞的觀點。但
其將"交"看作"攴"之訛字的觀點并不恰當。

二、"交""攴"之辨正

《説文·交部》分析"交"字爲"交脛也，從大，象交形"。④ 段玉裁注：
"交脛謂之交，引申之爲凡交之偁……凡兩者相合曰交，此皆義之引申假
借耳。"⑤文字學家一般認爲"交"字的本義爲"人腿交叉"，而"相交""交
合""結交"種種都是引申義。

————————

① 　馬茂元撰：《楚辭選》，北京：人民文學出版社，1998 年，第 72 頁。
② 　〔明〕王夫之：《楚辭通釋》，上海：上海人民出版社，1975 年，第 38 頁。
③ 　郭在貽：《楚辭解詁》，《文史》第十四輯，北京：中華書局，1982 年，第 211 頁。
④ 　〔漢〕許慎撰：《説文解字》，北京：中華書局，2013 年，第 213 頁。
⑤ 　〔漢〕許慎撰，〔清〕段玉裁注，許惟賢整理：《説文解字注·交部》，南京：鳳凰
出版社，2015 年，第 864 頁。

　　在出土文獻中,"交"的本義并不像後世文字學者解釋的那樣清晰,其用法也較爲複雜。裘錫圭在《説卜辭的焚巫尪與作土龍》中寫道:

　　　　我們認爲此字(上文的卜辭中提到的🔥)所從的✗,并非"交"字而是"黄"字……甲骨文裏過去被人認爲"交"的字(《文編》423頁),可能多數是"黄"字。[①]

　　裘錫圭認爲甲骨文中的"交"字可能多數都是"黄"字。這種看法應當是可信的。季旭升認可裘錫圭的説法。他認爲:

　　　　楚系文字可以確定的"交"字都作兩道交叉,確實與以往所釋甲、金文"交"字字形有別。秦漢文字的"交"字看起來雖然跟舊釋甲、金文同形,但是恐怕應該看成兩道交叉的省形。如果從戰國文字來看,"交"字構型本義不詳,疑以抽象之筆劃表示交絞之形。[②]

　　結合以上兩位學者的觀點,"交"字或本是"黄"字的異體,後來形體可能發生了變化,變成如許慎所見的兩腿相交之形,"交"便被借來表示交叉之義。又經過許慎的一番推衍,"交"的本義就成了"腿骨相交"之義,又產生出諸多引申義。王逸等人將"交"分別訓爲"對擊"與"齊鼓"其實是對"交"字本義的引申,從"交會"引申到"相對",再引申到"對擊";"齊鼓"則是從"交合"引申而來。兩種解釋都有其合理性,尤其是王逸的看法,很好地將"擊打"義表達了出來。但考慮到句法一致性,我們認爲這種解釋還是不够恰当。

　　"攴"的意思則較爲簡單,《説文·攴部》:"攴,小擊也。""攴"也就是輕輕擊打的意思。對待成熟的棗子,自然只需要輕輕擊打,便可輕而易舉地收入囊中。而在迎接東君這樣恢弘盛大的祭祀場景中,輕輕地擊鼓是否合適?鼓在古代祭祀、戰爭、宴飲等場合中有重要作用,戰場上振奮士氣,

　　① 裘錫圭:《裘錫圭學術文集》第一卷,上海:復旦大學出版社,2012年,第195—197頁。

　　② 季旭升:《説文新證》,臺北:臺灣藝文印書館,2014年,第770頁。

祭祀時敲定秩序,這些都依賴鼓發出的洪亮的聲音,如果僅是"小擊",又怎能鼓舞人心呢? 郭在貽在此没有注意到"攴"與"擊"在特定語境下的實際使用情况,僅僅因其意義相近而籠統地歸結爲可互通,并不恰當。

其次,從文字角度來説,二字字形否真的如郭在貽認爲的"易致訛"? 考察楚系文字"交"與"攴"的寫法如下[①]:

攴	(教)郭.唐.21	(效)包2.155	(效)上1.孔.8	(攻)望1.176	(攻)九.56.47
交	郭.性.56	包2.146	上1.孔.23	望2.18	九.56.27

可以發現"交"字與"攴"字因字形而訛的概率很低,"交"字下方多是兩筆交叉,而"攴"字至多只有一處交叉,且"交"字結構聯繫緊密,而"攴"則更加分散。二者是無論如何都難以混訛的。這是從字形方面的分析,我們認爲郭在貽認爲的"交""攴"訛誤之説并不恰當。

除字形分析之外,在先秦語言材料中,"攴"字的使用也是極少的。除了《詩經》當中那一例以外,幾乎不曾單獨使用過。

綜上所述,無論是從形或是從義出發,"交"字顯然并不是"攴"之訛字。

三、可能的解釋

我們認爲,"交"很可能是"撽/擊"的借字。

首先,音韻方面,"交"是見母宵部字,"撽/擊"的聲符"敫"是見母藥部字,宵藥合韻,二字常可互通。在先秦傳世文獻中,兩字互通之例非常豐富:

---

① 由於單獨使用"攴"字很少見,因此選取從"攴"之字加以對比。

《詩·小雅·桑扈》:"彼交匪敖,萬福來求。"《漢書·五行志》①在引用時,將"交"作"儌";

《莊子·徐無鬼》:"吾與之邀樂於天,吾與之邀食於地。"②《桑庚楚》:"夫至人者相與交食乎地,而交樂乎天。"③俞樾《諸子平議》:"交即邀也。古字作儌……作邀者,後出字;作交者,假借字。"④

《詩·陳風·月出》:"月出皎兮。"《經典釋文》中"皎"字作"曒",云:"曒,本又作皎。"⑤

《論語·陽貨》:"惡徼以爲知者。"《經典釋文》:"徼,鄭本作絞。"⑥

《周禮·弓人》:"今夫茭解中有變焉。"鄭玄注引鄭司農云:"茭,讀爲激發之激。"⑦

出土文獻中,亦有不少例證(本文隸定從寬):

《清華簡·繫年七》:"令尹子玉遂率鄭、衛、陳、蔡及群蠻夷之師以交(邀)文公,文公率秦、齊、宋及群戎之師以敗楚師於城濮。"⑧

《清華簡·繫年二三》:"魯陽公率師以迣(邀)晋人,晋人還,不果入王子。"⑨

陳劍認爲"'交'字皆應讀爲義爲'遮攔、截擊、阻截、攔擊'一類意義之'邀/徼'"⑩。這種釋讀應當是可信的。

結合上述材料,可以發現"交"與"敫"在古漢語中作爲聲符使用往往

① 〔漢〕班固撰:《漢書》,北京:中華書局,1962年,第1358頁。
② 〔清〕王先謙:《莊子集解》,北京:中華書局,1987年,第220頁。
③ 〔清〕王先謙:《莊子集解》,第200頁。
④ 〔清〕俞樾:《諸子平議》,上海:上海書店,1988年,第368頁。
⑤ 〔漢〕毛亨傳,〔漢〕鄭玄箋,〔唐〕孔穎達疏:《毛詩正義》,〔清〕阮元校刻:《十三經注疏》,北京:中華書局,2009年,第805頁。
⑥ 〔三國〕何晏集解,〔宋〕刑昺疏:《論語注疏》,〔清〕阮元校刻:《十三經注疏》,北京:中華書局,2009年,第5489頁。
⑦ 〔漢〕鄭玄注,〔唐〕賈公彥疏:《周禮注疏》,〔清〕阮元校刻:《十三經注疏》,北京:中華書局,2009年,第2023頁。
⑧ 清華大學出土文獻研究與保護中心編,李學勤主編:《清華大學藏戰國竹簡》(貳),上海:中西書局,2011年,第153頁。
⑨ 清華大學出土文獻研究與保護中心編,李學勤主編:《清華大學藏戰國竹簡》(貳),第196頁。
⑩ 復旦大學出土文獻與古文字研究中心讀書會:《〈清華(貳)〉討論記録》,復旦大學出土文獻與古文字研究中心網站論文,鏈接:http://www.gwz.fudan.edu.cn/SrcShow.asp? Src_ID=1746。

可以互通。那麼"緪瑟兮交鼓"一句中的"交"也可能是某些從"敎"之字的借字。王念孫在《廣雅疏證》中已經把從"敎"之"摮/擎"列入"擊打"之義下,因此,我們認爲此處的"交"可能是"摮/擎"的借字。

"摮/擎"與擊打之"擊"有着密切聯繫。《説文·手部》:"擎,旁擊也。"①《説文·手部》:"擊,攴也,從手,毄聲。"②段玉裁注曰:"攴訓小擊,擊則兼大小言之。"③段玉裁認爲無論擊打的輕重大小都可稱爲擊,而許慎釋作"旁擊"的"擎"應當也是擊的一種。《莊子·逍遥游》:"水擊三千里。"④《太平御覽》引作"激"。⑤ 王念孫在《廣雅疏證》中將"打、拊、擎、剝"等字統一訓爲"擊也"。⑥ 由上可見,"摮/擎"即表示"擊打"之義。

如果僅從音韻通假方面來看,將"交"看作是"摮/擎"的借字是有一定可能的。但從文例上來看,似乎并没有"摮鼓"這樣的搭配。《韓非子·説林下》:"有欲以御見荆王者,衆驥妒之,因曰:'臣能摮鹿。'見王,王爲御,不及鹿;自御,及之。王善其御也,乃言衆驥妒之。"盧文弨曰:"摮,音竅,旁擊也。"⑦《莊子·至樂》:"莊子之楚,見空髑髏,髐然有形,摮以馬捶。"⑧《墨子·天志》:"今夫天兼天下而愛之,摮遂萬物以利之。"孫詒讓曰:"依韓子'摮鹿'義推之,疑當爲敺御之義。"⑨《公羊傳·宣公六年》:"公怒,以斗擎而殺之。"何休注:"擎,猶擎也,謂旁擊頭項。"⑩毫無疑問,古書中"摮"一般表示"敲擊"義,但該字的使用例實在過少,與更加廣泛使用的"擊鼓"相比,將"交鼓"看作是"擎鼓"難免顯得有些牽强。

在查檢資料時,有兩處材料引起了我們的興趣。第一處出自《集韻》,

①② 〔漢〕許慎:《説文解字》,第 257 頁。
③ 〔漢〕許慎撰,〔清〕段玉裁注,許惟賢整理:《説文解字注·手部》,第 1059 頁。
④ 〔清〕王先謙:《莊子集解》,第 1 頁。
⑤ 〔宋〕李昉、李穆、徐鉉等編撰:《太平預覽·卷九二七 羽族部一四》,北京:中華書局,1960 年,第 4119 頁。
⑥ 〔清〕王念孫:《廣雅疏證》,上海:上海古籍出版社,2016 年,第 457 頁。
⑦ 〔清〕王先慎撰,鍾哲點校:《韓非子集解·卷八·説林下第二十三》,北京:中華書局,1998 年,第 189 頁。
⑧ 〔清〕王先謙:《莊子集解》,第 151 頁。
⑨ 〔清〕孫詒讓撰,孫啓治點校:《墨子閒詁·卷七　天志中第二十七》,北京:中華書局,2001 年,第 199 頁。
⑩ 〔漢〕何休注,〔唐〕徐彦疏:《春秋公羊傳注疏》,〔清〕阮元校刻:《十三經注疏》,北京:中華書局,2009 年,第 4949 頁。

《集韻•錫韻》：“擊、撽、隔，《說文》攴也，或作撽，古作隔。”①《集韻》中“擊”的或體就寫作“擊”。第二處出自程頤《二程集•二程母上谷郡君家傳》：“大寒，有負炭而擊者過門，家人欲呼之。”②該書編者在校勘時發現其他版本中“擊”字一作“擊”，一作“繫”。這不由得引起我們的猜想，“擊”與“擊”形體、意義都十分相近，宋代以後甚至出現了通用、混用的現象，二字似乎完全可通。正如上文所指出的，先秦時期“擊”與“擊”的具體使用一定有明顯的區分，但在後世不斷地文獻傳寫、傳抄過程中，二字很容易產生互用、混淆。這并不是郭在貽提出的“交”與“攴”這樣沒有音義聯繫，只有文字聯繫的混淆，而是在文字、音韻、意義三個層面上都具有一定聯繫的混淆，甚至可以稱之爲“互用”。因此，我們在這裏給出大膽且合理的推測：“緪瑟兮交鼓”中的“交”可能就是“擊”的借字，表示“擊打”義，而“擊鼓”也可能是“擊鼓”的異寫。

綜上所述，我們從前人釋文的不合理之處出發，結合今人新説，重新審視先秦文獻中一處較難理解的詞義訓釋。結合大量存世文獻的使用例與出土文獻的旁證，我們認爲“緪瑟兮交鼓”中的“交”應當看作是“撽/擊”的借字，表示“擊鼓”之義。而“擊鼓”這一看上去奇怪、罕見的搭配，很可能與諸多先秦語料使用的“擊鼓”同出一源，只是在傳寫過程中發生的特殊形體變化。但這種説法始終缺少直接例證，我們期待後續出土材料中有更加詳實可靠的例證出現。

附　記

本文的核心觀點：“交”可能是“撽/擊”的借字，是南京師範大學高中正老師在作者郵件通訊中提出的。作者認同該觀點，并做了進一步補充論證，作者謹致謝忱。

（作者：南京師範大學文學院 2019 級本科生）

---

① 〔宋〕丁度等編：《集韻•錫韻》，上海：上海古籍出版社，1985 年，第 754 頁。
② 〔宋〕程顥、程頤著，王孝魚點校：《二程集•文集卷第十二•伊川先生文八•墓誌•家傳•祭文•上谷郡君家傳》，北京：中華書局，2004 年，第 654 頁。

《古文獻研究集刊》第一至七輯目録

《古文獻研究》稿約

一、《古文獻研究》是由南京師範大學文學院古文獻專業出版的學術論文集,以繼承和弘揚中國傳統文化爲旨歸,收錄以中國古代文獻研究爲中心的學術論文及書評等。歡迎海内外同仁賜稿。

二、本書每年出版兩輯。上輯於當年二月底截稿,六月出版;下輯於當年八月底截稿,十二月出版。

三、本書崇尚學風嚴謹,文風樸實,内容充實,論證嚴密,觀點創新。來稿必須嚴格遵守學術規範,嚴禁抄襲,文責自負,請勿一稿多投。

四、來稿一般不超過 1.5 萬字,請附 300 字以内摘要、3—5 個關鍵詞,并將文章標題及作者姓名翻譯爲英文。

五、來稿請使用標準繁體字,字形參照《古籍印刷通用字規範字形表》(2021)。避免使用漢字繁簡轉換工具作簡單轉換。請勿使用特殊字體或自行造字。生僻字、必須保留的異體字可使用 GB18030 字符集,俗字、古文字以及超出字符集之外的漢字請以圖片形式插入相應位置。

六、來稿所有引文須核實無誤,出處明確信實。獨立引文段首空四格,回行前空兩格。引用文獻注釋格式參照本書《注釋格式》(附後)。標點符號使用以《標點符號用法》(GB/T 15834—2011)爲準。數字用法以《出版物上數字用法》(GD/T 15835—2011)爲準。古籍卷數等采用中文數字,序數一般用簡式(如《史記》卷一三〇《太史公自序》),基數一般用繁式(如《史記》一百三十卷)。來稿不符合本書格式要求者,恕不受理。

七、本書接受電子稿件,來稿請提供内容一致的.doc 和.pdf 電子文檔各一份。如有特殊情況,也可提交紙質文本。來稿一律不退,請作者自留底稿。來稿一經采用,我們將及時通知作者。自投稿之日起三個月内未收到用稿通知,作者可另投他書。

八、本書實行雙向匿名審稿制度。來稿請另頁注明作者姓名、工作單位、職稱、研究方向、基金項目、通訊地址、郵政編碼、聯繫電話、電子郵箱。

九、本書保留在不改變作者原意前提下對來稿内容作技術處理的權利,如不同意本書修改,請在來稿中聲明。

十、本書不收取版面費、審稿費等任何費用。來稿一經録用,即贈樣書兩本,并奉薄酬。

十一、本書享有已收録文稿的著作財産權。本書已被《中國學術期刊(光盤版)》(CNKI)全文數據庫收録。如作者不同意收録,請在來稿中注明,否則均視爲同意。被收録文章的版權費已包含在本書稿酬中。

十二、本書通訊地址:江蘇省南京市栖霞區文苑路 1 號南京師範大學學正樓文學院 313 室《古文獻研究》編輯部(郵編:210023)

投稿郵箱:gwxyj2022@126.com

《古文獻研究》編輯委員會

二〇二二年六月

《古文獻研究》注釋格式

　　本書引文及説明性注釋均采用當頁脚注,注碼以阿拉伯數字加圈表示(即①②),每頁重新編號。正文中注碼以上標形式置於引號或句末標點符號之後。稿件電子版請使用 Office Word 文檔或 WPS 文字進行編輯,自動生成脚注,確保正文注碼與脚注關聯一致。注釋條目具體格式如下:

一、引文注釋

(一) 今人著作

著者 1(、著者 2):《書名》,出版地:出版者,出版年,第××(、××)(—××)頁。 如:

張玉春:《〈史記〉版本研究》,北京:商務印書館,2001 年,第 12 頁。

顧頡剛、史念海:《中國疆域沿革史》,北京:商務印書館,1999 年,第 45—46 頁。

(二) 古籍

1. 抄本、刻本、石印本、影印本古籍

〔朝代〕著者:《書名》卷×(《分卷名》)/《書名·分卷名》,××年×× 刊本/影印×本,第××頁 a(b)/×欄。 如:

〔漢〕司馬遷:《史記》卷二《夏本紀》,日本岩崎文庫藏唐抄本。

〔漢〕司馬遷:《史記》卷二六《曆書》,清同治九年(1870)金陵書局刊本,第 20 頁 a。

〔宋〕衛湜:《禮記集説》卷一一,〔清〕納蘭性德輯:《通志堂經解》(第 12 册),揚州:江蘇廣陵古籍刻印社 1996 年影印本,第 405 頁上欄。

〔漢〕許慎撰,〔清〕段玉裁注:《説文解字注·水部》,上海:上海古籍出版社 1981 年影印經韻樓本,第 538 頁上欄 a。

2. 古籍整理本

〔朝代〕著者:《書名》卷××(《分卷名》)/《書名·分卷名》,出版地:出版者,出版年,第××頁。如:

〔西漢〕劉向:《戰國策》卷一,上海:上海古籍出版社,1998 年,第11 頁。

經後人注解、校點整理而版權頁出原著者及注者或整理者姓名的古籍,標引時出原著者及整理者,原著者後綴"著/撰"字,整理者後綴"注/整理/點校/校注/校理"等字,二者間用逗號隔開。其餘同上。如:

〔春秋〕孫武撰,〔三國〕曹操等注,楊丙安校理:《十一家注孫子校理》卷中,北京:中華書局,1999 年,第 90 頁。

後人的校注本、集解本、疏證本等,圖書版權頁不出原著者姓名,則視作一般古籍整理本或今人著作。如:

何寧:《淮南子集釋》卷一,北京:中華書局,1998 年,第 45 頁。

(三) 析出文獻

析出文獻著者:《析出文獻名》,(源文獻編著者:)《源文獻題名》,出版地:出版者,出版年,第××頁。如:

〔清〕孫星衍:《史記天官書補證》,張舜徽編:《二十五史三編》(第 2 分冊),長沙:岳麓書社,1994 年,第 621 頁。

〔明〕孫瑴:《古微書》,《四庫全書》(第 194 冊),上海:上海古籍出版社1987 年影印文淵閣本,第 1000 頁上欄 b。

(四) 連續出版物

1. 期刊

著者:《文章名》,《期刊名》刊期/卷號,(出版地:出版者,出版年,)第××頁。如:

徐復:《〈尨書詳注〉補遺》,《南京師範大學文學院學報》2005 年第 3 期,第 174 頁。

王仲聞:《李清照事迹作品雜考》,《文史》第 2 輯,北京:中華書局,1963 年,第 171 頁。

2. 報紙

著者:《文章名》,《報紙名》,出版日期及版次。如:

章培恒:《雜談〈新編小四庫〉》,《中華讀書報》,1999 年 1 月 20 日第

2 版。

（五）未刊文獻

著者:《文獻名》,文獻性質,出處,時間,第××頁。如:

王志勇:《〈史記〉新考》,南京師範大學博士學位論文,南京,2017 年,第 39 頁。

（六）外文文獻

引用外文文獻,原則上以該語種通行的方式標注。如:

Michael Loewe, *China in Central Asia*：*The Early Stage* 125 B. C.-A. D. 23. Leiden：E. J. Brill, 1979, pp. 12 - 25.

A. F. P. Hulsewe, *The Problem of the Authenticity of Shih-chi* 123, *the Memoir on Ta Yuan*, Toung Pao, Vol, 61, 1975:89.

（七）其他

1. 中國古代作者之前須以〔〕括注朝代。如:〔漢〕〔南朝宋〕。

2. 外國作者之前須以〔〕括注國別。如:〔日〕〔英〕〔法〕。

3. 著者名後可省去"著/撰"字,編者名後則須綴"編/纂/輯"等字樣。

4. 同一文獻再次引用,如不致與其他版本混淆,祇標注著者、文獻名、卷數、頁碼。如:

張玉春:《〈史記〉版本研究》,第 12 頁。

〔宋〕衛湜:《禮記集說》卷一一,第 405 頁上欄。

何寧:《淮南子集釋》卷二,第 91 頁。

〔清〕孫星衍:《史記天官書補證》,第 621 頁。

5. 版刻古籍,一頁分前後兩面,頁碼後加 a/b 以示區別。縮印古籍,合原書數面爲一頁的,須注明縮印後之欄次。稱引古籍,應儘量標注卷次,方便他人以不同版本核查,如正文中已標明卷次、分卷名,脚注中可以省略。古籍原本,如有必要,應注明館藏地。

二、夾注

（一）文中涉及帝王年號紀年,須以阿拉伯數字括注公元紀年。公元前紀年數字前加"前"字,兩位數及以內的公元紀年數字前加"公元"二字。如:建安元年(196),元狩二年(前 121),建初四年(公元 79),日本昭和三年(1928)。

（二）文中第一次提及西方人名，須在中文譯名後括注外文名。如：
柏拉圖(Plato)。

三、其他注釋

補充説明性的注釋文字也采用當頁脚注形式，編號格式等與引文注
釋相同。

《古文獻研究》第八輯編後記

王　鍔

　　學科是學術的分類,學科建設是高校大事,關乎高校發展和聲譽。學科建設如何進行,在一定程度上受制於學科評估,學科評估的標準不同,直接影響學科建設和高校發展。學術發展有其自身的規律,學科建設也應該尊重學術發展規律。近數十年的學科評估,特別重視項目、經費、獲獎和論文數量及其影響因子,學術研究飛速發展的同時難免出現學術商業化傾向,給高校的學術研究帶來了不少喧囂和浮躁因素。高校教師想靜心讀書、專心思考、教書育人、潛心治學,成爲奢望! 那麼,如何評價學科好壞? 優秀學科的標準是什麼? 我們認爲,一個優秀的學科,應該具備以下四個條件:一是擁有一支優良的教師隊伍,二是出版一批厚重的科研成果,三是培養一群賢能的可用人才,四是出版一份崇實的學術出版物。

　　教師隊伍、科研成果、可用人才容易理解,爲何要出版一部學術出版物? 需要説明。各學術機構、科研院所和高等院校主辦和出版的學術期刊、集刊以及論文集數以千計,發表了數量驚人的學術論文,成績很大,貢獻良多! 然因學科性質、辦刊或出版宗旨、學術風尚不同,以及評價體系和社會環境的影響,刊物和論文集分布很不均匀,有些學科多,有些學科少,且不少都重視理論,輕視實證,這樣的學術現狀,對於"板凳甘坐十年冷"的高校教師而言,想要發表論文,有時就成爲一件"難於上青天"之事! 尤其是對於從事冷門絶學等基礎學科的研究者來説,論文更是難以發表,著作無法出版,職稱待遇便無從談起,遑論學科發展! 目前學科中一級學科中國語言文學、中國史之下,分別有二級學科古典文獻學、歷史文獻學,從學術研究而言,古典文獻、歷史文獻、古文獻意思一致,都是指對中國古籍的整理和研究,研究中國古文獻是所有從事中國文史哲學科者離不開的基本功,但不知爲何,絶大多數學者都願意從事所謂"高深的理論創新"研究,不願意立足古文獻。實際上,這種狀況近年來有所改善,很多學者文獻功夫扎實,將整理與研究有機結合,凸顯出古文獻學的重要性,也取得了較高的學術成就。但客觀地説,古文獻學研究是冷門絶學,國内可以發表古文獻學論文的刊物仍然相對較少,真正從事古文獻研究者的論文難以發表。因此,高校中從事冷門絶學研究的學科要發展,獨立自主,自力更生,出版一部優秀的學術出版物,解決論文發表難、學術交流難、學界認可難等問題,就顯得尤爲迫切。如果冷門學科多一份研究者自己的學術出版物,一可收録本學科師生的論文,實事求是,虚心求教;二可歡迎學界同行踴躍投稿,交流互動,切磋琢磨;三可搭建學術研究平臺,洞察學術,引領風向,應該是一件非常有意義的事情。

南京師範大學文學院古文獻學專業創辦於 1983 年,是響應中共中央《關於整理我國古籍的指示》(中發[1981]37 號)而成立的古籍整理人才培養基地,是教育部"全國高等院校古籍整理研究工作委員會"直屬五家古文獻本科專業之一,2005 年入選首批江蘇省品牌專業,2022 年入選國家級一流本科專業。徐復、錢玄、吴金華、趙生群、江慶柏、方向東、施謝捷等學者耕耘於此,在學界享有廣泛聲譽。專業現有教師 13 人,其中教授 4 人,副教授 4 人,講師 5 人,擁有一支老中青相結合且文獻基礎扎實、師德學風優良的師資隊伍,已經形成經學文獻研究、禮學文獻研究、史學文獻研究、四庫學文獻研究、清代文獻研究等幾個比較明確的研究方向。早在 1986 年 11 月,南師大中文系古文獻專業編輯《古文獻研究文集》第一輯,作爲"南京師大學報叢書"之一發行,書前"編者的話"説:"本文集收録的,主要是我校中文系古文獻專業教師及研究生在從事教學和研究工作中撰寫的一部分論文,此外還有一些本科生的習作。編印這個文集的宗旨是:與兄弟專業交流,向各地同行求教,藉以促進我校的古文獻教研工作。"1987 年,《古文獻研究文集》第二輯作爲《南京師大學報》增刊發行。2007 年 11 月,趙生群、方向東先生主編的《古文獻研究集刊》第一輯,由鳳凰出版社出版;至 2013 年 11 月,出版《古文獻研究集刊》七輯。《古文獻研究集刊》第一至七輯發表論文百餘篇,在學術界產生了一定的影響。

2022 年 4 月 11 日,中共中央辦公廳、國務院辦公廳印發《關於推進新時代古籍工作的意見》,再次爲南師大古文獻專業發展指明了方向。經專業同仁協商,決定接續《古文獻研究集刊》,更名爲《古文獻研究》,學術宗旨不變,仍然是:"與兄弟專業交流,向各地同行求教,藉以促進我校的古文獻教研工作。"《古文獻研究》第八輯由古文獻專業楊新勛教授擔任執行主編,收錄南師大古文獻專業師生和學術界同道研究古文獻的論文十八篇,内容包括經學、史學、四庫學文獻和明清文獻研究,皆爲新作,不乏創見。《古文獻研究》擬每年出版二輯,敬請國内外同行賜稿,共同推動古文獻整理與研究工作,提升文化自信,傳承中華文脈。

　　最後,還應該説明的是,衷心感謝南師大文學院領導,感謝鳳凰出版社,《古文獻研究》能够順利出版,與他們的大力支持是分不開的。

2022 年 10 月 5 日